Hans G. Kippenberg

Gewalt als Gottesdienst

Religionskriege im Zeitalter
der Globalisierung

Verlag C. H. Beck

Mit 2 Karten

© Verlag C. H. Beck oHG, München 2008
Satz: Fotosatz Reinhard Amann, Aichstetten
Druck und Bindung: Ebner & Spiegel, Ulm
Umschlagentwurf: www.kunst-oder-reklame.de
Umschlagbild: Koranschülerinnen in Pakistan,
Foto: Amir Qureshi/AFP/Getty
Gedruckt auf säurefreiem, alterungsbeständigem Papier
(hergestellt aus chlorfrei gebleichtem Zellstoff)
Printed in Germany
ISBN 978 3 406 49466 6

www.beck.de

Hans G. Kippenberg
Gewalt als Gottesdienst

Inhalt

Vorwort

Das vorliegende Buch erhebt den Anspruch, ein neues Forschungspara-
digma in einem aktuellen und umkämpften Themenfeld zu begründen.
Dass Religionen Konflikte erzeugen und daher intolerant sind, ist eine
Auffassung, der weit über die Hälfte aller Deutschen zuneigen. Sie wird
bekräftigt von einem Strom von Publikationen, die einen Zusammenhang
zwischen Monotheismus und Intoleranz behaupten. Dem stehen nicht
schlechter begründete Auffassungen gegenüber, wonach keine der Weltreligionen sich systematisch Aufrufe zur Gewalt erlauben kann und Gewaltlosigkeit der Hauptton aller Religionen sei. In dieser Konfliktlage
möchte das vorliegende Buch einige Fälle, die auf einen engen Zusammenhang von Religion und Gewalt hinweisen, genauer untersuchen. Die
Inspektion von acht Fällen soll zeigen, welche der Überlieferungen aus
dem breiten Fundus religiöser Traditionen zur Rechtfertigung der Gewalt
ausgewählt worden sind und in welchen Situationen das geschehen ist.
Die Fälle sind aus Zeitungen und Fernsehen gut bekannt. Doch spart die
Berichterstattung Hinweise auf Religion oft aus oder verpackt sie in an-
dersartigen Bezeichnungen. Verglichen mit den Darstellungen in den Medien taucht dieses Buch mit seinen Recherchen in eine religiöse Tiefen-
strömung der gegenwärtigen politischen Lage ab.

Um dieses umfangreiche Programm umsetzen zu können, war der Austausch mit Kollegen unabdingbar. Als Fellow des Max-Weber-Kollegs in
Erfurt, an das ich 1998 auf Initiative von Wolfgang Schluchter berufen
wurde, hatte ich dafür erstklassige Bedingungen. An erster Stelle seien die
Doktoranden, Postdocs und Fellows genannt. Ihre Kompetenz in den Dis-
ziplinen der Rechtswissenschaft, Geschichtswissenschaft, Philosophie,
Wirtschaftswissenschaft und Soziologie hat auf eine nicht mehr rekonstru-
ierbare Weise mein Vorhaben beeinflusst. Ohne ihre Anregungen und Kritik hätte ich das begriffliche und methodische Werkzeug nicht entwickeln
können, mit dem ich das Thema bearbeitet habe. Das stimulierende Kli-
ma, das der Dekan Hans Joas am Kolleg intellektuell und wissenschaftlich
zu erzeugen versteht, war für meine Arbeit ideal. Bedanken möchte ich
mich bei Ursula Birtel-Koltes und den Mitarbeitern der Universitätsbiblio-
thek Erfurt für die Beschaffung mancher abgelegenen Literatur; Ursula
Birtel-Koltes hat mich außerdem bei der Textverarbeitung unterstützt. Für

die Erstellung des Registers danke ich Petra Rehder. Bei der Abfassung der Endversion hat mir Patrick Wöhrle, Doktorand am Max-Weber-Kolleg, geholfen.

Mit dem Verlag C. H. Beck war das Buch bereits für das Jahr 2003 vereinbart. Jedoch haben die Recherchen dazu länger gedauert als erwartet. Auch zeigte sich der Gegenstand des Buches in wechselnden Gestalten und immer neuer Vitalität, was schnelle Versuche einer wissenschaftlichen Zähmung vereitelte. Ernst-Peter Wieckenberg und Ulrich Nolte haben dennoch das Interesse an dem Vorhaben nicht verloren und die Studie in verschiedenen Phasen mit Anregungen begleitet.

Die acht Fälle, die ich untersucht habe, beruhen auf langjährigen Studien. Da ich nicht in allen Gebieten gleichermaßen zuhause bin, habe ich fachlich ausgewiesene Kollegen gebeten, meine Ausführungen zu prüfen. Manfred Brocker hat das Kapitel zum amerikanischen Protestantismus mitgelesen, Ulrike Brunotte den Eingangsteil, Alexander Flores meine Ausführungen zu den Palästinensern, Kurt Greussing den Abschnitt über Iran, Stephan Rosiny das Kapitel zu den Schiiten im Libanon, Zwi Werblowsky in Jerusalem den Israelteil. Ihnen allen möchte ich herzlichen Dank sagen; Fehler bleiben natürlich meine eigenen.

Über einzelne Themen dieses Buches habe ich bei verschiedenen Gelegenheiten Vorträge gehalten: auf wissenschaftlichen Tagungen in Erfurt und Augsburg, in den evangelischen Akademien Loccum und Bonn-Bad Godesberg, auf dem ökumenischen Kirchentag 2003 in Berlin und auf dem katholischen 2005 in Saarbrücken, im Arbeitskreis der FEST, aber auch auf einer Tagung in Dhaka, Bangladesh, wo meine Ausführungen zur islamischen Begründung des 11. September einen solchen Sturm der Entrüstung in der Presse hervorriefen («Arrest Professor Hans!»), dass die Botschaft sich um meine sichere Abreise aus dem Land Sorgen machte.

Erfurt, im Oktober 2007   *Hans G. Kippenberg*

I. Einführung: Gewalt als religiöse Gemeinschaftshandlung

Der intellektuelle, politische und militärische Umgang westlicher Länder mit den Anschlägen vom 11. September 2001 hat eine Hilflosigkeit erkennen lassen, die ihrerseits neue Gefahren heraufbeschwört. Dafür nur ein Beispiel: Der Weihbischof des Erzbistums Hamburg Hans-Jochen Jaschke brachte im Hamburger Abendblatt vom 15. September 2001 seine Empörung darüber zum Ausdruck, dass im Kreis der Täter von Gott geredet wird.

Damit schänden sie Gottes heiligen Namen. Sie missbrauchen ihn für ihre perverse Gesinnung. ... Wir dürfen es nicht zulassen, dass Verbrecher ihr Tun im Namen Gottes rechtfertigen, zum Heiligen Krieg aufrufen und den Verblendeten eine Belohnung durch Gott versprechen. Um Gottes Willen, nein! [Jetzt gehe es darum,] Gottes heiligen Namen auf[zu]richten [so auch der Titel des Artikels.] Ich sehe angesichts des 11. September den Notfall von angemessener, begrenzter, legitimierter Gewalt gegeben. Sie kann Voraussetzungen dafür schaffen, dass Menschen sich vernünftig einigen. Eine weltweite Zivilisation der Liebe hat nur dann eine Chance, wenn sie nicht vom Terror bedroht wird.[1]

Heute wissen wir, dass die militärische Ehrenrettung Gottes nicht die Voraussetzung von Liebe geschaffen, sondern die Gewaltspirale weiter beschleunigt hat. Es ist daher an der Zeit, die praktizierte Therapie auf ihre Wirksamkeit zu prüfen und das Phänomen gegenwärtiger religiöser Gewalt noch einmal neu zu diagnostizieren.

Darf man religiöse Gewalt verstehen wollen?

Wissenschaften werden von unerwarteten Sprüngen ihres Untersuchungsobjektes auf Trab gebracht. Die Vorkommnisse religiöser Gewalt waren für die Religionswissenschaft eine solche Überraschung. Als der Konflikt einer amerikanischen Religionsgemeinschaft mit US-Behörden 1978 in Jonestown (Guayana) mit der Ermordung eines amerikanischen Kongressabgeordneten und seiner Begleitung und einem anschließenden Massensuizid der Gemeinde endete, sah sich die Religionswissenschaft mit einer Erscheinung konfrontiert, auf die sie nicht vorbereitet war. Dabei war dies nur der Anfang. Seitdem hat religiöse Gewalt an verschiedenen

Orten der Welt um sich gegriffen: weitere Kultkriege in den USA, die islamische Revolution in Iran, der Bürgerkrieg im Libanon, die Wandlung des
Nahostkonflikts aus einem Konflikt zwischen Staaten zu einem Konflikt
zwischen religiösen Gemeinschaften, die Angriffe von Jihadisten auf die
USA am 11. September 2001 und der Krieg gegen den Terror – sie alle
sollen in diesem Buch studiert werden. Zwar könnte die Reihe von Fällen
leicht ausgeweitet werden (z. B. um die Kriege der Serben gegen Muslime
in Bosnien und im Kosovo, den Kampf der Hindus in Ayodhya um die
Babri-Moschee oder den Tschetschenien-Konflikt). Da aber eine genaue
Analyse von wenigen ausgewählten Fällen die Chance erhöht, für die gegenwärtige religiöse Gewalt ein idealtypisches Analysemodell zu entwickeln, beschränke ich mich auf die genannten acht Fälle. Damit wird es
möglich, jeden einzelnen Schauplatz, die beteiligten Akteure und die Handlungsverläufe genauer in den Blick zu nehmen.

An dem Thema besteht großes öffentliches Interesse, und dies zu
Recht. Wurden Religionen lange als Garanten der Rechtsordnung betrachtet, so stehen sie heute in dem Verdacht, Gewalt zu fördern und den
Rechtsfrieden zu bedrohen. Auf diesen Gesichtspunkt hin werden die
Fälle hier analysiert: Sie sollen als Handlungen untersucht werden, die
die Geltung innerstaatlicher Rechtsordnungen – mit ihren Strafandro-
hungen für Tötungsvergehen, Freiheitsberaubung, Körperverletzung, Ver-
gewaltigung und Eigentumsvergehen – und die Geltung des internationalen Völkerrechts – mit seinem Gewaltverbot und seinem Kriegsrecht –
unter Inanspruchnahme eines höheren offenbarten Rechts verneinen und
Rechtsverstöße legitimieren. Hierbei wird der Fokus der Untersuchung
von den individuellen und zweckrationalen Motiven der Gewaltakteure
auf die Bedeutungen, die sie und andere ihren Handlungen geben, verla-
gert. So soll ein Repertoire von religiösen Geschichtsbildern und Handlungsmodellen in den Blick kommen, die rechtswidrigen Taten Berechtigung verleihen.[2]

Das Thema ist heikel. Als sich in den Ereignissen von Jonestown zum
ersten Mal religiöse Gewalt manifestierte, erkannte der amerikanische
Religionswissenschaftler Jonathan Z. Smith als erster, welch große Herausforderung dies für das Fach und seinen akademischen Anspruch bedeutet.

Wenn wir als Religionswissenschaftler Jonestown unverstanden lassen, haben wir
unser Recht als akademische Disziplin verloren.[3]

Die Verbindung von Religion mit Gewalt ist deshalb so brisant, weil die Verfassungen der säkularisierten Staaten die politische Macht zwar von religiösen Legitimationen getrennt, die Religion der Bürger aber unter ihren besonderen Schutz gestellt haben. Beides hängt logisch und historisch zusammen. Zur selben Zeit, als am Ende des 18. Jahrhunderts die ersten dieser Verfassungen entstanden und Religionsfreiheit rechtlich garantierten, entwickelten Philosophen eine Auffassung von Religion, die ihre Geltung von äußeren Autoritäten auf die der bürgerlichen Subjekte verlagerte. Nur eine verinnerlichte Religion könne den Frieden eines Gemeinwesens gewährleisten; der Staat und seine Zwangsmittel seien dazu alleine nicht imstande. Aus der Sicht einer solchen Auffassung ist religiöse Gewalt ein bedrohlicher Widerspruch: Eine Handlung kann nicht zugleich religiös und gewalttätig sein. Auf diesen neuralgischen Punkt zielt Smith, wenn er ausführt, dass die im 19. Jahrhundert entstandene akademische Religionswissenschaft dazu beigetragen habe, Religionen zu domestizieren und von einer Leidenschaft zu einer Gesinnung werden zu lassen. Nur weil ihr das gelang, sei ihr der Zutritt zur Universität gewährt worden. Heute stelle sich angesichts der panischen öffentlichen Reaktionen auf religiöse Gewalt diese Aufgabe neu. Keine Mühe sollte gescheut werden, sie zu verstehen.

Wenn man religiöse Gewalt als eine verständliche Handlung begreifen will, droht die Gefahr einer Apologie religiöser Gewalt. Man braucht nur auf die Website der Hizbollah zu schauen, um zu erkennen, dass gewaltbereite Gruppen sich wissenschaftliche Erklärungen von Selbstmordattentaten zu eigen machen.[4] Um dieser Gefahr zu begegnen, werde ich mit Max Weber strikt zwischen zwei Auffassungen von Verstehen unterscheiden: dem Verstehen der Motive Handelnder und dem Verstehen der Bedeutung ihrer Handlung. Wenn man die *Motive der Handelnden* verstehen will, wird eine Handlung umso begreiflicher, je plausibler ihre Beweggründe sind. Wenn man die *Bedeutung einer Handlung* verstehen will, muss man erstens das Modell ermitteln, an dem die Handlung sich orientiert, dann zweitens die alternativen Modelle, aus denen es als verbindlich ausgewählt wurde, und schließlich die Zustimmung bzw. Ablehnung berücksichtigen, die diesem Handlungsmodell zuteil wird. Ich werde mich im Folgenden auf den zweiten Weg begeben und mich auf die Bedeutung religiöser Gewalthandlungen konzentrieren.

Die Abscheu vor jedem Versuch des Verstehens religiöser Gewalt ist nach dem 11. September 2001 noch größer geworden. «Jetzt warte ich nur noch darauf», – schrieb direkt nach den Ereignissen der Kolumnist

Henryk Broder im *Spiegel* – «dass irgendeine edle Seele aufsteht und sagt, die Anschläge von New York und Washington müssten im Zusammenhang mit dem Kampf der Dritten Welt gegen die Erste gesehen werden. Wetten, dass es im Laufe der nächsten Tage passieren wird, sobald sich der Trümmerrauch über Manhattan gelegt hat?» Broder konnte nur deshalb so polemisch fragen, weil für ihn feststand: «Es findet ein Kampf der Kulturen statt.» «Es geht um die reine Lust am Morden, die inzwischen nicht einmal mehr einen Vorwand braucht.»[5] Damit schob er die Tat mit Absicht ins Unbegreifliche ab und suggerierte, dass nichts zu ihrer Aufklärung beitragen könne und dürfe. Eine ähnliche Argumentation findet sich bei Wolfgang Sofsky. Er hatte 1996 in einem *Traktat über die Gewalt* herausgearbeitet, wie sehr man den Charakter von Gewalt verkenne, wenn man sie als Mittel zu einem Zweck verstehen wolle. Nun wandte Sofsky diese These auf die Vorgänge des 11. September an. Der Terrorismus wolle mehr Tote und nicht einfach nur mehr Zuschauer, was am (angeblichen) Fehlen eines Bekennerschreibens deutlich würde.[6]

> Ein politisches Ziel jenseits der Zerstörung war nicht zu erkennen. Der Anschlag besagte nichts, er war ein Akt der Destruktion ohne Hintersinn. Der Terrorkrieg ... will Menschen in großer Zahl töten, Schrecken verbreiten, das Leben durch Angst paralysieren. [Religion habe keine Rolle gespielt,] abgesehen von der Überwindung der Todesangst.[7]

Das, was W. Sofsky auf diese Weise als Phänomen der Gewalt herauspräpariert und «Massaker» nennt, entzieht sich jeder Klärung. Zwar wird man ihm darin Recht geben müssen, dass die Bedeutung von Gewalt in der Geschichte der Moderne meistens verkannt wird, von Georges Sorel abgesehen. Auch Hans Joas kommt zu dem Schluss, dass man Gewalt keineswegs *nur* als Mittel zu einem Zweck sehen darf. Das aber besagt nicht, dass man sie nicht verstehen kann. Tatsächlich drücken sich in ihr Erfahrungen und Bedeutungen aus, die nicht aus einem Zweck oder einer vorgegebenen Norm hervorgehen.[8] Sie gehört in diesem Sinne zur Klasse der performativen Handlungen, die ihre Bedeutung in sich selber tragen. Auf diesen performativen Charakter aber geht Sofsky mit keinem Wort ein, weshalb man ihm den Vorwurf nicht ersparen kann, einer «Ästhetik des Grauens» das Wort zu reden (Bernd Weisbrod).[9]

Die wiederholt geäußerte Behauptung, es gäbe kein Bekennerschreiben und es sei den Attentätern nur um Destruktion gegangen, ignoriert die Bekennervideos, die die Täter hinterlassen haben.[10] Außerdem haben die Attentäter des 11. September 2001 ein Dokument hinterlassen, das sie bei ihren Handlungen anleitete.[11] Die Existenz dieser Anleitung scheint eher umgekehrt Terrorismus-Experten wie Peter Waldmann Recht zu geben, wonach es auch diesen Tätern «nicht um den eigentlichen Zerstörungseffekt der Aktionen [geht]. Diese sind nur ein Mittel, eine Art Signal, um einer Vielzahl von Menschen etwas mitzuteilen. Terrorismus, das gilt es festzuhalten, ist primär eine Kommunikationsstrategie».[12] Allerdings muss man zwischen zwei Handlungssträngen des Anschlages unterscheiden. Einerseits handelt es sich um eine lang geplante und sorgfältig überlegte Tat, die an den USA Vergeltung üben sollte für erlittenes Unrecht. In diesem Sinne liegt eine zweckrationale Handlung vor. Jedoch spricht der Angriff noch eine andere Sprache, denn er wird als frühislamischer Kriegszug in Szene gesetzt und ist in diesem Sinne eine performative Handlung, deren Bedeutung in ihr selber liegt.[13]

Der performative Charakter der Handlung war der amerikanischen Öffentlichkeit und Regierung unheimlich und verlieh ihr das Odium des Unbegreifbaren. Nur mit einer ebenso unbedingten Gegengewalt meinte die US-Regierung das Land schützen zu können. Es passt zu der Maßlosigkeit der militärischen Gegengewalt der US-Regierung, dass die geistliche Anleitung, die vom FBI im September 2001 veröffentlicht worden war, bei der Verfolgung der Täter überhaupt keine Rolle spielte und drei Jahre später in dem detaillierten Untersuchungsbericht des Kongresses und des Präsidenten zur Vorgeschichte des 11. September 2001 mit keinem Wort mehr erwähnt wird. Die Gegenmaßnahmen waren von Anfang an nicht von dem Bestreben begleitet, die Handlungen der Täter zu verstehen und die Reaktion darauf abzustimmen. Die Täter und ihre Hintermänner konnten nur – wie man annahm – aus einem grundlosen Hass auf Amerika und seine Freiheit gehandelt haben. Ihnen ist alles zuzutrauen; die militärische Reaktion konnte gar nicht umfassend und scharf genug ausfallen.

Religiöse Gewaltpraktiken

Das Problem religiöser Gewaltpraxis tauchte im Laufe der siebziger Jahre des 20. Jahrhunderts bereits in der akademischen Literatur auf.[14] Im Jahre 1972 hat der klassische Philologe Walter Burkert in der Studie *Homo Necans: Interpretationen altgriechischer Opferriten und Mythen* die Beziehung der (griechischen) Religion zur Gewalt untersucht. Unabhängig von Burkert hat der Literaturwissenschaftler René Girard im selben Jahr *La Violence et le Sacré* (Das Heilige und die Gewalt) veröffentlicht. Bestechend ist, wie Burkert 1997 in einem Rückblick beide Bücher – seines und das von Girard – charakterisierte: «Belege und Interpretationen in beiden Büchern sind teilweise vergleichbar, suchen doch beide unter den bestehenden Institutionen ein verdecktes ‹Verbrechen› aufzuspüren.»[15] Auch der Ausgangspunkt beider Studien war gleich gewesen: Opferrituale. Was Menschen im Alltagsleben bei Strafe verboten ist, nämlich Tötungshandlungen, kann aus genau diesem Grunde eine heilige Handlung werden.

> Das Opfer zu töten ist verbrecherisch, weil es heilig ist, ... aber das Opfer wäre nicht heilig, würde es nicht getötet.[16]

Mit diesen Worten beschreibt Girard den Zirkel von Heiligkeit und Gewalthandlung. Beide Autoren trugen für diesen Zusammenhang allerdings unterschiedliche Erklärungen vor. Die Aggression gegen ein Tier sei, da sie gemeinschaftlich geschehe, ein Vorrecht des Kollektivs und insofern ‹heilig›, so Walter Burkert. René Girard ging von der biblischen Erzählung des Sündenbockes aus. Wenn der Hohepriester am Versöhnungstag alle Verschuldungen und Übertretungen des Volkes einem Bock auferlegt und ihn in die Wüste schickt (3. Mose 16,20–22), entladen sich in diesem Akt die destruktiven Kräfte, die sich in der Gemeinschaft angestaut haben.[17] Ob nun als gemeinschaftlicher Triumph des kühnen Tötungsaktes oder als Katharsis einer Aggression durch das stellvertretende Opfer: Jeweils bildet oder erneuert sich in dem Tötungsritual soziale Gemeinschaftlichkeit.[18]

Während in diesem Strang der Wissenschaft religiöse Gewalt sozial produktiv ist, ist es in einer anderen Richtung anders. Der Verdacht, es gäbe eine enge Liaison von Religion und zerstörerischer Gewalt, geht auf das 17. und 18. Jahrhundert zurück. Damals hatten Philosophen für die verheerenden Glaubenskriege die Erklärung gefunden, dass ein Eingottglaube, der die Verehrung anderer Götter als Götzendienst bekämpft, notwendig eine Haltung der Intoleranz gegenüber Andersgläubigen zur Folge hat und Gewalt fördert. Nur eine apolitische Religion der Innerlichkeit sei davor gefeit. Diese Behauptung zieht sich seitdem wie ein roter Faden durch die europäische Philosophiegeschichte. Noch heutige Meinungsumfragen in allen europäischen Ländern ergeben, dass eine (nicht überall gleich große) Mehrheit der Bürger Religion für einen Verursacher von Konflikten und für intolerant hält und sich einen geringeren Einfluss von Religion in ihrem Land wünscht.[19] Nach dem 11. September 2001 sind auch in Deutschland wieder Stimmen vernehmbar, die die monotheistischen Religionen generell unter Gewaltverdacht stellen.

Wie intolerant ist der Monotheismus?

Es war Jan Assmann, der, von der antiken Religionsgeschichte herkommend, den Zusammenhang von Monotheismus und Gewalt in mehreren Schriften zu klären unternommen hat.[20] Die eigenartige Verknüpfung von Mose mit Ägypten in der Bibel deutete er als die verblasste Erinnerung an eine dortige Reform des Pharao Echnaton, der die ägyptischen Gottheiten durch den einen Sonnengott Re ersetzen wollte. Diesen exklusiven Monotheismus, der allen anderen Göttern die Existenz bestritt, unterschied Assmann von einem anderen Typus Eingottglauben, der eine kosmische Ordnung als Wohnort aller verehrten Götter und Göttinnen postulierte und den er Kosmotheismus nannte.[21] In Ägypten scheiterte der Versuch, diesen Typus durch einen exklusiven Monotheismus zu ersetzen; erst in Israel gelang dies. Hier wich nach Assmann ein offener und duldsamer Gottglauben einem exklusiven und unduldsamen Eingottglauben:

Ich bin der Herr dein Gott, der ich dich aus dem Lande Ägypten, aus dem Sklavenhaus, herausgeführt habe; du sollst keine anderen Götter haben neben mir. (2. Mose 20,2)

Die «Gegenreligion» des Moses kannte nur die wahre im Gegensatz zur falschen Gottesverehrung und konnte auch in Israel nur mit Gewalt durchgesetzt werden. Allerdings hält J. Assmann die entsprechenden biblischen Erzählungen vom Goldenen Kalb, vom Opferwettstreit mit den Baalspriestern und von der gewaltsamen Durchsetzung der Reformen des Josia nicht für Fälle tatsächlich praktizierter Gewalt, sondern schlägt einen «gedächtnisgeschichtlichen Wechsel der Perspektive» vor. Es gehe nicht darum, wie der Monotheismus faktisch durchgesetzt, sondern wie die Durchsetzung erinnert worden sei.[22] Die Sprache der Gewalt, die der Monotheismus spricht, stelle ein verselbstständigtes «semantisches Paradigma» dar, das keineswegs als solches Gewalt hervorrufe.[23] Erscheinungsformen der falschen Gottesverehrung wie Ketzerei, Heidentum, Götzendienst, Magie, Häresie, Apostasie würden nur symbolisch ausgrenzt. Wo im Judentum überhaupt Gewalthandlungen bezeugt sind, richteten sie sich nach innen gegen den abtrünnigen Glaubensgenossen. Der Apostat, nicht der fremde Ungläubige ist der Hauptfeind; das erste Objekt der religiösen Gewalt ist der Abtrünnige. Eine darüber hinausgehende Gewalttätigkeit komme erst später zum Tragen und sei manipuliert: «Das semantische Dynamit, das in den heiligen Texten der monotheistischen Religionen steckt, zündet in den Händen nicht der Gläubigen, sondern der Fundamentalisten, denen es um politische Macht geht und die sich der religiösen Gewaltmotive bedienen, um die Massen hinter sich zu bringen».[24] Diese Rekonstruktion J. Assmanns hat viel Beachtung gefunden. Es ist ihr großes Verdienst, die Gewaltseite des jüdischen/christlichen/islamischen Monotheismus historisch und systematisch wieder ernst genommen und mit viel Sorgfalt und Akribie eine lange Tradition gewalttätiger religiöser Sprache rekonstruiert zu haben. Allerdings muss man zugleich die kritische Frage aufwerfen, ob Assmann die praktizierte Gewalt des Monotheismus nicht zu eng ansetzt, wenn er sie auf den Fall der Apostasie beschränkt.

Der Segen als Fluch

Einige biblische Erzählungen von Landverheißung, auf die Regina M. Schwartz den Blick gelenkt hat, lassen noch eine andere Quelle von Gewalt erkennen, die sich aus einer weiteren Besonderheit des jüdischen Gottesglaubens ergibt.[25] Kain, der Ackerbauer, brachte dem Herrn ein Opfer von den Früchten des Feldes dar, sein Bruder Abel aber, Schäfer, von den Erstlingen seiner Schafe. Ohne jede nähere Erklärung sah der Herr auf Abel und sein tierisches Opfer wohlgefällig, Kain und sein pflanzliches Opfer aber verwarf er (1. Mose 4, 1–5). In seiner Wut darüber erschlug Kain den Abel. Über einen ähnlichen, nicht weniger eindrücklichen Fall lesen wir in der Erzählung, wie Jakob sich die Segnung seines blinden Vaters Isaak erschlichen hat, indem er ihm vorspiegelte, er sei Esau.

Als nun Isaak den Segen über Jakob eben vollendet hatte und Jakob kaum von seinem Vater Isaak hinausgegangen war, da kam sein Bruder Esau von der Jagd heim. Der bereitete auch ein gutes Gericht und trug es seinem Vater hinein. Und er sprach zu seinem Vater: «Richte dich auf Vater, und iss von dem Wildbret deines Sohnes, auf dass mich deine Seele segne.» Sein Vater Isaak aber sprach zu ihm: «Wer bist du?» Er antwortete: «Ich bin dein Sohn, dein Erstgeborener, Esau.» Da entsetzte sich Isaak über alle Maßen und sprach: «Wer war denn der, der ein Wild gejagt und es mir hereingebracht hat? Nun habe ich eben schon gegessen, ehe du kamst und habe ihn gesegnet; er wird auch gesegnet bleiben.» Als Esau die Worte seines Vaters hörte, schrie er gar laut und kläglich auf und sprach zu seinem Vater: «Segne mich, Vater!» Er aber sprach: «Dein Bruder ist gekommen mit Hinterlist und hat dir den Segen vorweggenommen.» ... Und er sprach: «Hast du mir keinen Segen vorbehalten?» Isaak antwortete und sprach zu Esau: «Sieh, ich habe ihn zum Herrn über dich gesetzt und alle seine Brüder ihm zu Knechten gegeben; mit Korn und Wein habe ich ihn versehen. Was kann ich da für dich noch tun, mein Sohn?» (1. Mose 27,30–37)

Ein ähnliches Szenario wiederholt sich bei der Verheißung der Landnahme des von den Kanaanäern bewohnten Territoriums durch das Volk Israel. Die Israeliten beanspruchen das Land nicht, weil sie in ihm geboren wären oder irgendwelche eigenen Rechte an ihm hätten; sie beanspruchen es, weil Gott ihnen den Besitz verheißen hat.

Wenn der Herr dich in das Land bringt, es zu besetzen, und die Völker dort, die größer und stärker sind, in deine Hand gibt, so sollst du an ihnen den Bann vollstrecken: du sollst keinen Vertrag mit ihnen machen und sie nicht verschonen. (5. Mose 7,1–2)

Auch in dieser Erzählung wird der eine Gott nicht als unendlich freigiebig, sondern als befremdlich parteiisch vorgestellt. Nicht jeder empfängt göttlichen Segen; einige sind geschlagen mit Mangel und mit Tod, als gäbe es eine kosmische Knappheit an Heil. Knappheit ist als Prinzip der Einheit (ein Land, ein Volk, eine Nation) der Bibel eingeschrieben.

Solche Narrative haben in ihren Auswirkungen auf das Denken der Gläubigen nachhaltiger gewirkt als abstrakte ethische Forderungen und sind in den Fundus der monotheistischen Handlungsmodelle aufgenommen worden. Treue zu diesem *einen* Gott und die Bindung an diese *eine* Gemeinschaft begründen Eigentumsrechte, von denen andere ausgeschlossen sind.[26] Dieser Partikularismus ist eine mächtige Voraussetzung religiöser Gewalt.[27] Doch ist auch in diesem Falle kein Automatismus am Werk. Der biblische Gott gibt den Menschen aus seiner Überfülle heraus; für seine Liebe verlangt er nichts als Glauben. Es wäre ein Götzendienst, wenn die Gesegneten aus dem Partikularismus des Segens eine Quelle von Gewalt gegen die Nicht-Gesegneten machten.[28]

Religiöse Gemeinschaften als Träger von Gewalthandlungen

Noch eine weitere Einschränkung der Ausführungen Jan Assmanns ist angebracht. Die Gemeinschaft, die Juden nach ihrer Rückkehr aus der babylonischen Verschleppung in Palästina gegründet haben, hat eine Sprache gesprochen, die kein praktisch folgenloses «semantisches Paradigma» war. Den Juden war von den Persern im 5. Jahrhundert v. Chr. nach ihrer Rückkehr aus der babylonischen Gefangenschaft das Privileg einer autonomen Rechtsgemeinschaft zugestanden worden. So durften sie in Judäa einen Verband bilden, der sich seine Regeln in Übereinstimmung mit der Sozialgesetzgebung des 5. Buches Mose gab (Nehemia 10). Diese Gemeinschaft kannte nicht nur die mosaische Unterscheidung zwischen dem wahren Gott und den vielen falschen Göttern, sondern verband mit ihr noch die soziale Unterscheidung zwischen Freiheit und Sklaverei. Sie machte das Bekenntnis «Der ich dich aus dem Lande Ägypten, aus dem Sklavenhaus, herausgeführt habe» zu ihrer praktischen Maxime.[29] Die Sicherung der Gemeindemitglieder vor dauerhafter Versklavung durch Fremde wurde zu einer religiösen Pflicht aller Gläubigen.[30] Als im 2. Jahrhundert v. Chr. der Jerusalemer Tempel von hellenistischen Herrschern zusammen mit abtrünnigen Juden entweiht wurde und die Gemeinschaft ihres normativen Zentrums beraubt werden sollte, erhoben sich Juden unter Führung der Makkabäer gewaltsam gegen Kollaborateure in den eigenen Reihen, gegen hellenistische Amtsträger und gegen fremde Truppen.[31] Das Buch Daniel deutete die dramatischen Ereignisse der Entweihung und Schändung des Heiligtums durch Anhänger des Hellenismus als Wendepunkt in der Geschichte Israels und als Auftakt zu einer neuen Heilszeit. Wer im Kampf gegen die Gottlosen und für die väterlichen Gesetze stirbt, gilt als ein Märtyrer, der zum ewigen Leben wiedererweckt wird. Gewalt zum Zwecke der Verteidigung der jüdischen Religionsgemeinschaft gegen Feinde ist ein religiös vorbildlicher Akt.

Der Monotheismus hat also bereits bei gläubigen Juden der Antike ein Handlungsskript bereitgestellt, das Gewalt gegen Andersgläubige kennt: dann nämlich, wenn die mosaische Sozialverfassung der jüdischen Gemeinschaft gegen eine sich ausbreitende ökonomische Sklaverei und politische Fremdherrschaft verteidigt werden musste. Der jüdische Makkabäer-Aufstand ist in dieser Hinsicht besonders lehrreich, da die Gläubigen erst dann zur Gewalt griffen, als mit der religiösen auch die soziale Ordnung ihrer Gemeinschaft bedroht war. Dem entsprach, dass die jüdischen Aufständischen sogar mit Heiden wie dem Römischen Senat einen Freundschaftsvertrag abschließen konnten, als dieser der jüdischen Gemeinschaft Unabhängigkeit und Selbstverwaltung zugestand (1. Makkabäer 8,23–28).[32] So zeigt der Fall des antiken Judentums, dass das biblische Gewaltparadigma auch dann zur Anwendung kam, wenn die Verbindlichkeit der Gemeinschaftswerte gegen äußere Feinde verteidigt werden musste. Wenn aber Machthaber, selbst heidnische, bereit waren, die Existenz der jüdischen Gemeinschaft zu sichern, konnte mit ihnen sogar ein Vertrag abgeschlossen werden.

Diese Praxis spricht dafür, dass der Typus des exklusiven Monotheismus auch im Judentum in der Praxis nie die Monopolstellung erlangt hat, die Assmann annimmt. So überrascht es nicht, dass neben ihm oder in ihm ein Eingottglaube existierte, der zur Kohabitation mit anderen Göttern imstande war.[33] Es gab in den heidnischen antiken Städten zahllose geregelte Formen der religiösen Kohabitation von Juden mit Heiden.

Nicht nur konnte der jüdische Schöpfergott auch von Heiden als «der Höchste» verehrt werden; jüdische Bürger warben ihrerseits auch aktiv unter den griechischen und römischen Mitbürgern für ihn als den wahren Gott aller Menschen, der sogar noch über die außerordentliche Fähigkeit verfügt, das Schicksal, dem alle Menschen kraft Geburt unterstanden, außer Kraft zu setzen. Die partikularen göttlichen Mächte bekamen in diesem Typus jüdischen Eingottglaubens eine untergeordnete, aber doch anerkannte Stellung. Diese «monarchische» Auffassung von Monotheismus war im Judentum so solide verankert, dass Peter Schäfer den exklusiven Monotheismus Assmanns einen «Popanz» nennt, «den es historisch so nie gegeben hat».[34] Und dann auch noch den Antisemitismus zur indirekten Folge des exklusiven jüdischen Monotheismus zu erklären, wie Assmann es allen Ernstes vorschlägt,[35] hält Schäfer für abwegig. Das Aufkommen von Antisemitismus in griechischen Städten ist qua Ort und Zeit viel zu lokal und zu spezifisch, als dass man darin nur die Kehrseite des genuinen jüdischen Monotheismus sehen könnte. Vielmehr hat ein offener und toleranter Eingottglaube das friedliche Zusammenleben von Juden mit Nicht-Juden in den religiös pluralen antiken Städten begründet. Selbst noch für die nach-antike mittelalterliche jüdische Kabbala war die Grenze zwischen Gott und den übernatürlichen Mächten dieser Welt fließend. Erst im Zuge der Ablehnung derartiger Auffassungen durch neuzeitliche Philosophen habe sich im Judentum ein «gereinigter» exklusiver Monotheismus durchgesetzt.

Ähnliche Beobachtungen wurden im Blick auf das Christentum gemacht. Auch hier hat man sich von der Annahme eines notwendigen Zusammenhanges von Monotheismus und der Verfolgung Andersgläubiger getrennt. Die Gewalt, die im Mittelalter gegen Ketzer, Abtrünnige, Juden, und Heiden ausgeübt wurde, war nicht die Folge einer monotheistischen Tradition der Gewalt und Unduldsamkeit, sondern ergab sich aus spezifischen lokalen und historischen Umständen.[36] Die Verallgemeinerung einzelner Fälle zum Bild vom Mittelalter als einer regelrechten «Verfolgungsgesellschaft» (persecuting society) wird heute mit starken Gründen abgelehnt.[37] Die historische Realität auch des Mittelalters war durch eine Pluralität gekennzeichnet, die man allerdings hinter einer oft anders klingenden Terminologie erst ermitteln muss. Wohl hat der Monotheismus das Sensorium für religiöse Verschiedenheit geschärft; Europa hat diesem Umstand die «Entdeckung seiner Vielfalt» zu verdanken, wie Michael

Borgolte gezeigt hat.[38] Die Stellungnahmen von jüdischen, christlichen und islamischen Autoritäten gegen Zwangsbekehrungen haben gleichfalls einen Beitrag dazu geleistet, Glauben als individuelle Entscheidung zu verstehen; dadurch wurde das Individuum und seine persönliche Überzeugung ein zentraler religiöser Wert.[39] Doch erstreckte dieser Wert sich lange Zeit nicht auf die Akzeptanz einer Abkehr vom Glauben; Apostasie wurde nach der Christianisierung des Römischen Reiches als Verbrechen bestraft; der Abtrünnige verlor seine Bürgerrechte.

Der Islam hat ähnlich wie das Christentum Regeln der Tolerierung fremder Religionen ausgebildet. Es hat einerseits die vorangehenden Offenbarungen an Abraham, Moses, Jesus anerkannt – mit rechtlichen Abstufungen allerdings, die Juden und Christen zwar als «Leute der Schrift» respektierten, aber nicht den Muslimen gleichstellten. Muslime konnten zwar mit Ungläubigen Verträge schließen, umso rigoroser wurden aber auch im Islam Apostaten verfolgt und ihrer Rechte beraubt.

Überblickt man diese monotheistischen Fälle von Gewalt, so widersprechen sie bei genauerer Betrachtung allesamt einem irgendwie zwingend notwendigen Zusammenhang zwischen Monotheismus und Gewalt. Jan Assmann hat Recht, dass man von der Sprache der Gewalt nicht auf eine Praxis schließen darf. Die Fälle von Apostasie und der gewaltsamen Verteidigung der religiösen Gemeinschaft gegen Feinde widersprechen aber auch der Gegenthese, der Monotheismus sei an sich friedfertig und religiöse Gewalt immer nur als Missbrauch denkbar. Es gibt einen Zusammenhang zwischen Monotheismus und Gewalt; jedoch muss man ihn kontingent nennen: Er ist weder notwendig, noch ist er unmöglich. Er hängt von der Situation ab, in der eine religiöse Gemeinschaft sich befindet.

Dass dieser Zusammenhang auch unabhängig von den monotheistischen Religionen existiert, lehrt ein Blick auf die moderne Gewaltgeschichte des Hinduismus. Zu den dort immer wieder aufbrechenden Religionskonflikten zwischen Hindus und Muslimen stellt Sudhir Kakar fest:

Was wir heute beobachten können, ist weniger ein Wiederaufleben von Religion als vielmehr ein «Kommunalismus» (so wie die Inder dies Wort verwenden), wo eine Gemeinschaft von Gläubigen nicht nur die gleiche religiöse Zugehörigkeit, sondern auch die gleichen sozialen, wirtschaftlichen und politischen Interessen hat, die dann vielleicht mit den entsprechenden Interessen einer anderen Glaubensgemeinschaft, die im selben geographischen Raum lebt, in Konflikt geraten.[40]

Und selbst der Buddhismus, von dem man es am wenigsten erwartet, bringt Gewalt hervor. Im Anschluss an seine Darstellung des Giftgasanschlages der buddhistischen Sekte Aum Shinrikyo auf die U-Bahn von Tokio 1995 geht Mark Juergensmeyer der Frage nach, wie sogar eine Religion, die Gewaltlosigkeit lehrt, Gewalt rechtfertigen kann.[41]

Religiöse Rahmungen gemeinschaftlicher Handlungen

Dieser religionswissenschaftliche Befund macht es erforderlich, das Verhältnis zwischen Religionsgemeinschaften und Gewalthandeln näher zu bestimmen. Ausgehen möchte ich dabei von dem Umstand, dass religiöse Gewalt selten allein in religiösen Differenzen ihre Ursache hat, sondern meistens in Verbindung mit Interessengegensätzen vorkommt. Hier hat die Metapher vom «Deckmantel» Religion, von Religion als «Ideologie» oder der «Instrumentalisierung» oder «Manipulation» von Religion ihren Ort. Doch verschleiern diese Begriffe die Art der Verbindung beider Handlungstypen, statt sie zu klären. Dabei hat Max Weber eine Theorie ausgearbeitet, die den Sachverhalt klärt und darüber hinaus auch plausibel macht, warum man für die Analyse religiöser Gewalt auf Begriffe der soziologischen Handlungstheorie zurückgreifen sollte.

Weber konstruiert in *Wirtschaft und Gesellschaft* Religion als eine eigene Ordnung von Gemeinschaftshandeln neben Recht, Herrschaft und Wirtschaft. Dabei vermeidet er es, das Wesen von Religion zu definieren, und beschränkt sich darauf, die Bedingungen und Wirkungen dieser Art von Gemeinschaftshandeln zu untersuchen. Ein Verständnis religiösen Handelns «kann nur vom Sinn aus gewonnen werden, da der äußere Ablauf ein höchst vielgestaltiger ist. Religiös oder magisch motiviertes Handeln ist, in seinem urwüchsigen Bestande, diesseitig ausgerichtet.»[42] Um diese subjektive Sinn-Erwartung zu charakterisieren, zitiert Weber aus der Bibel «Auf dass es dir wohl gehe und du lange lebest auf Erden» (Brief an die Epheser 6,2 f). Das Zitat wirft ein bezeichnendes Licht auf sein Verständnis von «Sinn». Es ist keine formale Kategorie, die für die vermittelte Beziehung der Menschheit zur Welt steht. Weber folgt vielmehr deutschen Religionshistorikern seiner Zeit, für die «Sinn» die herausragende Leistung von Religionen in einer an sich sinnwidrigen Welt ist.[43]

Der Unterschied zwischen religiösem und nicht religiösem Verhalten liegt demnach nicht in verschiedenen Typen des Handelns, sondern in einer spezifischen Erwartung der Handelnden, die sich mit verschiedenen Typen von Handeln verbinden kann. Aus dieser Sicht kann jedes Alltagshandeln religiös werden – vorausgesetzt der Handelnde rahmt es mit einer entsprechenden Heils-Erwartung. Da Weber nicht in einem subjektiven Erleben des Heiligen, sondern in der gemeinschaftlichen Erfahrung von Sinnwidrigkeit das konstitutive Prinzip von Religion sieht, ist für die Erzeugung von derartigem Handlungs-Sinn Gemeinschaftlichkeit die Voraussetzung – Gemeinschaft nicht als Gegenpol zu Gesellschaft,[44] sondern als Träger eines Weltbildes. Dieses Weltbild verarbeitet die Erfahrung von Sinnwidrigkeit, besitzt eine gewisse Eigengesetzlichkeit, ist zu Entwicklungen fähig und tritt mit den anderen Gemeinschaftsformen wie Familie, Nachbarschaft, Ethnos, Recht und Herrschaft in wechselseitige Beziehungen, die sich begünstigen, aber auch beeinträchtigen können.[45]

Um den Anteil von religiösen Sinnerwartungen an und in sozialen Handlungen zu bestimmen, bedarf es einer besonderen Art von Begriffsbildung. Hierzu hat Weber das Instrument der Idealtypen entwickelt. Diese seien – so die Charakterisierung von Karl Jaspers – nicht «Gattungsbegriffe, unter die das Wirkliche subsumiert, sondern Sinnbegriffe, an denen es gemessen wird, um es, soweit es ihnen entspricht, prägnant zu fassen, und um durch sie das ihnen nicht Entsprechende deutlich als Tatbestand vor Augen zu bringen. Sie sind nicht Ziel der Erkenntnis, [...] sondern Mittel, das Eigentümliche der jeweiligen menschlichen Wirklichkeit zu klarstem Bewusstsein zu bringen.»[46] Dies alles besagt für das Problem religiöser Gewalt, dass man mit religiösen Sinn-Deutungen von Gewalthandlungen rechnen muss, ohne dabei andere als religiöse Motive, Zwecke und Deutungen des Handelns auszuschließen.

Definitionen der Situation und Wahl eines Handlungsmodells

Für die Analyse solcher Fälle scheint mir ein handlungstheoretischer Ansatz, wie Soziologen ihn im Anschluss an Max Weber und den amerikanischen Pragmatismus entwickelt haben, die geeignetsten Instrumente zu bieten. Ein solcher Ansatz schenkt den Definitionen der Situation und den dabei verwendeten Deutungsrahmen weitaus mehr Aufmerksamkeit als Erklärungsansätze, die von einer «Übersetzung» theoretischer, dogmatischer oder normativer Grundsätze in subjektive Handlungspraxen ausgehen. Situationen sind nicht das äußere Betätigungsfeld für außersituativ vorhandene Intentionen, sondern werden erst durch die Akteure definiert. «Der Begriff der ‹Situation› [ist] geeignet, an die Stelle des Zweck/Mittel-Schemas als erster Grundkategorie einer Handlungstheorie zu treten», stellt Hans Joas fest.[47]

Hartmut Esser hat seinen Ansatz, der von der Theorie der rationalen

Wahl ausgeht, erst in einem Aufsatz skizziert und danach in mehreren Bänden breit entfaltet.[48] Viele seiner Beobachtungen und Begriffe sind für die Klärung unseres Problems hilfreich. Ausgangspunkt ist die Beobachtung, dass es keine direkte Korrelation zwischen Einstellungen von Menschen und ihrem tatsächlichen Handeln gibt. Wenn mittels Fragebögen Einstellungen abgefragt werden und die Befragten ihr Handeln in einer vorgestellten Situation antizipieren, dann stimmt dies nicht mit ihrem tatsächlichen Verhalten überein. Dazu hat bereits 1934/35 der Sozialpsychologe Richard T. LaPiere eine Untersuchung mit dem Titel «Einstellungen versus Handlungen» veröffentlicht.[49] Das Experiment, auf das er sich stützt, bezog sich auf den Fall eines chinesischen Ehepaares, das in den 30er Jahren auf einer Reise durch die USA 67 Hotels, Autocamps und Tourist-Homes sowie 184 Restaurants und Cafés besuchte. Bis auf eine einzige Ausnahme wurde es in keinem Hotel wegen seiner chinesischen Abstammung abgewiesen; in 72 Restaurants wurde das Paar sogar besonders zuvorkommend bedient. Als Richard T. LaPiere ein halbes Jahr später den Hoteliers und Gastwirten schriftlich die Frage vorlegte, ob sie Angehörige der chinesischen «Rasse» aufnehmen bzw. bedienen würden, erhielt er von 51 Prozent der Angeschriebenen eine Antwort. 91 Prozent erklärten, sie würden ein solches Ansinnen ablehnen – in eklatantem Widerspruch zu dem Umstand, dass es bei den Besuchen bis auf eine einzige Ausnahme keine Zurückweisung gegeben hatte. Dazu bemerkt H. Esser:

Die weitgehend fehlende Korrelation zwischen Einstellungen und Verhalten hat viele Sozialforscher überrascht – und beunruhigt.[50]

Auch Religionsforscher tun gut dran, nicht von einer Kausalität zwischen Glaubensanschauungen und Handlungen auszugehen. Erst wenn man diesen Sachverhalt anerkennt, kann man nachvollziehen, warum es zwischen einem exklusiven Eingottglauben und der Praxis von Gewalt keinen irgendwie notwendigen Zusammenhang gibt. Auch religiöse Überzeugungen bestimmen nicht direkt und unvermittelt ein entsprechendes Handeln. Wenn es aber keine notwendige Kopplung von Glaubensanschauungen und Gewalthandlungen gibt, dann muss man ein anderes Modell für die Art dieses Zusammenhangs entwickeln. Das soll hier geschehen.

Hartmut Esser gab dem Kapitel, das den Fall des durch die USA reisenden chinesischen Paares behandelt, die Überschrift «Das Thomas-Theorem». Dieses Theorem wurde 1928 von William I. Thomas und Dorothy Swaine Thomas in einer gemeinsamen Studie formuliert:

«Wenn Menschen Situationen als real definieren, dann sind sie in ihren Folgen real.»[51]

Zu jedem Handeln gehört eine Definition der Situation. Diese ergibt sich aber nicht zwangsläufig aus der Situation selbst, sondern wird ihr von den Subjekten «auferlegt». Wenn dann auch entsprechend gehandelt wird, hat diese Oktroyierung reale Wirkungen. Zwar nimmt zumeist Routine den Handelnden die Notwendigkeit einer eigenen Definition ab. Wenn aber – z. B. im Zuge von Erwartungsenttäuschungen – die Plausibilität einer Definition schwindet, kann den Akteuren plötzlich bewusst werden, dass sie noch weitere Möglichkeiten haben, die Situation, in der sie sich befinden, zu definieren, und sie schalten dann von einem ‹automatischen› in einen ‹reflexiven› Modus um. Das heißt nicht, dass sie jede Situation beliebig deuten können; sie bleiben von den äußeren Bedingungen abhängig; auch existieren ihre Intentionen nicht unabhängig von der Situation, in denen sie sich befinden; aber die äußeren Umstände schreiben ihnen auch nicht zwingend eine bestimmte Definition vor. Dadurch ergeben sich Spielräume, die sie erst durch die Wahl einer Deutung schließen. Wenn sie eine neue «Rahmung» der Situation vornehmen, stellt deren Kommunikabilität und Bekanntheit oftmals ein Kriterium ihres Erfolges dar.

An dieser Stelle unserer Betrachtung kommt die Verfügbarkeit von unterschiedlichen Handlungsmodellen ins Spiel. H. Esser spricht hier von «Framing: Die Selektion des Bezugsrahmens». Handelnde stützen sich bei ihrer Definition auf anerkannte Handlungsentwürfe und wählen einen als verbindlich aus. Die Logik dieser Auswahl der ‹Handlung› kann an Zweckrationalität, an Tradition oder an Gefühlen orientiert sein. Ferner kann die Rahmung in Übereinstimmung mit einem Glauben an Werte erfolgen; dann wird die Geltung auch gegen eine ganz andersartige Wirklichkeit fixiert. Dies kommt vor allem in Zusammenhang mit der Konstitution von individueller oder gemeinschaftlicher Identität vor.[52]

Mit der Rahmung haben sich Handelnde auch auf die darin «als Wissen gespeicherte[n] Modelle des Ablaufs sozialen Handelns» festgelegt. Wenn Handelnde durch Übernahme eines solchen Skripts in ein Drehbuch eintreten, binden sie sich an eine bestimmte Sequenz von Handlungsabläufen: kognitiv, emotional und sozial. Allerdings ist der Modus des Eintritts in solche Handlungsmodelle von weiteren Prinzipien abhängig. So begründen Verantwortungs- versus Gesinnungsethik bei Übernahme eines Modells noch einmal andere Handlungsoptionen.

Die Ansicht, religiöse Gewalt habe ihre Ursache in missbrauchter manipulierter Religion lässt das Phänomen unerklärt. Die folgende Studie gibt ihr einen Ort in einem Handlungsverlauf. Sie geht den Verläufen nach, in denen religiöse Gewalthandlungen entstehen, und bezieht die Situationen, die Deutungsmuster und die Handlungsskripte der religiösen Gemeinschaft und ihrer Gegner in die Betrachtung mit ein; weiterhin untersucht sie, inwieweit Kategorien wie Kult, Fundamentalismus oder Terrorismus hilfreich sind (oder nicht), die Abläufe zu verstehen, und ob sie eventuell auf die Haltung von Medien und Staat gegenüber den so bezeichneten Gemeinschaften Wirkung haben.

Um religiöse Gewalt als Teil eines komplexen Dramas zu erfassen, wird das Untersuchungsfeld vom einzelnen Täter und seinen Motiven auf die Handlung und von dieser auf die Bedeutung, die ihr von Mitgliedern der religiösen Gemeinschaft und von Gegnern gegeben wird, erweitert. Auch andere Akteure, die im Hintergrund bleiben, aber für den Ablauf bestimmend sind (wie organisierte Gegner), werden dabei in die Betrachtung einbezogen.

2. Der Machtzuwachs religiöser Vergemeinschaftung

Die Ambivalenz religiöser Gemeinschaftlichkeit

Es ist noch nicht lange her, dass man die scheinbar unaufhaltsame Säkularisierung als drohenden Verlust der moralischen Grundlagen der Gesellschaft beklagte. Als dann aber Religionen sich in der Öffentlichkeit zurückmeldeten – und dies in einigen Fällen mit Gewalt – traten die Schwächen dieser Annahme deutlich hervor. Im Zuge dieser plötzlichen Verlegenheit wurden Begriffe in Umlauf gebracht, die den unbestreitbaren Zusammenhang von Religion und Gewalt verständlich machen sollten. «Kult», «Fundamentalismus», «Terrorismus» seien degenerierte, manipulierte, jedenfalls keine genuinen Formen von Religion und als solche die Quelle von Gewalt. Doch sind diese neuen Kategorien Kampfbegriffe, die bestimmte Typen von Religionsgemeinschaft an sich für gewalttätig erklären, nicht aber den Prozess, in dem sie gewalttätig werden. Die so kreierten Begriffe sind daher keine Lösung, sondern selber das Problem, da Ordnungskräfte sich bei ihrem Vorgehen gegen die so bezeichneten Gruppen an ihnen orientieren und damit Gewaltanwendung legitimierten.

Das Problem, um das es geht – die Ambivalenz religiöser Gemeinschaftlichkeit –, ist alt und wurde bereits im Zeitalter der Glaubenskriege philosophisch erkannt und entfaltet. Zwei einander ausschließende Positionen wurden damals formuliert. Thomas Hobbes (1588–1679) vertrat die Auffassung, der öffentlich vorgetragene kirchliche Glaube sei die Ursache der Gewalt. Die Lösung könne nur ein starker Staat sein; als höchste Instanz auf Erden müsse der Souverän die Religionsgemeinschaften in Schach halten und die öffentliche Religion kontrollieren. Die private Verehrung der Bürger sei nur insoweit frei, als sie im Verborgenen geschehe.[1] Im 20. Jahrhundert hat Carl Schmitt Hobbes' Diagnose wieder aufgenommen; es sei die Hauptaufgabe des neuzeitlichen Staates, das Heilsverlangen der Religionsgemeinschaften zu entpolitisieren.[2] In Fortführung von Carl Schmitt sah Hans Blumenberg darin die Legitimität der Neuzeit.

Noch zu Lebzeiten von Hobbes kam eine gänzlich andere Auffassung auf, die nicht von einem starken Staat die Bändigung religiöser Gewalt erwartete, sondern von einer kirchlich unabhängigen Religiosität. Samuel Pufendorf vertrat in seinem in Europa weit verbreiteten Buch über das

Naturrecht die Auffassung, «dass die Religion das wichtigste und festeste Band der menschlichen Gesellschaft» sei. Ohne Religion verlören die Staaten ihre «innere Festigkeit», denn diese sei von einem funktionierenden Gewissen der Bürger abhängig.[3] Jean-Jacques Rousseau entdeckte das Buch und vertiefte die These in dem «Glaubensbekenntnis des savoyischen Vikars», einem Abschnitt in seinem Buch *Emile oder Von der Erziehung* (1762).[4] Um seine Pflichten zu erkennen, so schreibt er dort, brauche der Mensch weder Philosophen noch Theologen. Das Studium der Offenbarungsschriften von Judentum, Christentum oder Islam erbringe gleichfalls keine entsprechende Erkenntnis.

Über das, was ich tun will, brauche ich nur mich selbst zu befragen: alles was ich als gut empfinde, ist gut, alles, was ich als schlecht empfinde, ist schlecht: der beste aller Kasuisten [Moraltheologen; HGK] ist das Gewissen.[5]

Nicht die Urteile des Verstandes, sondern die Empfindungen des Herzens seien des Menschen bester Lehrer. «Die wahren Pflichten der Religion [sind] von menschlichen Institutionen unabhängig».[6] Auch für Rousseau bildete Religion also das stärkste soziale Band, das Menschen miteinander verbindet. Hatte jedoch Hobbes dem Gewissen aus Gründen der Sicherung des inneren Friedens höchstes Misstrauen entgegengebracht, so wurde es bei Rousseau zu einer fast unfehlbaren Instanz, die die Maximen des richtigen Handelns verlässlich und unabhängig von den Kirchen vorschreibt. Mögliche religiöse Intoleranz müsse allerdings vom Staat unterbunden werden. Die Annahme einer Evidenz des Moralischen wurde von Immanuel Kant zwei Jahrzehnte später noch weiter philosophisch ausgearbeitet. Die Bürger seien kraft ihrer Vernunft imstande, die kirchliche Intoleranz zu bannen und die historischen Religionen für den Zusammenhalt ihres Gemeinwesens nutzbar zu machen. Die beiden geschilderten Positionen stimmen überein in der Kritik kirchlicher Institutionen, unterscheiden sich aber diametral in der Beurteilung der Wirkung privater Religiosität in der Öffentlichkeit. Während Hobbes darin ein Potenzial sozialer Destruktion erkannte, sahen Pufendorf, Rousseau und Kant darin den Garanten des moralischen Zusammenhalts eines bürgerlichen Gemeinwesens – immer vorausgesetzt, der Staat unterdrückt religiöse Intoleranz.

Solange man davon ausgehen konnte, dass die Macht gemeinschaftlich organisierter Religion in der Moderne gebrochen ist, verlor das Problem der Ambivalenz des Religiösen an Dringlichkeit. Beispielsweise nahm der

Religionssoziologe Peter L. Berger in den sechziger Jahren noch an, dass sich in der Moderne die Wirkung von Religion polarisiere. Einerseits ziehe sie sich in die private Sphäre zurück, andererseits werde sie zu politischer Rhetorik.

> Der Gesamteffekt der ... «Polarisierung» ist sehr merkwürdig. Religion manifestiert sich als öffentliche Rhetorik und private Tugend. Insoweit sie gemeinschaftlich ist, fehlt ihr «Wirklichkeit», und insoweit sie «wirklich» ist, fehlt ihr Gemeinschaftlichkeit.[7]

Mag es eine Zeitlang tatsächlich für viele so ausgesehen haben, als verliere die gemeinschaftliche Religion in der Moderne an sozialer Wirklichkeit, so wird das heute anders beurteilt. Ein stetiges Wachstum religiöser Gemeinden in den USA, eine geradezu explosionsartige Ausbreitung protestantischer Gemeinden in Lateinamerika, im Pazifikraum und andernorts[8] bezeugen die veränderte Situation ebenso wie die Welle der Gründung von Moscheegemeinden weltweit.[9] Damit aber stellt sich das alte Problem in neuer Schärfe. Um zu klären, was heute die religiöse Ambivalenz ausmacht, muss man die Erstarkung religiöser Vergemeinschaftung in der Gegenwart und ihre Sozialformen in den Blick nehmen.

Gemeindereligiosität in Judentum, Christentum und Islam

Keineswegs alle Religionen haben in ihrer Geschichte geschlossene Gemeinschaften der Gläubigen ausgebildet. Oft decken sich Religionen mit bestehenden sozialen Einheiten wie Hausgemeinschaft, Verwandtschaftsgruppe, Stamm oder Nation; weiterhin haben oft andere als spezifisch religiöse Kriterien wie z. B. Alter und Geschlecht über die Zugehörigkeit zu einer Religionsgemeinschaft entschieden. Zudem kommt es vor, dass Gläubige der Zugehörigkeit zu einer religiösen Gemeinschaft wenig oder keine Relevanz hinsichtlich des Heils einräumen. All dies ändert sich deutlich, wenn das Erlangen des Heils an eine bestimmte Lebensführung gebunden ist, wie das bei prophetischen Religionen der Fall ist, und wenn der Gesamtheit der Gläubigen das Heil verheißen ist. Dann wird die religiöse Gemeinschaft selbst Gegenstand des Glaubens. Die drei Religionen Judentum, Christentum und Islam, die sich als Träger der Abraham gegebenen Verheißung sehen (1. Moses 12,1–3), sind Gemeindereligionen par excellence. Dies lässt sich an der Existenz von vier Tatbeständen festmachen:

- Die religiöse Gemeinschaft ist Adressat einer Heilszusage und so selbst Gegenstand des Glaubens der Mitglieder; damit verknüpft ist die Idee, dass die einzelnen lokalen Religionsgemeinden Teil einer transzendenten Gemeinschaft aller Erlösten sind («Volk Gottes»; «Kirche», «*umma*»).

- Die religiöse Gemeinschaft verlangt von ihren Angehörigen, dass sie Glaubensgenossen in Not helfen und beistehen («Brüderlichkeitsethik»).

- Die religiöse Gemeinschaft fordert von ihren Mitgliedern in Zeiten, in der sie in ihrer Existenz bedroht ist, die Bereitschaft, für den Glauben zu sterben, und sieht darin etwas Vorbildliches («Märtyrerkult»).

- Die religiöse Gemeinschaft beansprucht Anerkennung von nicht-religiösen sozialen Ordnungen und Mächten («Legitimität» bzw. «Legalität»).

Nur wo diese vier Tatbestände zusammenkommen, ist es überhaupt erst möglich, dass die Loyalität der Gläubigen zu ihrer Glaubensgemeinschaft und zu den sozialen Ordnungen und Mächten auseinander treten. Eine Differenz zwischen religiöser Vergemeinschaftung und allgemeiner Vergesellschaftung bzw. zwischen Sozial- und Systemintegration ist die Voraussetzung religiöser Ambivalenz. Hier erst entsteht das Problem, dass eine religiöse Gemeinschaftlichkeit ein soziales Band begründen, aber auch zerstören kann.

Judentum

Die großen abrahamitischen Religionen Judentum, Christentum und Islam haben in ihrer Geschichte solche Merkmale von Gemeinschaftlichkeit ausgebildet. Als das Judentum Palästinas nach der Rückkehr aus der Verbannung im 5. Jahrhundert v. Chr. in Jerusalem und Umgebung einen eigenen Rechtsverband ins Leben rief, dem von den persischen Herrschern Autonomie zugebilligt wurde, mussten sich die Bürger gegenüber dem jüdischen Statthalter Nehemia verpflichten, keine Heiraten ihrer Kinder mit Nichtjuden zuzulassen, am Sabbat keinen Handel zu treiben und im siebten Jahr auf den Ertrag des Landes und auf das Pfand, das man für ein Darlehen erhalten hat, zu verzichten. So bekräftigten sie die Forderung der Propheten, dass der Glaube daran, dass das Land Palästina Gottes Eigentum ist, jede Gleichgültigkeit gegenüber der Not eines Glaubensgenossen verbietet und eine Unterstützung der Kranken, Witwen, Waisen, Sklaven und Fremden verlangt. Sie nahmen sogar die Verpflichtung auf sich, die Schuldversklavung von Glaubensgenossen und die Aneignung von dessen Landbesitz als Übertretung des Bundes mit Gott zu ächten. Regelmäßige Freilassung der Schuldsklaven wurde zu einem religiösen Gebot.¹⁰ Als im 2. Jahrhundert v. Chr. die religiöse Ordnung des jüdischen Gemeinwesens von Anhängern des Hellenismus bekämpft wurde, wurden diejenigen, die sich dagegen mit Gewalt erhoben, als Märtyrer gefeiert. Gleichzeitig trennten sich besonders Glaubenstreue auch territorial vom jüdischen Stadtstaat Jerusalem, gründeten die Gemeinde von Qumran und erneuerten mit ihren Regeln die biblische Verpflichtung des Volkes Israel gegenüber den Armen und Schutzbedürftigen.¹¹

In Israel war die Tora ein Dokument, das nicht den Priestern vorbehalten war, sondern sich an das ganze Volk richtete. Dieser Öffentlichkeitsanspruch der Offenbarung Gottes war die Voraussetzung dafür, dass Juden für ihre Gemeinden die in Städten der hellenistischen Imperien und des Römischen Reiches geltenden Rechtsformen übernahmen wie den griechischen Verein oder das römische *collegium*.¹² So erhielten die religiös kodifizierten Beziehungen der Mitglieder untereinander auch rechtliche Verbindlichkeit.¹³ Einem ähnlichen rechtlichen Prinzip folgten noch viele Jahrhunderte später jüdische Organisationen, die im 20. Jahrhundert mit der «Rückführung» von Juden nach Palästina betraut waren. Die Einwanderung nach Israel war, bevor es den Staat Israel gab, eine Aufgabe der World Zionist Organization und der Jewish Agency. Beide Organisationen vertraten die Interessen des jüdischen Volkes vor der Britischen Mandatsbehörde. Und auch nachdem der Staat Israel gegründet worden war, blieben sie als Körperschaft mit weitgehenden eigenständigen Befugnissen bei der Ansiedlung von Juden im Land Israel bestehen.¹⁴

Christentum

Das Christentum trat im Hinblick auf die Gemeindereligiosität in die Fußstapfen des Judentums. Der Basistext, der im Christentum die Solidarität mit den Bedürftigen predigte, kommt aus dem Matthäusevangelium. «Was ihr einem dieser meiner geringsten Brüder getan habt, habt ihr mir getan», wird den Gerechten bzw. Verdammten im Endgericht gesagt, als sie fragen, warum sie das Reich Gottes erben bzw. warum sie zum ewigen Feuer verflucht sind (Matthäus 25,31–46). Der wirkliche Bruder ist nicht an der äußeren Zugehörigkeit zum jüdischen Volk erkennbar, sondern allein an seiner Bedürftigkeit: an Hunger, Durst, Heimatlosigkeit, Krankheit, Gefangenschaft. Dies zu erkennen ist die Bewährungsprobe für den Glauben. In der Antike bewältigten Christen diese Aufgabe gemeinschaftlich, indem sie dazu Vereinigungen bildeten. Die Wohlhabenden zahlten in eine gemeinsame Kasse ein; der Vorsteher unterstützte aus ihr Waisen, Witwen, Kranke, Gefangene und Fremde (Justin 1. Apologie 67, 6). Die christlichen Gemeinden übernahmen darüber hinaus auch das Begräbnis verarmter Mitglieder. Obwohl Christen bis Konstantin wegen ihrer Weigerung, an den Kulten der Städte und des Reiches teilzunehmen, verfolgt wurden, konnten sie sich dennoch in diesen Vereinigungen organisieren, da dieser Typ wegen seiner sozialen Nützlichkeit vom sonst geltenden Verbot der unautorisierten Gründung von Vereinen ausgenommen war. Wie die jüdischen, so übernahmen auch christliche Gemeinden römische Rechtsformen und etablierten sich damit in der antiken Zivilgesellschaft.[15] In diesen Vereinigungen wurde auch der Märtyrer gedacht, die wegen ihrer standhaften Weigerung, heidnische Opfer darzubringen, ihr Leben gelassen hatten. Das Vereins- und Korporationsrecht der modernen säkularen Verfassungsstaaten, das seinerseits in einer Kontinuität zum Römischen Recht steht, hat bis heute der christlichen, aber auch der jüdischen und islamischen Solidaritätsethik eine zivilgesellschaftliche Wirksamkeit gesichert.

Islam

Auch im Islam macht das Gebet alleine noch keine rechtgläubigen Muslime. Hier wird man Sure 2:177 den Basistext nennen können.

> Frömmigkeit besteht nicht darin, dass ihr euer Gesicht nach Osten und Westen wendet. Frömmigkeit besteht darin, dass man an Gott, den Jüngsten Tag, das Buch und die Propheten glaubt, dass man, aus Liebe zu Ihm, den Verwandten, den Waisen, den Bedürftigen, dem Reisenden und den Bettlern Geld zukommen lässt, und (es) für den Loskauf der Sklaven und Gefangenen (ausgibt), und dass man das Gebet verrichtet und die Almosensteuer entrichtet. (Fromm sind auch) die, die ihre eingegangenen Pflichten erfüllen, und die, die in Not und Leid zur Zeit der Gewalt geduldig sind. Sie sind es, die wahrhaftig sind, und sie sind die Gottesfürchtigen.

Anders als im Christentum haben bestimmte Gruppen von Gemeindemitgliedern ein verbrieftes Anrecht auf Unterstützung durch ihre Glaubensbrüder. Dies sind: Arme, Bedürftige, die Verwalter der Almosensteuer, Sklaven (für ihren Loskauf), Verschuldete, Reisende, Teilnehmer an einem *jihad* (Sure 9:60), Konvertiten.[16] Gerechtigkeit bezeichnet auch noch im modernen islamischen Denken eine zwar materiell asymmetrische, aber sozial reziproke Beziehung zwischen Ungleichen.[17] Die vermögenden Muslime sind verpflichtet, sich für Gerechtigkeit und das allgemeine Wohl (*maṣlaḥa*) des Gemeinwesens einzusetzen, die gesetzliche Almosensteuer (*zakat*) zu entrichten und Bedürftige mit freiwilligen Gaben (*zadaqa*) zu unterstützen.[18] Auch die Regierende treten gegenüber den Bedürftigen als Wohltäter auf,[19] Systeme staatlicher Wohlfahrt sind nur sehr beschränkt an ihre Stelle getreten. Überwiegend blieb die Hilfe für Bedürftige eine Sache der Religionsgemeinschaft. Heutzutage schließt die islamische Mission (*da'wa*) noch nachdrücklicher, als das in früheren Zeiten der Fall war, die Gründung sozialer Institutionen mit ein.[20] Neben den Mächtigen und Reichen sind es private islamische Vereinigungen, die Wohlfahrtsaufgaben übernehmen. Manche dieser Vereinigungen gingen demonstrativ dazu über, die Grenzen zwischen dem öffentlichen und dem privaten Bereich neu zu bestimmen und in ihren religiösen Aktivitäten eine Wahrnehmung öffentlicher Aufgaben zu sehen.[21]

Möglich waren diese Aktivitäten auf Grund von zwei institutionellen Voraussetzungen. Erstens ist es im ganzen Nahen Osten Privatleuten heutzutage rechtlich gestattet, Vereinigungen zu bilden. In Ägypten, wo dieser Sachverhalt besonders gut erforscht ist, waren in den 90er Jahren ungefähr 14 000 private Vereinigungen (*jama'iyya*) registriert.[22] Sie sind freiwillig, klein, lokal und operieren überwiegend in den Bereichen Gesundheit und Bildung. An zahllosen Vereinsgründungen haben Muslim-Brüder mitgewirkt, ohne selbst vom Staat offiziell als eine eigene Organisation anerkannt worden zu sein. Diese privaten Vereinigungen, die zwischen dem Individuum und dem Staat stehen, sind eine eigene Sphäre heutiger islamischer Öffentlichkeit im Nahen Osten.[23]

In dieser zivilgesellschaftlichen Sphäre operiert auch das islamische *Stiftungswesen*. Es bildete eine weitere Voraussetzung für eine gemeinschaftliche Wohlfahrt. Wohlhabende Muslime, die Herrscher eingeschlossen, können ihre persönlichen Vermögenswerte der islamischen Gemeinschaft stiften, wobei durchaus noch Familienangehörige oder Privatleute eine Zeitlang die Nutznießer sein können. Mittels *waqf*, so die Bezeichnung dieser Institution, kommen Einkünfte aus Land, Mieten, Betrieben oder Geldvermögen aber irgendwann unwiderruflich islamischen Institutionen und Gruppen zugute.[24] Lange Zeit hielten westliche Wissenschaftler vormoderne islamisch geprägte Staaten für eine Art «orientalischer Despotie», in der der Souverän uneingeschränkt über seine Untertanen herrscht und in denen ein Bereich des Öffentlichen, der zwischen dem Herrscher und den Regierten vermittelt, nicht vorhanden ist. Neuere Untersuchungen haben ergeben, dass das Stiftungswesen in diesen Ländern einen eigenständigen Bereich des Öffentlichen darstellt – mit der Einschränkung allerdings, dass weder unser Begriff von «Öffentlichkeit» noch der von «Körperschaft» auf diese Institutionen voll zutrifft und diese Begriffe daher nur heuristisch verwendet werden sollten.[25]

Daraus folgt: Solidarität mit den Bedürftigen ist ein religiöser Wert in allen drei großen abrahamitischen Religionen. Doch *Bedürftigkeit* ist selbst keine zeitlose Kategorie. Bedürftigkeit und die ethischen Forderungen der «Brüderlichkeitsethik» ändern sich mit den ökonomischen und sozialen Verhältnissen. Walter Schmidt hat in einer Studie zur lateinamerikanischen katholischen Theologie der Befreiung diese Sicht mit Arbeiten von Amartya Sen, Nobelpreisträger für Wirtschaftswissenschaft, gestützt.[26] Sen lehnt es ab, Armut rein quantitativ zu bestimmen und Fortschritt am Wachstum des Bruttosozialproduktes oder am Ansteigen des Einkommens zu messen. Eine wirtschaftliche Entwicklung, die diesen Namen verdient, besteht in mehr und anderem: der Erweiterung von Verwirklichungschancen (*capabilities*).

Es gibt gute Gründe dafür, Armut als Mangel an fundamentalen Verwirklichungschancen zu betrachten, und nicht bloß als zu niedriges Einkommen.[27]

Mit dieser Einsicht eröffnet Sen eine breitere Perspektive auf die Globalisierung der Märkte als ein Entweder-Oder: sie entweder aus wirtschaftlichen Gründen zu begrüßen oder aus ethischen Gründen zu verdammen. Mit den neuen ökonomischen Gegebenheiten wandelt sich auch die religiöse Solidaritätsethik. Soziale Netzwerke und Kompetenzen werden die wertvollste Gabe an die Bedürftigen und tragen zu ihrer Selbstverwirklichung bei.[28] Die «Brüderlichkeitsethik» verankert die abrahamitischen Religionen in den Mechanismen globaler Märkte.

Religiöse Gemeinschaften als zivilgesellschaftliche Akteure

Die heutigen Formen religiöser Gemeinschaftlichkeit sind noch vielfältiger, als sie es in der Geschichte schon waren. Synagoge im Judentum, Kirche im Christentum oder Moschee im Islam waren ja nie die einzige Form religiöser Vergemeinschaftung. Heute jedoch kann sich eine Untersuchung religiöser Gemeinschaftlichkeit mit den überlieferten Institutionen erst recht nicht mehr begnügen. Da ist *erstens* die Expansion von Zivilgesellschaft. In dem Raum zwischen Staat, Wirtschaft und Privatsphäre operiert heutzutage eine Vielzahl von Organisationen, für die alle ein hohes Maß gesellschaftlicher Selbstorganisation kennzeichnend ist und für die es unterschiedliche Rechtsformen gibt.

Zu den im öffentlichen Raum handelnden zivilgesellschaftlichen Akteuren gehören auch die Religionsgemeinschaften, jedenfalls wenn sie ... im Plural und damit
als Wettbewerber auftreten und nicht als monopolistische Staatskirche.[29]

Mit diesen Worten weist Gunnar Folke Schuppert darauf hin, dass heutige
Rechtsformen für Religionen sich von den überlieferten Typen lösen. In
einer «unübersichtlichen Organisationslandschaft», für die G. F. Schuppert
eine Skala von privat bis staatlich entwirft, gibt es für Religionsgemeinschaften eine ganze Reihe von Rechtsformen, die sich aus der tatsächlichen
oder beanspruchten Erfüllung öffentlicher Aufgaben ergeben. *Zweitens*
hat man festgestellt, dass dank neuer Sozialformen private Religiosität
zunehmend in die Öffentlichkeit tritt. Jahrelang haben Religionssozio-
gen die Privatisierung zum Leitfaden ihrer Untersuchungen von Religion
in der modernen Gesellschaft gemacht, bis José Casanova, Grace Davie
und andere den Spieß umdrehten und aufzeigten, dass sich auch die pri-
vatisierte Religion nicht mit der Sphäre des Privaten begnügt. Vielmehr
artikulieren Religionen in der zivilgesellschaftlichen Öffentlichkeit Erfahrungen und Ansprüche, die zwar ihren Ursprung im privaten Erleben
und Beurteilen haben, die aber mit anderen geteilt werden sollen. Diese
«Entprivatisierung» von Religionen, so Casanova, ist grundlegend für
die zivilgesellschaftliche Konstitution von Religionen heute. Ihre Öffentlichkeit unterscheidet sich grundlegend von herkömmlichen Formen von
Staatsreligion.[30] Die heutige individualisierte Religiosität Europas kann
ohne diese zivilgesellschaftliche Einbettung nicht erfasst werden.

Religiöser Gemeinschaftlichkeit kommt in dieser zivilgesellschaftlichen
Dimension ein hohes Maß an sozialer Wirklichkeit zu. Das gilt selbst für
Europa – trotz des Diktums von Peter L. Berger, wonach die ganze Welt
heute massiv religiös geworden sei, nur nicht Europa.[31] Die Religionsso-
ziologin Grace Davie aus Großbritannien brachte den Unterschied zu den
USA auf die Formel, für Europa sei eine Divergenz zwischen ‹believing›
and ‹belonging› bezeichnend. Dramatische Entkirchlichung könne simul-
tan mit einer weiten Verbreitung von religiösen Glaubensanschauungen
auftreten und begründe einen europäischen Sonderfall. Davie erklärt diese Divergenz auch mit neuen zivilgesellschaftlichen Institutionalisierungen
von Religion und spricht in diesem Zusammenhang von stellvertretender
Religion («vicarious religion»): Religion kann als zivilgesellschaftlicher
Akteur hohe Wertschätzung genießen, ohne dass dies in einer aktiven Kir-
chenmitgliedschaft eine Entsprechung findet.[32]

Zeitgleich mit dem zivilgesellschaftlichen Erstarken religiöser Gemeinschaftlichkeit wurde in den USA ein Konzept entwickelt, das für diesen Sachverhalt besonders ergiebig ist: das des Sozialkapitals. Besonders der Name von Robert D. Putnam, Professor für Regierungslehre an der Harvard Universität, ist hier zu nennen. Er hatte in Italien die Effektivität von Regionalregierungen untersucht, die in den siebziger Jahren neu gebildet wurden und denen Zuständigkeiten für ein weites Spektrum öffentlicher Aufgaben übertragen worden waren. Dabei stieß Putnam auf überraschend große Unterschiede in der Umsetzung der Reformen. Im Norden des Landes wurden sie ein Erfolg, im Süden hingegen eher ein Fehlschlag. Die Ursache dafür sah er in unterschiedlichen sozialgeschichtlichen Voraussetzungen. In den Städten Norditaliens existierten seit alters aktive Vereinigungen von Bürgern, die gewohnt waren, die Angelegenheiten ihrer Orte selbst in die Hand zu nehmen; im Süden hingegen waren die Stadtbewohner abhängig von Grundherren und erwarteten die Regelung ihrer Angelegenheiten von «denen da oben».[33] Das Zivilengagement des Nordens stellte ein «soziales Kapital» dar, das für den wirtschaftlichen und politischen Erfolg der Regionalregierungen ausschlaggebend war. Diese Unterschiede, die auf das 14. Jahrhundert zurückgehen, haben selbst noch die Entwicklungen im 20. Jahrhundert mitbestimmt. Es handelt sich um einen Fall von «Pfadabhängigkeit: Wohin man gelangen kann, hängt davon ab, woher man kommt».[34]

Sogleich nach Veröffentlichung seiner Studie wandte Putnam seine neu gewonnene Erkenntnis auf die USA an. Dass Amerikaner beispielsweise seit zwei Jahrzehnten in zunehmendem Maße alleine anstatt zusammen mit anderen kegeln gehen, betrachtete er als Symptom eines Verlustes an sozialem Kapital und gab einem Artikel darüber – später auch einem Buch – den Titel «Bowling Alone». Putnam las den Befund des einsam Kegelnden vor dem Hintergrund von Alexis de Tocquevilles Klassiker über die Demokratie in Amerika. Sie lebe, so der französische Beobachter im Jahre 1835, von der Bereitschaft der Bürger, sich zu Vereinen aller Art zusammenzuschließen.

Überall, wo man in Frankreich die Regierung und in England einen großen Herrn an der Spitze eines neuen Unternehmens sieht, wird man in den Vereinigten Staaten mit Bestimmtheit eine Vereinigung finden.[35]

Mit Blick auf die Erosion des amerikanischen Zivilengagements will Putnam diese Erkenntnis Tocquevilles auch heute als Gradmesser für das Vermögen bürgerlicher Selbstorganisation in den USA verstanden wissen, deren Leistungskraft nahezu unermesslich sein soll.

Alexis de Tocqueville schrieb den Erfolg der Demokratie in Amerika der unge-
wöhnlichen Bereitschaft der Amerikaner zu zivilem Engagement zu. Die jüngste
empirische Forschung in einem breiten kontextuellen Umfeld bestätigt, dass die
Normen und Netzwerke des Zivilengagements (das man neuerdings mit dem Begriff «Sozialkapital» bezeichnet) die Bildung verbessern, die Armut verringern,
Kriminalität einschränken, die Wirtschaftsleistung steigern, einen besseren Staat
fördern und sogar die Sterblichkeitsrate verringern können. Umgekehrt kann ein
Mangel an Sozialkapital zu vielfältigen sozialen, ökonomischen und politischen
Missständen beitragen.[36]

Die Entdeckung einer neuen Art von Kapital und seiner fast wunderbaren
Effekte schlug wie eine Sensation ein. Fast schien es, als habe ein Politikwissenschaftler die unabhängige Variable entdeckt, von der sowohl der
Erfolg politischen Handelns wie die Qualität eines Gemeinwesens abhängt und die überdies keine zusätzlichen Kosten verursacht.[37] Sofortiges
Handeln schien angesagt, denn jenes Kapital war mehr und mehr im Verschwinden begriffen. Nur Religionsgemeinschaften machen in dieser Hinsicht eine Ausnahme und boten Putnam daher Anlass zur Hoffnung.

Religiöse Leute sind ungewöhnlich aktive Sozialkapitalisten.... Religiöse Aktivität
ist eine entscheidende Dimension zivilen Engagements. Trends im zivilen Engagement sind eng an sich wandelnde Formen religiöser Aktivität gebunden.[38]

Im Kongress sahen sich sowohl Republikaner wie Demokraten von dieser
Diagnose gleichermaßen bestätigt: die einen in ihrem Glauben an die Überlegenheit von Eigeninitiative und Markt gegenüber staatlichen Maßnahmen; die anderen in ihrem Glauben an die stimulierende Wirkung einer
Sozialgesetzgebung. So kam es, dass beide Lager 1996 gemeinsam eine
Reform der Wohlfahrtsgesetze beschlossen. Doch erst unter der nachfolgenden Bush-Regierung wurden ab 2001 die neuen Gesetze entschlossen
umgesetzt. Jetzt sollten auch Religionsgemeinden in die Vergabe von staatlichen Wohlfahrtsmitteln einbezogen werden können, obwohl die Verfassung der USA eine Finanzierung religiöser Gemeinschaften durch den Kongress – bzw. auch durch die Bundesstaaten in der späteren Auslegung durch
den Supreme Court – verbot. Staatliche Stellen sollten bei der Vergabe von
Mitteln für Bedürftige auch die karitative Arbeit religiöser Gemeinschaften
finanziell unterstützen dürfen.[39]

Das Sozialkapital religiöser Gemeinschaften
Zurück zu Putnam und seiner Hochschätzung des Sozialkapitals religiöser Gemeinschaften. Er verstand unter Sozialkapital «Netzwerke, Normen und soziales Vertrauen, die Koordination und Kooperation zum ge-

genseitigen Nutzen fördern».[40] Mit dieser Definition folgte er einem Neu-
ansatz in der amerikanischen sozialwissenschaftlichen Forschung der
achtziger Jahre.[41] James C. Coleman war vorangegangen und hatte soziales Kapital als eine eigene Ressource neben dem ökonomischen Kapital
und dem Humankapital bestimmt und darin eine spezielle Bedingung für
den Erfolg von sozialen Handlungen ausgemacht.[42] Dieses «Beziehungskapital», das nicht mit Vetternwirtschaft zu verwechseln ist, erlangt nur
dadurch seinen Wert, dass es sich dauernd in Zirkulation befindet. Je intensiver jemand sich auf persönliche Beziehungen verlässt und ihnen vertraut,
umso größer wird es; je weniger, umso kleiner.[43] Hier ist die Verbindungs-
stelle von Religiosität und Sozialkapital. Wenn zur Praxis des Glaubens die
Solidarität mit Bedürftigen gehört, dann stellt das so entstehende Netzwerk
für die Bedürftigen eine Quelle von Sozialkapital dar, für die Gläubigen
eine Konkretion ihrer Religiosität.

Die von Soziologen vorgenommenen Netzwerkanalysen fügten der
Theorie des Sozialkapitals bald noch eine weitere Dimension hinzu, die
auch für die Untersuchung religiöser Netzwerke wichtig ist. Und zwar
betrifft sie die Chancen von Handelnden in verschiedenen Netzwerken. Je
mehr Verbindungen jemand zu entfernten Clustern von Netzwerken un-
terhält, umso größer werden seine Chancen bei der Realisierung von
Handlungszielen. Diese «Stärke schwacher Bindungen» bemerkte zuerst
Mark Granovetter bei Untersuchungen zum Arbeitsmarkt. Bekanntschaft
mit Menschen aus anderen sozialen Clustern als dem eigenen erhöht die
Chancen bei Bewerbungen. Je mehr Verbindungen dieser entfernten Art
jemand hat, umso leichter erlangt er relevante Informationen und umso
erfolgreicher ist seine Stellensuche.[44] Angesichts der Tendenz religiöser
Netzwerke, viele voneinander unabhängige Cluster zu bilden, ist Grano-
vetters These für diesen Bereich besonders triftig. Den Begegnungen einander fremder Menschen geht eine stillschweigende Gemeinsamkeit von
Weltbildern und Ethiken voraus, die Beziehungen ermöglichen, stimulie-
ren und strukturieren. Dieser Fall legt übrigens nahe, mit Hartmut Esser
von einem Beziehungskapital ein Systemkapital, das dessen Voraussetzung bildet, zu unterscheiden. Zu einem solchen zählt er: wechselseitige
soziale Kontrolle und Aufmerksamkeit der Mitglieder untereinander; das
Vorhandensein eines übergreifenden Vertrauens in die Kooperationsbe-
reitschaft aller Mitglieder und in das Funktionieren des Systems insgesamt; die übergreifende Geltung von Werten, Normen und Moral.[45] Alles
dies trifft auf religiöse Netzwerke zu.

Hilfreich für eine nähere Bestimmung dieses Systemkapitals sind die

Arbeiten von M. Rainer Lepsius zum Prozess von Institutionalisierung. Seiner Auffassung nach isolieren Institutionalisierungsprozesse Leitideen, spezifizieren sie für bestimmte Handlungskontexte und statten sie mit Geltungskraft aus. Diejenigen, die entsprechend handeln, können immer weitere soziale Bereiche in den Geltungsbereich dieser Ideen hereinziehen.[46] Das Systemkapital einer religiösen Gemeinschaft ist auf diese Weise am besten zu bestimmen. Die Zugehörigkeit zu einer Religion bettet das Handeln des Einzelnen in eine heilsgeschichtliche Positionierung ein und legt so den Grund für einen Vorschuss an Vertrauen, das lokale Grenzen überschreitet.

Eine Warnung ist an dieser Stelle angebracht. Man darf nicht vorschnell folgern, Sozialkapital sei immer und unter allen Umständen etwas zivilgesellschaftlich Produktives. Zwar ist richtig, dass die durch Sozialkapital vermittelten Transaktionen die Einhaltung von sozialen Regeln begünstigen, gegenseitiges Vertrauen und Unterstützung hervorrufen und Zugang zu knappen Gütern eröffnen. Jedoch können, wie Alejandro Portes festhält, von genau dieser Wirkung auch Bedrohungen für die zivile Ordnung ausgehen: wenn nämlich die Beteiligten die Ressourcen für ihr eigenes Netzwerk monopolisieren, Angehörige anderer Gruppen ausgrenzen, sich gegenseitig unter Konformitätsdruck setzen, individuelle Freiheit einschränken und sich in Ghettos oder Gangs absondern.[47] Ebenso muss die Entprivatisierung der Religion, wie J. Casanova sie analysiert, nicht unbedingt dem öffentlichen Gemeinwohl dienen, sondern kann auch zu einem Konflikt mit der staatlichen und rechtlichen Ordnung führen und eine Gegenöffentlichkeit bilden.[48]

Auf diese Einwände hin hat Putnam sein Konzept verfeinert und ein Sozialkapital, das tendenziell nach außen gerichtet ist und Brücken zwischen sozial Ungleichen bildet, von einem Sozialkapital unterschieden, das nach innen orientiert ist und ein Band der Gemeinsamkeit zwischen Gleichen herstellt: brückenbildendes im Unterschied zu bindendem homogenisierendem Sozialkapital.[49] Diese beiden Typen unterscheiden sich in ihrer Wirkung auf die Zivilgesellschaft elementar. Von einem brückenbildenden Sozialkapital darf man eher positive gesellschaftliche Effekte erwarten, von einem homogenisierenden Sozialkapital eher negative. Als Beispiel dafür, dass homogene Gemeinschaften eher eine Gefährdung für die Zivilgesellschaft darstellen als heterogene, verweist Putnam auf die Studie von Ashutosh Varshney zu Indien.[50] Ihr zufolge ist die Gewalt zwischen Hindus und Muslimen dort zurückgegangen, wo gemeinsame zivilgesellschaftliche Vereinigungen die Kluft zwischen Mitgliedern der beiden Gemeinschaften überbrücken. Putnam fügt allerdings richtig hinzu, dass in der Praxis die meisten Gemeinschaften beide Funktionen des Sozialkapitals zugleich ausbilden. Für das Sozialkapital gilt demnach dasselbe, was für Religion gilt: dass es im Blick auf die Zivilgesellschaft ambivalent wirken kann. Da die beiden Funktionen empirisch überprüft werden können, sind die entsprechenden Resultate ein zuverlässiger Indikator für das Überwiegen der einen oder der anderen Seite auch im Falle religiöser Gemeinschaften.

Kulturelle Enklaven und Diasporas

Für die durch religiöse Netzwerke gebildeten Gemeinschaften sind in jüngster Zeit neue Begriffe geprägt worden, um sie von etablierten Sozialformen zu unterscheiden. Zwei von ihnen sollen hier besprochen werden, da sie aus unterschiedlicher Perspektive die neuen sozialen Formen religiöser Gemeinschaftlichkeit in den Blick nehmen: «kulturelle Enklave» und «kulturelle Diaspora».

Das Konzept der *kulturellen Enklave* für einen Typus gegenwärtiger religiöser Gemeinschaftlichkeit geht auf das Werk von Mary Douglas zurück. Als Ethnologin hat M. Douglas die soziale Verschiedenheit von Stämmen und Ethnien systematisch zu bestimmen versucht und ihre innere Ordnung im Hinblick auf zwei Variablen untersucht: wie groß der Druck ist, den die Gruppe auf den Einzelnen ausübt – und wie verbindlich die Regeln und Normen sind, die der Einzelne zu befolgen hat. Daraus ergab sich eine Klassifikation nach Gruppenzwang und Verbindlichkeit von tradierten Regeln und Normen (von M. Douglas als «group and grid» bezeichnet). In ihrer Typologie bezeichnet «kulturelle Enklave» eine Gruppe, die sich streng und mit einem Druck auf alle Mitglieder von der Außenwelt absondert, im Inneren aber wenig vorstrukturierte Hierarchie kennt und sich an charismatischen Autoritäten orientiert.[51]

Emmanuel Sivan hat diesen Begriff aufgenommen und an Hand von Fällen aus den drei abrahamitischen Religionen vergleichend und systematisch spezifiziert.[52] Dabei ist eine reichhaltige Phänomenologie einer «starken» Religiosität entstanden. Die Konzeption von Heilsgeschichte deutet die gegenwärtige Situation als Exil, Fremde oder Zeitalter des Unglaubens; die Gläubigen führen ihr Leben in einer Zeit, in der Unglaube, Abfall und Häresie dramatisch zunehmen, die wahre göttliche Ordnung an Autorität verliert und Menschen selbst gemachten Normen und Gesetzen folgen. Arroganz und Hybris regieren die Welt draußen. Die Enklave muss vor der äußeren Welt durch dicke Mauern der Glaubenstreue geschützt werden. Etablierte Dualismen von Licht und Finsternis, Reinheit und Unreinheit, Gerechtigkeit und Tyrannei bezeichnen das Verhältnis zwischen der Enklave und der Welt der Gottlosigkeit. Religiöse Autorität kann unter diesen Bedingungen nicht mehr nach bisher geltenden Kriterien zuerkannt werden; es sind Träger eines außeralltäglichen Charismas, an denen sich die Gläubigen orientieren müssen. Insbesondere sind es die Glaubenskämpfer bzw. Märtyrer, die Verehrung verdienen. Dass Charismatiker zuweilen auch mit geheiligten Traditionen brechen, ist unumgänglich und tut ihrem Ansehen keinen Abbruch – im Gegenteil, die Enklave muss sich mit ihren gesellschaftlichen Aufgabenfeldern von der «Welt draußen» und deren ‹schwacher› Religion unabhängig machen. Sie ist von der Idee beseelt, durch Hegemonie über das Territorium die kulturelle Hoheit über das Leben aller Mitglieder zu erlangen. Dazu werden soziale Institutionen wie Krankenhäuser, Bildungseinrichtungen, Kommunikationsmedien (Zeitung, Radio, Fernsehen), Institutionen der Schlichtung bei Rechtsstreitigkeiten sowie Dienste, die für Sicherheit im Quartier sorgen, und anderes mehr aufgebaut.

Das Konzept der kulturellen Enklave überschneidet sich zum Teil mit dem des sozialmoralischen Milieus. Er geht auf den Soziologen M. Rainer Lepsius zurück, der mit ihm ein bestimmtes Wahlverhalten in der Geschichte Deutschlands erklärte.[53] Soziale Einheiten, bei denen Religion, Nachbarschaft und Region, wirtschaftliche und soziale Lage sowie kulturelle Orientierungen weitgehend zusammenfielen, haben demnach meistens auch ein bestimmtes Wahlverhalten an den Tag gelegt. Die Stimmabgabe diente dem Zweck, dem gemeinsamen Weltbild und der darin begründeten Moral politisch Ausdruck zu verleihen. Martin Riesebrodt hat den Begriff des «sozialmoralischen Milieus» aufgenommen, um den sozialen Kontext des protestantischen und schiitischen Fundamentalismus zu analysieren.[54] Der Begriff der «kulturellen Enklave» fügt jedoch den Merkmalen des «sozialmoralischen Milieus» noch das Kriterium der territorialen Abgrenzung und Kontrolle hinzu.

Mit seiner Begrifflichkeit gelingt es E. Sivan, adäquate und treffsichere Metaphern zu prägen für die Praktiken von religiösen Gemeinschaften, die sich gegen die Dynamik der Auflösung kollektiver Moral stemmen. Dabei werden die aktuellen Bedeutungen archaisch wirkender Deutungsmuster und Handlungsskripte sichtbar. Altbekannte Metaphern aus dem religiösen Traditionsfundus verlieren ihren angestammten Referenzrahmen und werden zu einem ‹utopischen› Bild der Welt, das es Gläubigen an allen denkbaren Orten der Welt gestattet, ihre Situation zu deuten, entsprechend zu handeln und ihrem Glauben territoriale Haftung zu geben. Territorialisierung ist ein Merkmal dieser Form von religiöser Gemeinschaftlichkeit. Sie ist jedoch hoch problematisch, da die Kontrolle nachbarschaftlicher Räume zugleich eine Einschränkung der öffentlichen Gewalt des Rechtsstaates mit sich bringt. Salwa Ismael hat dies an einer moralisch rigorosen islamistischen Nachbarschaft in Kairo anschaulich gezeigt. Sie zeichnet die Verwandlung überlieferter religiöser Moral in eine öffentliche Ordnung, die in einem Territorium mit Gewalt durchgesetzt wird, nach. Staat und religiöse Gemeinschaft rivalisieren um kulturelle Vorherrschaft im öffentlichen Raum.[55] Religiöse «Frontiers» (Grenzgebiete) sind entstanden, in denen um die Vorherrschaft über die Moral gerungen wird.

Ein anderer Begriff, der eine weitere Art der Einschränkung national- und rechtsstaatlicher Ordnung durch partikulare Absonderungsprozesse erfasst, ist der der *kulturellen Diaspora*. James Clifford hat den Diaspora-Begriff aufgegriffen und ihm eine eigene Bedeutung gegenüber dem Begriff der «Minderheit» gegeben.[56] Die Bezeichnung «Diaspora» steht im Kontext sozialwissenschaftlicher Versuche, der Transnationalität von Kultur gerecht zu werden. Clifford wählt den Fall der Einwohner eines mexikanischen Ortes, deren Freunde und Verwandte in eine kalifornische Stadt gezogen sind. Trotz der räumlichen Distanz zwischen beiden Orten halten die Migranten die Verbindung über die Entfernung so effektiv aufrecht, dass man von einer einzigen Gemeinschaft sprechen kann. Moderne Technologien des Verkehrs und der Kommunikation machen aus der Überschreitung von Grenzen, die Menschen einst unwiderruflich trennten, eine neue Art der Erfahrung von Gemeinsamkeit. Die in den USA lebenden Migranten entwerfen ihre Identität weiterhin mit Bezug auf das Land ihrer Herkunft und legen ihren Lebenslauf transnational an. Ihre Loyalität zu und ihre Verbindung mit der alten Heimat bleiben trotz der Verlagerung ihres Lebens in die amerikanische Aufnahmegesellschaft erhalten.

Es ist evident, dass in derartigen Fällen das Drei-Generationen-Modell der Integration, wonach der ersten Generation der Tod, der zweiten die Not und erst der dritten das Brot bevorstand, nicht mehr funktionieren kann. An die Stelle einer allmählichen Absorption der Migranten in die dominante Kultur tritt ein Leben in zwei Kulturen. Der Begriff der nationalen Minderheit ist für solche Gruppen ungeeignet; der Nationalstaat kann solche transnationalen Gruppen nicht in sein Selbstverständnis integrieren. Clifford spricht von einer Globalisierung von unten bzw. einem wechselseitigen («alternate») Kosmopolitismus. Mit der Möglichkeit von Migranten, durch Kommunikationsmittel und Reisen auch über große Distanzen hinweg Beziehungen zu Land, Ort und Menschen ihrer Herkunft aufrechtzuerhalten, wird «die Fremde» ein Ort, an dem Menschen im Schnittpunkt mehrerer und unterschiedlicher sozialer Kreise leben. Klingt der Fall dieser mexikanischen Gemeinschaft noch eher wie eine Ausnahme, so ist dies bei religiösen Gemeinschaften gewiss nicht so. Sie überschreiten regelmäßig die Grenzen des Nationalstaates, werden darin transnational und entziehen sich damit seinen Kontrollmöglichkeiten.[57]

Brüderlichkeitsethik zwischen Verantwortung und Gesinnung

Um den Zusammenhang von Territorialität und religiöser Ethik zu verstehen, muss man zusätzlich das soziale Phänomen von Nachbarschaft hinzuziehen. Max Weber hatte ein Gespür dafür, dass eine religiöse «Brüderlichkeitsethik» unter modernen Marktbedingungen an Bedeutung noch gewinnt. Um dies zu zeigen, hat er an dem Faktum von Nachbarschaft angesetzt. Nachbarschaft ist eine der Gemeinschaftsformen, die er in seinem Werk *Wirtschaft und Gesellschaft* in Beziehung setzt zum Wirtschaftshandeln. Der Reihe nach behandelt er Hausgemeinschaft, Nachbarschaft, Religion, Recht und Herrschaft, wobei er Nachbarschaft vor die Religionsgemeinschaft stellt. Jeweils analysiert Weber diese großen sozialen Ordnungen und Mächte als Typen gemeinschaftlichen Handelns und ermittelt die jeweiligen subjektiven Sinnerwartungen der Handelnden.[58]

Das Band, das Nachbarschaft und Religionsgemeinschaft verknüpft, ist die Nothilfe. Wenn Haushalte in Schwierigkeiten geraten, wird die Nachbarschaft zu Hilfe gerufen. Eine solche Nachbarschaft existiert nicht nur in Dörfern auf dem Lande, sondern auch in den Mietskasernen einer Großstadt. Auch hier ist der Nachbar der typische Nothelfer, «‹Nachbarschaft› daher Trägerin der ‹Brüderlichkeitsethik›». Zwar ist die Brüderlichkeit in der Realität keineswegs der Normalfall zwischen Nachbarn. Oft genug wird diese «Volksethik» wegen persönlicher Feindschaft oder Interessenkonflikte ignoriert, was dann die Gegnerschaft der Nachbarn besonders feindselig werden lässt. Immer aber bleibt die «nüchterne ökonomische ‹Brüderlichkeit› in Notfällen» die naturwüchsige Grundlage von jeder Art ‹Gemeinde›.[59]

Daran schließt Weber bei seiner Behandlung von religiöser Gemeinschaft an. Auch sie bildet einen eigenständigen Fall von gemeinschaftlichem Handeln, das von einem Verlangen nach außeralltäglichem Heil getrieben wird und das sich an Trägern der erhofften Heilsvermittlung orientiert: dem Magier bzw. Schamanen, dem Priester oder dem asketischen Heiligen bzw. dem Propheten. Die Heilswege, für die diese Charismatiker werben und die sie repräsentieren, werden von den Laien in eigene Praktiken verwandelt, um so am Heil Anteil zu erlangen: in Zauber und Ekstase, in Kult und Gesetzesethik, in Askese oder Gesinnungsethik.

Im Zuge dieser Differenzierung bildet sich auch der prophetische Typus von Gemeindereligiosität heraus.[60] Auf diese Weise entsteht neben dem Nachbarschaftsverband die religiöse Gemeinschaft als «zweite Kategorie von Gemeinde».[61] Diese Reihenfolge hat ihren Grund auch darin, dass die religiöse Gemeinschaft die Nothilfepflicht der Nachbarschaftsverbände übernahm und daraus das Gebot der «Brüderlichkeit» machte.

Den Verbänden der Sippe, der Blutsbrüder und des Stammes fügt die Gemeindereligiosität als Stätte der Nothilfepflicht den Gemeindegenossen hinzu. Oder vielmehr, sie setzt ihn an die Stelle des Sippengenossen. Wer nicht Vater und Mutter verlassen kann, kann nicht Jesu Jünger sein, und in diesem Sinn und Zusammenhang fällt auch das Wort, dass er gekommen sei, nicht um den Frieden zu bringen, sondern das Schwert. Daraus erwächst dann das Gebot der ‹Brüderlichkeit›, welches der Gemeindereligiosität – nicht etwa aller, aber doch gerade ihr – spezifisch ist, weil sie die Emanzipation vom politischen Verbande am tiefsten vollzieht.[62]

Es sind insbesondere die prophetischen Religionsgemeinden, in denen Beistand und Nothilfe sich von der spontanen nachbarschaftlichen Reziprozität lösen, zu Forderungen einer religiösen Ethik werden und sogar zu einer spezifisch religiösen «Liebesgesinnung», zu einem «Liebeskommunismus» radikalisiert werden können, was zu einer Entzauberung der Realitäten der Welt beiträgt.[63]

Die Erlösungsreligiosität bedeutet, je systematischer und gesinnungsethisch verinnerlichter sie geartet ist, eine desto tiefere Spannung gegenüber den Realitäten der Welt.[64]

Verantwortungs- und Gesinnungsethik

Weber hielt die Umwandlung nachbarschaftlicher Reziprozität in eine religiöse «Brüderlichkeitsethik» für die Herausbildung der modernen Kultur für so fundamental, dass er sie in seiner berühmten «Zwischenbetrachtung» noch einmal zum Thema machte – verdichtet und in ihrer Dramatik gesteigert sowie um eine Unterscheidung zweier Formen von Ethik präzisiert. Erlösungsreligiosität überträgt die «alte ökonomische Nachbarschaftsethik auf die Beziehung zum Glaubensbruder». Nothilfepflicht für Witwen, Waisen, Arme und Kranke wird ein ethisches Grundgebot, von dessen Befolgung das eigene Heil abhängt.[65] Dabei wird die Reichweite der Pflicht von der Art, wie die Erfahrung der Irrationalität der Welt verarbeitet wird, bestimmt.[66] Wenn Gläubige die Wirklichkeit grundsätzlich und überall als eine des unbegreiflichen Leidens betrachten, sprengt die Brüderlichkeitsethik alle sozialen Schranken und wird universalistisch. Je konsequenter sie dann auch praktiziert wird, umso größer wird ihre Spannung zu den Ordnungen und Mächten der Welt; je mehr dadurch deren politische und wirtschaftliche Eigengesetzlichkeiten zur Entfaltung kommen, umso unversöhnlicher wird der Zwiespalt zwischen dem religiösen Wert der Brüderlichkeit und der sinnwidrigen Welt. Die religiöse Brüderlichkeitsethik wird damit paradoxerweise zum Motor der Abkopplung sozialer Ordnungen und Mächte von allen Sinn-Erwartungen, die sich auf sie richten.

Das Handeln unter den Bedingungen der «brüderlichkeitsfremden Bedingungen der Welt» gerät dabei unter einen neuen Entscheidungszwang.

Denn es scheint kein Mittel zum Austrag schon der allerersten Frage zu geben: von woher im einzelnen Fall der ethische Wert eines Handelns bestimmt werden soll: ob vom Erfolg oder von einem – irgendwie ethisch zu bestimmenden – Eigenwert dieses Tuns an sich aus. Ob und inwieweit also die Verantwortung des Handelnden für die Folgen die Mittel heiligen oder umgekehrt der Wert der Gesinnung ... ihn berechtigen soll, die Verantwortung für die Folgen abzulehnen.[67]

Es ist ein verbreitetes Missverständnis zu meinen, es handele sich bei Verantwortungs- versus Gesinnungsethik um den Gegensatz von ethischem und machtpolitischem Handeln. Wolfgang Schluchter hat dem energisch widersprochen und zeigen können, dass für Weber Verantwortungsethik und Gesinnungsethik nicht auf verschiedene Werte bezogen sind. «Es kann ... *keine* ethische Handlung *ohne* Gesinnungswert geben.» Verantwortungsethik kann es folglich ebenfalls nur dort geben, «wo der Glaube an die Geltung *bestimmter* absoluter ethischer Werte, in denen der Gesinnungswert einer Handlung gründet, bereits vorhanden ist».[68] Damit aber werden beide Typen von Ethik gleichrangig. Ob unter Berufung auf die reine Gesinnung die Verantwortung für die Folgen abgelehnt wird oder ob die Verantwortung für die Folgen die gewählten Mittel rechtfertigt, kann nur der Gläubige selber entscheiden. Der Wert der Brüderlichkeitsethik kann sowohl zur Maxime eines an der Gesinnung wie eines an Verantwortung orientierten Handelns werden.

Ein Schlüssel zur Erklärung religiöser Gewalt liegt in der «Brüderlichkeitsethik» territorialisierter Religionsgemeinschaften. Statt religiöse Gewalt mit den Bezeichnungen ‹Kult›, ‹Fundamentalismus› oder ‹Terror› von genuiner Religion abzurücken, möchte diese Studie sie aus Spannungen zwischen religiösen Gemeinschaften einerseits und den staatlichen, rechtlichen und wirtschaftlichen Ordnungen andererseits verstehen und erklären. Dazu bedarf es neuer Untersuchungen. Man muss erstens die Art der Verselbstständigung religiöser Gemeinschaftlichkeit von anderen sozialen Ordnungen und Mächten wie dem Staat, dem Recht oder dem Markt klären. Alle abrahamitischen Religionen haben Gemeinschaftsformen mit einem Anspruch auf Autonomie ausgebildet. Durch die Übernahme von rechtlich sanktionierten Sozialformen hat die von der religiösen Ethik geforderte Solidarität der Gläubigen untereinander größere Verbindlichkeit erlangt, nach innen wie nach außen. Zusätzlich haben im Zeitalter der Globalisierung Wachstum und Ausdifferenzierung des zivilgesellschaftlichen Sektors den Religionsgemeinschaften neue Institutionalisierungsformen ermöglicht. Wo religiöse Gemeinschaften sich der moralischen Autonomie des westlichen Individualismus widersetzen, geht die Tendenz in Richtung territorialer Segregation sowie transnationaler Vernetzung. Die entstehenden kulturellen Enklaven und Diasporagemeinden können in Konflikt geraten mit nationalstaatlicher Integration und einen neuen Typus sozialer Macht bilden.

Hannah Arendt hat sich in der Schrift *Macht und Gewalt* gegen die Auffassung ausgesprochen, Macht sei eine Angelegenheit des Staates und beruhe auf Gewalt. Stattdessen hat sie scharf zwischen beiden unterscheiden wollen. Staatliche Gewalt ist darauf angelegt, den Gehorsam zu erzwingen. Soweit folgt sie Max Weber; dann aber schränkt sie ein, dass es mit Macht anders stehe. «Über Macht verfügt niemals ein Einzelner», schreibt sie. Macht «ist im Besitze einer Gruppe und bleibt es nur solange, als die Gruppe zusammenhält. Wenn wir von jemandem sagen, er habe die ‹Macht›, heißt das in Wirklichkeit, dass er von einer bestimmten Anzahl von Menschen ermächtigt ist, in ihrem Namen zu handeln.»[69] Religiöse Gemeinschaften können nach dieser Begriffspräzisierung von Hannah Arendt also auch dann, wenn sie nicht selber Teil staatlicher Ordnung sind, Träger von Macht sein.

Die religiöse Ethik der abrahamitischen Religionsgemeinschaften verlangt von den Gläubigen, mit ihrem Vermögen und im Extremfall sogar mit ihrem Leben für diese Gemeinschaft und ihre Mitglieder einzutreten. Sie hat die Form von Verantwortungsethik wie von Gesinnungsethik annehmen können. Was das Gebot der Stunde war, darüber entschied die Situation und die Deutung, die die Gläubigen ihr gaben. Bedrohungen der Autonomie der Gemeinschaft können dazu führen, dass die Gläubigen die Verantwortungsethik durch eine kriegerische Solidaritätsethik ersetzen.

3. Konflikte mit alternativen Religionsgemeinden: USA 1978 und 1993

Peoples Temple

Am 18. November 1978 rief ein Ereignis in Guayana, einem kleinen und armen sozialistischen Land in Mittelamerika, weltweit Entsetzen hervor.[1] Die Mitglieder einer amerikanischen Religionsgemeinschaft mit dem Namen «Peoples Temple» waren kollektiv aus dem Leben geschieden, nachdem einige von ihnen zuvor eine Delegation von besorgten Eltern und Politikern angegriffen und fünf von ihnen getötet hatten. «Peoples Temple» war 1955 von dem Prediger und Heiler Jim Jones (1931–1978) in den USA, Indiana, gegründet worden und Anfang der siebziger Jahre nach Kalifornien übergesiedelt, um dort an einem angeblich sicheren Ort der erwarteten nuklearen Apokalypse zu entgehen. In Kalifornien waren die Bedingungen für die Werbung neuer Mitglieder bestens. Zahlreiche Angehörige der Generation der ‹baby boomer› hatten – vom Vietnamkrieg abgestoßen – der amerikanischen Kultur den Rücken gekehrt und in Kalifornien ideale Bedingungen für alternative Gemeinschaften gefunden. Die Gemeinde, die sich um Jim Jones bildete, wich von der sonst in den USA üblichen Rassentrennung ab und bestand aus Weißen *und* Schwarzen. Das war gewollt. Eine neue Gemeinschaft sollte entstehen und die sozialen Unterschiede von Rasse, aber auch von Geschlecht, Alter und Besitz hinter sich lassen. Auch wenn Jim Jones Sympathie für kommunistische Länder hegte, lief dies doch nicht auf ein politisches Programm hinaus, sondern eher auf eine kulturelle Enklave.

Jim Jones hatte aus der jüdisch-christlichen Tradition ein Weltbild geschaffen, das seinen Anhängern ihre bedrückende Lage erklärte.[2] Die bestehende Welt könne unmöglich das Werk eines wohlmeinenden Gottes sein; sie sei das Werk eines bösartigen Himmelsgottes, der die Menschen mit Rassismus, Armut, Krankheit, Unterdrückung und Unwissenheit entwürdigt und quält. Der Überbringer dieser Einsicht, Jim Jones, verstand sich selber als Erlöser. Indem er den Menschen die Wahrheit verkündete, machte er mit der Erlösung aus dem Gefängnis dieser Welt einen Anfang. Seine Gemeinschaft tat alles, um die Entwürdigung von Schwarzen, von Frauen, Alten und Armen zu beenden. Heilungsrituale sollten dabei helfen, sie von den Übeln dieser destruktiven Welt zu befreien. Die Gemeinde machte aber auch gegenüber Außenstehenden mit dem Wort des Herrn ernst: «Was ihr diesen Armen getan habt, habt ihr mir getan» (Matthäusevangelium 25,40 und 45) und organisierte die Hauspflege von Kranken und Alten, womit sie auch Einkünfte erzielte. Neben Spenden kamen weitere Finanzmittel aus dem Anbau von Wein. Der «apostolische Sozialismus» war auch ein kleines Wirtschaftsunternehmen.[3]

Jim Jones, der all dies zu Wege gebracht hatte, war in den Augen seiner Anhänger Träger einer spirituellen Macht und stand jenseits der Normen, die für die Gemeindemitglieder sonst galten. Alle Mitglieder der Gemeinschaft mussten sich von der dominanten Kultur der USA lossagen und sich strikt an Jim Jones und seinem Charisma orientieren. Jones nahm für sich das Recht in Anspruch, mit Frauen der Gemeinschaft Sex und Kinder zu haben – eine Praxis, die zur Quelle von rechtlichen Konflikten wurde, als Frauen mit ihren Kindern die Gemeinschaft verlassen wollten. In den ersten Jahren genoss Jim Jones in den USA noch großes Ansehen, wurde 1975 sogar zu den hundert herausragenden Geistlichen der USA gezählt und erhielt zahlreiche Ehrungen. Das Blatt begann sich aber zu wenden, als die Zeitschrift *New West*, gestützt auf Aussagen Abtrünniger, einen Bericht über finanzielle Missstände, Prügel, Nötigung, Mord und auch ‹Gehirnwäsche› in der Gemeinschaft vorbereitete. Als Jones davon erfuhr, versuchte er erst noch, gegen die Veröffentlichung gerichtlich vorzugehen. Als das misslang und der Artikel am 1. August 1977 veröffentlicht wurde, zog er mit 900 Anhängern nach Guayana, wohin er bereits 1975 eine kleine Vorhut von «Peoples Temple» geschickt hatte, um die Siedlung Jonestown zu gründen. Sie wurden dort als Vertreter einer schwarzen Befreiungsbewegung mit Sympathie aufgenommen.

Das Konzept der Gehirnwäsche vor Gericht

Die Emigration verschärfte einen Konflikt, der schon in Kalifornien geschwelt hatte. Eltern und Verwandte vor allem jugendlicher Gemeindemitglieder bemühten sich, ihre Kinder wieder aus der Gemeinschaft in die Familie zurückzuholen. Mit normalen rechtlichen Mitteln war das allerdings nur schwer möglich. Erstens sind in den USA Jugendliche religiös früher mündig als gesetzlich volljährig, und zweitens wird die Religionsfreiheit von der Verfassung streng geschützt. Eltern und Verwandte können nur dann die Vormundschaft über ihre heranwachsenden Kinder in religiösen Angelegenheiten erlangen, wenn der Religionsgemeinschaft, der sie angehören, rechtswidrige Praktiken nachgewiesen werden und sie damit ihren geschützten Status verliert. In diesem Zusammenhang muss man die Vorwürfe sehen, die von der Zeitschrift New West und dann auch von anderen Medien gegen «Peoples Temple» erhoben wurden. Sie sollten seinen Religionsstatus untergraben.[4] Aus der anfänglichen Opposition von einzelnen besorgten Eltern und Verwandten gegen Gruppierungen wie Hare Krishna, Vereinigungskirche oder Scientology war seit 1971 eine Bewegung erwachsen, die sich zum Ziel setzte, die Öffentlichkeit vor der Bedrohung durch «Kulte» zu warnen.[5] Im Unterschied zu «sects», die sich von bestehenden anerkannten Kirchengemeinden abspalteten, waren «cults» Neugründungen, die schon deshalb Misstrauen und Ängste hervorriefen.[6] Außer den betroffenen Familien waren auch Abtrünnige und andere Gegner der Gruppen aktiv. Im Zuge der Konsolidierung der Gegenbewegung zu einem «Cult Awareness Network» (CAN) wurde «Kult» zum Inbegriff von verwerflicher Religion, zu einem Kampfbegriff. Eine Klassifikation als «Kult» sprach einer Gemeinschaft ihre Seriosität ab und sollte sie als Pseudoreligion entlarven.[7]

Für die weitere Entwicklung wurde es folgenreich, dass mit der Bezeichnung «Kult» die Praxis von Gehirnwäsche assoziiert wurde. «Brain washing» stammte aus dem Koreakrieg, als amerikanische Soldaten in Gefangenschaft Aussagen machten, von denen jeder rechtschaffene Amerikaner überzeugt war, dass sie nur erzwungen worden sein konnten. In einem Aufsehen erregenden Prozess wurde dieses Konzept 1975 von einem US-Gericht auch auf einen ganz anders gelagerten Fall angewendet und substanziell erweitert. Die Verlegerstochter Patricia Hearst war von einer militanten linken Gruppe entführt worden, wechselte dann jedoch im Laufe ihrer Gefangenschaft die Seite und wurde bei einem Banküberfall zusammen mit anderen Mitgliedern der Gruppe mit einer Waffe in der Hand fotografiert. Als ihr nach der Festnahme der Prozess gemacht wurde, argumentierten die Anwälte der Familie Hearst, die Handlungen von Patricia seien die Folge einer Gehirnwäsche gewesen. Auf dem Foto sähe man sie nur scheinbar als Täterin; in Wirklichkeit sei sie nach wie vor eine Geisel gewesen. Diese Beweisführung wurde vom Gericht zugelassen. Nach diesem Prozess fand das Deutungsmuster in die gerichtlichen Auseinandersetzungen um «Kulte» Eingang.[8] Nachdem Gerichte die Möglichkeit einer Gehirnwäsche durch «Kulte» eingeräumt hatten, gingen Eltern mit Unterstützung von CAN dazu über, ihre Kinder gegen deren Willen «de-programmieren» zu lassen. Sie gaben Psychologen den Auftrag, ihre Kinder unter Zwang und in aller Abgeschiedenheit von den Bindungen an die Gruppe zu befreien. So lebten diese Psychologen auch finanziell von der Realität dessen, was sie zu heilen versprachen, und spendeten ihrerseits großzügig an CAN. Die Koalition der Gegner öffnete sich weiteren Gruppen und Auffassungen. Christliche Fundamentalisten schlossen sich an und erweiterten den Deutungsrahmen, indem sie in der Abweichung von den Normen der Monogamie und des Privateigentums eine diabolische Verschwörung gegen das Christentum und die Werte der humanen Welt sahen. So bahnte sich die Konfrontation zweier religiöser Handlungsentwürfe an, die beide das Potenzial einer Konfliktverschärfung in sich bargen: eine religiöse Gemeinde, die mit den Normen der bürgerlichen amerikanischen Gesellschaft brach, und Gegner, die diesen Bruch als Indiz für eine wachsende Macht des Bösen ansahen.

Mord und Selbstmord

Besorgte Verwandte von Mitgliedern von «Peoples Temple», denen sich auch andere Gegner anschlossen, baten den Kongressabgeordneten Leo Ryan um Unterstützung bei dem Versuch, ihre Angehörigen aus den Fängen der Gruppe zu befreien. Mit ihm zusammen flogen vierzehn Verwandte und Journalisten im November 1978 nach Guayana. Mit von der Partie war eine frühere Geliebte von Jones, die in Jonestown ein Kind zurückgelassen hatte. Die Frau behauptete, das Kind sei von einem anderen Mann und gehöre daher in ihre Obhut. Als die Gruppe in Guayana landete, sah Jones darin ein Zeichen für das nahende Ende der Gemeinschaft. Er wurde in seiner bösen Vorahnung noch bestärkt, als sich bei ihrer Abreise 16 Gemeindemitglieder entschieden, Jonestown zu verlassen und mit zurückzufliegen – darunter Mitglieder, die für die Existenz der Gemeinschaft in Guayana unentbehrlich waren. Annie Moore, eine Krankenschwester, brachte in einem Abschiedsbrief ihre tiefe Enttäuschung über diese Vorgänge zum Ausdruck. Jim Jones habe ihnen gezeigt, so schrieb sie, wie sie alle gleich und ohne Unterschiede zusammenleben könnten. Welch ein wunderbarer Platz es sei, wo Kinder im Dschungel spielen und sich frei entfalten könnten und wo Alten eine Würde zukäme, die sie in den USA nicht besäßen. Und sie schloss ihren letzten Brief mit den Worten: «Wir starben, weil ihr uns nicht in Frieden leben ließt.»[9] Ihre Schwester Rebecca Moore, die selbst nicht in Jonestown war, dort aber noch eine weitere Schwester und einen Neffen verloren hatte, prangerte in ihren ersten Äußerungen nach den Ereignissen ebenfalls die Verfolgung an, der die Gemeinschaft ausgesetzt war, geißelte aber später aus der Rückschau auch die Gewalt, die in der Gruppe selbst praktiziert wurde.[10] In einer Konfliktsituation wie dieser spielen Apostaten eine Hauptrolle; als ehemalige Mitglieder scheinen sie der Außenwelt besonders glaubwürdige Zeugen dafür zu sein, was in der Gemeinschaft passiert. Wenn ein Abtrünniger sich damit rechtfertigt, dass er nur deshalb die Achtung vor seiner eigenen Familie verloren hatte, weil auf ihn mentaler Zwang ausgeübt worden war, reinigt er sich von einer Schande; zugleich aber liefert er den Beweis dafür, wie verdorben der «Kult» ist. Da ein Apostat die stärkeren Bataillone auf seiner Seite hat, erhöht sein Zeugnis den Verfolgungsdruck und trägt damit zu einer Veränderung der Lage der Gemeinschaft bei.[11] Umgekehrt trifft die Wut der Gruppe den Apostaten oft als ersten. In Jonestown griffen Jim-Jones-Getreue die Gruppe der Abtrünnigen bei ihrer Abreise auf dem Flugfeld mit Waffen an. Der Kongressabgeordnete Ryan und vier Personen starben, elf weitere wurden verletzt. Danach begann die «Weiße Nacht», in der die Gemeindemitglieder sich mit Gift das Leben nahmen bzw. einander mit Waffen umbrachten. Jim Jones hatte schon früher in seinen Predigten den Freitod in einer solchen Lage zu erwägen gegeben. Er hielt ihn für eine würdigere Lösung als die Unterwerfung unter die destruktiven Mächte dieser Welt und ließ ihn sogar einüben und simulieren. 911 Menschen verloren ihr Leben, freiwillig, aber wohl auch unfreiwillig. Die Leichen wurden in die USA verbracht; eine gerichtsmedizinische Untersuchung fand aber nicht statt. Über den Ort der Beisetzung spielte sich ein würdeloses Gezerre ab; kein Bundesstaat und keine Stadt wollte sie übernehmen.

Eskalierende Gewalthandlungen

Dass die Gewalt sich nicht nur gegen innere und äußere Feinde, sondern auch gegen das eigene Leben richtete, belegt, wie sehr tonangebende Mitglieder ihr eigenes Leben mit der Existenz ihrer Gemeinschaft verknüpft hatten. Jones hatte eine Gemeinschaft gegründet, die fundamentale Normen der amerikanischen Kultur verwarf. Religiöse Wortführer dieser Kultur wie Billy Graham gründeten darauf ihr Urteil, es könne sich bei Jim Jones nur um einen der falschen Messiasse der Endzeit von Matthäus 24 handeln.[12] Die Gemeinschaft deutete ihrerseits den Verfolgungsdruck als Angriff auf ihre Existenz. Verhängnisvoll war besonders, dass es den sogenannten Besorgten Verwandten gelang, mächtige Verbündete innerhalb der etablierten Ordnung auf ihre Seite zu ziehen – die

Presse, Untersuchungsbeamte, einen Kongressabgeordneten. Je bedroh-
ter die Gemeinschaft in ihrer Existenz war, umso mehr spitzte sich für
die Mitglieder die Entscheidung auf ein Alles oder Nichts zu. Zieht man
eine Summe aus diesen Analysen, wird man John R. Hall Recht geben
müssen, dass die Gewalt ihre Ursache nicht in dem Wesen des «Kultes»
selber hatte, sondern in dem Konfliktverlauf zwischen «Peoples Temple»
und seinen Feinden.

Schon 1977 hatte ein Bericht der American Civil Liberties Union
(ACLU) darauf hingewiesen, wie sehr allein schon Bezeichnungen eskalie-
rend wirken können.

Eine Religion wird zu einem «Kult», Missionierung zu Gehirnwäsche, Überzeu-
gungsarbeit zu Propaganda, Missionare zu subversiven Agenten, Zufluchtsorte,
Klöster und Konvente zu Gefängnissen, heilige Rituale zu bizarrem Tun, religiöse
Observanzen zu abweichendem Verhalten, Andacht und Meditation zu psy-
chischer Trance.[13]

David Chidester hat eine derartige Rhetorik treffend «kognitive Distanzierung» genannt. Das Repertoire religiöser Selbstbeschreibung wird systematisch umgeschrieben. Die persönliche Überzeugung der Gemeindemitglieder wird zur Folge von psychischem Zwang gemacht, die Form der
Gemeinschaftsbildung als unamerikanisch abgestempelt, Jim Jones als
falscher Messias entlarvt und «Peoples Temple» als üble Manipulation
von Religion abgetan.[14] Aus der Gegenwehr einer in die Enge getriebe-
nen Gemeinschaft wird eine dem Kult selber innewohnende Disposition,
«Jonestown» zum Paradigma von Kult schlechthin. Jedem Jugendlichen,
der mit einer alternativen Gemeinschaft liebäugelte, wurde Jonestown zur
Warnung vorgehalten. Wenn es noch eines Beweises bedurfte, wie gefährlich Kulte sind, dann war es der kollektive Selbstmord. Er bestätigte und
besiegelte das verheerende Urteil. Jonestown, der schlimmste Fall, wurde
zum Normalfall, Kult zum Inbegriff von Selbstzerstörung. Die Schlüssel-
rolle hierbei nahm das Konzept der Gehirnwäsche bzw. des mentalen
Zwanges ein. Selbst noch, nachdem die «American Psychological Asso-
ciation» sich auf Grund eines Sachverständigengutachtens von Mitgliedern, die vor Gericht damit argumentierten, distanzierte, verbreiteten
Antikultorganisationen diese Erklärung weiter.[15] So kam es, dass dieses
Konzept auf die Handlungsabläufe in Waco (Texas), 15 Jahre nach Jonestown, noch einen den Ablauf bestimmenden Einfluss hatte.

Kollidierende Handlungsskripte im Kampf um Waco

In Waco (Texas) ging am 28. Februar 1993 das «Federal Bureau of Alcohol, Tobacco, and Firearms» (BATF) mit einem gewaltsamen Überraschungsangriff gegen eine adventistische Gemeinschaft vor, die in den Verdacht rechtswidriger Handlungen geraten war. Ihr wurde vorgeworfen, sie würde halbautomatische Waffen in automatische umwandeln. Bei dem Vergehen gegen das Waffengesetz ging es nicht um illegalen Besitz, sondern um das Fehlen einer Genehmigung. Ihr Anführer, David Koresch, wurde zudem des Kindesmissbrauchs verdächtigt. Beide Vorwürfe waren von einem Vertreter der Antikultorganisationen verbreitet worden, der seinerseits von einem Abtrünnigen entsprechend unterrichtet worden war.[16] Die Anklagen wurden später bei der gerichtlichen Überprüfung der Abläufe fallen gelassen.[17]

Für «Kulte» galt seit Jonestown das Recht auf freie Religionsausübung nur noch eingeschränkt.[18] Als die Davidianer vom Anrücken der Einsatzkräfte hörten – einem Konvoi von 80 Wagen, darunter eine Einheit mit 76 schwer bewaffneten Polizisten –, griffen sie zu den Waffen und verteidigten ihre Gemeinschaft. Nach texanischem Recht ist es unter bestimmten Voraussetzungen durchaus erlaubt, sich gegen eine Festnahme zur Wehr zu setzen, vorausgesetzt, die Behörde wendet unangemessene Gewalt an.[19] Bei dem Angriff kamen vier Polizisten und sechs Gemeindeglieder ums Leben. Da sich die Davidianer auch danach nicht ergaben, übernahm das FBI den Fall und belagerte das Anwesen. Bezeichnenderweise war es ein «Hostage Rescue Team» (HTR), da das FBI vom Typus «Geiselbefreiung» ausging, obwohl einigen beteiligten Beamten die Andersartigkeit der Situation nicht verborgen blieb. Es folgte eine Belagerung von mehreren Wochen. Das Denken und Handeln der Einsatzleitung galt ganz und gar dem einen Problem: wie man die «Geiseln», vor allem die Kinder, aus der Gewalt des Anführers befreien könne. Sie setzte dazu Mittel der «Stresssteigerung» ein: Die Elektrizität wurde abgeschaltet, das Gelände nachts grell ausgeleuchtet und von gigantischen Lautsprechern mit abstoßenden Geräuschen beschallt. Da die Belagerten nicht aufgaben, stimmte die Justizministerin der Clinton-Regierung, Janet Reno, schließlich einer gewaltsamen Räumung zu. Am 19. April drang das «Befreiungskommando» mit Panzern auf das Gelände vor und sprühte Tränengas in die Gebäude. Feuer brach aus. 74 Gemeindeglieder, darunter 33 Jugendliche unter 21 Jahren, starben an Schussverletzungen oder kamen in den Flammen um, darunter David Koresch.

Bei den vielen Toten, so wurde von den Behörden danach behauptet, habe es sich um einen Massenselbstmord gehandelt wie einst in Jonestown. Zwar weckt die Behauptung Zweifel; aber es ist auch nicht mit Sicherheit auszuschließen, dass das Feuer von den Adventisten selber gelegt wurde. An mehreren Orten fand man Spuren von Brandbeschleunigern; auf Tonband mitgeschnittene Rufe aus dem Anwesen scheinen auf dasselbe hinzuweisen. Eine neue minutiöse Rekonstruktion von Kenneth Newport weist nach, dass im Glaubensrepertoire der Adventisten von Waco sich auch die Vorstellung fand, am Ende der Zeit würde die Welt durch ein Feuer geläutert, bei dem die Gottlosen umkommen, die Gerechten aber errettet würden.[20] Diese Glaubensanschauung könnte erklären, warum einige der Gemeindeglieder das brennende Gebäude absichtlich nicht verließen, um sich vor dem Feuer in Sicherheit zu bringen.

Das außeralltägliche Handeln eines Messias

Aus der Sicht der beteiligten Akteure haben sich jeweils ganz unterschiedliche Vorgänge abgespielt. Da war einmal die Religionsgemeinschaft, die letztlich auf William Miller (1782–1849) zurückging, der für 1843 die Wiederkehr Jesu («Second Coming») angekündigt hatte. Die unvermeidliche «große Enttäuschung» spornte seine Anhänger jedoch dazu an, die Lehre zu verbreiten, dass den Menschen eine letzte Frist zur Bekehrung eingeräumt worden sei.[21] Die Bewegung setzte sich deshalb in verschiedenen Gruppen fort, eine von ihnen nannte sich «Branch Davidians», die «Sprösslinge Davids». Sie gründeten 1935 bei Waco, Texas, eine Gemeinschaftssiedlung und nannten sie Mt. Carmel. Im Laufe der Jahre errichteten sie eine kommunale Infrastruktur mit Krankenstation, Altersheim, Schule und weiteren Einrichtungen.[22] Darin glichen sie den übrigen Adventisten, die in großem Umfang und weltweit Bildungseinrichtungen, Krankenhäuser und Altersheime einrichteten und betrieben. Solche Aktivitäten gelten oft als Kennzeichen von post-millenarischen Gruppierungen, die auf eine allmähliche Verbesserung der gesamten Gesellschaft hinarbeiten. Das ist bei den Adventisten anders. Sie wollen nicht die Welt verchristlichen, sondern sich mit einer möglichst autarken christlichen Gemeinschaft von dieser unabhängig machen und eine kulturelle Enklave bilden.[23]

Zur Gruppe von Mt. Carmel war 1981 ein begabter junger Bibelinterpret gestoßen, Vernon Howell (1959–1993). Der Neuankömmling hielt sich für den, von dem es in der Offenbarung auf die Frage: «Wer ist würdig, das Buch zu öffnen und die Siegel zu lösen?» heißt: «Der Wurzelspross Davids» (Offenbarung des Johannes 5,2–5), und ließ seinen Namen in David Koresch ändern. Da die Gruppe an eine fortlaufende Offenbarung durch Propheten glaubte, fand er dafür Zustimmung. Wie Gott dem persischen Herrscher Kyros, hebräisch Koresch, eine spezielle Mission übertragen hatte – weshalb er im Alten Testament ein Gesalbter, ein Messias, genannt wird –, so sah auch Koresch sich mit der besonderen Aufgabe betraut, das Haus Davids neu erstehen zu lassen. Der Messias, der er zu sein beanspruchte, war nicht der wiedergekehrte Jesus Christus, sondern ein Davidide, der von den Psalmen 40 und 45 angekündigt worden war: der Gerechte, den die Sünden ereilen (Psalm 40,13) bzw. der Gesalbte, der die vielen Jungfrauen heiratet (Psalm 45,12 und 15). Und dem entsprach sein Handeln. Während die verheirateten Paare in der Gemeinde sich trennen mussten und alle Gemeindemitglieder zu keuschem Leben verpflichtet wurden, nahm David Koresch für sich das Recht in Anspruch, mit Frauen aus der Gemeinde Kinder zu zeugen. Diese Kinder würden einen bevorzugten Platz im kommenden Gottesreich einnehmen.

Entlarvung eines unmoralischen Kults

Die andere Lesart derselben Vorgänge wurde von einem verheirateten Mitglied der Gemeinde, Marc Breault, verbreitet. Als er mitbekam, wie ein junges Mädchen den sündigen Messias Koresch in seinem Zimmer aufsuchte, war er davon so angewidert, dass er zusammen mit seiner Frau empört die Gemeinde verließ, mit den organisierten Kultgegnern Kontakt aufnahm und Alarm schlug.[24] Wenn Menschen trotz so anstößiger Vorgänge der Gemeinschaft verbunden blieben, könne das nur die Folge von mentalem Zwang sein. Marc Breault war es auch, der hinter den Vorwürfen von Kindesmissbrauch sowie des Verstoßes gegen das Waffengesetz stand.

Zwei Reporter der Lokalzeitung *Waco Tribune-Herald* stürzten sich mit einer Artikelserie «The Sinful Messiah» auf seine Erzählungen von den Vorgängen in der Gemeinschaft. Ein neuer «Kult» war aufgedeckt worden. Die erste Folge der Serie erschien am Tag vor dem ersten Angriff auf das Gelände am 27. Februar 1993, die zweite am Tag danach, am 1. März. Weitere folgten während der Belagerung und erhöhten den Druck auf die Einsatzkräfte, mit Gewalt gegen die Gemeinschaft vorzugehen. Gegner streuten Gerüchte, ein Massenselbstmord wie der in Jonestown stehe zu befürchten. Selbst die Einsatzkräfte sahen sich unter Zugzwang.[25] So sehr bestimmte das Konzept «Kult» ihr Denken und Handeln, dass bei der späteren Gerichtsverhandlung gegen überlebende Davidianer deren Rechtsanwälte vom Gericht verlangten, diesen Begriff nicht mehr zuzulassen. Sein Gebrauch würde das Urteil der Jury präjudizieren.[26] Die religiöse Dramatisierung von Konflikten mit religiösen Gemeinschaften hat in den USA eine lange Geschichte, die teilweise mit der spezifisch nordamerikanischen Form von Protestantismus zusammenhängt. Das klassische Buch dazu von Sidney E. Mead trägt den Titel *The Lively Experiment. The Shaping of Christianity in America*. Es zitiert im Vorwort Schilderungen eines deutschen Theologen, Philip Schaff, aus dem Jahre 1858, der von dem Experiment allerdings wenig begeistert war. Amerika scheine dazu bestimmt zu sein, das Phoenixgrab der europäischen Kirchen und Sekten zu werden, schrieb er. Unter dem Schutz der Trennung von Staat und Kirche wetteiferten alle Gruppen ebenbürtig miteinander. Keine sei stark genug, ein Übergewicht über andere zu erlangen. «Alle guten und schlimmen Kräfte Europas» gärten durcheinander; alles befinde sich «in einem chaotischen Übergangszustand». Doch gibt der Autor die Hoffnung nicht auf, wenn er schreibt, über alldem «schwebe brütend der Geist Gottes, der zu seiner Zeit schon das allmächtige Wort: ‹Es werde Licht› sprechen und eine schöne Schöpfung aus dem verworrenen Chaos hervorrufen» würde.[27]

Die Auseinandersetzung mit religiöser Abweichung hat unter diesen Bedingungen andere Formen als in Europa angenommen. Seit dem 17. Jahrhundert sind in der Geschichte der USA wiederholt religiöse Gruppen aufgetreten, die unter Leitung von Charismatikern von anerkannten kirchlichen Lehren abwichen. Diese «Sekten» konnten trotz anfänglich heftigster Ablehnung im Laufe der Jahrhunderte Anerkennung erlangen und vom Rand ins Zentrum des religiösen Lebens der USA rücken, wie z. B. die Baptisten und Methodisten. Als besonders skandalös wurden Gemeinschaften empfunden, die ihre Weltablehnung mit Maximen einer der herkömmlichen Moral widersprechenden Lebensführung verbanden wie z. B. die Mormonen. Ihre Praxis der Polygamie löste nicht nur eine Welle von Publikationen aus, die sich mit viel Phantasie der sexuellen Einzelheiten ihrer Eheform annahmen. Es erging auch ein Urteil des Obersten Gerichtes, des Supreme Court, wonach die amerikanische Verfassung zwar den Glauben, nicht aber religiöse Handlungen, die im Widerspruch zum geltenden Recht stehen, schütze. Ähnlich wie die Mormonen wurden übrigens auch katholische Institutionen Gegenstand von Enthüllungsgeschichten und -büchern; Klöster wurden als Orte entlarvt, an denen Nonnen wie Sexsklaven gehalten würden. So regelmäßig begleiteten Skandalisierungen die seit dem letzten Viertel des 19. Jahrhunderts aufkommenden neuen religiösen Gemeinschaften, dass Jenkins von Zyklen spricht.[28]

Um 1900 brachte die Bezeichnung «Kult» alle bürgerlichen Vorbehalte auf einen gemeinsamen Nenner. Prototyp waren exotische Religionen, wie z. B. Voodoo, der damals in den USA bekannt wurde. Kult war eine polemische Wortschöpfung für nicht-christliche Religionen und das perverse Gegenteil von Christentum. Neben moralischen wurden bald auch medizinische Kategorien verwendet, um das Abnormale begreifbar zu machen. Handelt es sich nicht um Psychopathen, die behandelt werden müssten? Zweimal im 20. Jahrhundert breiteten sich in den USA neue religiöse Bewegungen und Gemeinschaften aus, die als abnormal galten: von 1910 bis 1940 und von 1960 bis Mitte der 90er Jahre. Beide Male wurden sie öffentlich angefeindet. Auf eine Phase der Bildung solcher Gemeinschaften folgte regelmäßig eine Phase der Enthüllung von Skandalen. Medien berichteten über anstößige Praktiken; staatliche Behörden gingen gegen die Gruppen vor. Eine besonders vernehmbare Stimme im Konzert der Kultgegner wurden die protestantischen Fundamentalisten. Mehrheitlich Anhänger des Prämillenarismus, erwarteten sie mit dem Fortgang der Geschichte eine zunehmende Unterminierung christlicher Lehren und Werte durch die Mächte des Bösen. Ihnen erschien es absolut plausibel, Charismatiker mit unkonventionellen Botschaften unter die falschen Propheten und Messiasse der Endzeit zu subsumieren.

Koreschs apokalyptische Deutung der Belagerung

Während der Wochen der Belagerung machte David Koresch sich daran, die Krise seiner Gemeinschaft mit Hilfe der Offenbarung des Johannes zu deuten. Der Seher in der Offenbarung des Johannes habe die Ereignisse von Mt. Carmel vorausgesehen: Als das Lamm das fünfte Siegel des Buches Gottes öffnete, sah er unter dem Altar die Seelen derer, die geschlachtet worden waren und nach Rache schrieen. Er hörte, wie ihnen zugesichert wurde, sie müssten sich nur noch eine kurze Zeit (*chronos mikros*) gedulden, bis die Vollendung käme (Offenbarung des Johannes 6,9–11). David Koresch bezog die Vision auf die beim ersten Angriff getöteten Gemeindemitglieder und die anschließende Belagerungssituation. Nur: Wann würde die «kurze Zeit» abgelaufen sein? Vier Tage vor dem zweiten Angriff empfing er in Form einer Offenbarung die ersehnte Antwort: Sie sei zu Ende, wenn er seine Deutung der Sieben Siegel der Offenbarung Johannes niedergeschrieben habe. In einem Brief teilte er seinem Anwalt außerhalb des

Anwesens mit, er würde mit seinen Anhängern das Gelände verlassen, sobald er dies getan habe.[29] Auch bat er den Anwalt, den Brief an James Tabor und Phillip Arnold weiterzuleiten. Die beiden Bibelwissenschaftler James D. Tabor und Phillip Arnold hatten bereits während der Belagerung dem FBI ihre Mitarbeit angeboten. Als Bibelwissenschaftler, spezialisiert auf Apokalyptik und Kenner der Adventisten, interessierten sie sich für die Vorgänge auf Mt. Carmel und äußerten sich im örtlichen Radio dazu; diese Berichte wiederum empfingen die Davidianer auf batteriebetriebenen Radios. J. Tabor und Ph. Arnold wollten den Einsatzkräften helfen, die Bibeldeutungen besser zu verstehen und daraus Einblicke in Koreschs Deutung der Situation und seine Bereitschaft zur Aufgabe zu gewinnen. Auch wollten sie mit David Koresch über seine Interpretationen der Offenbarung diskutieren. Die Einsatzleitung lehnte jedoch ab; den Brief hielt sie für Verzögerungstaktik. Als wenige Tage später in Washington die Justizministerin Janet Reno nach einigem Zögern die Entscheidung für den Einsatz traf, war sie über die Existenz dieses Briefes nicht unterrichtet worden.

Fortgang der Gewaltspirale

Die Gewalt hörte mit Waco nicht auf. Auf den Tag genau zwei Jahre später, am 19. April 1995, zerstörte eine gewaltige Explosion das Gebäude der Bundesbehörde in Oklahoma.[30] Der Täter, Timothy McVeigh, hatte das Datum mit Absicht gewählt. Die Bewegung «Christian Identity», der er nahe stand, glaubte an eine Verschwörung in Washington, die auch für das Blutbad in Waco verantwortlich war. Juden hätten die Macht übernommen und die weißen Amerikaner über den wahren Charakter der Regierung getäuscht. Der in diesen Kreisen gelesene Bestseller *The Turner Diaries* von William Pierce, der unter dem Pseudonym Andrew Macdonald veröffentlicht wurde,[31] erzählt, wie ein liberaler Kongress per Gesetz den Waffenbesitz verbietet. Legionen von FBI-Polizisten schwärmen über das Land aus, um die freien Bürger zu entwaffnen. Allein eine kleine entschiedene Gruppe von Weißen organisiert den Widerstand, baut eine Bombe und bringt sie mit einem Lastwagen vor das FBI-Gebäude in Washington. Bei der Explosion werden 700 Menschen getötet. Danach erhält die *Washington Post* den Anruf: «White America shall live». Dass Timothy McVeigh diesen Ideen nahe stand, zeigt sich bis in ein technisches Detail hinein: Wie der Held der *Diaries* sprengte er das Gebäude mit einer Bombe in die Luft, die aus einer Mischung aus Ammonium, Nitrat, Dünger und Heizöl bestand.

Weltbilder müssen übersetzt werden

Um zu klären, wie der Gewaltausbruch von Waco zustande kommen konnte, hat die US-Regierung eine Untersuchung angeordnet und auch Religionswissenschaftler um Gutachten gebeten. Larry Sullivan richtete in seiner Stellungnahme den Blick auf die stillschweigenden Annahmen, die dem Vorgehen der Einsatzleitung zu Grunde lagen.[32] Die Strategie der «Befreiung» von «Geiseln» passte nicht zu der religiösen Situation der Gläubigen auf dem Anwesen; die fixe Idee, Religion sei eine private Angelegenheit, machte die Verantwortlichen blind für eine Religion, die eine Gruppe mobilisieren und zum Träger gemeinschaftlicher Handlungen machen kann; die langatmigen Erklärungen und stundenlangen Predigten Koreschs hielten sie für «Bible babble»; eine Religion, die mit dem Gesetz in Konflikt kommt, kann gar keine echte Religion sein. Der Polizei entging so, dass sie selbst in dem apokalyptischen Drama von Koresch eine Rolle spielte – nämlich die des blutrünstigen widergöttlichen Babylons. Wer in Religion eine überwiegend private Angelegenheit sieht, ist weder willens noch imstande, sie als Subjekt gemeinschaftlicher Handlungen wahrzunehmen.

Ein weiteres Gutachten der Religionswissenschaftlerin Nancy Ammerman für das Justizministerium diagnostizierte die Fehler des FBI ähnlich. Anfangs hatte die Gutachterin noch die Ansicht geteilt, David Koresch müsse ein religiöser Scharlatan sein. Als sie seine Lehren näher studierte, erkannte sie jedoch, dass es sich um eine Variante dessen handelt, was auch andere millenarische Gemeinden vertraten. Auch sie änderte die Richtung ihrer Untersuchung und studierte die Einsatzkräfte und ihre Annahmen. Nur weil sie Religion als eine innerliche, moralisch vorbildliche Überzeugung verstanden und von Religionsgeschichte wenig Ahnung hatten, erschien ihnen die Theologie und Moral von David Koresch als abwegig. Allein der Stereotyp des Kultes machte ihnen verständlich, was sie vor sich hatten.[33]

James D. Tabor und Eugene V. Gallagher sind bei ihrer Untersuchung zu dem Schluss gekommen, dass das FBI die Situation hätte entschärfen können, wenn es den Typus der Religionsgemeinschaft adäquat bestimmt hätte.[34] Dafür spricht, dass sich drei Jahre später das FBI an die Empfehlungen der Waco-Kommission hielt. Die Freemen von Montana waren eine christliche Gruppierung, die in der Endzeit zu leben glaubte und in Übereinstimmung mit einem eigenen Recht – ‹Common Law› – lebte. Als die Freemen mit Bundesbehörden wegen Steuervergehen in Konflikt gerieten, bestätigte sie dies in ihrer Auffassung, dass die Bundesregierung mit dem ‹Babylon› der Offenbarung des Johannes zu identifizieren und daher eine satanische Macht sei. Eine Ranch von ihnen wurde monatelang vom FBI belagert.

Anders als bei den Sprösslingen Davids von Waco schaltete das FBI diesmal jedoch Personen ein, die zwischen der Gemeinschaft und den Behörden vermittelten, und zog Experten hinzu, die millenarische Gemeinschaften untersucht hatten. Als «Weltbildübersetzer» rieten sie dem FBI, alles zu unterlassen, was die Gemeinschaft als Bestätigung ihrer Situationsdeutung ansehen konnte. Der Konflikt ging tatsächlich gewaltlos mit einer Verhandlungslösung zu Ende.[35]

Bei einer Nachbesprechung dieser Vorgänge zwei Jahre später, an der neben Leitern einer Sondereinheit des FBI auch Religionswissenschaftler teilnahmen, anerkannten beide Seiten die Rolle der Wissenschaftler als «worldview translators».[36] Vor allem zwei Punkte waren den Beteiligten inzwischen klar geworden: Da jede millenarische Gemeinschaft ihr eigenes Bild von der Welt und damit ihrer Lage hat, müssen die Verantwortlichen erst einmal dieses Weltbild verstehen, bevor sie zu einer Einschätzung kommen, ob die Gemeinschaft sich nur mit Gewalt verteidigt oder ob sie selber zu einem gewalttätigen Angriff übergeht.[37] Zwar rechnet der christliche Millenarismus mit Gewalt; aber nur wenige seiner Gruppen treten auch aktiv konsequent für den Gebrauch von Gewalt ein. Den Einsatzkräften wird empfohlen, Experten hinzuziehen, um beide Typen zu unterscheiden und mit der eher defensiven Gemeinschaft eine Lösung des Konfliktes auszuhandeln.[38]

Religiöse Handlungsmodelle und Gewalt

Die Forderung von Jonathan Z. Smith, man dürfe nicht einfach die Behauptung eines unverständlichen gewalttätigen Kultes akzeptieren, hatte in den USA einen Anstoß zu Forschungen gegeben, die am Ende zu einer beachtlichen Wendung in der Erklärung der Gewalt geführt haben: zuerst im Falle von «Peoples Temple» in Jonestown 1978 und dann später bei den Adventisten von Waco 1993. Nicht die Gemeinschaften an sich, sondern der Verlauf eines Konfliktes zwischen ihnen und ihren Gegnern wurde als Hauptverursacher der Gewalt erkannt. John R. Hall hat das Ergebnis so zusammengefasst:

Der Schlüssel zum Verstehen des Massenselbstmordes von Jonestown liegt in der wiederkehrenden Konfliktdynamik zwischen religiösen Gemeinschaften, die Autonomie beanspruchen, und den äußeren politischen Ordnungen. Im Allgemeinen zwingt die Aufforderung, sich den äußeren Ordnungen unterzuordnen, die Gemeinschaft dazu, zwischen dem Heiligen und dem Bösen zu wählen. Dieser Wahlzwang macht religiöse Überzeugung zu einer Frage der Ehre und ist das Treibbeet für Martyrium.[39]

John R. Hall hat seiner Analyse später eine weitere folgen lassen, die Waco einbezog. Auch in diesem Fall wurde der Konflikt verschärft und beschleunigt durch Wechselwirkungen zwischen einer Gemeinschaft, die ihre Erfahrungen als Anzeichen der Endzeit deutete, und mächtigen Gegnern (darunter Medien und staatlichen Behörden), die sie der Verbrechen verdächtigten und gewaltsam gegen sie vorgingen.

Damit wurde ein Analysemodell entworfen, das auch auf andere Fälle ein neues Licht werfen könnte. Man darf nicht auf die religiöse Gemeinschaft alleine blicken, um Gewalthandlungen zu begreifen, sondern muss den Blick auf den Konfliktverlauf insgesamt richten. Tut man dies, wie im Falle von Jonestown und Waco, tauchen Akteure auf, die zuvor im Dunklen geblieben waren, obwohl sie zu dem gewalttätigen Ablauf mit beigetragen haben: besorgte Angehörige, die die Gruppe als Feinde einer zivilisierten Kultur diffamierten und mit Rechtsmitteln gegen sie vorgingen; Abtrünnige, die sich in den Medien mit der Verwerflichkeit der Gruppe, der sie zuvor selber angehört hatten, profilierten; Medien, die reißerisch einzelne Vorkommnisse skandalisierten und Berichte über Gräueltaten veröffentlichten; staatliche Behörden, die gegen die Gruppen wegen angeblicher Rechtsvergehen mit Gewalt vorgingen. Der gemeinsame Nenner all dieser Akteure war die Auffassung, es gar nicht mit Religion, sondern mit einem «Kult» zu tun zu haben.

Wenn die Gegner von «Kult» sprachen, kommunizierten sie damit die Ansicht, es handele sich um eine schädliche Pseudoreligion, die es verdiene, abgelehnt, bekämpft, beseitigt zu werden. Die Klassifikation begünstigte Wünsche, dem Treiben der Gruppe mit Gewalt ein Ende zu bereiten. Die betroffenen Gemeinden wiederum deuteten die sich verschärfende Situation in den Begriffen ihres heilsgeschichtlichen Weltbildes und handelten entsprechend. So wird bei einer Betrachtung des Konfliktverlaufes als Ganzem die Verschränkung und Ausdifferenzierung von Handlungsskripten der Akteure sichtbar. Das Konzept des «Kultes» war dabei von zentraler Bedeutung. Man muss die Klassifikation «Kult» in die Betrachtung des Konfliktverlaufs einbeziehen, um die Eskalation zu verstehen. Der Gebrauch der Bezeichnung «Kult» geriet selber in den Verdacht, ein Instrument zu sein, mit dem man der Frage nach einer möglichen Verbindung von Gewalt und genuiner Religion ausweichen kann.

Wenn wir eine Gruppe mit dem abwertenden Terminus *Kult* bezeichnen, fühlen wir uns sicher, weil so die mit Religion verbundene Gewalt von den überlieferten Religionen abgetrennt wird, auf andere projiziert wird und man sich vorstellt, sie würde nur bei abweichenden Gruppen vorkommen. Wie wir jedoch wissen, sind Kindesmissbrauch, sexuelle Misshandlungen, finanzielle Ausbeutung, Folter, Terrorismus, Mord und Krieg auch von Gläubigen der Mehrheitsreligionen begangen worden. [...] Das abwertende Klischee von ‹Kult› hilft uns, eine Konfrontation mit dieser unbequemen Tatsache zu vermeiden. (Catherine Wessinger)[40]

Religionen *können* selbstverständlich gewaltförmig werden. Die Bezeichnung ‹Kult› jedoch grenzt diesen Fall auf bestimmte Gruppen ein und wird so selber zu einem polemischen Instrument, ihnen ihr Existenzrecht abzusprechen und sie als gewalttätig zu dämonisieren und zu bekämpfen.

Ein am Konfliktverlauf orientiertes Handlungsmodell erklärt am besten die Verbindungen, die zwischen Religionen und Gewalt entstehen können.[41] Denn an dem Handlungsverlauf haben noch andere als die Gewalttäter mitgewirkt. Da ist an erster Stelle die religiöse Gemeinschaft selbst, die im Falle von «Peoples Temple» und der Adventisten von Waco dem Typ der kulturellen Enklave entsprach. Für die Mitglieder war die Gemeinschaft eine Insel des Überlebens geworden; ihr eigenes Leben war, so schien es ihnen, abhängig vom Weiterbestehen der Gemeinschaft. Ein hoher Konformitätsdruck lastete auf allen Mitgliedern, verbunden mit einer unkonventionellen religiösen Hierarchie. Daneben gab es dann die Gegner. Abtrünnige, organisierte Antikultbewegung, Medien, Justiz und Polizeibehörden handelten jeweils entsprechend ihren eigenen Situationsdeutungen und Kompetenzen. Der Bundesstaat trat als Hüter von Individualismus, Familie und Privateigentum auf – als den wahren amerikanischen Werten; Abweichungen davon wurden von Gegnern als etwas metaphysisch Böses gebrandmarkt; Abfall von diesen unmoralischen Gemeinschaften wurde von mächtigen Organisationen begrüßt und gefördert, unterstützt von Medien und Staat. Das heuristische Modell einer endzeitlichen weltablehnenden Gemeinschaft und ihrer Bekämpfung durch Abtrünnige und offizielle Instanzen könnte nützlich sein bei der Erforschung auch anderer Fälle von religiöser Gewalt. Die Erwartung von zunehmender Gewalt in der Endzeit und die Erfahrung von Verfolgung haben Zyklen staatlicher Gewalt und religiöser Gegengewalt hervorgerufen.

4. Jeder Tag Aschura, jedes Grab Kerbala: Iran 1977–1981

Ein erster landesweiter Schauplatz religiöser Gewalt wurde Iran in den Jahren 1977/79. Die Demonstrationen und Straßenkämpfe gegen das Pahlewi-Regime haben von Geschichtskonzepten und Ritualen der Zwölferschia Gebrauch gemacht und diese dabei grundlegend aktualisiert. Eine jährliche Prozession am 10. Muharram (Aschura) hat die Erinnerung an die Ermordung des dritten Imam Husain im Auftrag des Kalifen Yazid 680 n. Chr. bei Kerbala lebendig gehalten. Im Monat Muharram, der 1977/78 auf Dezember und Januar fiel, schwollen die Prozessionen zu gewaltigen politischen Demonstrationen gegen das Schah-Regime an. Als in der Stadt Qom, einer Hochburg schiitischer Gelehrsamkeit, die Geistlichen mit ihren Studenten die Regierung aufforderten, Rechtsstaatlichkeit und Freiheit zu gewähren, ging die Armee mit Waffengewalt gegen sie vor und erschoss am 9. Januar eine Vielzahl von ihnen. Daraufhin erklärte der führende Geistliche von Qom die Erschossenen zu Märtyrern und die Regierenden zu Feinden Gottes. Vierzig Tage später, am 18. Februar, fand die rituell vorgeschriebene Gedenkfeier statt, wobei der Toten als Märtyrer gedacht wurde. Als die Armee gegen die Demonstranten vorging und erneut Menschen zu Tode kamen, fanden wieder nach vierzig Tagen Gedenkfeiern für die Märtyrer statt. Eine «Kette des Martyriums» begleitete den Niedergang der alten Ordnung. In diesem rituellen Zeittakt verbreiteten sich, einem Schneeballeffekt gleich, die Aufstände über das ganze Land, bis das Schah-Regime auf Grund seiner eigenen Gewalttätigkeit hinweggefegt war.[1]

Zeitungsreportern verdanken wir einen Einblick in die Trauerfeiern zum Gedenken der Erschossenen. So berichtete der Korrespondent der *Neuen Zürcher Zeitung* Arnold Hottinger über eine Zusammenkunft in Isfahan Anfang 1979:

Die Redner [in der Moschee; HGK] lösen sich ab, die Zuhörer erhalten immer wieder Gelegenheit, ihre Rufe und Slogans auszustoßen, wie dies durchaus der religiösen Tradition der Trauerfestlichkeiten entspricht. Eine Mischung von Religion und von Politik wird vorgetragen, die Redner, meist Geistliche, doch gelegentlich auch Laien, sprechen von den Blutopfern der Vorkämpfer der Schia und kommen durch sie wie von selbst auf die Blutopfer zu sprechen, die ‹wir heute für die Freiheit darbringen›. Man trauert um Husain und verspricht, dass man bereit sei, sich für ihn zu opfern, wie so viele andere seiner Gefährten und Nachfolger; ‹dies ist der Sinn unseres Kampfes gegen den Schah um eine islamische Republik›, fügt der Redner hinzu. (NZZ vom 7./8.1.1979)

Die Redner priesen den Tod in den Straßenkämpfen als Blutopfer für Husain. Und die Anwesenden gaben ihrerseits das Versprechen ab, gleichfalls zu einem solchen Opfer bereit zu sein. So hören wir aus einer anderen Quelle eine Beteiligte sagen:

Khomeini hat gesagt, wer bei der Bekämpfung des Schah-Regimes umkommt, erleidet den Zeugentod, den Märtyrertod. Natürlich nur der, der bewusst bei der Demonstration dabei ist, nicht einer, der zufällig als Passant erschossen wird.[2]

Hier sprechen keineswegs Angehörige ungebildeter, traditioneller Schichten, sondern junge, gebildete Städter. Eine im Westen lebende Iranerin kehrte nach Ausbrechen der Unruhen in ihr Land zurück und hielt ihre Erlebnisse und Beweggründe schriftlich fest. Begeistert berichtet Omol Bani, der Zeugentod von Imam Husain sei von Ali Schariati neu gedeutet worden; dies habe die Bereitschaft zum Kampf enorm beflügelt. Sie lebt selbst gedanklich in der Zeit Husains. In der Finsternis der Unwissenheit gehe aus dem kleinen Hause Fatimas, der Tochter des Propheten Mohammed und Frau Alis, ein zorniger Sohn hervor, Husain, und erhebe sich gegen die Herrschaft der Paläste und Ausbeuter:

Der Mann hat als Waffe nur den eigenen Tod. Aber er stammt aus einer Familie, die ihn die Kunst des richtigen Sterbens gelehrt hat. Das ist schahada.[3]

Schahada bezeichnet die erste der Fünf Säulen des Islams: «Ich bezeuge, dass es keine Gottheit außer Gott gibt und dass Mohammed der Gesandte Gottes ist.» Es bezeichnet aber auch das Zeugnis im Sinne des Märtyrertums und war damit eine Kampflosung gegen das Schah-Regime.

Schahada ist ... im Gegensatz zum Begriff des Opfertods in anderen Kulturen, nicht ein Tod, den der Feind dem Revolutionär aufzwingt, auferlegt. Er ist der willkommene Tod, den ein Kämpfer im vollen Bewusstsein seiner Situation selber wählt. ... Schahada ist eine Aufforderung an alle Jahrhunderte, an alle Generationen: ‹Wenn du töten kannst, töte, und wenn du nicht töten kannst, stirb!› (ein Zitat des iranischen Intellektuellen Schariati).[4]

Der Märtyrertod ist kein Geschick, das einem widerfährt. Er ist eine frei gewählte Handlung.

Ein schiitisches Umsturzritual wird neu inszeniert

Der Vorgang, an den die Idealisierung des Sterbens anknüpfte, lag lange
zurück und ereignete sich in Zusammenhang mit dem Kampf um die
Nachfolge des verstorben Kalifen Mu'awiya. Nach Auffassung der Partei Alis stand Husain die Nachfolge des Propheten zu. Als dieser sich
60 n. H./680 n. Chr. aufmachte, um in Damaskus das Amt anzutreten,
wurde er in der irakischen Stadt Kerbala von dem General des inzwischen
an die Macht gelangten Kalifen Yazid abgefangen und eingekesselt. Nachdem die Truppen ihm und den Seinen tagelang den Zugang zum Wasser
versperrt und sie dadurch dem Verdursten nahe gebracht hatten, griffen
sie am 10. Muharram, dem Aschura-Tag, die kleine Gruppe an und töteten Husain zusammen mit seiner Familie und einigen Getreuen. Bereits
vier Jahre danach fand am gleichen Tag ein Bußmarsch seiner Anhänger
statt, die laut über das Geschehene klagten und sich bezichtigten, den
Imam in Stich gelassen zu haben. Das älteste Element dieser bald umfang-
reich ausgestalteten Erinnerungsfeiern war die Bitte Husains um einen
Schluck Wasser, die ihm abgeschlagen worden war.[5]

    Vor allem nachdem die Schia im 16. Jahrhundert in Iran zur Staats-
religion erhoben worden war, wurden am Aschura-Tag Umzüge organisiert. Über sie sind wir durch europäische Reisende informiert, die seit
dem Beginn des 17. Jahrhunderts in stetig steigender Anzahl Persien besuchten und von dem, was sie sahen, fasziniert waren. Sie berichteten von
der Praxis von Schiiten, am Jahrestag der Ermordung von Husain – dem
10. Muharram – klagend durch die Straßen ihrer Ortschaften oder Stadt-
viertel zu ziehen. Auch von der sozialen Zusammensetzung der Prozessionen hören wir. Die Komitees, die die Feierlichkeiten organisierten, stützten sich auf die Klientel eines reichen Patrons, auf eine Nachbarschafts-
gruppe bzw. auf die religiöse Gefolgschaft eines angesehenen Geistlichen
oder auf alle drei zusammen. Somit stützten sich die Prozessionszüge auf
bestehende Loyalitätsbeziehungen.[6] Praktisch durchgeführt wurden die
Prozessionszüge dann meistens von den Handwerkskorporationen.

Demonstrierte Opferbereitschaft

Die Teilnehmer an den Prozessionen waren von der Idee beseelt, dass in
den Tagen von Aschura die Ereignisse von einst wieder gegenwärtig seien.
«Heute ist der Tag von Aschura und diese Ereignisse geschahen in Kerbala», wird ein Teilnehmer in einem Bericht aus den Anfängen des 20. Jahrhunderts zitiert.[7] In einer die Zuschauer mitreißenden Weise hat man auf

den Straßen die Niedermetzelung von Husain und den Seinen nachge-
stellt. Besonders ins Auge fielen Männer, die sich mit Ketten und Säbeln
blutig geißelten. Sie legten dabei noch Leichengewänder an, um ihre Opferbereitschaft zu unterstreichen, die sie an Ort und Stelle in Straßenkämpfen bereit waren, auch praktisch unter Beweis zu stellen. Einhellig
berichten die europäischen Reisenden nämlich, dass die Prozessionszüge,
wenn sie aufeinander trafen, einander angriffen und bekämpften. Ein früher Bericht fasst alle Besonderheiten dieser Auseinandersetzungen zusammen:

> Ebenso wohnen dieser Prozession alle Leute der benachbarten Orte mit langen
> und dicken Prügeln in der Hand bei, um dieselben zur gegebenen Zeit wider die
> anderen Prozessionen, die ihnen begegnen möchten, nicht allein wegen des Vor-
> rangs zu gebrauchen, sondern auch – wie ich glaube – um die Schlacht, in welcher
> Husain umgekommen ist, darzustellen; und sie glauben fest, dass derjenige, wel-
> cher in solchem Gefecht auf dem Platz bleibt, weil er für Husain stirbt, direkt ins
> Paradies geht. Ja sie glauben, dass die ganze Zeit ihres Aschura die Tore des Para-
> dieses jederzeit offen stehen und dass alle Mohammedaner, die in diesen Tagen
> sterben, von Stund an hineingeführt werden.[8]

Punkt für Punkt sind diese Worte von anderen Reisenden bestätigt worden: Dass der Kampf um rituelle Gegenstände entbrannte, dass er mit
Stöcken ausgetragen wurde, dass er einer Rivalität der Aufzüge um den
Vorrang entsprang, dass er die Vorgänge von Kerbala darstellte, dass er
von Staats wegen unterdrückt wurde, dass man die in diesen Kämpfen
Umgekommenen für Blutzeugen gleich denjenigen von Kerbala hielt und
dass man glaubte, in den Tagen zu Aschura stünden die Tore des Para-
dieses offen. Alle diese Merkmale zeigen uns, dass die Aschura-Feiern
zum Typus periodischer, kollektiver Umsturzrituale zählen und dass sie
wie diese den Rechtsfrieden temporär außer Kraft setzten.[9]
  Diese Umsturzrituale sind verbreitet und Gegenstand kontroverser
Deutung geworden. Es handelt sich um Rituale, die bestehende asymmetrische Beziehungen zwischen Männern und Frauen, Herrschern und Untertanen für eine kurze Periode auf den Kopf stellen.[10] Die meisten Vertreter der britischen Sozialanthropologie waren davon überzeugt, derartige
Rituale hätten die Funktion, eine Gemeinschaft von den Aggressionen
einiger ihrer Mitglieder zu reinigen und auf diese Weise die hierarchische
Struktur zu stabilisieren.[11] Erst der Ethnologe Victor Turner (1920–1983)
hat diese These mittels Feldforschungen in Afrika überprüft und verworfen. Er erkannte in den Umsturzritualen die Präsenz von zwei gegensätz-
lichen Typen von Sozialbeziehungen: einerseits eine hierarchische Struk-

tur von Positionen und Rollen, andererseits eine undifferenzierte Gemeinschaftlichkeit, von ihm *Communitas* genannt. Beide Sozialtypen – Struktur und Communitas – erheben eigenständige Geltungsansprüche:

> Für Individuen wie für Gruppen [ist] das Leben eine Art dialektischer Prozess [...],
> der die sukzessive Erfahrung von Oben und Unten, Communitas und Struktur,
> Homogenität und Differenzierung, Gleichheit und Ungleichheit beinhaltet.[12]

Wenn aber Hierarchien sich verfestigen, können soziale Bewegungen an
die Erfahrung von Gemeinschaftlichkeit anknüpfen und sie einstürzen
lassen.

Auch in Iran wurden in den rituellen Straßenkämpfen zu Muharram
Spannungen ausgetragen, die im Alltag latent zwischen den Loyalitätsgruppen iranischer Städte bestanden. Das blieb nicht ohne Folgen für die
Bedeutung, die die historischen Ereignisse von Kerbala in Iran annahmen.
Der Kampf zwischen Husain und seinen Feinden war historisch eine Auseinandersetzung zwischen zwei Parteien – später Sunniten und Schiiten
genannt – über den rechtmäßigen Kalifen gewesen. In der iranischen Gesellschaft wurden die Kämpfe jedoch zwischen Schiiten ausgetragen. Jetzt
war es das Opfer für die eigene Loyalitätsgruppe und nicht mehr für die
Gemeinschaft aller Schiiten, das religiös vorbildlich war. Das Drama von
Kerbala wurde als Opferbereitschaft für die eigene Gruppe aufgeführt.

Die Erinnerung an die Ereignisse von einst wurde noch auf andere Weise wach gehalten: mit einem Passionsspiel. Die Martyrien von Kerbala
wurden szenisch aufgeführt: neben dem Martyrium des Husain das seiner
Gefährten Abbas, Qasem, Ali Akbar und anderen. Jeder Aufzug veran-
schaulicht erneut, dass die Erlösung, die Husains Tod bringt, nur dann
wirksam ist, wenn man ihn zum Vorbild für das eigene Handeln nimmt:

> O Schiiten, Husain hat für euch sein Haupt gegeben. Schlagt euch aufs Haupt aus
> Kummer für den König des Ostens und des Westens. Husain hat sein Leben zum
> Lösegeld für die Schiiten gemacht. Streut nun euer Leben auf Husains Pfad.[13]

Fortwährend reden sich die Akteure des Schauspiels mit den Worten an:
«Möge ich dein Lösegeld sein.»[14] Dabei handelt es sich jedoch nicht nur
um eine Floskel. Die entsprechenden Begriffe *fedā* (Loskauf, Lösegeld
etc.) und *qorbān* (Opfer) sprechen tief verwurzelte gesellschaftliche Erwartungen an. Die Sicherheit des Individuums wurde und wird heute
noch (man denke an den Irak in diesen Tagen) weniger von der Regierung
gewährleistet als von der Solidarität der Gruppe, der es angehört. Wenn
Menschen durch Krieg, Verschuldung oder andere Ursachen in die Ab-

hängigkeit von anderen geraten, dann hilft nur der Loskauf durch die eigene Gruppe. Im Passionsspiel ist daher der Loskauf eine moralische Pflicht aller Angehörigen einer Loyalitätsgruppe. Empört ruft Ali Akbar denen, die ihn vom Martyrium abhalten wollen, zu:

Siehe, mein Vater ist ohne Gefährten und jammernd übrig geblieben. Er hat niemanden in dieser Wüste, der (ihm) Hilfe bringt.[15]

Es ist jedoch keineswegs jedem zugestanden, diese Hilfe zu erbringen. Im Passionsspiel ist dies ausschließlich jungen Männern vorbehalten. So schärft es auch der Mythos von Ismaels Opfer ein. «Das Leben des Sohnes ist würdig, für (seinen) Vater geopfert zu werden.»[16] Frauen haben eine andere Aufgabe: Sie müssen ihre Zustimmung zum Opfergang ihrer Söhne geben. Bevor der Imam die beiden jungen Männer Ali Akbar und Qasem aufs Schlachtfeld lässt, schickt er sie zu ihrem Zelt zurück: «Die Zustimmung für diese Handlung liegt bei eurer Mutter.»[17] Ali Akbars Mutter zögert noch. Doch als sie von Qasems Mutter hört, sie werde ihren Sohn sehr wohl in den Kampf ziehen lassen, da spricht auch sie die entscheidenden Worte:

Setze Hoffnung auf Gott, den gerechten Richter, gehe und opfere (dein) Leben für (deinen) Vater.[18]

Die religiös vorbildliche Handlung bleibt an die Entscheidung anderer gebunden. Sie ist eingebettet in eine soziale Welt, in der Loyalitätsgruppen dominieren und rivalisieren.[19] Opferbereitschaft ist die Voraussetzung des sozialen Überlebens. Noch lebt der Gläubige in einer Welt, die mit Ungerechtigkeit (*zulm* = Tyrannei) angefüllt ist. Erst wenn der Imam Mahdi aus seiner Verborgenheit hervortritt und die Welt mit Gerechtigkeit (ʿadl) füllt, wird sich das ändern.[20]

Die Tyrannei der Verwestlichung

Die europäische Expansion, die in Iran seit dem 19. Jahrhundert spürbar wurde, war früh schon folgenreich für eine Neuinterpretation des Aschura-Rituals. Als Schah Nazir al-Din 1891/92 einem Engländer die Tabakkonzession für den gesamten Iran übertrug, erhob sich im Land ein Sturm der Entrüstung. Bazarhändler und -handwerker, Geistliche und Intellektuelle erklärten den Schah zu einem Tyrannen gleich dem Usurpator Yazid. Auf dem Höhepunkt der Auseinandersetzung um das Tabakmonopol zogen Demonstranten in Leichengewändern durch die Straßen, um ihre Bereitschaft, im Kampf für eine gerechte Ordnung auch notfalls zu sterben, offen zu bekunden.[21] Dieses Deutungsmuster verlor in den zwanziger und dreißiger Jahren an Resonanz. Nachdem Schah Reza Pahlewi 1925 an die Macht gekommen war, tat er alles, um die schiitische Religionsgemeinschaft auf dem Wege der Gesetzgebung zu delegitimieren: Geistliche, die zuvor vom Militär freigestellt waren, konnten jetzt eingezogen werden; ihr Einfluss auf das Rechtswesen und die Schulen wurde beschnitten, die Durchführung der blutigen schiitischen Rituale wurde untersagt und die religiösen Stiftungen staatlicher Kontrolle und Regeln unterstellt. Ein Kleidergesetz verbot Frauen das Tragen des Schleiers und Männern das der traditionellen Kleidung. Nur die Geistlichen waren davon ausgenommen; so sollte man sie auch äußerlich von den Laien unterscheiden können. Das Ziel all dieser Maßnahmen war es, die Schia aus dem öffentlichen Leben Irans zu verdrängen und zu stigmatisieren.[22]

Das Ende tradierter dörflicher Sozialformen

Die Marginalisierung der Schia war weit vorangeschritten, als der von den USA an die Macht gebrachte Sohn von Schah Reza Pahlewi, Mohammad Reza Schah (1919–1980), zu Beginn der sechziger Jahre eine radikale Modernisierung des Landes in Angriff nahm. Unter den verschiedenen Reformmaßnahmen der «Weißen Revolution» von 1962 war die Landreform ökonomisch besonders einschneidend und hatte langfristig die gravierendsten Folgen. Der traditionelle Großgrundbesitz verfügte bis dahin über zum Teil riesige Territorien, die von abhängigen Bauern bewirtschaftet wurden. Die Ernte wurde nach einem herkömmlichen Schlüssel zwischen Grundherrn und Bauern entsprechend dem Besitz an einem der fünf Produktionsfaktoren geteilt: Land, Saatgut, Zugvieh, Wasser und körperliche Arbeit. Für die Bauern blieb, wenn sie nichts anderes als ihre Arbeitskraft zur Verfügung stellten, was häufig der Fall war, nicht mehr als ein Fünftel des Ernteertrags.[23] Für jeden unvoreingenommenen Beobachter war diese so genannte Teilpacht der Inbegriff von Ungerechtigkeit und Ausbeutung.

Die Agrarreform, von amerikanischen Experten empfohlen und konzipiert, beendete dieses System. Den Bauern wurde das Eigentumsrecht an den von ihnen bewirtschafteten Feldern übertragen, allerdings mussten sie die ehemaligen Grundbesitzer entschädigen. Eine staatliche Bank übernahm dies und stellte den neuen Landeigentümern die verauslagte Summe als Kredit in Rechnung. Eine Rationalisierung des Anbaus sollte es den Bauern möglich machen, die Kredite zurückzuzahlen. So wollte man eine neue, an Erwerb orientierte Klasse von Farmern schaffen. Ganz übersehen (oder einfach ignoriert) wurden dabei allerdings die vielen Landarbeiter – nach Schätzungen rund 40% der dörflichen Familien –, die zwar kein Gewohnheitsrecht an der Teilpacht hatten, aber zur Dorfgemeinschaft dazugehörten und mit den Bauern Arbeitsteams bildeten, wofür sie am Ernteertrag beteiligt wurden. Diese Landarbeiter wurden, bedingt durch die Einführung von Maschinen, erwerbslos und mussten in die Städte ziehen. Das nahmen die Experten in Kauf, da das steigende Öleinkommen eine Industrialisierung des Landes und damit viele neue Arbeitsplätze bringen würde. Doch ging die Rechnung nicht auf. Weder entstanden genügend neue Jobs, noch entsprachen die, die entstanden, mit ihren Anforderungsprofilen den geringen Fähigkeiten der Zugewanderten. Noch schlimmer war, dass den Landlosen bald auch viele der neuen Farmer folgten; die Hoffnung auf eine landwirtschaftliche Revolution hatte getrogen. Statt mehr Agrarprodukte im Land selbst zu erzeugen, wurde sogar noch Getreide importiert – finanziert aus den Öleinnahmen. Am Ende hatte die Landreform die dörflichen Sozialformen zerstört, ohne dass im gleichen Zug eine Industriegesellschaft entstanden wäre. In den Städten explodierten die Einwohnerzahl und die Slums.[24]

Das Wachsen schiitischer Netzwerke

In den übervölkerten Städten waren es religiöse Institutionen, die am ehesten im Stande und willens waren, die Entwurzelten und Enttäuschten aufzufangen. Said Amir Arjomand konstatierte in einem Rückblick auf die sechziger und siebziger Jahre eine spürbare Zunahme religiöser Aktivitäten. Religiöse Druckwerke und Kassetten erfreuten sich steigender Beliebtheit; religiöse Vereinigungen, denen sich Migranten anschlossen, schossen wie Pilze aus dem Boden.[25] Die schiitischen Institutionen verfügten nach wie vor über Einkünfte und Vermögenswerte, auch wenn die Gesetzesreformen sie schwer geschwächt hatten. So trieb das Voranschreiten der westlichen Modernisierung auf dem Lande die Entwurzelten in den Städten in schiitische Netzwerke, die trotz aller staatlichen Gegenmaßnahmen den Armen nahe geblieben waren. Von der Wirtschaftsentwicklung Irans überrollt, wurde für viele von ihnen die soziale Schia attraktiv. An die Stelle der Einbindung in die ländlichen Sozialformen und Loyalitätsbeziehungen trat eine religiöse Vergemeinschaftung.

Die vom Schah-Regime durchgesetzte Landreform und das weitere Modernisierungsprogramm traf von Anfang an aber auch auf den Widerstand von Bazarhändlern und -handwerkern. Die Modernisierung begünstigte auch unter den Bürgern nur bestimmte soziale Schichten, während andere von ihr benachteiligt wurden. Bazarhandwerker und -händler waren weitgehend vom Ölreichtum ausgeschlossen, mussten aber plötzlich mit staatlich subventionierten Betrieben konkurrieren, die Güter des alltäglichen Bedarfs, die zuvor im Bazar hergestellt worden waren, industriell fertigten und außerhalb des Bazars in modernen Läden verkauften. Die Unzufriedenheit entlud sich im Juni 1963, als im schiitischen Trauermonat Muharram am Aschura-Tag (10. Muharram = 5. Juni 1963) eine große Protestdemonstration gegen das Schah-Regime abgehalten wurde. Truppen des Schahs lösten sie blutig auf.

Kerbala wird zum Handlungsmodell

An der Erhebung 1963 waren Geistliche beteiligt. Neben der überwiegend apolitischen Geistlichkeit hatte sich eine Gruppierung gebildet, die politisch aktiv wurde und in die Öffentlichkeit ging. In ihr tat sich Ruhollah Khomeini (1902–1989) als schärfster Kritiker des Schahs hervor. Nach den blutigen Konfrontationen wurde er gezwungen, ins Exil zu gehen: erst in die Türkei, dann nach Najaf im Irak. Najaf war für sein Wirken ein geeigneter Ort; das Grab Alis zog schiitische Wallfahrer aus aller Welt an; es war ein Ort schiitischer Gelehrsamkeit, an dem heranwachsende Geistliche aus vielen Ländern studierten. In seinem Exil konnte Khomeini so seine radikal neue Theorie entwickeln und verbreiten, dass die Staatsform der Monarchie mit dem Islam unvereinbar sei. Solange der Imam Mahdi noch verborgen sei, sei allein eine «Regierung des Rechtsgelehrten» (*welāyat-e faqih*) legitim.[26]

In Najaf fand in den sechziger Jahren eine wahre Renaissance schiitischer Theologie statt und erfasste ganz besonders auch die Konzeption des Martyriums.[27] Der schiitische Geistliche Ayatollah Taleqani erklärte 1963 den Tod im Kampf gegen das Schah-Regime zum Akt des Martyriums und reklamierte die Kernmetapher des Sufismus *fanā* (= Entwerden in Gott) für diese Handlung. Wenn jemand durch die Erkenntnis der Wahrheit die Bereitschaft erlange, sich selbst zu opfern, um so die Wahrheit zu verwirklichen, sei er ein Märtyrer. Das gelte auch für die bei den Demonstrationen 1963 Getöteten. Diese Übertragung einer Konzeption der islamischen Mystik auf den Tod im Kampf für eine islamische Ordnung stand zwar in Spannung zu der im klassischen Islam vorherrschenden Ablehnung jeder Art von Selbsttötung. Indem jedoch der mystische Begriff der Entwerdung für eine solche Handlung in Anspruch genommen wurde, was nicht nur bei schiitischen Gelehrten in Najaf, sondern wenig später auch bei sunnitischen Anhängern des Jihad in Ägypten geschah, wurde die Intention des Handelnden entscheidend für die religiöse Legitimität seiner Tat. Von einem Sterben im Jihad darf nur dann gesprochen werden, wenn dies auch ganz und gar der Intention des Handelnden (*niyya*) entspricht. Ein bewusster und gewollter Tod im Kampf gegen die unreine, ungerechte Welt war ethisch vorbildlich und vom apokalyptischen Ende der Geschichte her gesehen ein Sieg. Er war auf jeden Fall kein verwerflicher Selbstmord.

Junge Theologiestudenten aus dem Irak, Iran und dem Libanon, die es als notwendig ansahen, die Religionsgemeinschaften ihrer Länder gegen die fortschreitende kulturelle Verwestlichung zu mobilisieren, übernahmen dieses Konzept von Martyrium. Selbst eine absichtliche Vernichtung des eigenen Lebens im Kampf mit den Mächten der Gottlosigkeit war nicht mehr tabu, sondern wurde zum Vorbild stilisiert. Theologen, die auch nach ihrer Studienzeit in Kontakt miteinander blieben und in ihren Heimatländern erheblichen Einfluss auf das öffentliche Leben ausübten, wie Baqir al-Sadr im Irak, Musa al-Sadr und Muhammad Husain Fadlallah im Libanon oder Ruhollah Khomeini in Iran, haben diese Wende der schiitischen Tradition hin zu einem religiösen Aktivismus herbeigeführt. Schiiten, so lehrten sie alle in ihren Predigten und Schriften, sollten nie wieder Imam Husain im Stich lassen, wie das einst in Kerbala geschehen war. Statt rituell zu klagen, sollten die Gläubigen sich wie Husain zum Kampf gegen das Unrecht erheben. Dass für eine solche Entscheidung die Zustimmung der Frauen der Familie nötig ist, wird allerdings nicht mehr geäußert. Die Handlung ist ganz und gar individuell geworden; einzig die reine Intention entscheidet. Dies festzustellen steht Gott zu, hier und heute jedoch den schiitischen Autoritäten. Aus einer in Loyalitätsgruppen eingebetteten Glaubenspraxis wurde auf diese Weise eine Handlung, deren Beurteilung der religiösen Gemeinschaft oblag.

Die neue Generation Geistlicher rückte von der früheren Auffassung ab, wonach die Gläubigen vor allem lernen müssten, Unrecht geduldig zu ertragen. Als Ruhollah Khomeini im Exil allmählich in die Rolle des höchsten schiitischen Geistlichen aufstieg, zum *marjaʿ at-taqlīd* (arab. Instanz der Bevollmächtigung), dem Laien und Geistliche zum Gehorsam verpflichtet sind, war es um die politische Abstinenz geschehen.[28] Er rief die Gläubigen dazu auf, aktiv gegen die Ungerechtigkeit und für die «Erniedrigten» (*mostazʿafīn*) einzutreten. Lange waren die Schiiten gehalten, solange der Imam Mahdi noch nicht aus seiner Verborgenheit herausgetreten war und sie in einer gefährlichen Welt voller Ungerechtigkeit und Lüge lebten, ihre Identität zu verheimlichen. Jetzt verlangte Khomeini von ihnen, diese Praxis der Verheimlichung angesichts des Angriffs auf die religiöse Gemeinschaft der Schia fallen zu lassen und stattdessen bereit zu sein, zu kämpfen und zu sterben.

Von der Verheimlichung zum öffentlichen Glaubensbekenntnis
Die Verheimlichung des eigenen Glaubens (arabisch *taqiyya* oder *ketmān*) war früh schon zum Kennzeichen schiitischer Lebensführung geworden, wie Aussprüche der Imame dokumentieren:

Derjenige, der keine taqiyya hat, hat keinen Glauben [oder] Ein Gläubiger ohne taqiyya ist wie ein Körper ohne Kopf.[29]

Allerdings ist nicht ganz klar, was genau die praktischen Anforderungen waren. Ignaz Goldziher vertrat die Ansicht, dass es sich dabei um eine absolute Pflicht handele.[30] Dem hat Etan Kohlberg widersprochen. Auch in der Schia ist *taqiyya* keineswegs immer Pflicht, sondern nur dann, wenn ein freimütiges Glaubensbekenntnis dem Imam oder seiner Gemeinde Schaden zufügen würde. Davon seien allerdings solche Handlungen ausgenommen, die zum distinktiven Merkmal der schiitischen Rechtsschule gehören. Da die schiitische Rechtstradition sich von den anderen islamischen Rechtsschulen aber nur in wenigen, eher marginalen Punkten unterscheidet, wäre die *taqiyya* nur selten religiöse Pflicht gewesen.

Die Forderung nach *taqiyya* bleibt daher unscharf, wenn man sie an klaren Maximen einer Laienethik misst. Egbert Meyer hat daher Anlass und Anwendungsbereich der *taqiyya* in Werken schiitischer Theologen genauer studiert und erkannt, dass sie *taqiyya* nicht in Zusammenhang mit der Ethik, sondern mit dem Kommen des Imam Mahdi behandeln.

Die *taqiyya* ist bis zum Auftreten des wiederkehrenden Imams, wenn das Wahre die Oberhand ein für allemal gewinnen soll, eine jederzeit erwägenswerte Handlung.[31]

Es besteht demnach ein innerer Zusammenhang zwischen der Verborgenheit des Mahdi und der Praxis der Verheimlichung. Solange der Imam verborgen ist, solange regiert – aus reiner Vernünftigkeit heraus – *taqiyya* das Handeln der Gläubigen. Übrigens hängt die Verborgenheit des Imam Mahdi ihrerseits mit der Praxis der *taqiyya* (wörtlich: Vorsicht) zusammen. Als der letzte, zwölfte Imam in die Verborgenheit gegangen war, wurde dies auch mit seiner Furcht vor den Feinden begründet: Der Imam müsse sich vor den Feinden in Sicherheit bringen. Die Vernunft gebiete die Verheimlichung. Jedoch gilt auch das Umgekehrte: Erwarten die Gläubigen eine baldige Rückkehr des Imam Mahdi, steht auch das Ende der Verheimlichung bevor.[32] Erst wenn der Mahdi auftritt, kann die Verheimlichung definitiv fallen. Wenn aber die Schia selbst gefährdet ist, darf es keine Verheimlichung geben.[33] Diese Gefahr war in Iran unter Mohammad Reza Schah Pahlewi gegeben. Khomeini hat in dieser Lage die Gläubigen aufgefordert, eine richtige von einer falschen *taqiyya* zu unterscheiden. In einer solchen Situation müssten die Gläubigen für die Wahrheit kämpfen; *taqiyya* sei keine Handlungsoption mehr; die Zeit der Erhebung sei gekommen.

Verwestlichung als Gift, Infektion und Versuchung

Zur schiitischen Opposition gegen das Schah-Regime gehörten auch Akademiker und Intellektuelle. Säkulare iranische Oppositionelle hatten erkannt, dass die wachsende Zahl der durch Landreform und Modernisierungsmaßnahmen Entrechteten ein revolutionäres Potenzial für einen Herrschaftswechsel bildete. Solange die schiitischen Geistlichen aber unpolitisch waren, war die Chance für eine säkulare marxistische Alternative gut. Der neue schiitische Aktivismus stellte die säkulare Opposition jedoch vor eine neue Lage. Manche ihrer Anhänger kehrten dem marxistischen Atheismus den Rücken, hielten aber an der marxistischen Gesellschaftskritik fest, nur dass sie sich jetzt als die Mitstreiter Husains verstanden: als *mujāhedīn*.[34] Sie halfen, dem schiitischen Geschichtsbild und Ethos im Bildungsbürgertum neues Ansehen zu verschaffen. Besonders zwei Wortführer aus ihren Reihen haben zu dem Gesinnungswandel der Gebildeten beigetragen.

Der persische Schriftsteller Jalal Al-e Ahmad (1923-1969) hatte den Zustand seines Landes mit *gharb-zadegī* diagnostiziert: Iran sei Opfer einer Vergiftung bzw. einer Infektion (*zadegī* meint beides) durch den Westen (*gharb*) geworden. Zur Heilung seien die Entfernung des äußeren Giftes sowie eine Stärkung der Abwehrkräfte nötig. Die einheimische Schia sei das dazu geeignete Heilmittel.[35] Der andere Vordenker aus dem Kreis des Bildungsbürgertums war Ali Schariati (1933-1977), Sohn eines Geistlichen aus Maschhad und glühender Verehrer Al-e Ahmads. Er hatte eine Zeitlang in Paris studiert und war dort auf die Schrift von Frantz

Fanon *Die Verdammten dieser Erde* gestoßen, die er später ins Persische übersetzte.[36] Die Völker der Dritten Welt sollten die Kolonialherren nicht einfach nur aus dem Land vertreiben, argumentierte Fanon. Nur wenn sie sie töteten, könnten sie sich auch aus der viel schlimmeren inneren Abhängigkeit von ihnen befreien; dies Gewalt wirke «entgiftend», «befreit den Kolonisierten von seinem Minderwertigkeitskomplex» und «rehabilitiert ihn in seinen eigenen Augen».[37] So war für Frantz Fanon Gewalt das einzig wirksame Mittel der Befreiung von Unterdrückung.

Ali Schariati sympathisierte mit dieser antikolonialen Gewaltverherrlichung und verwandte sie für eine Neudeutung der frühen Schia, die er bei seinen islamwissenschaftlichen Lehrern in Paris kennen lernte.[38] Die Partei Alis, die Schia, sei in ihrer Frühzeit noch kämpferisch für eine gerechte und gegen eine ungerechte Ordnung eingetreten, bevor sie zu einer «schwarzen» Religion der Buße und der Selbstgeißelungen degeneriert sei. Die offizielle von den Geistlichen repräsentierte «schwarze» Schia sei eine Verfälschung und müsse durch die genuine kämpferische «rote» wieder ersetzt werden. Als das Schah-Regime 1972 junge Widerstandskämpfer aus dem Freundeskreis von Schariati hinrichtete, erklärte Schariati sie zu Märtyrern. Ihre Handlung habe aus zwei Elementen bestanden: aus dem vergossenen Blut und aus einer Botschaft. Sechs Jahre später wurde aus seinen Ideen eine der zündenden Losungen im Aufstand gegen das Schah-Regime: «Jeder Tag Aschura, jedes Grab Kerbala».[39]

In diesem Zusammenhang muss auch auf die Charakterisierung der USA als der Große Satan eingegangen werden. William Beeman hat sie von einer Fehldeutung befreit,[40] die mit dazu beigetragen hat, Iran im protestantischen Endzeitszenario einen festen Platz als Wohnort des Bösen zu sichern. Doch ist Satan im Islam eine andere Gestalt als der Antichrist im Christentum. Er ist nicht der Herrscher über die Welt beim Übergang zum endzeitlichen Millennium – das ist im Islam der *dajjāl*. Der Satan hingegen ist der Verführer, der die Menschen vom Wege Gottes abbringt, so wie er übrigens auch uns aus der Geschichte von der Versuchung Jesu bekannt ist (Matthäusevangelium 4,1–11). Die Versuchung kommt von außen und muss bestanden und abgewehrt werden. Diese Anschauung bildet einen Grundzug des schiitischen Weltbildes, wonach die moralische Unreinheit nicht im Menschen ihren Ursprung hat, sondern aus der äußeren Welt kommt.[41] Ob kaum bekleidete Frauen, sexuelle Freizügigkeit, Pornographie, Alkohol, westliche Musik: Mit alledem werden Muslime vom Tun des Richtigen abgebracht. Die westliche Kultur tritt als der große Versucher auf, der alles daran setzt, den inneren Menschen zu verunreinigen.

Inszenierungen des Märtyrertodes

Die Abwehr des Angriffskrieges, den der Irak mit Unterstützung der USA von 1980 bis 1988 gegen Iran führte, wurde zur Bewährung der neuen Glaubenspraxis. Die islamische Republik hat, um den Angriff des verhassten Feindes auf ihr Territorium abzuwehren, auch die Ärmsten der Armen, ja sogar Kinder zum Kriegsdienst herangezogen, wobei ihnen der Ehrentitel des Märtyrers und ihren Verwandten finanzielle Unterstützung in Aussicht gestellt wurde. Dabei sollten die Kinder gar nicht mit der Waffe kämpfen. Der perfide Plan sah vor, dass sie mit ihren kleinen Körpern die Landminen zur Explosion bringen und so der Armee den Weg zur Front frei machen sollten.[42] Ein kleiner Junge, der sich mit einer Handgranate unter einen Panzer geworfen hatte, wurde als nationaler Held gefeiert. Der offizielle Iran gedachte dieses Mohammad Hosain Fahmideh mit Stolz.[43] Die Bereitschaft zum Sterben wurde als das Mittel zur Bewährung des Glaubens propagiert, das Märtyrertum zu einem herausragenden Topos politischer Selbstdarstellung der islamischen Republik.[44]

Der persische Journalist F. Sahebjam hat eine Geschichte festgehalten, die ihm ein dreizehnjähriger iranischer Junge 1982 erzählte und die man kaum glauben kann. Mit tausend anderen Kindern war er über die Minenfelder Khuzistans gelaufen, um den iranischen Truppen freie Bahn zu verschaffen. Bevor er sich aufmachte, hatten Mullahs in den Kasernen ihm und seinen Gefährten in Aussicht gestellt, sie würden, wenn sie Glück hätten, dem Imam Mahdi persönlich begegnen. Und so kam es. Als um den Jungen herum Minen detonierten und neben ihm Gefährten zerrissen wurden, sah er plötzlich in der Nähe einen weißen Reiter mit dem Banner des Islams in der Hand und hörte ihn rufen: «Lauft, Kinder! Lauft dorthin!», wobei er in die Richtung des Irak wies.[45] Der Junge überlebte wie durch ein Wunder und kam in irakische Gefangenschaft. Da es aber für einen Märtyrer eine Schande war, zu überleben, konnte er weder nach Iran noch zu seiner Mutter zurück, die bereits für ihn sowie für ihren gefallenen Mann und weitere gefallene Söhne eine Rente bezog.[46]

Von der anderen, der irakischen Seite der Front, liegen ebenfalls Berichte vor, die zu glauben schwer fallen. Christoph Reuter gibt den Bericht eines Journalisten wieder, der 1984 einen irakischen Schützen hinter seinem Maschinengewehr beobachtete. Aus der Ferne vernahm der Soldat einen Ton, als näherte sich ein Heuschreckenschwarm, bis er begriff, dass er aus tausenden Kindermündern kam, die «Ya Kerbala, ya Husain, ya Khomeini» intonierten. Als die Kinder sich näherten, schoss der Schütze sie ab, als handele es sich um in Reihen aufgestellte Flaschen. Dennoch kamen sie weiter nacheinander wie Wellen hinter Gräben und Hügeln hervor, kletterten über die Toten hinweg und rannten auf den Schützen zu, bis sie ihn zu überrollen drohten und er daraufhin fluchtartig die Stellung verließ. Mehr als 23 000 Tote soll der zufällig anwesende Journalist mit einem Kollegen nach dem Angriff gezählt haben, bis die Nacht kam und sie zu zählen aufhören mussten. Um den Hals jedes toten Kindes hing ein Schlüssel. «Damit, so war ihnen erzählt worden, könnten sie nach ihrem Märtyrertod die Pforte zum Paradies öffnen.»[47]

Märtyrertestamente

Der Märtyrertod hat in den Berichten aus dem Iran-Irak-Krieg doppelte Bedeutung: eine militärische und eine religiöse. Er ist einerseits ein Beitrag zur Verteidigung des Landes – eine Handlung, die Durkheim in seiner Selbstmordstudie als altruistischen Selbstmord kategorisierte und aus einem moralischen Druck der Truppe auf den Einzelnen herleitete.[48] Joseph Croitoru hat die neuere Geschichte des militärischen Selbstmordattentates dargestellt und ist dabei zu der Erkenntnis gelangt, dass die ersten Fälle im Nahen Osten japanische Vorbilder imitiert haben und der genuin islamische Anteil daran eher klein ist.[49] Allerdings darf man ihn auch nicht ganz vernachlässigen, auch wenn der Hinweis auf die bekannten Assassinen des 11./12. Jahrhunderts nicht ausreicht. Tilman Seidensticker hat zeigen können, dass es im 18. Jahrhundert im Kontext der europäischen Expansion in Süd- und Südostasien Berichte über islamische Selbstmordattentäter gab, die man bislang übersehen hat und die auf weitere Vorläufer als nur die Assassinen hindeuten.[50]

Über die zweite religiöse Bedeutungsdimension geben Märtyrertestamente, die im Iran-Irak-Krieg auf iranischer Seite Verbreitung fanden, Auskunft. Werner Schmucker hat ca. 175 solcher Testamente aus den Jahren 1980/81 ausgewertet. Sie waren von iranischen Soldaten verfasst, später von Dritten in Zeitungen und Zeitschriften veröffentlicht und in Form von Anthologien auf den Markt gebracht worden. «Diese Testamente lassen einen erschaudern und erwachen», so Imam Khomeini.[51] Vertreter der islamischen Republik und die Hinterbliebenen waren gleichermaßen an ihnen interessiert. Die veröffentlichten Testamente bestehen aus zwei Teilen: dem Testament im engeren Sinne und einer Biographie aus der Feder eines Dritten, oft eines Journalisten. Das eigentliche Testament war von Soldaten in Vorausahnung ihres Todes niedergeschrieben worden und war oft in die Form eines Briefes gekleidet. Der Aufbau lehnt sich an juristische Formeln des Legats im Erbrecht an. Nach einer Anrufung des Namens Gottes (*bismala*) und Koranversen folgt eine Begründung des Opferganges. Der Märtyrer reiht sich dabei in die Leidensgeschichte der schiitischen Heiligen ein. Er hat Husains Verzweiflungsruf im Passionsspiel: «Warum habt ihr mich allein gelassen?» vernommen und mit einem «zu Diensten» beantwortet. Er lässt Husain nicht im Stich. Dieser Teil des Testamentes, oft in Form eines Gebets verfasst, soll ein leidenschaftliches Engagement für das freiwillige und freudig bejahte Opfer des eigenen Lebens bezeugen. Alsdann folgt im Testament eine in Ich-Form verfasste Erklärung, die sich an Eltern, Geschwister, Frau, Nation oder die islamische Welt richtet und den Sinn des Todes erläutert. Dazu kommen noch Bitten um Vergebung für eigene Verfehlungen und materielle Verfügungen.

Das Opfer des Märtyrers dient sowohl dem Wohle der Gemeinschaft wie ihm selber. Die Tat ist eine Art «Blutinjektion für den Organismus der Gesamtgesellschaft», eine Investition in die «göttliche Revolution», Rache und Vergeltung.[52] Aus der Sicht der handelnden Person stellt sie einen Tauschhandel mit Gott dar, bei dem ein nichtiges Leben für ein ewiges eingetauscht wird. Durch diese Handlung wird das Selbst diszipliniert und die Triebseele (*nafs*) ausgelöscht. Damit einher geht eine Sühnung aller Schuld.[53] Hier wird die Übertragung von Maximen der islamischen Mystik auf das Sterben im Kampf sichtbar, die ihren Ursprung in der Islam-Renaissance in Najaf hatte und die in Spannung stand zu der rigorosen Ablehnung jeder Art von Selbsttötung im klassischen Islam. Vor allem dieses Deutungsmuster schießt weit über den Rahmen militärischer Zweckmäßigkeit hinaus und veredelt den realen Krieg zwischen Iran und Irak zu einem heilsgeschichtlichen Geschehen. Hier findet die vom Sufismus gepredigte Entweltlichung des Selbst statt. Im realen Krieg – nach islamischer Terminologie im kleinen Jihad – wird die Chance der spirituellen Selbstdisziplinierung – des großen Jihad – geboten. Diese Auffassung hat in den achtziger Jahren auch der ägyptische Autor Abd al-Salam Faraj in seiner Schrift *Die versäumte Pflicht* vertreten, und sie begegnet uns wieder bei den Anschlägen vom 11. September 2001.

Farhad Khosrokhavar weist auf die Widersprüchlichkeit hin, die in dieser Konzeption des Kriegers liegt: Einerseits ist er der aggressive militante Krieger, der sein Leben im Kampf gegen die Gottesfeinde verliert, und andererseits der defensiv leidende Zeuge, der sich für die Wahrheit opfert und so die Erlösung erlangt. Ali Schariati vor allem sei es gewesen, der das Sterben für den Glauben systematisch vom Tod im Krieg unterschieden habe, da das Sterben nicht aus irgendeiner Notwendigkeit der Landesverteidigung geboren sei, sondern aus der freien Entscheidung des Einzelnen zur Entsagung von der Welt und zum Opfer für Husain. Die Gemeinschaft, auf die diese Entscheidung bezogen bleibt, ist schon keine nationale mehr. Farhad Khosrokhavar schlägt von hier aus eine Brücke zu der transnationalen und nicht-staatlichen islamischen Gemeinschaft, in deren Namen al-Qaʿida-Mitglieder handeln. Der Individualismus, wie er sich auch im Begründungsteil der iranischen Märtyrertestamente artikuliert, ist auf dem Wege, sich von nationalen Notwendigkeiten zu lösen und die Züge einer universalen religiösen Gesinnungsethik anzunehmen. So gesehen könnte man von einer Aneignung und Transformation des westlichen Individualismus sprechen.[54]

Die Kategorie des Fundamentalismus

Die Kategorie des *Fundamentalismus* wurde im Zusammenhang mit dem Umsturz in Iran 1978/79 gebräuchlich. «Islamischer Fundamentalismus» gilt seitdem in Medien und Politik als dogmatisch, intolerant und gewalttätig. Weil er die Grundlagen eines friedlichen Zusammenlebens der Menschen bedrohe, seien im Kampf gegen ihn alle Mittel erlaubt – selbst wenn dabei geltendes Recht verletzt werde. Mark Juergensmeyer, Experte auf dem Gebiet des Fundamentalismus, hat diese Rhetorik kritisch untersucht. Man müsse den «Antifundamentalismus» studieren, um die angstbesessenen Reaktionen, die sich mit dem Fundamentalismus einstellen, zu begreifen, so sein Befund.[55] Weder Mark Juergensmeyer noch die Mitarbeiter am Fundamentalismusprojekt der Universität Chicago haben in der Ausübung von Gewalt ein konstitutives Merkmal von Fundamentalismus gesehen. Nach der Veröffentlichung von fünf Bänden mit reichhaltigen empirischen Studien haben drei Mitarbeiter eine Zwischenbilanz gezogen und das Phänomen, um das es ging, folgendermaßen beschrieben:

> «Fundamentalismus» bezieht sich auf ein spezielles Muster religiöser Militanz, mittels dessen selbsternannte «wahre Gläubige» versuchen, die Erosion religiöser Identität aufzuhalten, die Grenzen rund um die religiöse Gemeinschaft zu sichern und lebensfähige Alternativen zu säkularen Institutionen und Handlungen zu schaffen.[56]

Nicht dass derartige Gruppen nicht gewalttätig werden könnten, wird hier behauptet. Nur ist ihre Militanz nicht zwingend kriegerisch. Zwar sprechen auch diese Gruppen eine Sprache der Gewalt; jedoch folgt daraus nicht notwendig und unvermeidlich eine Gewaltpraxis; Gewaltrhetorik führt nicht zwangsläufig zu faktischer Gewalt.[57] Man muss auch in diesem Fall die Dynamik des Konfliktes in die Betrachtung einbeziehen. Wenn gegen fundamentalistische Gruppen gewalttätig vorgegangen wird oder wenn sie ihre Interessen bedroht sehen, ändert sich ihre Haltung zur Gewalt. Dann kann die Sicherung religiöser Gemeinschaftlichkeit Gewalt erfordern.

Fundamentalistische Gewalt, per se, ist eine Antwort auf staatliche Unterdrückung und/oder den Machtzuwachs sozialer Gruppen, die als Bedrohung fundamentalistischer Interessen betrachtet werden.[58]

In solchen Ausnahmesituationen kann der Gebrauch von Gewalt religiös geboten sein und verteidigen Gläubige ihre Gemeinschaft mit allen Mitteln, wie dies auch die Makkabäer getan haben – und zwar als einen performativen Glaubensakt, der die Bereitschaft, für die Wahrheit zu sterben, unter Beweis stellt.[59] Erst ein «Antifundamentalismus» macht daraus eine prinzipiell intolerante und gewalttätige Gemeinschaft.

Wenn Fundamentalisten an die Macht kommen, wie in Iran, kann sich ihr Verhältnis zur Gewalt ändern. Wie die Jakobiner der Französischen Revolution, mit denen Shmuel N. Eisenstadt sie vergleicht, können sie dazu übergehen, die Gesellschaft nach ihren Vorstellungen gewaltsam umzugestalten, wobei sie ein für die Spannungen der Moderne typisches politisches Programm verfolgen.[60] Der Versuch, die Gesellschaft nach religiösen Prinzipien zu gestalten, hat auch in demokratischen Staaten Einzug gehalten.[61]

Die USA bleiben gefangen in ihren eigenen Annahmen

Als sich der amerikanische Präsident Jimmy Carter in seiner Amtszeit 1976–1980 für die Achtung der Menschenrechte international einsetzte, hofften nicht wenige Iraner darauf, dass der nötige Systemwechsel friedlich ablaufen würde. Jedoch geschah etwas ganz anderes, denn die US-Regierung stellte sich auf die Seite des Schahs – eine Entscheidung, die sie in den Augen der Schiiten zum Parteigänger des gewalttätigen Usurpators Yazid machte. Die ganze Wut, die sich gegen das Schah-Regime aufgestaut hatte, entlud sich nun gegen die US-Regierung. Puppen, die Carter darstellten, wurden in den Straßen Teherans verbrannt, die amerikanische Botschaft in Teheran schließlich für mehr als ein Jahr besetzt.

Gary Sick, Mitglied im Nationalen Sicherheitsrat unter Präsident Carter und zuständig für Iran, hat in einem Rückblick beschrieben, wie schwer es den politisch Verantwortlichen fiel, die Vorgänge in Iran richtig einzuordnen. Zu eklatant war der Widerspruch zwischen dem, was unter Khomeini geschah, und der westlichen Tradition säkularisierender Revolutionen. Niemand habe den Beginn einer Revolution auch nur erahnen können. «Wir sind alle Gefangene unserer eigenen kulturellen Annahmen, mehr als wir zuzugeben bereit sind», fügte er selbstkritisch hinzu.

Die Vorstellung, dass eine Volksrevolution zu einem theokratischen Staat führen würde, schien ebenso unwahrscheinlich wie absurd.[62]

Allerdings beruhen diese selbstkritischen Worte immer noch auf einem Deutungsmuster vom Typus der «kognitiven Distanzierung», die wir schon bei der Verfolgung von alternativen Religionsgemeinschaften in den USA kennen gelernt haben: einer absichtsvollen Verfremdung von etwas, für das man selbst mit verantwortlich war. Dass der von Amerika betriebene Typ der Modernisierung eine Ursache war für das Ansteigen jener Entwürdigten, die in den schiitischen Netzwerken Schutz fanden und ihre Erfahrung in den Konzepten der schiitischen Leidenstradition deuteten, wird ignoriert. Stattdessen wird Iran zu einem Ort von etwas ganz Unbegreiflichem dämonisiert. Ein vielleicht gewagter religionswissenschaftlicher Vergleich mag den Punkt erläutern. Aus Untersuchungen zu den Hexenverfolgungen des 17. Jahrhunderts wissen wir, dass meistens solche Personen der Hexerei bezichtigt wurden, denen das Opfer bei früherer Gelegenheit eine traditionell geforderte Solidarität verweigert hatte, deren Groll es daher fürchtete und die es für ein Unglück, das ihm tatsächlich widerfuhr, verantwortlich machte. Anklagen wegen Hexerei ging ein Bruch moralischer Pflichten von Seiten des Opfers voraus.[63] Ähnliches könnte auch in die Dämonisierung des islamistischen Iran durch die USA hineinspielen. Die Feindseligkeit Irans, an dessen Entstehung die USA ursächlich mit beteiligt war, wird als etwas Dämonisches verfolgt.

5. Die «Partei Gottes» greift in den Krieg ein: Libanon 1975–2000

Von einem Erdbeben sprach einer der angesehensten schiitischen Geistlichen des Libanon, Sayyid Muhammad Husain Fadlallah, und meinte damit die islamische Revolution in Iran 1978/79.[1] Was zuvor undenkbar war – die Durchsetzung des Islams als Religion und als Staat –, lag plötzlich im Bereich des Möglichen. Dieses epochale Ereignis mobilisierte auch die Schiiten im Libanon, die mit Iranern seit Generationen enge verwandtschaftliche und religiöse Beziehungen unterhielten. Sie lebten als ein apolitisches, armes Volk auf dem Land: in der Bekaa-Ebene an der Grenze zu Syrien und im Süden an der Grenze zu Israel. Ein ähnlicher Erfolg wie in Iran aber war im Libanon unmöglich; zu verschieden waren die Rahmenbedingungen, was gerade auch Fadlallah genau wusste. Das Land zählt siebzehn (seit 1996 achtzehn) offiziell anerkannte Religionsgemeinschaften (pl. *tawā'if*)[2] und wird seit 1860 nach einem Proporzsystem von den großen Religionsgemeinschaften regiert. Die obersten Staatsämter werden seit 1943 nach einem Schlüssel vergeben: das Amt des Staatspräsidenten an die christlichen Maroniten, das des Ministerpräsidenten an die Sunniten und das des Parlamentspräsidenten an die Schiiten. Und auch dieses eher unbedeutende Amt erhielten die Schiiten nur wegen der Großgrundbesitzer in ihren Reihen, nicht wegen ihres zahlenmäßigen Anteils an der Gesamtbevölkerung, dem eine weitaus größere Regierungsbeteiligung entsprochen hätte. An dieser sozialen Ordnung hat auch das Friedensabkommen von Ta'if, das 1989 den seit 1975 herrschenden Bürgerkrieg beendete, wenig geändert, obwohl die Schiiten seit den sechziger Jahren einen enormen Zuwachs an Ansehen im Land erfahren haben. Lediglich die Zahl der Parlamentssitze wurde jetzt gleichmäßig zwischen Christen und Muslimen aufgeteilt.

Mitte der siebziger Jahre war die Ordnung aus der Balance geraten, als in den Libanon geflüchtete Palästinenser im Land politisch und militärisch aktiv wurden. Die Instabilität wuchs, als Israel, das bereits 1978 in den Südlibanon einmarschiert war, 1982 in seinem Krieg gegen die PLO bis nach Beirut vordrang und Syrien ebenfalls intervenierte. Der Bürgerkrieg breitete sich in insgesamt 17 einzelnen Kriegen aus; die einheimischen Religionsgemeinschaften kämpften dabei in wechselnden Koalitionen mit-

und gegeneinander, abwechselnd von Israel, Syrien, Iran, Frankreich und den USA unterstützt oder bekämpft.[3] Traditionellerweise konnten sich libanesische Christen auf Frankreich und die USA sowie gelegentlich auch auf Israel stützen, die sunnitischen Muslime und die PLO auf arabische Staaten. Die Schiiten hatten anfangs keine solche Schutzmacht; erst mit der islamischen Republik Iran änderte sich das. Auch Syrien nahm sich ihrer Interessen an. Israel zog seine Truppen erst 2000 wieder zurück; nur einen kleinen Teil des Landes hielt es weiterhin besetzt.

Die Macht der libanesischen Religionsgemeinschaften

Religionsgemeinschaften im Libanon waren auch noch im 20. Jahrhundert Herrschaftsverbände. Ihre Anführer widersetzten sich allen Versuchen, ein von der Religion unabhängiges staatliches Familienrecht einzuführen, und setzten damit eine alte Tradition fort. Das vorangehende Osmanische Reich war von seinem eigenen Recht her sunnitisch gewesen und hatte aus diesem Grund den nicht-islamischen Gemeinschaften eine begrenzte rechtliche Autonomie gewährt. Nur den Schiiten blieb sie damals verwehrt. Auch nach dem Zerfall des Osmanischen Reiches infolge des Ersten Weltkrieges fielen im Libanon weiterhin Gesetze und Rechtsprechung zu Geburt, Tod, Eheschließung, Scheidung, Adoption, Tod und Erbschaft in die Zuständigkeit der Religionsgemeinschaften. Verstärkt wurde die strukturelle Macht der Gemeinschaften noch durch Patron-Klientel-Beziehungen sowie durch die Konzentration der Konfessionen in bestimmten Regionen. Diese umfassende Autonomie erlaubte es ihnen, im Bürgerkrieg ihre militärische Verteidigung in die eigenen Hände zu nehmen und Milizen zu unterhalten. Die Gewalt, die sie im Bürgerkrieg ausübten, war daher religiös legitimiert; ob christlich oder islamisch: Ein Kriegerethos prägte sie alle.[4] In dem Friedensabkommen von Ta'if vereitelten die religiösen Führer erneut jeden Versuch, im staatlichen Recht zumindest eine Wahlmöglichkeit zwischen zivilem und religiösem Familienrecht zu verankern.[5]

Eine Folge dieser Ordnung war die Abhängigkeit der Libanesen von ihren jeweiligen Religionsgemeinschaften, ob sie nun persönlich gläubig waren oder nicht. Die Situation im Libanon ist in gewissem Sinne spiegelverkehrt zu der Lage des Christentums in Westeuropa. Während für die meisten Länder Westeuropas eine bröckelnde Bindung an die Kirchengemeinden bei gleichzeitiger Fortdauer religiöser Glaubensanschauungen typisch ist – wofür Grace Davie die Formel von «believing without belonging» geprägt hat – hat Samir Khalaf für den Libanon auf eine genau umgekehrte Relation hingewiesen. Hier signalisierten empirische Daten einen Rückgang an individueller Religiosität; die Bindung an Religions-gemeinschaften und die Intensität der sozialen Beziehungen in ihnen nahmen dagegen zu.[6] Selbst Akademiker und Intellektuelle bildeten keine Ausnahme und bevorzugten bei der Wahl ihres Ehepartners oder der Lehrer ihrer Kinder Glaubensgenossen. Warum dies im Libanon der Fall war, gilt es jetzt an der schiitischen Gemeinschaft zu untersuchen. Gerade die am wenigsten angesehene der religiösen Gemeinschaften hat den steigenden Unsicherheiten und Gefährdungen ihren Aufstieg zu verdanken; dabei muss man allerdings berücksichtigen, dass der Erfolg der Schiiten in Iran und ihre Solidarität mit den libanesischen Glaubensbrüdern zu diesem Erfolg in hohem Maße beitrugen.

Die Aktivierung der Schiiten und das Verschwinden ihres Imams Musa al-Sadr

Wie die christlichen Maroniten nördlich von Beirut, die Sunniten in den Städten oder die Drusen in den Bergregionen hatten auch die Schiiten in ihren Regionen, in der Bekaa-Ebene an der Grenze zu Syrien und im Süden des Landes an der Grenze zu Israel, regionale sozialmoralische Milieus ausgebildet. Diese wandelten sich auf Grund der rasanten ökonomischen Entwicklung in den Jahren von 1950 bis 1975. Neben den traditionellen Schichten von Grundherren und abhängigen Bauern entstand ein Mittelstand aus Händlern und Akademikern; marxistisches Denken hielt Einzug. Ein expandierender Agrarkapitalismus trieb viele Schiiten vom Land in die Städte, insbesondere nach Beirut. Diese Veränderungen wurden noch zusätzlich beschleunigt, als der Rechtsgelehrte Sayyid Musa al-Sadr, 1929 in Persien geboren und in Najaf und Qom zum Geistlichen ausgebildet, von der schiitischen Gemeinde in Tyrus 1959 zu ihrem Vorsteher berufen wurde. Musa al-Sadr stammte aus einer hoch angesehenen Familie, die ihre Genealogie bis auf den dritten Imam Husain zurückführen konnte und mit mächtigen Familien der iranischen Geistlichkeit verwandt war. Dass er in den Libanon berufen wurde, hing auch damit zusammen, dass Vorfahren von ihm vor langer Zeit aus der libanesischen Region nach Iran ausgewandert waren. Als das libanesische Parlament 1967 eine eigenständige Vertretung auch der Schiiten einrichtete, war er es, der in Konkurrenz mit einem Vertreter der schiitischen Grundbesitzer zum ersten Vorsitzenden gewählt wurde.[7]

Als in den siebziger Jahren palästinensische Kämpfer vom Südlibanon aus Israel militärisch angriffen, verschlechterte sich dort die Lage der Schiiten. Obwohl sie den Kampf der Palästinenser für berechtigt hielten, belasteten die Kampfhandlungen dennoch die Beziehungen, da es die schiitischen Dörfer waren, die unter den israelischen Vergeltungsmaßnahmen am meisten zu leiden hatten. Anders als früher waren die Schiiten nun nicht mehr bereit, sich in ihr Schicksal zu ergeben. Musa al-Sadr rückte in seinen Predigten über die schiitische Ursprungslegende von Kerbala von dem Ideal eines stillen Erduldens der Ungerechtigkeit ab. Wie andere schiitische Geistliche in der irakischen Theologenstadt Najaf war auch er zu einer aktivistischen Auffassung gelangt. So sollten die Schiiten nicht länger nur über das Unrecht klagen, das Husain und den Seinen widerfahren war, ihre Erinnerung an Kerbala nicht mehr auf Trauerbekundungen, Umzüge, Selbstgeißelungen und Passionsspiele im Monat Muharram beschränken, sondern zu Männern der Verweigerung, der Rache und der Revolte gegen die Tyrannei werden; sie sollten nicht mehr nur ihre Emotionen kultivieren, sondern zur Tat schreiten.

In seinen Reden benutzte Musa al-Sadr Metaphern, die er aus dem Fundus schiitischer Traditionen auswählte und welche Handlungskompetenz begründeten. So sagte er 1974 am Aschura-Tag in einer islamischen Ausbildungsstätte:

Ein großes Opfer war nötig, um unser Gewissen zu erschüttern und unsere Gefühle anzurühren. Dieses Opfer war das von Kerbala. ... Imam Husain warf seine Familie, seine Kraft, selbst sein Leben in die Waagschale gegen Tyrannei und Korruption. ... Diese Revolution versickerte nicht im Sand von Kerbala, sondern floss in den Lebensstrom der islamischen Welt ein und ging weiter von Generation zu Generation bis auf unseren Tag. Es ist ein Vermögen, das in unsere Hand gelegt wurde, sodass wir davon profitieren und daraus wie aus einer Quelle eine neue Reform, eine neue Haltung, eine neue Bewegung, eine neue Revolution schöpfen können, um die Finsternis zu vertreiben, die Tyrannei zu stoppen und das Böse zu zermalmen. Brüder, tretet an in Reih und Glied entsprechend eurer Wahl von entweder Tyrannei oder Husain. Ich bin sicher, eure Wahl wird auf die Revolution und das Martyrium für die Verwirklichung von Gerechtigkeit und die Zerstörung der Finsternis fallen.[8]

Die Forderung war einschneidend: Die Schia darf kein Ritual der Trauer bleiben; sie muss sich ändern und eine Antwort auf gesellschaftliche Nöte geben.[9]

Der neue Aktivismus äußerte sich zuerst in Forderungen an den libanesischen Staat. 1974 hielt Musa al-Sadr in einer Rede in der Bekaa-Ebene vor 75 000 Anhängern der Regierung in Beirut vor, die elementaren Existenzbedingungen der Schiiten zu vernachlässigen, wie etwa Schulbildung oder Wasserversorgung. Dementsprechend rief Musa al-Sadr noch im gleichen Jahr die «Organisation der Entrechteten» ins Leben (*harakat al-mahrūmīn*), ein Jahr später die bewaffnete Bewegung *amal* (Abkürzung für «Libanesische Widerstandsgruppen» mit der Wortbedeutung «Hoffnung»). Diese Bewegung war zeitlich noch vor der Revolution in Iran gegründet worden; manche der späteren iranischen Revolutionäre waren hier im Libanon ausgebildet worden.[10] Jeder, der Amal beitrat, wurde auf eine Charta verpflichtet.[11] Diese Charta verwirft (im Namen Gottes) die in Europa übliche Trennung des sozialen und politischen Lebens von der Religion. Der Glaube an Gott kann nicht in Ritualen, Sekten oder ethnischer Identität bestehen. Gleich als ihre zweite Maxime nach dem Glauben an Gott, dessen Existenz mit der wunderbaren Ordnung des Kosmos begründet wird, nennt die Charta die Wiederherstellung der wahren islamischen Gemeinschaftlichkeit.[12] Sie beruht auf dem *jihād* als Arbeit am Selbst und an der Gesellschaft. Schon in dieser Anfangszeit des schiitischen Aktivismus wird *jihād* nicht auf den Fall des gewaltsamen Kampfes zur Verteidigung islamischen Territoriums beschränkt, sondern als ein umfassender Kampf für die Geltung der islamischen Ordnung in der eigenen Lebensführung und in der Gesellschaft verstanden.[13] Daraus folgen die weiteren Ziele: Kampf gegen die Unfreiheit, gegen Armut, für den nationalen arabischen Patriotismus, gegen den Imperialismus sowie gegen den Zionismus. Amal versteht sich als eine Bewegung von Menschen, die um die Zukunft besorgt sind und für die Entrechteten Verantwortung übernehmen. Sie tut dies im Geiste von Aschura mit seinem revolutionären Widerstand gegen Lüge und Ungerechtigkeit.

Mit dieser Bewegung traten die libanesischen Schiiten in einen Kampf für die «gerechte Ordnung» ein. Dazu hatten sie auch allen Grund. Gemessen an den anderen Religionsgemeinschaften des Landes, den maronitischen Christen, den Drusen und den Sunniten, waren die Schiiten zahlenmäßig zwar stärker, jedoch sozial und politisch geächtet. Auch deshalb lag es nahe, ihre Situation im Lichte der Leidenserzählung von Kerbala zu definieren, daraus jedoch neue Handlungsoptionen abzuleiten. Wie die Schiiten in Iran gewannen auch die libanesischen Glaubensgenossen daraus eine revolutionär neue Handlungsorientierung. Im Laufe der kommenden Jahre wurden aus der schiitischen Gemeinschaft heraus jene sozialen Institutionen gegründet, die sie eigentlich vom Staat erwarteten. Unter den Bedingungen des Bürgerkrieges war diese Innovation besonders plausibel; vom libanesischen Staat konnten die Schiiten weder eine

Sicherung der elementarsten Lebensgrundlagen noch einen Schutz vor militärischen Angriffen erwarten. Daher war es nur folgerichtig, dass die libanesische Schia sich in dieser Zeit daran machte, wohltätige Vereinigungen zu gründen, die sich u. a. der Krankenversorgung und der Bildung annahmen.

Als Israel 1978 zum ersten Mal in den Südlibanon einmarschierte, übernahm Amal den Schutz der Dörfer. Die säkularen politischen Gruppierungen unter den Schiiten, darunter marxistische, verloren damals den Wettbewerb mit der religiösen Bewegung des Musa al-Sadr, wobei die Deutung der Welt als «voll von Ungerechtigkeit» den Übergang vom Marxismus zur Schia erleichterte. Der Vorgang glich dem in Iran. Die Verehrung, die Musa al-Sadr dafür genoss, dass er die Gemeinschaft heil durch die schwierigen sechziger und siebziger Jahre geführt und ihr Selbstbewusstsein gestärkt hatte, schlug sich in der Anrede «Imam» nieder, bei der die Bedeutung von «Mahdi», dem islamischen Messias, leise mitschwang.

Umso größer war das Entsetzen, als dieser Mann eines Tages auf geheimnisvolle Weise verschwand. Nach einem Treffen mit Präsident Gaddafi in Libyen im August 1978 wurde Musa al-Sadr nicht mehr gesehen. Die Behörden Libyens behaupteten zwar, Musa al-Sadr und seine Begleiter hätten das Land am 31. August 1978 mit dem Alitalia-Flug 881 in Richtung Rom verlassen. In Wirklichkeit aber ist er dort nie angekommen. Bis heute gibt es viele Gerüchte um die Vorgänge, wobei eine Verwicklung des libyschen Führers Gaddafi sehr wahrscheinlich ist.[14] Die Anhänger aber deuteten sein Verschwinden in Begriffen ihrer Endzeiterwartung: Der wahre Imam ist wegen der überwältigenden Macht seiner Feinde in die Verborgenheit gegangen. Demnächst wird er wiedererscheinen und für eine gerechte Ordnung sorgen. Manche Anhänger bezeichneten sich sogar als «Sadriyyin», als wären sie bei dem verborgenen Imam so «stehen geblieben», wie dies in der ganzen Geschichte der Schiiten wiederholt der Fall gewesen war. Noch 1998 habe ich in Beirut Poster mit dem Bild von Imam Musa gesehen.

Hizbollah: Die Partei Gottes entsteht

Amal war ihrem Selbstverständnis nach eine libanesisch-nationalistische Bewegung, die bei aller Kritik an der Machtverteilung im Land die Ordnung im Libanon nicht grundsätzlich in Frage stellte. Doch mehrten sich nach dem Erfolg der iranischen Revolution die Befürworter einer Islamisierung des Libanon. Als Israel 1982 über die bereits von ihm kontrollierten Gebiete hinaus weiter in den Libanon vordrang, schieden sich die Geister endgültig. Während Amal unter Führung von Nabih Berri dem «Komitee der Nationalen Rettung» beitrat, gründete Husain al-Musawi, ein ehemaliger Lehrer, zusammen mit Sympathisanten in Baalbek einen islamistischen Ableger von Amal. Noch weitere schiitische Gruppen spalteten sich damals ab und wurden zu Trägern eines schiitischen Islamismus.[15] Während die Führer von Amal den Konflikt mit Israel auf dem Weg politischer Abmachungen und Verträge lösen wollten, hatte für die neuen Gruppen der Widerstand gegen Israel und der Kampf für eine islamische Ordnung Priorität.

Husain al-Musawi gelang es 1982, mit Hilfe von revolutionären Garden, die Iran entsandt hatte, um dem Libanon im Krieg gegen Israel beizustehen, die Keimzelle einer neuen Organisation, die «Partei Gottes» (arab. *hizb Allāh*), zu gründen. Der Name knüpfte an Aussagen im Koran an.

Wer sich Gott und seinen Gesandten und diejenigen, die glauben, zu Freunden nimmt [gehört zu ihnen]: Die Partei Gottes sind die Obsiegenden. O ihr, die ihr glaubt, nehmt euch aus den Reihen derer, denen das Buch vor euch zugekommen ist [Juden und Christen; HGK] nicht diejenigen, die eure Religion zum Gegenstand von Spott und Spiel nehmen, auch nicht die Ungläubigen zu Freunden (Sure 5:56 f).[16]

In der ersten Zeit hielt sich die neue schiitische Gruppierung noch bedeckt. Anders als der Name suggeriert, war sie auch nicht straff organisiert. Hizbollah war ein lockeres Netzwerk von Geistlichen und ihren Schülern vor allem aus der Bekaa-Ebene, das von divergierenden religiösen, lokalen und politischen Loyalitäten durchzogen war. Später schlossen sich Geistliche aus Beirut an, und auch im Südlibanon fasste die Gruppe Fuß. Alle darin herrschenden Divergenzen wurden aufgewogen durch die Autorität von Khomeini und eines weiteren von den Schiiten hoch geschätzten Geistlichen: Sayyid Muhammad Husain Fadlallah.[17]

Fadlallah wurde 1935 in Najaf, Irak, geboren, wo er auch aufwuchs. Hizbollah sah in ihm ihre geistliche Autorität, ohne dass Fadlallah seinerseits jedoch ihr verantwortlicher Führer sein wollte. Er selbst betrachtete den irakischen Ayatollah Khu'i und nicht Ayatollah Khomeini als die für ihn verbindliche Autorität und «Instanz der Bevollmächtigung».[18] Erst 1995 stieg er selber zu dieser höchsten Stufe schiitischer Autorität auf. Fadlallah, der wie Musa al-Sadr das Charisma (*baraka*) des Sayyid, des

Prophetennachkommens, besaß, war 1966 von Najaf, dem damaligen Exilort Khomeinis, nach Beirut gezogen und dort der Vorsteher einer wachsenden Gemeinde von Schiiten geworden, die aus dem Süden des Landes vor den israelischen Militärschlägen flüchteten. In Beirut gründete er eine *Husainiyya*: eine Einrichtung zum Zwecke der Erinnerung an das Martyrium von Husain, zu der neben einer Moschee auch ein Jugendklub, eine Schule, ein Krankenhaus und ein Zeitungsverlag gehörten. In seinen Predigten verband er die antiimperialistische Rhetorik der Nationalisten mit islamistischen Situationsanalysen. Israel wolle sich nicht nur des Libanon bemächtigen, sondern bedrohe den Islam insgesamt. Damit trug Fadlallah maßgeblich dazu bei, die Solidarität der libanesischen Schiiten von der panarabischen Gemeinsamkeit zum Islamismus zu verlagern.

Der Krieg im Libanon trat in eine neue Phase, als die israelische Armee 1982 bis nach Beirut vordrang, um die palästinensische Befreiungsorganisation auszuschalten. Zwar zog sich die israelische Armee 1985 wieder aus den Gebieten südlich von Beirut zurück, behielt aber eine Zone unter ihrer Kontrolle, die neben dem bereits 1978 besetzten Land noch weitere angrenzende Gebiete umfasste. Ebenfalls 1982 kamen auf Ersuchen der Christen Truppen der USA und der Franzosen ins Land, die sich für «Friedenstruppen» hielten, obwohl sie sich auf die Seite der Christen stellten. In den Jahren, die folgten, wurde der Libanon ein Schauplatz von Flugzeugentführungen, Geiselnahmen und Bombenanschlägen.

Inmitten der Gewalt kam ein neuer Typus von Tod im Kampf auf: der selbstgewählte Tod als Märtyrer. Da er zur gleichen Zeit im Krieg Irans gegen den Irak praktiziert wurde, wird man von einem Zusammenhang ausgehen müssen; beim ersten Einmarsch der israelischen Armee in den Südlibanon 1978 war er jedenfalls noch nicht praktiziert worden. Jetzt wurden neben denen, die im Kampf gegen Israel fielen und als Märtyrer (*schuhadā'*) verehrt wurden (den «Kampfmärtyrern»), auch die als Märtyrer verehrt, die ihren Tod mit der eigenen Waffe herbeigeführt hatten (*istischhādiyūn*) (die «Selbsttötungsmärtyrer»).[19] Der erste Anschlag dieser Art fand im November 1982 statt. Das israelische Oberkommando in Tyrus wurde Ziel eines Selbstmordattentates mit 74 Toten – wenige Wochen nach einem Zwischenfall in Nabatiyya, der die Israelis bei den Schiiten des Südlibanon den letzten Rest an Sympathien gekostet hatte.[20] Eine Gruppe «Islamischer Jihad» (arab. «Islamischer Kampf») bekannte sich zur Tat. Im April 1983 folgte ein Anschlag nach dem gleichen Muster auf die Botschaft der USA in West-Beirut. Noch viel verheerender waren die Bombenanschläge von Selbstmordattentätern auf die Kasernen der amerikanischen und französischen Truppen in Beirut am Morgen des 23. Oktober 1983. 246 Amerikaner und 58 Franzosen verloren ihr Leben. Westliche Medien und Öffentlichkeit waren schockiert. Das Schreckensbild, das sich den Helfern bot, hat Oriana Fallaci in ihrem Roman *Inschallah* fast obszön ausgemalt. Der Bekenneranruf bei Agence France Press ist in Auszügen bekannt; die Verantwortung übernahm wieder ein geheimnisvoller «Islamischer Jihad».[21] Die erst später an die Öffentlichkeit tretenden Hizbollah-Repräsentanten wiesen eine Verantwortung für die Anschläge von sich und bestanden darauf, dass es sich bei den Verantwortlichen gar nicht um eine Organisation handelte. Das könnte zutreffen; der arabische Name wurde möglicherweise nur verwendet, um die Tat als eine religiös legitime Kampfhandlung gegen die Besetzung des Libanon zu deuten. Man hat den Organisationstyp dieser frühen Gruppierungen mit einer Weintraube verglichen: Einzelne Glieder operierten unabhängig voneinander, nur lose über Personen im Hintergrund verknüpft.[22] Auch den Begriff «Telefonkette» hat man dafür verwendet. Zwei weitere Anschläge auf amerikanische Einrichtungen folgten in Kuwait und Beirut im Dezember 1983 und im September 1984.

An die Öffentlichkeit trat die Hizbollah erst drei Jahre nach ihrer Gründung und zwar mit einem «Offenen Brief an die Entrechteten im Libanon und der Welt gerichtet».[23] Dies geschah am 15. Februar 1985, dem ersten Jahrestag des Todes von Scheich Raghib Harb, einem Geistlichen aus dem Südlibanon, den ein israelisches Kommando getötet hatte.[24] Der Offene Brief erklärte Raghib Harb zu einem Märtyrer und Vorbild für alle aufrechten Muslime. Auch präsentiert sich die Partei Gottes als Teil der ganzen islamischen Nation und als Vorkämpferin gegen das Unrecht, das Muslimen überall in der Welt widerfahre. Auf einen besonderen bewaffneten Arm wolle sie verzichten, jeder müsse Soldat werden, wenn der Ruf zum Jihad es verlange. Hizbollah beansprucht sogar, Anwalt aller Entrechteten und Gedemütigten in der ganzen Welt zu sein und für sie alle gegen die tyrannischen arroganten Staaten zu kämpfen. Der Hauptfeind ist Amerika und sein Alliierter Israel; sie werden verantwortlich gemacht für die Angriffe auf den Libanon, die Zerstörung von Dörfern, Tötung von Kindern sowie die Massaker an Palästinensern in den Flüchtlingslagern Sabra und Schatila und auch für die Schändung von Heiligtümern. Eine solche Aggression müsse mit der Bereitschaft zum Opfer erwidert werden; die Würde könne nur mit Blutopfern wiedergewonnen werden. In diesem Brief verteidigte die Hizbollah auch die Anschläge gegen die amerikanische Botschaft und die Kasernen im Jahre 1983 als gerechte Bestrafung, ohne allerdings für sie die Verantwortung zu übernehmen.[25] Mit ihnen sollte der Abzug der Israelis, der Amerikaner und Franzosen erzwungen werden. Als das 1985 auch geschah, wurde dies groß gefeiert.[26] Niemand hätte sich zuvor vorstellen können, dass es ein paar zu allem entschlossenen Muslimen gelingen könnte, amerikanische, französische und israelische Truppen aus dem Land zu vertreiben. Aber so war es! Sayyid Fadlallah pries ihre Aktionen als einen «Aufstand gegen die eigene Angst». Martin Kramer hat diese Sicht folgendermaßen zusammengefasst:

Die großen westlichen Mächte rufen bei den Unterdrückten, die nur Kinderspielzeug haben, um Widerstand zu leisten, «Schrecken und Furcht» hervor. Indem die Unterdrückten jedoch den Wert des Märtyrertums erkennen und die eigene Furcht überwinden, gelingt es ihnen, bei den Unterdrückern Schrecken und Angst hervorzurufen.[27]

Märtyrer zwischen individueller Entscheidung und gemeinsamer Verantwortung

In einer tabellarischen Übersicht, die Selbstmordanschläge weltweit in Kampagnen einordnet, zählt Robert A. Pape für 1983–84 fünf Anschläge im Libanon gegen Amerikaner und Franzosen, elf auf militärische Einrichtungen Israels in der Zeit vom November 1982 bis Juni 1985 und zwanzig auf die von Israel unterstützte südlibanesische Armee von Juli 1985 bis November 1986.[28] Bei seiner Aufstellung lässt Pape allerdings offen, wann es sich um ein militärisches Todeskommando und wann um eine Märtyreroperation handelte.[29] Auf jeden Fall aber zeigt diese Übersicht, dass man es nicht mit spontanen Einzelaktionen besonders überzeugter Muslime zu tun hat, auch wenn sie oft so in Erinnerung behalten wurden.

Die Hizbollah hat im Krieg gegen die israelische Armee von 1982 bis 2000 insgesamt 1281 ihrer Kämpfer verloren. Sie kamen bei militärischen Zusammenstößen ums Leben; ein jeder von ihnen wurde als *schahīd* geehrt. Daneben gab es noch die bereits erwähnte Kategorie derer, die durch die eigene Waffe bei Märtyreroperationen (*al-ʿamaliyyāt al-istischhādiyya*) starben: *al-istischhādī al-mujāhid*. Davon gab es nur zwölf, weniger als ein Drittel aller Selbstmordanschläge.[30] In einer späteren Erklärung zu ihrer Identität und ihren Zielen hat Hizbollah die spezielle Todesbereitschaft ihrer Kämpfer besonders gepriesen. Sie hätten dem Feind militärisch und mental schwere Schäden zugefügt und zugleich die Moral der islamischen Nation weltweit gestärkt.

Mit einer derartigen Selbsttötung war allerdings im Islam eine Schwierigkeit verbunden: Selbstmord ist im Islam eine unverzeihliche Sünde; wer ihn begeht, fährt zur Hölle.[31] Das gilt selbst dann, wenn er in einer Schlacht verübt wird.[32] Gerade überzeugte Moslems mussten daher bei der Vorbereitung und Durchführung von solchen Operationen Skrupel bekommen. Ein führender Geistlicher der Hizbollah hat dies in einem Interview mit der persischen Zeitung *Kayhan* 1986 auch offen eingeräumt:

> Der islamische Kämpfer brauchte Antwort auf viele Fragen. ... Ist Widerstand gegen die Besetzung religiöse Pflicht? Wie steht es mit der Frage des Selbstmartyriums?[33]

Für einen islamischen Kämpfer, der sich selber tötet, ist der Grat zwischen ewigem Heil und ewigem Unheil schmal und gefährlich. Immer war neben einem Sprengstoffexperten auch ein Geistlicher nötig, der die Deutung als Martyrium autorisieren musste. Die Stellungnahme von Sayyid Fadlallah war vorsichtig und abgewogen. Dass er den schiitischen Angreifern auf die Kasernen zugesichert hätte, sie würden im Jihad fallen und ins Paradies eingehen, hat er selbst bestritten; eine verbindliche Rechtsbelehrung *(fatwa)* habe er in dieser Sache nie erteilt. Allerdings nahm Fadlallah öffentlich in Worten Stellung, die auch als Zustimmung verstanden werden konnten. Was sei denn, so fragte er in einer Rede rhetorisch, der Unterschied zwischen jemandem, der in den Krieg zieht und weiß, dass er sterben wird, nachdem er zehn Menschen getötet hat, und einem, der stirbt, während er sie tötet?[34] Für Fadlallah war diese Form des Kampfes allerdings klar beschränkt auf Kriegssituationen und auf Soldaten des Feindes.

Der niedere Klerus, der sich Khomeini zuordnete, hatte deutlich weniger Bedenken: «Wir glauben, dass diejenigen, die Selbstmordoperationen gegen den Feind ausgeführt haben, tatsächlich im Paradies sind», erklärte der Direktor eines Islaminstitutes in Tyrus.[35] Iranische Theologen hatten damals schon länger eine klare und theologisch durchdachte Position bezogen. Bereits 1963 hatte – wie oben dargelegt – Ayatollah Taleqani in einer Rede in Najaf die bewusste Selbstopferung des Märtyrers als eine Selbstauslöschung in Gott gepriesen und damit eine spirituelle Praxis der Sufis in eine Legitimation von Selbsttötung verwandelt. Später in den achtziger Jahren hat Khomeini diese Position mit einer *fatwa* sanktioniert.[36] Schließlich rief er im Iran-Irak-Krieg junge Männer und sogar Kinder dazu auf, ihr Leben für die Verteidigung der Islamischen Republik zu opfern. Für die Muslime im Libanon wurde vor allem die Individualisierung des Märtyrertodes als vorbildlicher Glaubensakt bedeutsam. Noch waren hier Glaubenszeugnis und die Verteidigung islamischen Territoriums gegen einen Angreifer, *jihad* und *schahāda*, miteinander verbunden; der Märtyrertod war zwar eine individuelle Leistung, blieb jedoch auch noch im Libanon an die Verteidigung des Landes gegen ausländische Angreifer gebunden.

Immer bedarf diese Art der Selbsttötung der Zustimmung der religiösen Autoritäten und der Glaubensgenossen, andernfalls wäre es kein Märtyrertod, sondern schlicht Selbstmord. Doch die Kriterien dafür, ob es nun das eine oder das andere ist, hatten sich mit der Zeit verändert. Im schiitischen Passionsspiel, das auch im Libanon aufgeführt wurde, konnte nicht jeder, der sein Leben im Kampf gegen die Ungläubigen zu geben bereit war, ein Märtyrer werden. Frauen waren in dieser Tradition vom Martyrium ausgeschlossen; Männer durften es nur wählen, wenn sie noch nicht verheiratet waren. Manche schiitische Geistliche im Libanon der achtziger Jahre vertraten nach wie vor diese Position. «Angesichts des frühen Heiratsalters in der libanesischen schiitischen Gemeinschaft bildete das eine schmale Marge für das Lebensalter möglicher Kandidaten», meinte Martin Kramer.[37] Doch waren diese Restriktionen in den achtziger Jahren schon aufgeweicht bzw. aufgegeben. Khomeini hielt eine Zustimmung der Eltern zur Teilnahme ihrer Kinder an Märtyreroperationen nicht mehr für notwendig; Fadlallah schloss sich dem an und erklärte in einem Interview, es sei Pflicht von Mädchen und Jungen, gegebenenfalls auch ohne die Zustimmung ihrer Eltern am bewaffneten Kampf teilzunehmen.[38] Ähnlich urteilte die ägyptische Schrift «Die vergessene Pflicht» aus dem Jahre 1981. Auch ihr Autor – ein Sunnit – hielt eine Zustimmung der Eltern zum Akt des Martyriums nicht für nötig. Der Kampf ist individuelle Pflicht; Eltern und Familie müssen nicht um Zustimmung gebeten werden.[39] Wie schon in Iran und in ägyptischen Jihad-Gruppen ist nun auch im Libanon der Märtyrertod zu einer Entscheidung des Einzelnen geworden, nicht mehr nur von Männern, sondern auch von Frauen. Die Zustimmung der Familie, bei verheirateten Männern sogar der eigenen Frau, ist nicht mehr zwingend nötig. Damit wird die Entscheidung einerseits von der Familie gelöst, ist andererseits aber nun ganz und gar von der Zustimmung der religiösen Gemeinschaft abhängig.

Wenn man die Gewalttaten in dieser Weise betrachtet, erkennt man, wie wichtig die Religionsgemeinschaften dabei wurden. Nur kraft der Autorisierung durch Geistliche und der Zustimmung der Glaubensgenossen konnte aus einer Gewalttat eine heilige Handlung werden. Bemerkenswert offen sprach dies der Gründer der Hizbollah, der bereits erwähnte Husain al-Musawi, 1986 in einem Interview mit der iranischen Zeitung *Kayhan* aus. Die Geistlichen würden

politische und moralische Unterstützung geben, sodass es nicht so aussieht, als seien ihre Handlungen kriminell. Wenn es in diesem Sinne unsere Propaganda nicht gegeben hätte, hätte die Öffentlichkeit ihre Aktionen als kriminell verurteilt. Wir haben der Öffentlichkeit begreiflich zu machen versucht, dass ihre Handlungen dem Wesen von *jihad* entsprachen, von den Unterdrückten gegen den Unterdrücker angestrengt.[40]

Fadlallah gab dieser Gewalt noch eine weitere Bedeutung. Die globale Arroganz des Westens sei ein globales Heidentum; nur ein islamischer Kämpfer mit seiner Unerschrockenheit könne den Westen das Fürchten lehren.[41] Indem der Täter seine eigene Furcht besiegt und unter den Ungläubigen Angst und Schrecken hervorruft, opfert er sich für die Macht und Größe Gottes.

Mit dem Rückzug der USA, Frankreichs und dem Teilrückzug Israels aus dem Libanon gehen daher auch die Märtyreroperationen allmählich zu Ende. Die letzten wurden 1986 gegen die mit Israel verbündete Südlibanesische Armee ausgeführt. Fadlallah hatte Ende 1985 bereits öffentlich erklärt, dass solche Operationen nur dann ausgeführt werden sollten, «wenn sie eine politische oder militärische Veränderung bringen, [die] in einem angemessenen Verhältnis [steht] zu dem Leiden, das ein Mensch erfährt, wenn er aus seinem Körper eine Bombe macht».[42] Diese Verhältnismäßigkeit war seines Erachtens nach dem Rückzug der Amerikaner, Franzosen und Israels nicht mehr gegeben.

Die Hizbollah als zivilgesellschaftlicher Akteur

Die Entscheidung, sein Leben für die Gemeinschaft zu opfern, war zugleich eine persönliche des Täters wie eine seiner religiösen Bezugsgruppe; die Verantwortung für die Tat musste daher auch von der Religionsgemeinde mit getragen werden. Seit den achtziger Jahren war eine reiche Textur schiitischer Institutionen entstanden, finanziert aus der vom islamischen Recht vorgeschriebenen *zakāt*, dem freiwilligen Almosen *sadaqa* und dem Fünftel vom Gewinn, das Schiiten ihrem geistlichen Oberhaupt schuldeten. Aber auch aus Iran kamen Finanzmittel. Die schiitischen geistlichen Führer wurden so die Gründer und Leiter sozialer und wirtschaftlicher Institutionen, die im Laufe der Jahre immer umfangreicher wurden.[43]

1982 riefen Schiiten in Zusammenhang mit dem erneuten Einmarsch der Israelis in den Libanon eine Märtyrer-Stiftung ins Leben, deren Aufgabe es war, die Hinterbliebenen von gefallenen islamischen Kämpfern zu unterstützen.[44] Am Ende des Bürgerkrieges 1990 waren das ca. 1300, darunter auch zwölf Selbsttötungsmärtyrer. Wegen ihrer Gemeinnützigkeit wurde die Märtyrerstiftung der Hizbollah 1988 vom libanesischen Staat offiziell anerkannt.[45] In den achtziger Jahren kamen laufend weitere soziale Stiftungen hinzu und sorgten in erheblichem Umfang für den Wiederaufbau im Krieg zerstörter Häuser, für den Bau von Moscheen, Schulen, Kliniken, für die Wasser- und Elektrizitätsversorgung sowie die Müllentsorgung in den heruntergekommenen schiitischen Vierteln Beiruts.[46] Zwar banden solche Leistungen die Begünstigten an die schiitischen Institutionen; doch wäre es naiv, darin den eigentlichen Zweck der Veranstaltung sehen zu wollen. Es handelt sich nicht, wie Dima Danawi meint, um das Zuckerbrot, das zusammen mit der Peitsche der Gewalt die Libanesen für die militante Schia gewinnen sollte. Der Verdacht, dass sich die sozialen Aktivitäten politischer Taktik verdanken, verkennt die Eigendynamik des schiitischen Aktivismus. Dabei sind die karitativen Aktivitäten nicht auf die eigenen Glaubensgenossen beschränkt geblieben, sondern kamen auch libanesischen Christen zugute; mit dem Ausbau dieser sozialen Institutionen war nämlich eine Politik der «Öffnung» gegenüber den anderen libanesischen Religionsgemeinschaften verbunden.[47] Die Hizbollah ist ein Fall, an dem man beobachten kann, wie aus einem homogenisierenden Sozialkapital ein brückenbildendes werden kann. Dabei spielte der Kriegszustand des Landes mit Israel eine Rolle; denn die Hizbollah rühmte sich, als einzige Partei des Libanon nie den Widerstand gegen die Besatzungsmacht Israel aufgegeben zu haben. Als besonders konsequente Widerstandsorganisation suchte Hizbollah Kontakt mit christlichen Kirchen des Landes und genoss auch unter nicht-schiitischen Libanesen Ansehen. Der Anspruch, die Interessen des Landes zu vertreten, zeigte sich auch darin, dass sich die Hizbollah an den Parlamentswahlen im Libanon beteiligte und sich um Koalitionen mit anderen religiösen Gruppen bemühte.

In dieser sozialen Matrix konnte eine neue Form von Gemeindereligiosität entstehen, mit dem Märtyrerkult im Zentrum. Nicht wenige der fast 1300 schiitischen Gefallenen waren verheiratet und hinterließen Frau und Kinder. Die Märtyrer-Stiftung hatte die Aufgabe, ihre Hinterbliebenen zu unterstützen. Die Studie von Danawi lässt die Art der Hilfe anschaulich werden. Sie erscheint vor allem als gut durchorganisiert. Die Stiftung sorgte dafür, dass die Familien in den Krankenhäusern der Hizbollah, die einen höheren Standard als staatliche Kliniken hatten, bevorzugt behandelt wurden. Ebenso konnten die Waisen an einer der Hizbollah-Schulen kostenfreien Unterricht genießen. Wie intensiv und auf welche Weise an diesen Schulen die schiitische Religiosität propagiert wird, ergibt sich aus einer Umfrage der Stiftung in den Schulen und Bildungszentren, bei der 85 Prozent der Kinder auf die Frage, was sie später werden möchten, antworteten: Ingenieur, Arzt oder Märtyrer; mehr als 50 Prozent wollten Märtyrer werden.[48] Wenn man bedenkt, dass diese Schulen oftmals besser sind als die staatlichen und auch von nicht-schiitischen Familien in Anspruch genommen werden, lässt sich eine solche Antwort mit der konventionellen Erklärung, wonach der selbst gewählte Märtyrertod aus Verzweiflung geboren sein muss, nicht vereinbaren. Der Märtyrertod ist in diesem Fall eher Ausdruck eines Altruismus – einer Bereitschaft, sein eigenes Leben für die Gemeinschaft zu opfern. Auch im Blick auf Palästina spricht einiges dafür, dass der Todesmut von islamistischen Gruppierungen die Gläubigen mit Stolz erfüllte und ihnen ein Bewusstsein von Stärke einflößte.[49] Die Antworten der Kinder scheinen für eine solche Sichtweise auch im Libanon zu sprechen. Die einst armselige und entpolitisierte schiitische Religionsgemeinschaft hat durch ihren Aktivismus an Macht und Wohlstand gewonnen. Doch schließt dies nicht aus, dass die Motivation des Einzeltäters eine andere sein kann. Einzelstudien zu Selbstmordattentätern haben sehr wohl ergeben, dass die verzweifelte Lage vieler Jugendlicher im Nahen Osten ein Nährboden ist, auf dem eine persönliche Motivation zu einer solchen Tat heranwächst.[50]

Ein für Kultur zuständiges Institut der Märtyrer-Stiftung übernahm die Aufgabe, die Erinnerung an die Toten zu bewahren; Erinnerungsstücke waren oft in kleinen Museen in den Wohnungen der Familien des Verstorbenen untergebracht. Halal Jaber schildert ihren Besuch bei der Frau eines Märtyrers. Salah, so der Name der Witwe, zeigte mit Stolz das Video vom Mai 1995, als ihr Mann im Südlibanon einen Wagen voller Sprengstoff in einen israelischen Konvoi steuerte und dabei 12 israelische Soldaten mit in den Tod riss. Sie und ihr Mann stammten aus dem Südlibanon, aus dem sie vor den israelischen Truppen fliehen mussten. Salah wusste über den Plan vorher Bescheid, konnte und wollte ihren Mann aber nicht davon abhalten. Seine Fotos zieren die Wände des Wohnzimmers.[51] In anderen Fällen liegt das Testament aus, das im Libanon ähnlich wie in Iran vom Märtyrer vor seinem Tod verfasst wurde.

Innerhalb der Märtyrer-Stiftung übernahm ein eigenes Institut die Sorge für die Hinterbliebenen sowohl der Selbsttötungs- wie der Kampfesmärtyrer und sorgte dafür, dass ein Wohltäter gefunden wurde, der den aufwachsenden Kindern als Pate zur Seite stand. Ein Frauenprojekt betreute die Witwen. Schließlich organisierte ein weiteres Institut mit bezahlten Angestellten und Freiwilligen die Versorgung der Familien. Auch wenn es in den allermeisten Fällen Schiiten waren, die in den Genuss dieser Leistungen kamen, wurden diese doch keineswegs libanesischen Christen prinzipiell vorenthalten. In diesem Zusammenhang ist zu erwähnen, dass es auch Christen gab, und zwar aus orthodoxen – seltener aus römisch-katholischen – Familien, die sich im Kampf gegen die Israelis und ihre libanesischen Verbündeten engagierten und dabei ihr Leben ließen. Den Fall einer solchen christlichen Märtyrerin hat Joyce M. Davis aufgearbeitet.[52]

Religionsgemeinschaften in Krisenzeiten: Quelle von Identität und Solidarität

Am Ende des libanesischen Bürgerkriegs waren die Religionsgemeinschaften noch stärker, als sie zu dessen Beginn schon waren, besonders die schiitische.[53] Lebten Mitglieder derselben Religionsgemeinschaft vor dem Krieg noch häufig weit über das Land verstreut, so hat die ausufernde Gewalt die Tendenz begünstigt, dass sie territorial zusammen rückten. Die Religionsgemeinschaften wurden territorial entflochten und beanspruchten die Hoheit über ein eigenes Territorium.

In diesem Zusammenhang gehört auch eine Erweiterung der Zuständigkeiten von Hizbollah. Hizbollah weitete ihre Gerichtsbarkeit über das Familienrecht hinaus noch auf andere Streitfälle aus und hat in den von ihr dominierten Regionen ein eigenes Gerichtssystem mit mehrstufigen Klagemöglichkeiten eingerichtet.[54] Damit wurde sie wie andere Religionsgemeinschaften des Libanon auch zur Quelle eines neuen Kommunalismus. Die Innenseite dieses Vorganges hat Samir Khalaf so diagnostiziert: Religiöse Loyalitäten wurden im Libanon zur Quelle gemeinschaftlicher Solidarität; sie wurden eine Macht, die Menschen bindet, sie aber auch in verschiedene Gemeinschaften trennt. In Situationen – so Khalaf –, in denen Menschen von Krieg und Gewalt bedroht sind, suchen sie Schutz in ihren religiösen Gemeinschaften. Damit erklärt er, dass immer mehr Libanesen ihre Religionszugehörigkeit als Emblem und als Panzerung verstanden: Emblem, weil konfessionelle Identität das wirksamste äußere Mittel darstellt, das zum Leben Nötige zu erhalten; Panzerung, weil die religiöse Loyalität ein Schutz vor realen oder vorgestellten Gefahren darstellt. «Je verletzlicher das Emblem, umso dicker die Panzerung; je dicker die Panzerung, umso empfindlicher und paranoider werden die anderen Gemein-schaften».[55] Das ist offensichtlich im Libanon geschehen; die schiitische Religionsgemeinschaft hat dem ihren Aufstieg zu verdanken. Die Progno-se, die Khalaf daraus gewinnt, ist düster. Die lokale Religionsgemeinschaft werde zu einer totalen Institution; Identität werde re-territorialisiert; nicht eine lebendige Zivilgesellschaft, sondern der Widerstreit feindseliger Gemeinschaften bestimme die Lage und Zukunft des Libanon.[56]

Hier stehen wir wieder vor derselben Ambivalenz, auf die wir bereits bei der Beschäftigung mit zivilgesellschaftlichen Formen von Religionen gestoßen waren. Zwar ist sicher zutreffend, dass die Macht der Religions-gemeinschaften zugenommen hat und dass im Falle der Schia die Verherr-lichung des Widerstandes gegen Israel und des Märtyrertodes dazu einen Beitrag geleistet hat. Allerdings darf man die entgegengesetzten Trends auch nicht ignorieren. Stephan Rosiny hat sie mit Blick auf die Hizbollah gut auf den Punkt gebracht:

Neben ihrem Guerillakrieg beruht der Erfolg der Hizbollah auf drei weiteren Säu-len. Durch ein dichtes Netz an Bildungseinrichtungen, sozial-karitativen Hilfsan-geboten und Infrastrukturmaßnahmen in vom Staat vernachlässigten Bereichen und Regionen gelang es ihr, beträchtliche Teile der schiitischen Bevölkerung für sich zu gewinnen. Durch ihre kompetente Arbeit im Parlament und in Lokalver-waltungen hat sie sich Ansehen über die Grenzen der eigenen Konfession hinaus erworben. Schließlich betreibt sie eine elaborierte Informations- und Propaganda-tätigkeit.[57]

Gerade weil das soziale Band nicht primär in politischen Zweckmäßig-keiten begründet ist, sondern seine Wurzeln in einer religiösen Definition der Situation hat, kann die Stärkung religiöser Gemeinschaftlichkeit auch einer Verantwortungsethik zugute kommen, die das Eintreten für den Schutz der Glaubensgenossen und die nationale Unabhängigkeit des Li-banon höher veranschlagt als die riskante Fortführung eines gewaltsamen Kampfes gegen Israel. Die Jihad genannte Glaubenspraxis von Hizbollah ist nicht auf militärische Angriffe auf Israel oder andere Ungläubige zu verengen; sie umfasst alle Handlungen, die zur Einrichtung einer isla-mischen zivilen Ordnung beitragen. Trotz der Transformation in ein liba-nesisches Sozialwerk aber wurde die Hizbollah von den USA und Israel weiter als Terror-Organisation geführt. Als Israel im Sommer 2006 auf die Entführung einiger seiner Soldaten nicht wie meistens zuvor mit einer Verhandlung über die Freilassung libanesischer Kämpfer in israelischen Gefängnissen antwortete, sondern mit einem Krieg das «Krebsgeschwür» der Hizbollah aus dem Körper des Libanon entfernen wollte,[58] kam wieder das andere Gesicht von Jihad zum Vorschein: das des bewaffneten Kampfes. Ähnlich wie im Falle der unbotmäßigen amerikanischen Religionsgemeinschaften ist es erst der Versuch von Ordnungsmächten, sich eine religiöse Gemeinschaft mit Gewalt zu unterwerfen, der das Pendel in einer Religionsgemeinschaft Richtung Gewalt in Gang setzt.

6. Israels Kriege der Erlösung

Israel hatte mit seinem überraschenden Sieg 1967 Ost-Jerusalem samt dem Tempelberg, das Westjordanland, den Sinai, die Golanhöhen und Gaza in seine Gewalt gebracht und als «Besetzte Gebiete» dem Kriegsrecht unterstellt. Eine Annexion verbot das Völkerrecht, auch wenn der Status des alten britischen Mandatsgebietes noch nicht geregelt war. In Artikel 2 der Charta der Vereinten Nationen heißt es:

3. Alle Mitglieder legen ihre internationalen Streitigkeiten durch friedliche Mittel so bei, dass der Weltfriede, die internationale Sicherheit und die Gerechtigkeit nicht gefährdet werden. 4. Alle Mitglieder unterlassen in ihren internationalen Beziehungen jede gegen die territoriale Unversehrtheit oder die politische Unabhängigkeit eines Staates gerichtete oder sonst mit den Zielen der Vereinten Nationen unvereinbare Androhung oder Anwendung von Gewalt.

Damit erklärt die Charta eine Praxis, die auf eine lange politische und religiöse Geschichte zurückblicken kann,[1] für rechtswidrig. «Die Eroberung bildet keinen Gebietserwerbstitel mehr», hält Wolfgang Graf Vitzthum in dem Band Völkerrecht als gültige Rechtsregel fest.[2] Nach heutiger Rechtsauffassung wären die gewaltsame Inbesitznahme Kanaans durch die Stämme Israels oder die Eroberungen großer vorderasiatischer und nordafrikanischer Gebiete durch frühislamische Heere illegal, Gott mithin Anstifter zum Rechtsbruch. Wenn heute ein Territorium von einem fremden Staat besetzt wird, dann darf das nur befristet geschehen, und die Militärverwaltung hat eingeschränkte Rechte. Unter anderem ist eine Ansiedlung von Zivilisten in den besetzten Gebieten untersagt. Die Vierte Genfer Konvention von 1949, die auch für Israel als Mitglied der Vereinten Nationen gilt, schreibt in Artikel 49 vor:

Die Besatzungsmacht darf nicht Teile ihrer eigenen Zivilbevölkerung in das von ihr besetzte Gebiet deportieren oder umsiedeln.[3]

Eine zweideutige Resolution der Vereinten Nationen

Nach dem Sieg Israels 1967 bekräftigte der Sicherheitsrat der Vereinten Nationen in Resolution 242, dass Israel die besetzten Gebiete nicht annektieren dürfe. Um im Nahen Osten einen gerechten und dauerhaften

Frieden zu erreichen, sollten erstens alle Staaten sich gegenseitig anerkennen und zweitens ein «Rückzug der israelischen Streitkräfte aus Gebieten, die während des jüngsten Konfliktes besetzt wurden», erfolgen. Offen blieb, wie Rückzug und Anerkennung Israels sich zueinander verhalten. Schwerer wog, dass die Resolution eine Ungenauigkeit enthielt. Auf englisch liest sie sich folgendermaßen: «Withdrawal of Israeli armed forces from territories occupied in the recent conflict.» Auf französisch, das mit dem Englischen in den Vereinten Nationen gleichrangig ist, liest es sich ein wenig anders: «Retrait des forces armées israéliennes des territoires occupés lors du récent conflit.» Soll also Israel besetzte Gebiete räumen oder die besetzten Gebiete insgesamt? Der philologische Disput verband sich in den siebziger Jahren mit einer innenpolitischen Machtverschiebung in Israel und in den achtziger Jahren mit einer Neuausrichtung der amerikanischen Nahostpolitik.

Die von der Arbeitspartei gebildete Regierung annektierte nach dem Sieg trotz der Rechtslage die Golanhöhen sowie Ost-Jerusalem und unterstellte sie dem Recht des Staates Israel. Allerdings machte die Regierung keinen Versuch, die arabischen Einwohner Ost-Jerusalems über den neuen Status abstimmen zu lassen und ihnen, falls gewünscht, die israelische Nationalität zu geben, wie dies 1948 unter bestimmten Bedingungen mit Arabern auf dem Territorium Israels geschehen war. Jetzt war sogar die demokratische Gesellschaft Israels davon überzeugt, nach Prinzipien handeln zu können, die nicht der Zustimmung der betroffenen Bevölkerung oder der internationalen Staatengemeinschaft bedürfen, schreibt Meron Benvenisti.[4] Meron Benvenisti, ein Politikwissenschaftler, war von 1971 bis 1978 unter Teddy Kollek stellvertretender Bürgermeister Jerusalems und zuständig für das arabische Ost-Jerusalem. Ihm verdanken wir die meisten und die verlässlichsten Daten zu den Entwicklungen in den besetzten Gebieten.[5]

Die Mehrheit der Mitglieder der israelischen Regierung sah in den besetzten Territorien des ehemaligen britischen Mandatsgebietes ein Tauschobjekt für Land gegen Frieden, wollte aber erst im Falle eines Friedensvertrages mit den arabischen Nachbarstaaten über den genauen Umfang der zurückzugebenden Gebiete entscheiden. Eine Konferenz arabischer Staaten in Khartum verabschiedete aber am 1. September 1967 eine Resolution, die ein dreifaches Nein aussprach: «Kein Frieden mit Israel, keine Anerkennung Israels, keine Verhandlungen mit Israel; Bestehen auf dem Recht des palästinensischen Volkes in seinem eigenen Land». Yigal Allon, General und Minister, entwickelte daraufhin den Plan, aus Gründen militärischer Sicherheit Gebiete um Jerusalem sowie das Jordantal von einer Rückgabe auszuschließen und mit jüdischen Bewohnern zu besiedeln.[6] In den siebziger Jahren nahm die Entwicklung bald eine andere Richtung. Religiöse Zionisten deuteten die militärische Besetzung der einst zum biblischen Land gehörenden Gebiete als eine Etappe im messianischen Prozess der Wiederherstellung Israels und gingen zu seiner Besiedlung über.[7] Nicht mehr nur Erfordernisse militärischer Sicherheit des Staates Israel, sondern die Verhinderung einer erneuten Teilung des biblischen Landes diktierten ihr Handeln. Bis 1977 errichteten sie in den besetzten Gebieten nahezu 80 Siedlungen mit ungefähr 11 000 Bewohnern. In Ost-Jerusalem und den neuen Stadtteilen dort waren es noch einmal weitere 40 000.[8] Als dann 1977 die Likud-Partei an die Macht kam, stellte sich die neue Regierung auf die Seite der Siedlungsbewegung und nahm die weitere Besiedlung selber in die Hand. Man könne doch eigenes Land nicht annektieren, sondern nur fremdes Land, erklärte der neue Ministerpräsident Israels, Menachem Begin, zur Begründung; Judäa und Samaria seien das Land, in dem Israel entstanden sei.[9]

Als in den USA 1981 die Republikaner an die Regierung kamen, setzte auch dort eine Neuorientierung in dieser Frage ein. Die Haltung der USA zu der jüdischen Besiedlung der besetzten Gebiete war unter Präsident Jimmy Carter noch ablehnend gewesen. In einem juristischen Gutachten des Außenministeriums für den Kongress vom 21. April 1978 hieß es, Israel habe Gaza, das Westjordanland, die Golanhöhen und den Sinai besetzt und dort jüdische Siedlungen errichtet, wozu es nicht befugt sei.[10] Anders Präsident Ronald Reagan, der nach seinem Amtsantritt 1981 erklärte, er sei «nicht damit einverstanden, dass die vorangegangene Regierung die Siedlungen als illegal bezeichnete – sie sind nicht illegal».[11] Außenminister James Baker erläuterte Jahre später den Wandel der amerikanischen Rechtsauffassung mit den Worten: «Wir pflegten sie [die Siedlungen; HGK] als illegal zu bezeichnen, heute charakterisieren wir sie abgeschwächt als ein Hindernis für den Frieden». Es sind «umstrittene Gebiete», nicht aber «besetzte Gebiete»; nicht nur die Palästinenser, auch Israel hat berechtigte Ansprüche auf sie (Washington Post, 18. September 1991). Als Konsequenz dieser neuen Auffassung haben die USA die Vereinten Nationen wiederholt daran gehindert, auf Israel Druck auszuüben, die Vierte Genfer Konvention anzuwenden. Die geänderte Auffassung der US-Regierung wurde von hochrangigen Vertretern Israels begrüßt. Der Botschafter Israels bei den Vereinten Nationen in den Jahren 1997–1999, Dore Gold, beschrieb in einer Rückschau die Veränderung ähnlich mit den Worten «From ‹Occupied Territories› to ‹Disputed Territories›». Die Bezeichnung «besetzte Gebiete» sei für Israel unerträglich, bestreite sie doch Israels berechtigte Ansprüche auf das Land.[12] In Israel kam der Sprachgebrauch «befreite Gebiete» («liberated territories») auf.[13] Auf diese Weise hat die Außenpolitik der USA seit den achtziger Jahren die religiös begründeten Ansprüche Israels auf das Heilige Land unterstützt. Schließlich erklärte George W. Bush im Jahr 2004 bei einem Besuch von Premierminister Ariel Sharon in Washington, dass die Annexion von Teilen der besetzten Gebiete durch Israel unwiderruflich sei und eine Rückkehr von palästinensischen Flüchtlingen dorthin ausgeschlossen.[14]

Die Substanz des Nahostkonflikts hatte sich in diesen Jahren gewandelt: Aus einem Territorialkonflikt zwischen dem Staat Israel und den arabischen Nachbarländern Ägypten, Libanon, Syrien und Jordanien war ein Konflikt zwischen Israelis und Palästinensern über die Legitimität jüdischer bzw. islamischer Ansprüche auf das Land geworden. Um diese Entwicklung zu verstehen, muss man den Blick nicht nur auf die politischen Akteure, sondern auch auf die religiösen Wählermilieus richten, denen sie ihre Wahlerfolge verdankten. Das gilt nicht nur für Israel, sondern auch für die Palästinenser und die USA. Ich beginne mit Israel.

Der säkulare Zionismus und seine ultraorthodoxen Gegner

Juden waren sich keineswegs immer darin einig, dass die Gründung eines eigenen Staates auch religiös legitim sei. Schon lange vor Gründung des Staates Israel 1948 gingen die Meinungen darüber auseinander. Als im 19. Jahrhundert in Europa die Emanzipation der Juden aus dem Ghetto nicht zu ihrer Anerkennung als gleichberechtigte Bürger führte, sondern sich im Gegenteil Judenhass und Antisemitismus breit machten, wandte sich eine nachwachsende Generation von Juden, die teilweise bereits akkulturiert war, dem Zionismus zu. Nur ein eigener Staat könne Juden den Schutz gewähren, den europäische Staaten ihnen vorenthielten. 1897 beschloss der Erste Zionistische Kongress in Basel daher: «Der Zionismus erstrebt für das jüdische Volk die Schaffung einer öffentlich-rechtlich gesicherten Heimstätte in Palästina.» Doch hinter der politisch zeitgemäßen Forderung nach einem nationalen jüdischen Staat verbarg sich eine Kraft, die nicht mit dem Nationalstaat deckungsgleich war. Wie ist es überhaupt möglich gewesen, dass ein Volk achtzehn Jahrhunderte lang ohne Vaterland lebendig bleiben konnte, fragte sich der Verfasser des zionistischen

Programms, Max Nordau. Was war der «Zaubertrank»? Es war, so seine Antwort, «das messianische Versprechen».[15] So attraktiv in den Ohren der diskriminierten und verfolgten Juden ein eigener Staat klang, so bedenklich, ja häretisch war dieses Vorhaben aus der Sicht vieler orthodoxer Juden. In der Zeit vor der Erlösung ist das Exil (*galut*) die Existenzform des jüdischen Volkes; die Bewährung des jüdischen Glaubens besteht gerade darin, diesen Zustand nicht selber zu beenden; die Einsammlung der Zerstreuten ist ausschließlich Aufgabe des Messias; wer sie in die eigene Hand nimmt, will das «Ende herbeizwingen» und ist damit einer satanischen Versuchung erlegen. Diese Haltung fand in jüdischem Traditionsgut vielfachen Ausdruck, ohne wirklich bindend zu sein. So spricht der babylonische Talmud von Gelübden, wonach Israel nicht zur Klagemauer nach Jerusalem heraufziehen und sich nicht gegen die Völker der Welt erheben dürfe (Ketubbot 111a). Doch als die Rückkehr nach Palästina plötzlich zur realen Option wurde, wollten orthodoxe Opponenten des Zionismus daraus bindende Glaubenssätze machen.[16] Einprägsame Erzählungen beschworen das Verderbliche solcher Versuche – etwa die Anekdote vom Rabbiner, der im Hafen von Istanbul mit dem Satan vereinbart, dass er ihn unbehelligt ins Heilige Land reisen lässt; doch vor der Küste Palästinas sieht er ihn schon vom Schiff aus am Hafen stehen; es sei nur sein überseeischer Gesandter gewesen, mit dem er die Vereinbarung getroffen habe, höhnte er. Solange das Exil andauert, weile er im Heiligen Land. Nach Auffassung dieser orthodoxen Juden darf man im Heiligen Land nur beten oder die Tora studieren; Landwirtschaft ist verboten. Wer zuwiderhandelt, muss angesichts der erschreckenden Heiligkeit des Bodens mit dem Schlimmsten rechnen. Einen gleitenden Übergang von der vom Menschen gemachten Geschichte zur Heilszeit gibt es nicht.[17]

Anhänger dieser Auffassung waren jedoch ebenfalls in kleinen Gruppen ins Heilige Land gezogen, allerdings nur um dort die Tora zu studieren und zu beten. Sie hatten 1912 noch in Europa eine eigene Organisation Agudat Israel gegründet und nannten sich Haredim (*haredīm*). Die Bezeichnung («die, die vor Gott zittern») war dem Buch Jesaja entnommen, wo es an einer Stelle heißt: «Höret das Wort des Herrn, die ihr erzittert vor seinem Wort» (Jesaja 66,5); schon im Mittelalter war sie gleichbedeutend mit «besonders Fromme».[18] 1939 entstand eine Untergruppe und erhob mit ihrem Namen «Die Wächter der Stadt» den Anspruch, dass sie und nicht die Soldaten die wahren Beschützer des Landes seien. Es war die Überzeugung der Haredim, in Palästina in einem doppelten

Exil zu leben: unter der Herrschaft von Heiden (Briten und Arabern) und unter der Vorherrschaft von ungläubigen Zionisten.[19] Zahlenmäßig waren sie eine Minorität unter einer Minorität, 30 Prozent von den orthodoxen Juden, die selbst wiederum nur 15 Prozent aller Juden ausmachten. Auch nach Gründung des Staates Israel sind sie keineswegs verschwunden. Samuel Heilman rechnet für die neunziger Jahre des 20. Jahrhunderts mit ungefähr 550 000 Gemeindegliedern.[20] Ihre Verurteilung des Staates Israel änderte sich auch mit den militärischen Erfolgen nicht. Als Israel 1967 seine militärischen Triumphe feierte, bezeichnete ein ultraorthodoxer Rabbiner diesen Sieg als eine Versuchung Satans.[21] Später waren Ultraorthodoxe an den Friedensgesprächen zwischen den Palästinensern und Israel Anfang der neunziger Jahre beteiligt – allerdings auf palästinensischer Seite! Rabbi Moshe Hirsch, «Außenminister» der «Wächter der Stadt», beriet die palästinensische Verhandlungsdelegation. Er verstand sich als «Palästinenser, der ein Jude ist und gegen den Staat Israel kämpft»; 1995 war er in der Palästinensischen Autonomiebehörde sogar Minister für jüdische Angelegenheiten, wofür er zum Ärger der israelischen Regierung auch Geld erhielt.[22] Die Haredim wollen das Judentum bis zum Kommen des Messias auf die religiöse Dimension beschränken; die politische gehört bis dahin ganz den heidnischen Völkern.

Eine heilsgeschichtliche Umdeutung der zionistischen Besiedlung Palästinas

Dasselbe orthodoxe Judentum war paradoxerweise aber auch der Ursprungsort einer religiösen Legitimierung des säkularen Zionismus. Seit langem kannte der Chassidismus Osteuropas eine Praxis der Vergegenwärtigung zukünftigen Heils auch schon in der Zeit des Exils. Hier hatte Baal-Schem-Tov (wörtlich «Meister des guten Namens», abgekürzt Bescht) nach einer ekstatischen Himmelsreise im Jahre 1752 in einem Brief die Erkenntnis vorgetragen, dass heute schon die Möglichkeit einer mystischen Schau der Gottheit bestehe, auch wenn die Ankunft des Messias noch auf sich warten lasse.[23] Damit trat zwischen Exil und Erlösung eine neue eigenständige Größe: die Mystik.[24] Der Fromme (ḥāsîd) und Gerechte (ṣaddîq) kann zum Mittler zwischen den Gläubigen und Gott aufsteigen. Für diese Funktion ist nicht seine Schriftgelehrsamkeit, sondern die Macht seines Gebetes entscheidend.

Aus dieser Konzeption erwuchs eine revolutionäre religiöse Deutung des säkularen Zionismus, die Hegels List der Vernunft ähnelte. Ihr Urheber war Rabbi Abraham Isaak Kook (1865–1935), der 1904 nach Palästina kam und Oberrabbiner der aschkenasischen (mitteleuropäischen) Juden war. Kook konnte der orthodoxen Verdammung der zionistischen Siedler als Abtrünnige, die das Ende herbeizwingen wollen, nichts abgewinnen. Mit der Autorität eines Rabbiners und Mystikers lehrte er, dass die säkulare Lebensweise der Siedler eine erste Etappe im Erlösungsprozess sei, was er mit Begriffen aus den kosmischen Spekulationen der Kabbala begründete.[25] In Gestalt der zionistischen Siedler sei das Heilige im Profanen erschienen; durch ihre Umkehr nach Zion beförderten sie den Wiederherstellungsprozess, den *tikkun*, der den ganzen Kosmos erfasst; ihre Hinwendung zum Zionismus sei Teil einer universalen Heilsgeschichte und habe den messianischen Prozess in Gang gesetzt. Zwar begreife der Zionismus seinen geschichtstheologischen Ort selber nicht, erfülle jedoch unbeabsichtigt eine göttliche Mission. Eine List der Heilsgeschichte finde statt. Ähnlich sahen übrigens auch Anhänger des amerikanischen protestantischen Prämillenarismus die Besiedlung Palästinas, wie noch zu zeigen bleibt.

In der Schrift *Die Lichter der Tora* aus dem Jahre 1942, die von den Anhängern eines religiösen Zionismus wie eine Offenbarung gelesen wird, machte Kook das Land Israel zum Dreh- und Angelpunkt seiner Geschichtstheologie. Im Ausland kann die Tora nur der Vervollkommnung der einzelnen Seele dienen; ihre ganze Macht aber kann sie dort nicht zur Entfaltung bringen. Erst in der «Luft des Landes Israels» ergreift sie die Seele der ganzen Nation und bestimmt ihre Praxis. Die Gemeinschaft der Juden im Ausland lebt in einer Weise, die nicht authentisch ist; nur auf dem reinen Boden des Landes Israel zieht der Glanz der Tora alle in ihren Bann.[26] Weil aber das Land Israel so überaus heilig ist, ist seine landwirtschaftliche Bearbeitung ein gefährlicher und außeralltäglicher Akt, der bei den Siedlern zugleich Angst wie Faszination erzeugt. Diese Lehren Kooks stellten einen kühnen Versuch dar, die Scheu der Orthodoxen vor einer Besiedlung und Nutzung des Landes umzuwerten. Kook entzauberte die Besiedlung des Landes nicht als politischen Akt, wie Zionisten es taten; er verdammte sie aber auch nicht als häretisch, wie andere orthodoxe Juden; vielmehr verzauberte er den Vorgang geschichtstheologisch.

Kook der Ältere verbreitete seine Lehre seit den dreißiger Jahren in einer eigenen Yeshiva (Talmudschule), der Markaz HaRabKook, anfangs noch mit mäßigem Erfolg. Das änderte sich mit seinem Sohn Zvi Yehuda Kook (1891–1982). Er gab die Schriften seines Vaters heraus und führte dessen Geschichtstheologie in Predigten weiter, vereinfachte sie aber auch und drehte das Verhältnis von Umkehr nach Zion und Beendigung des Exils um. Der Staat Israel wurde für ihn der eigentliche Agent der Erlösung; der Unabhängigkeitstag Israels galt ihm als religiöser Feiertag; Waffen waren so wichtig wie Gebetriemen. Heute ist die Talmudschule eine der größten in Israel und mit ihren Absolventen in zahllosen Institutionen Israels und der Diaspora vertreten.[27]

Eine «Prophetie» von Zvi Yehuda Kook kurz vor dem Sechstagekrieg

Der Ruhm von Zvi Yehuda Kook aber entstand auf andere Weise, fast könnte man sagen eher zufällig. Am Nationalfeiertag des Jahres 1967, drei Wochen vor Ausbruch des Sechstagekrieges, brach er in einer Predigt unvermittelt in eine Klage darüber aus, dass Hebron, Sichem (Nablus), Jericho und Anathot durch den Teilungsplan der Vereinten Nationen von 1947 und den nachfolgenden Krieg von Israel losgerissen worden seien. Wenig später korrigierten die Truppen Israels dieses Unglück und eroberten auf wundersame Weise genau diese Städte. Mit seiner Predigt hatte Kook der Besetzung der zu Ägypten, Syrien und Jordanien gehörenden Gebiete schon vorweg einen religiösen Sinn verliehen. Der Sechstagekrieg war aus seiner Sicht ein «Krieg der Erlösung *(ge'ulla)*»; das biblische Land Israels wird von den Ungläubigen wieder «losgekauft». Dieser Predigt verdankte Rabbi Zvi Yehuda Kook der Jüngere die Reputation eines Propheten fast biblischen Ausmaßes, auch wenn es sich tatsächlich eher um eine rituelle Klage als um eine Prophetie gehandelt hatte. In keiner Darstellung der Vorgeschichte der religiösen Siedlerbewegung des «Blockes der Gläubigen» fehlt dieser Vorgang.[28]

Rabbiner der Talmudschule von Vater und Sohn Kook bildeten die Avantgarde der religiösen Siedlerbewegung. Sie handelten dieser Definition der Situation Israels entsprechend und organisierten eigenmächtig Inbesitznahmen des verheißenen Erbes in Judäa, Samaria und Gaza.[29] Auf Grund einer Vereinbarung, die rabbinische Ausbildungsinstitutionen in den sechziger Jahren mit dem Ministerium für Verteidigung abgeschlossen hatten, konnten Studenten Torastudium und Wehrdienst miteinander verbinden. Es gab genug junge Israelis, die religiöser sein wollten als die säkularen Zionisten und politischer als die Ultraorthodoxen. Vor allem junge aschkenasische akademische Israelis der Mittelklasse entwickelten für eine solche Verbindung Sympathie. So wich der Antagonismus von säkularem Zionismus einerseits und Ultraorthodoxie andererseits einer neuen Synthese von Nationalismus und Religion, von Waffendienst und Besiedlung der besetzten Gebiete. Nach ihrer Auffassung schreitet die

Heilsgeschichte unabhängig von den Absichten der Akteure voran; Gläubige, die dies begriffen haben, können die Geschwindigkeit dieses Prozesses durch eigenes Zutun noch erhöhen. Der völkerrechtlich bedenkliche Vorgang der Besiedlung der von Israel besetzten Gebiete wird in eine Heilsgeschichte eingebettet und damit religiös legitimiert. Während Messianismus häufig die Antwort auf eine Erfahrung von Entwürdigung und Entrechtung ist, war es in diesem Fall anders: Es war ein Messianismus des militärischen Erfolges.[30]

Konflikte zwischen der Regierung Israels und den Siedlern

Ein früher Konfliktfall, bei dem sich die israelische Regierung und religiöse Siedler gegenüberstanden, wurde Hebron. In Hebron hatten lange schon vor der Teilung des Landes und der Staatsgründung Israels orthodoxe Juden gelebt. Als in den zwanziger Jahren im ganzen Land die Spannungen zwischen Arabern und Juden wuchsen, entlud sich die Wut der Araber 1929 in Hebron in einem schrecklichen Massaker, dem 67 der dort lebenden Juden zum Opfer fielen. Notgedrungen verließen die Überlebenden den Ort und verlegten ihre Talmudschule nach Jerusalem. Direkt nach der Besetzung Hebrons durch die israelische Armee 1967 verlangten die einst Vertriebenen und ihre Nachkommen von der Regierung bzw. der Armee, nach Hebron zurückkehren zu dürfen. Ein Führer der Siedlerbewegung und Absolvent der Talmudschule von Kook, Rabbi Moshe Levinger, der einer aschkenasischen Familie entstammte, die in den 30er Jahren aus Deutschland fliehen musste, machte sich ihre Forderung zu eigen und setzte mit einer außergewöhnlichen Aktion neue Maßstäbe. Mit zehn weiteren Tora-Gelehrten und deren Familien feierte er 1968 in einem arabischen Hotel in Hebron das Passahfest.[31] Nach dem Fest kehrte die Gruppe jedoch demonstrativ nicht nach Israel zurück, sondern blieb in Hebron und forderte das Recht, bleiben zu dürfen. Verhandlungen mit der Regierung folgten. Schließlich gestattete die Armee die Neugründung der Talmudschule auf ihrem Militärgelände. So sollte dem Völkerrecht entsprochen werden, das eine dauerhafte Ansiedlung von Zivilisten der Besatzungsmacht verbot; befristete militärische Basen hingegen waren zulässig. Später zogen jüdische Familien in die arabische Altstadt von Hebron um, die daraufhin vom Militär vor den arabischen Bewohnern geschützt werden musste; eine neue jüdische Siedlung, Kirjat Arba, bildete sich am Rande von Hebron. Nach gleichem Muster entstanden bis 1977 weitere jüdische Siedlungen. Wo immer jüdische Siedler dem wütenden Protest von Arabern gegen ihr Ansinnen ausgesetzt waren, wurden sie von der israelischen Armee geschützt.

Gershom Gorenberg hat die erste Etappe der Ausbreitung der illegalen Siedlungen 1967–1977 geschildert. Die Regierung Israels war in dieser Angelegenheit zerrissen; sie stellte eher eine Konföderation von Ministern als ein geschlossenes Regime dar, konstatierte er. Einer der tragischen Helden seiner Erzählung, an dem er die Folgen dieser Zerrissenheit beispielhaft aufzeigt, ist Yitzhak Rabin. Als 1948 ein von jüdischen Widerstandskämpfern gechartertes Schiff mit Waffen für die von Menachem Begin geleitete Untergrundgruppe Irgun vor Israels Küsten erschien, die Schiffsbesatzung sich aber nicht dem Kommando des gerade gegründeten Staates Israels unterstellen wollte, befahl der erste Ministerpräsident Israels, David Ben-Gurion, die Waffen gewaltsam zu beschlagnahmen und die Verantwortlichen festzunehmen. Während sich andere Offiziere weigerten, den Befehl auszuführen, übernahm Rabin das Kommando und versenkte das Schiff, wobei achtzehn Widerstandskämpfer ums Leben kamen. Gorenberg zufolge kann die «Altalena»-Krise – nach dem Namen des Schiffes – «als der Moment betrachtet werden, an dem Israel ein Staat wurde» und zwar dank Rabins Bereitschaft, «die Konfrontation mit anderen Juden aufzunehmen». Derselbe Rabin, der als Chef des Generalstabs sogar noch den Sieg im Sechstagekrieg mit errungen hatte, gab 1975 bei Verhandlungen in Samaria mit Siedlern, die auf eigene Faust alte biblische Orte neue besiedelten, nach. Gorenberg sieht darin ein böses Omen für sein späteres Geschick. «Die Mächte des Chaos, die er 1948 vor der Küste Tel Avivs gebändigt und denen er 1975 in Sebastia nachgegeben hat, rissen ihn ... [beim Attentat im November 1995; HGK] hinweg.» Rabin habe den zweiten «Altalena»-Test im Jahre 1975 nicht bestanden und dafür mit dem Leben bezahlt.[32]

Strafe für die Nicht-Besiedlung der «Erlösten Gebiete»

Als Israel nach dem Yom-Kippur-Krieg 1973 Territorien, die nach jüdischem Verständnis zum Land Israel gehörten, an Ägypten abtreten musste, deuteten religiöse Siedler und ihre Rabbiner dies als Strafe für den unterlassenen Antritt des Erbes. Weil Israel die Bedeutung des Sieges von 1967 verkannt habe, sei es von Gott mit einer militärischen Niederlage bestraft worden; dies seien die «Wehen des Messias». Die Lektion, die Israel erteilt worden sei, hieße: Die Besiedlung des Landes Israel muss vor allem anderen Vorrang haben.

Gusch Emunîm (wörtlich «Block der Gläubigen») setzte diesen heilsgeschichtlichen Ablauf in die Tat um. Die Zeit der informellen Aktionen war vorbei; 1974 etablierte der Block sich als eine eigenständige Organisation. Die Bewegung bezog ihre Kraft aus einer ebenso einfachen wie zündenden Kernidee: Der messianische Geschichtsprozess hat begonnen – das Land Israel ist heilig – die jüdische Besiedlung des Landes beschleunigt die Erlösung – die Besiedlung hat Vorrang vor der Befolgung der Gesetze Israels und des Völkerrechts – die Palästinenser haben kein Anrecht auf das Land.[33] Hatte die Regierung, die von 1973 bis 1977 von der Arbeitspartei gestellt wurde, die Siedlungen in den besetzten Gebieten nur widerstrebend gebilligt, änderte sich das, als die nationalistische Likud-Partei 1977 die Regierung übernahm. Sie machte die Besiedlung der besetzten Gebiete zu ihrer eigenen Aufgabe und legalisierte die Siedlungsbewegung. Die politische Eigenständigkeit der Siedlungsbewegung war für Israel allerdings nichts Neues.

Siedlungsbewegungen gehen auf die Zeit vor der Staatsgründung zurück und behielten ihren öffentlichen Rechtsstatus, den sie damals bekamen, auch danach noch bei. Die Einwanderung nach Israel war Aufgabe der *World Zionist Organization/Jewish Agency*. Beide Organisationen vertraten gemeinsam die Interessen des Judentums vor der Britischen Mandatsbehörde. Auch nachdem der Staat Israel gegründet worden war, blieben sie als Körperschaft mit eigenständigen und weitgehenden Befugnissen bestehen. Ein Rückkehrergesetz von 1950 («Law of Return») bestimmte, dass der neue Staat Israel eine Heimat für alle Mitglieder des jüdischen Volkes in der ganzen Welt ist. Abkommen zwischen der *Jewish Agency* und der Regierung regelten die jeweiligen Zuständigkeiten bei ihrer Ansiedlung. Im Jahre 1952 erließ die Knesset ein Gesetz, wonach die *World Zionist Organization/Jewish Agency* juristisch eine Körperschaft («juristic body») ist, die die Verantwortung für die Einwanderung, für die Integration und die Siedlungsprojekte in Israel trägt. 1971 wurden beide Organisationen getrennt und die *Jewish Agency* für die Aktivitäten in Israel zuständig.[34]

Mit dem Regierungswechsel von 1977 trat die Besiedlungspolitik in eine neue Phase ein. Die Regierung legalisierte die Besiedlung der besetzten Gebiete; die dafür zuständige Organisation, genannt *Amana* (wörtlich «Bund»), wurde von nun an von der Regierung aktiv unterstützt[35] und konnte in den besetzten Gebieten bzw. in der Sprache der Siedler in YESHA (Abkürzung für Judäa, Samaria, Gaza mit der Wortbedeutung «Erlösung») offiziell operieren.[36] Seit 1979 wurden die einzelnen jüdischen

Siedlungen sukzessive zu Gebietskörperschaften zusammengefasst, die dem Recht des Staates Israel unterstanden und nicht den regionalen palästinensischen Verwaltungen.[37] Damit wurde eine Ungleichbehandlung der Bewohner der besetzten Gebiete geschaffen und festgeschrieben. Den jüdischen Siedlern standen alle Rechte israelischer Staatsbürger zu, den Arabern nur eine von der Militärverwaltung eingeschränkte lokale Selbstverwaltung. Hinter der Fassade des Kriegsrechtes wurden flächendeckend jüdische Siedlungen angelegt, gegen die die Palästinenser nichts unternehmen konnten. So sollte eine erneute Teilung des biblischen Landes unmöglich gemacht werden.[38]

Amana propagierte einen Siedlungstypus, der sich vom Kibbuz, der landwirtschaftlichen Genossenschaft, unterschied.[39] Die Gemeinschaftssiedlung (*yishuv kehilati*) bestand aus Familien, die ihr Einkommen außerhalb der Siedlung als Pendler im Staat Israel verdienten. Amana sorgte mit ihren finanziellen Ressourcen dafür, dass in die neuen Siedlungen überzeugte Gusch-Emunim-Anhänger einzogen, was allerdings nicht immer der Fall war. Befragungen unter Siedlern ergaben, dass die neuen Formen von Gemeinschaftlichkeit oft mehr Anklang fanden als der Glaube, in der messianischen Zeit zu leben.[40] Der billige Wohnraum in landschaftlich reizvoller Umgebung war für viele Israelis unabhängig von ihren religiösen Orientierungen attraktiv. Nicht anders als in anderen Industriestaaten zog es auch hier Familien aus den Ballungszentren in Vororte. Benvenisti spricht denn auch von «Suburbia» (Vorstadt) als der dritten Phase der Siedlungsbewegung.[41] Die Anziehungskraft der Siedlungen war auch wegen der sozialen und kulturellen Institutionen wie Schulen und Krankenhäusern, die den Siedlerfamilien zur Verfügung standen, groß.

Die Siedlerorganisation *Amana* unterbreitete 1978 der neuen Regierung den Vorschlag, innerhalb der nächsten zehn Jahre 100 000 Menschen in den besetzten Gebieten anzusiedeln; Ariel Sharon, Minister für Landwirtschaft, legte ihn den staatlichen Planungen zugrunde.[42] Der Plan ging auf. Die Zahl der Siedler in Gaza und im Westjordanland stieg dramatisch, und zwar von 7000 auf 42 000 im Jahre 1985 und auf 76 000 im Jahre 1990.[43] Anfang der neunziger Jahre lebten ungefähr 110 000 Menschen in 137 Siedlungen in den Gebieten; im Jahre 2006 waren es in den besetzten Gebieten – einschließlich der Golanhöhen und Ost-Jerusalem – 440 000 jüdische Siedler in 205 offiziellen Siedlungen. Die besetzten Gebiete bilden heute einen Flickenteppich jüdischer und palästinensischer Orte, wie die Karte von M. Benvenisti anschaulich macht.[44]

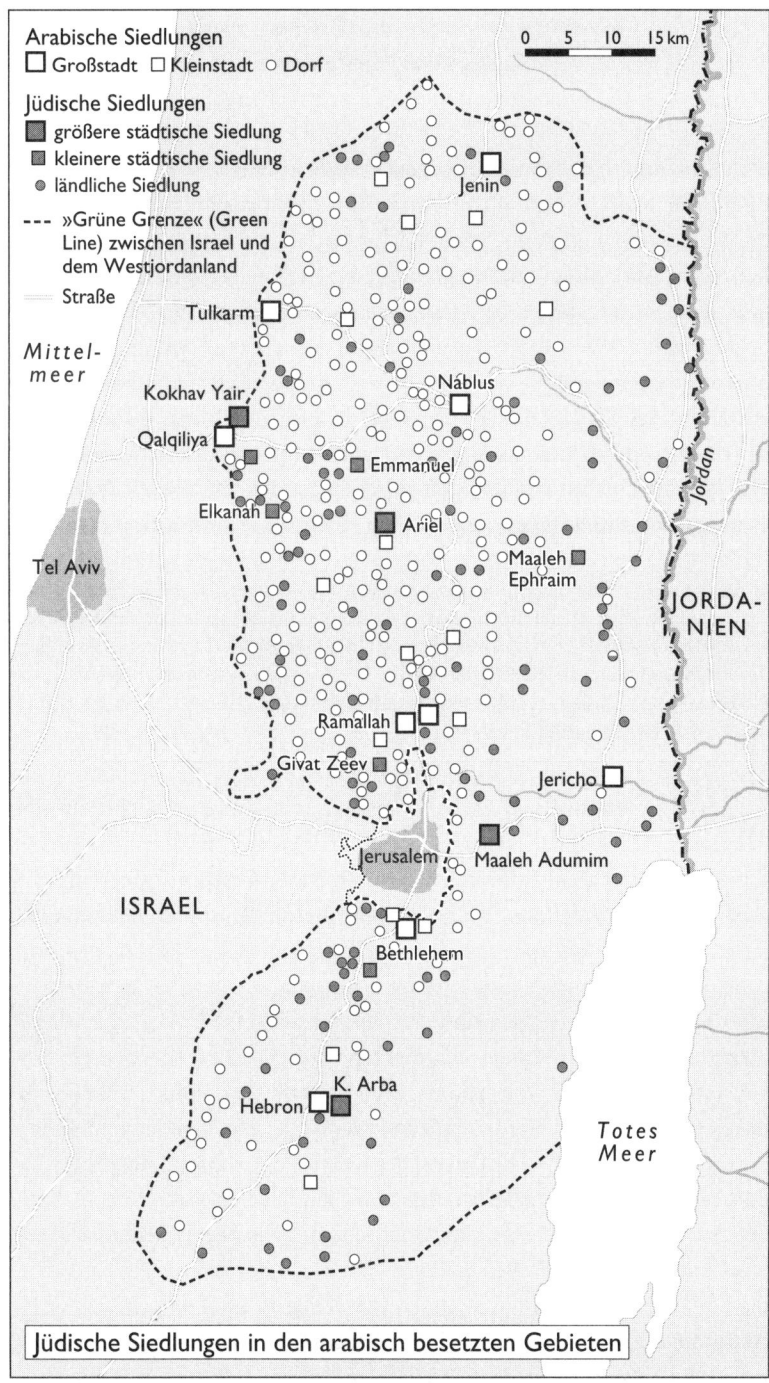

Arabische Siedlungen
☐ Großstadt ☐ Kleinstadt ○ Dorf

Jüdische Siedlungen
■ größere städtische Siedlung
■ kleinere städtische Siedlung
● ländliche Siedlung
---»Grüne Grenze« (Green Line) zwischen Israel und dem Westjordanland
── Straße

Mittel-meer

0 5 10 15 km

Jenin
Tulkarm
Kokhav Yair
Náblus
Qalqiliya
Emmanuel
Elkanah
Ariel
Tel Aviv
Maaleh Ephraim
Jordan
JORDA-NIEN
Ramallah
Givat Zeev
Jericho
Jerusalem
Maaleh Adumim
ISRAEL
Bethlehem
K. Arba
Hebron
Totes Meer

Jüdische Siedlungen in den arabisch besetzten Gebieten

Israels Kriegsrecht und die Beziehung zwischen Siedlern und Palästinensern

Möglich war die Besiedlung dank des Kriegsrechtes, das seit 1967 in den besetzten Gebieten galt. Es hat eine palästinensische Vorgeschichte, die bis in die dreißiger Jahre zurückgeht. Die britische Mandatsbehörde hat über Palästina in den dreißiger Jahren angesichts des aufziehenden Zweiten Weltkrieges und dann erneut nach 1945 angesichts jüdischer paramilitärischer Aktivitäten mit Notstandsgesetzen (*Emergency Defence Regulations*) regiert. Obwohl die *Jewish Agency* selber gegen die Willkür dieser Gesetze gekämpft hat, übernahm der neu gegründete Staat Israel sie und hob nur die Anwendung auf israelische Bürger auf. Die Unabhängigkeitserklärung des Staates Israel von 1948 sicherte zwar allen Bürgern ohne Unterschied des Glaubens Gleichheit vor dem Gesetz zu; jedoch hat der Oberste Gerichtshof bereits 1948 entschieden, dass die Bürger diesen Anspruch nicht mittels einer gerichtlichen Klage durchsetzen können.

Israel hat keine Verfassung, die Priorität gegenüber einer diskriminierenden Gesetzgebung beanspruchen könnte. Die Erklärung der Gründung des Staates Israels verlangte eine Gleichheit aller vor dem Recht. Aber Israels Gerichte anerkannten die Erklärung nicht als eine Rechtsquelle. Die Gerichte sind nicht berechtigt, die Gesetzgebung rechtlich zu überprüfen und haben daher keine Vollmacht, diskriminierende Gesetze aufzuheben.[45]

Es gibt bis heute in Israel keine Verfassung, die die Grundrechte für alle Menschen auf seinem Territorium sichert. Die Rechte der nicht-israelischen Bewohner des Landes blieben durch das Kriegsrecht eingeschränkt, was insbesondere die neue arabische Bevölkerung zu spüren bekam. Hatten die ‹Araber von 1948› noch unter bestimmten Voraussetzungen die israelische Staatsbürgerschaft erlangen können, so war dies den Bewohnern der besetzten Gebiete und Ost-Jerusalems versagt. Da Israel damit formal dem Annektierungsverbot entsprach, traf diese Rechtsungleichheit international auf Verständnis. Weil aber die Zahl und Größe der jüdischen Siedlungen stetig wuchs, und die Siedler mit dem Verteidigungsministerium bei der Durchsetzung des Kriegsrechtes zusammenarbeiteten und Bürgerwehren bzw. Selbstschutzgruppen bildeten, herrschte auch bei der Ausübung von Gewalt eine Ungleichheit zwischen palästinensischen Bewohnern und israelischen Siedlern – die einen durften sie legal ausüben, die anderen verstießen damit gegen das Kriegsrecht. Erst mit den Oslo-Abkommen entstanden Regionen, in denen die palästinensische Bevölkerung eine eigene Rechtsgemeinschaft unter der «Palestinian Authority» bildete. Jedoch haben die Oslo-Abkommen die Ausbreitung jüdischer Siedlungen nicht gebremst. Vom Jahre 1993, dem ersten Oslo-Abkommen, bis 2004 verdoppelte sich im Westjordanland die Zahl der jüdischen Siedler und stieg auf 231 000 Bewohner in 140 Siedlungen an.[46] Der israelische Geograph Elisha Efrat hat sich mit der tief greifenden Umgestaltung der physischen Naturlandschaft der besetzten Gebiete eingehend befasst. Ihm zufolge sind heute 50–60 Prozent des Landes in der Hand Israels oder der Siedler, obwohl die Siedler nur 12 Prozent der Bevölkerung darstellen und die Bevölkerungszunahme unter den Palästinensern weit größer ist als unter den Siedlern. Die Wasserverteilung zeigt dieselbe Disparität. Israel verbraucht in den besetzten Gebieten 500 Millionen Kubikmeter Wasser, billigt den Palästinensern jedoch nur 100 zu. Das Gebiet ist von Straßen durchzogen, die den Siedlern einen schnellen Weg zur Arbeit im Kernland Israel sichern, aber den Palästinensern zu benutzen verboten sind. Efrat kam nach seinen Forschungen und Erhebungen zu einem deprimierenden Schluss:

In diesem Gebiet gibt es zwei verfeindete Bevölkerungen, eine in Enklaven oberhalb («on the top») der anderen. Die eine erhält aus ideologischen Gründen und in direktem Widerspruch zu Theorien einer logischen Planung – von politischer, sozialer oder menschlicher Logik noch gar nicht zu sprechen – alles, während die andere nichts erhält und ihr Siedlungsraum ständig schrumpft.[47]

Da die jüdischen Siedlungen so angelegt wurden, dass sie das Territorium der Palästinenser zerstückeln und die ökonomisch ergiebigeren Zonen z. B. entlang des Jordangrabens von einem möglichen palästinensischen Staat abtrennen, hat E. Efrat berechtigte Zweifel, dass darauf jemals ein lebensfähiger Nationalstaat der Palästinenser errichtet werden kann.[48]

Siedlergewalt gegen den Friedensprozess

Die Geotheologie von Gusch Emunîm hat der Maxime der Besiedlung des ‹Landes Israel› einen allen anderen Belangen übergeordneten Wert eingeräumt; an ihr entscheidet sich die Zugehörigkeit zum Volk Israel sowie die Treue zur Tora. Diese Auffassung, die nicht unwidersprochen geblieben ist (auch nicht von eigenen Anhängern),[49] hat bei den Siedlern eine Gewaltbereitschaft begünstigt. Sie kam vor allem in den Augenblicken zum Ausbruch, als Israel internationalem Druck nachgab und Gebiete des biblischen Landes zurückgab. Der Tausch «Land für Frieden» war und ist für viele der religiösen Siedler eine Apostasieformel.

Zone A
(palästinensisches Hoheitsgebiet)

Zone B
(unter gemeinsamer Zivilverwaltung)

Zone C
(unter israelischer Verwaltung)

0   10   20   30 km

Tiberias-See

Haifa

Tiberias

Nazareth

Afula

Jenin

Hadera

Nethanya

Tulkarm

Mittelmeer

Qalqiliya

Nablus

Tel Aviv-Jaffa

WESTJORDANLAND

Ramallah

Ariha
(Jericho)

AL-QUDS
(Jerusalem)

Aschkolon

ISRAEL

Bethlehem

GAZA-STREIFEN

Gaza Stadt

Jabalya

Al-Khalil
(Hebron)

Dayr al-Balah

Totes Meer

Khan Yunis

Rafah

Beer Sheva

Das Territorium des palästinensischen Staates

JORDA-NIEN

1979 wurde das Friedensabkommen zwischen Ägypten und Israel, das ein Jahr zuvor in Camp David vereinbart worden war, durch Anwar al-Sadat und Menahem Begin geschlossen. Es sah vor, dass Israel den Sinai räumte und dabei auch die Siedlung Yamit aufgab. Als dies 1982 auch wirklich geschah, löste das schwere Zusammenstöße zwischen Siedlern und der Regierung aus. In dieser Situation nahmen einige Pioniere der Siedlungsbewegung das Recht in die eigene Hand.[50] Für sie hatte der Staat Israel die ihm von Rabbi Zvi Yehuda Kook noch zugesprochene Heiligkeit verloren. Gusch Emunîm spaltete sich:[51] in einerseits das machtvolle Netzwerk der Siedlerorganisation *Amana* mit den Gebietskörperschaften sowie dem Siedlerrat, andererseits in einen gewaltbereiten Untergrund, der 1984 sogar die Zerstörung des islamischen Felsendomes auf dem Tempelberg plante.[52] Er hielt das Abkommen von Camp David für eine schwere Sünde, die nur durch eine gewaltsame Reinigung des heiligen Ortes auf dem Tempelberg gesühnt werden könne. Wenn endlich der islamische Gräuel vernichtet und der Tempelplatz wieder rein sei, werde ein Weltkrieg ausbrechen, an dessen Ende das Königreich Davids stehe. Von der physischen Zerstörung wurde spirituelle Erlösung erwartet. So wenigstens stellte sich Yehuda Etzion, der Kopf des Anschlagsplans, den Gang der Dinge in Anlehnung an das apokalyptische Szenario von Daniel 9,27 vor. Die wahren Gläubigen fürchten Gott mehr als noch die schlimmsten Folgen ihrer Tat. Eine solche Gesinnungsethik ist der wahre Glaubensbeweis.[53] Der Plan wurde nicht umgesetzt, weil sich kein Rabbiner fand, der ihn gutgeheißen hätte.[54]

Die Spannungen zwischen den Siedlern und der Regierung sind Ausdruck einer neuen Konfliktdynamik. Während der Konflikt von 1948 bis 1967 bzw. 1973 ein Konflikt vor allem zwischen Israel und seinen arabischen Nachbarstaaten war, wurde er danach in den besetzten Gebieten zu einem interkommunalen Konflikt zwischen jüdischen Siedlern und Palästinensern. Die steigende Zahl von Zusammenstößen in den achtziger Jahren geht sowohl auf einen wachsenden palästinensischen Widerstand als auch auf die Gewalt von Siedlern gegen Palästinenser zurück.[55] Dazu gehörten auch Terrorakte. Siedler führten Bombenanschläge auf die Bürgermeister zweier arabischer Städte aus, um so Rache zu üben für einen Anschlag, den Palästinenser 1980 auf die Talmudschule Beit Hadassah in Hebron verübt hatten und der sechs jüdische Studenten das Leben gekostet hatte. 1983 griffen Siedler ein islamisches Seminar in Hebron an und töteten islamische Studenten. Beide Gewalttaten waren von Rabbinern gebilligt worden. Die Anwendung von Gewalt war in der Siedlerbewegung nicht marginal, sondern zentral, folgerte Ehud Sprinzak am Ende einer entsprechenden Untersuchung.[56] Gewalt, die von Siedlern gegen Palästinenser ausgeübt wurde, wurde von den israelischen Behörden nicht ernsthaft verfolgt. Zum Beispiel erschoss Rabbi Moshe Levinger 1988 einen palästinensischen Jungen, der Steine auf sein Auto geworfen hatte. Im Prozess erklärte er, er habe in die Luft gezielt und den Jungen nicht treffen wollen, fügte allerdings noch hinzu, dass er es als große Ehre ansähe, einen Araber zu töten. Er wurde zu 5 Monaten Haft verurteilt, aber bereits nach 10 Wochen aus dem Gefängnis entlassen.[57]

Nach dem Oslo-Abkommen von 1993, das in einem ersten Schritt 1994 Gaza und Jericho an die Palästinenser zurückgab, nahm die Wut und Gewaltbereitschaft der Siedler neue Ausmaße an. Es begann mit einem Massaker an Palästinensern und endete mit der Ermordung des Ministerpräsidenten Yitzhak Rabin. Das Massaker richtete der in den USA geborene Arzt Dr. Baruch Goldstein am 25. Februar 1994 in der Grabhöhle von Machpela in Hebron an.[58] An diesem Ort, an dem die jüdischen Patriarchen bestattet sein sollen und der allen abrahamitischen Religionen heilig ist, waren in islamischer Zeit Mausoleen für Jakob und Lea, Abraham und Sara, Isaak und Rebekka gebaut und in einen Moscheekomplex einbezogen worden, zu dem Nicht-Muslime keinen Zutritt hatten. Nach 1967 war Juden ein Teil der Anlage für Besuch und Gebet zugänglich gemacht worden. Der Zeitpunkt für das Massaker war nicht zufällig: Es war das Purim-Fest, das der Rache von Juden an ihren Verfolgern in Persien gedenkt. Baruch Goldstein, der in Kirjat Arba bei Hebron lebte, ging in der Nacht von Purim zwecks Meditation und Gebet an diesen Ort. Da hörte er arabische Jugendliche schreien: «Itbach al-Jahud» («Bringt die Juden um»); die israelischen Soldaten standen dabei, ohne etwas zu tun. Entrüstet über diese Demütigung lief er nach Hause, holte sein Maschinengewehr, betrat das Gebäude von der islamischen Seite her und schoss in die Menge der Muslime, die gerade ihr Morgengebet verrichteten: Nach 111 Schüssen waren mehr als 30 Menschen tot. Goldstein wurde von Überlebenden überwältigt und totgeschlagen. Als die örtlichen Militärbehörden von Schüssen in der Moschee hörten, versuchten sie Goldstein, der ihr Verbindungsoffizier war, zu erreichen. Doch der Funkrufempfänger (Pager) antwortete nicht. Dem Begräbnis von Dr. Goldstein wohnten über 1000 Siedler bei; sein Grab wurde ein Ort der Erinnerung; Freunde stellten einen Grabstein auf mit der Inschrift:

Here lies the saint, Dr. Baruch Kappel Goldstein, blessed be the memory of the righteous and holy man, may the Lord avenge his blood, who devoted his soul to the Jews, Jewish religion and Jewish land. His hands are innocent and his heart is pure. He was killed as a martyr of God on the 14th of Adar, Purim, in the year 5754.[59]

Goldstein war ein Schüler von Rabbi Meir Kahane gewesen. Er und Freunde aus Kirjat Arba sympathisierten mit dessen Idee, dass Gewalt gegen Araber das einzige Mittel sei, um sich von der Ghetto-Mentalität zu befreien. Was einst das Schicksal der biblischen Kanaanäer besiegelte – das biblische Banngebot (Deuteronomium 7,1–5; 20,16f) – müsse heute den Palästinensern angedroht werden. Sie hätten im biblischen Land nichts verloren und müssten gehen. Die Faust in das Gesicht eines Palästinensers sei die wahre Heiligung des Namens Gottes (*kiddusch haschem*). Auch wenn der Staat Israel die von Kahane gegründete Kach-Partei bereits in den achtziger Jahren verboten hatte, lebten deren Ideen unter Siedlern weiter.[60] Ein Jahr nach dem Massaker erschien ein Gedenkbuch *Baruch Hagever* («Baruch, der Mann»), herausgegeben von Rabbi Ginzburg, das die Tat von Baruch Goldstein als Vorbild für jeden echten Juden darstellt: seine Heiligung des Namens Gottes, seine (angebliche) Rettung jüdischen Lebens, seine Rache an den Palästinensern von Hebron, seine Reinigung des Landes vom Bösen und seinen Kampf für das Land Israel. Lieder und Internetseiten «Baruch Hagever» halten bis heute die Erinnerung an seine Tat lebendig.[61] Das Grab von Baruch Goldstein ist mit behördlicher Genehmigung zu einem Wallfahrtsort geworden.[62]

Als 1995 das zweite Oslo-Abkommen die palästinensische Autonomie auf weitere Westbank-Städte und Dörfer ausdehnte, schlug die Vereinigung von Rabbinern der besetzten Gebiete Alarm. Wer für eine Rückgabe des Landes an Palästinenser votiere, gleiche jemandem, der seine Brüder zu Dieben erklärt. Eine rabbinische Tradition wurde aktualisiert und in Umlauf gebracht: Derjenige, der einen Juden mit Tötungsabsicht «ausliefert» (*moser*) oder «verfolgt» (*rodef*), muss selber getötet werden.[63] Eine Gruppe von Aktivisten sammelte sich vor der Residenz des Premierministers Yitzhak Rabin und führte das angeblich schlimmste Verfluchungsritual aus, das das Judentum kennt: *Pulsa di Nura* (aram. wörtlich «Feuerflamme»).[64] Der Engel der Zerstörung wird ihn schlagen; er ist verdammt, wo auch immer er geht; seine Seele soll direkt seinen Körper verlassen und er soll den Monat nicht überleben. Ein Talmudstudent der Bar Ilan Universität, Yigal Amir, der von dem Gedenkbuch für Baruch Goldstein

überzeugt worden war, sah sich von rabbinischen Stellungnahmen ermächtigt, zur Tat zu schreiten. Auch die biblische Pinehas-Tradition
spielte hinein: Erst die Tötung des jüdischen Ehebrechers im Lager Israels
kann Gottes Zorn auf sein Volk besänftigten (Numeri 25). Yigal Amir
tötete Yitzhak Rabin auf einer Friedenskundgebung am 4. November
1995.[65] Später wurde Ariel Sharon, als er Gaza räumen wollte, etwas
Ähnliches angedroht.[66]

Aus dem Widerstand der Palästinenser wird eine terroristische Manifestation des Bösen

Am 8. Juni 1977 war in einem Zusatzprotokoll zur Genfer Konvention
vereinbart worden, dass ihre Regeln nicht nur auf Kriege zwischen Staaten, sondern auf einen weiteren Fall Anwendung finden sollten:

> [auf] bewaffnete Konflikte, in denen Völker gegen Kolonialherrschaft und fremde
> Besetzung sowie gegen rassistische Regimes in Ausübung ihres Rechts auf Selbst-
> bestimmung kämpfen, wie es in der Charta der Vereinten Nationen und in der
> Erklärung über Grundsätze des Völkerrechts betreffend freundschaftliche Bezie-
> hungen und Zusammenarbeit zwischen den Staaten im Einklang mit der Charta
> der Vereinten Nationen niedergelegt ist (Art. 1 (3)).

Damit hatten auch die palästinensischen Widerstandsorganisationen ein
Recht auf Behandlung ihrer Kämpfer entsprechend den Genfer Konven-
tionen, vorausgesetzt, sie hielten sich selber an diese Regeln.

Die neue Rechtslage rief heftige Gegenreaktionen hervor, die am Ende
zu einer scharfen Trennung zwischen (berechtigtem) Widerstand und (un-
berechtigtem) Terrorismus führen sollten. Benjamin Netanyahu, der spä-
tere Ministerpräsident Israels, organisierte 1979 und 1983 für das Jona-
than-Institut zwei Terrorismus-Konferenzen, eine in Jerusalem und eine
in Washington. Benjamin Netanyahus Bruder Jonathan, dem das Institut
seinen Namen verdankt, war 1976 als verantwortlicher Offizier bei der
Befreiung von jüdischen Geiseln auf dem Flughafen von Entebbe, Uganda,
ums Leben gekommen. Beide Konferenzen hatten die erklärte Absicht,
den Westen zum Kampf gegen den Terrorismus zu mobilisieren; sie widersetzten sich «absolut der Vorstellung, dass des einen Terrorist des anderen
Freiheitskämpfer ist».[67] Westliche Medien hätten den Terroristen leicht-
fertig die angeblichen Motive ihrer Handlungen abgenommen; Terroristen hätten sich so als Widerstandskämpfer präsentieren können. «Das ist
es, was die Terroristen uns glauben machen wollen.» In Wirklichkeit jedoch würden sie absichtlich und kalkuliert Unschuldige vernichten. Da-

her habe man schon 1979 auf der Konferenz in Jerusalem eine andere Definition von Terrorismus vorgenommen.

Terrorismus ist die absichtliche und systematische Ermordung, Verstümmelung und Bedrohung von Unschuldigen, um aus politischen Gründen Furcht zu verbreiten.[68]

Terroristen seien Verbrecher, die mit öffentlichen Kommuniqués ihren festgenommenen Komplizen helfen und den Status von Kriegsgefangenen verschaffen wollten. Hinter ihnen stünden die Sowjetunion und radikale arabische Regime. Auch die Vereinten Nationen seien nicht unschuldig, denn sie hätten den Terrorismus gerechtfertigt und darin einen Kampf für nationale Befreiung gesehen. Der Kampf gegen den Terrorismus könne nur gewonnen werden, wenn Öffentlichkeit und Medien im Westen ihre Irrtümer aufgäben. Dieser Appell hatte eine beträchtliche Wirkung. In der Folge widersetzten sich auch die USA der neuen Rechtslage und legten sich auf eine entsprechende neue Definition von Terror fest. Dabei erinnert die Ersetzung der Bezeichnung «Widerstandskämpfer» durch «Terrorist» doch sehr an Orwells «Neusprech», das die Aufgabe hat, die gedanklichen Assoziationen zu manipulieren. Man kann es auch einen Fall von «semantischem Terror» oder «Nötigung durch eine Gedankenpolizei» nennen.[69]

Postzionismus

Menschen erzählen nicht nur Geschichten, sie bewohnen sie, bemerkt Gershom Gorenberg in seiner Untersuchung des Kampfes um den Tempelberg.[70] Mit Sorge sah er, wie sich der Nahostkonflikt veränderte und wie diese Veränderung von Politikern vorangetrieben wurde.

Die Leichtfertigkeit, mit der politische Führer die Unterstützung religiöser Führer suchen, während sie eine mögliche Wirkung ihrer Ansichten in Abrede stellen, ist ein Problem.[71]

Die religiöse Gewalt wanderte in die Köpfe derer, die als Staatsmänner eher die Aufgabe gehabt hätten, die Rechtsordnung gegen religiöse Ansprüche zu verteidigen. «Neusprech» griff um sich: Plötzlich gab es keinen palästinensischen «Widerstand» mehr, sondern nur noch «Terrorismus». Zugleich wurde eine Spirale der Gewalt in Bewegung gesetzt. Unheilvoll war auch, dass die Anknüpfungen an die Bibel sogar noch in der Außenpolitik der USA ihre Wirkung entfalteten. Das Konzept vom «Land Israel» mobilisierte in den USA Verständnis und Loyalität, die Rede von besetzten Gebieten oder gar von islamischem Stiftungsland nur gereizte

Reaktionen. Der Segen kann nur einmal vergeben werden, oder? Und auch das Verständnis von Religion ist im Kern von dieser Veränderung betroffen. Noch einmal dazu Gershom Gorenberg:

Wir leben in einer Zeit, in der Extremismus mit religiöser Authentizität verwechselt wird.[72]

Der Erfolg der Siedlerbewegung im Staat Israel zeigt, dass die Existenz einer Demokratie allein noch keine Garantie für Rechtsstaatlichkeit bietet und keinen Schutz vor der Zunahme und Duldung religiöser Gewalt. Das Verhältnis zwischen religiöser Gewalt und Demokratie könnte weitaus enger sein, als oft behauptet. Denn gerade in Demokratien haben anschwellende religiöse Strömungen gute Chancen, auch Repräsentanten staatlicher Institutionen mit sich zu reißen. Auch unter den Bedingungen eines Staates westlichen Typs kann es geschehen, dass der Primat von Grundrechten gegenüber religiösen Ansprüchen nicht mehr aufrechterhalten wird. Dies ist eine Gefahr, die auch in Israel besteht und vor der der israelische Wissenschaftler Ehud Sprinzak gewarnt hat.[73] Schriftsteller und Intellektuelle haben es ebenfalls zum Thema gemacht. Das Auftreten von Gusch Emunim, so Amos Oz, berge die Gefahr in sich, dass Israel das Zweigespann von jüdischer Tradition und westlichem Humanismus auflöst und das Judentum «entscheidend [zurückgeworfen wird; HGK], bis hin zum Buche Josua, bis zu den Tagen der Richter, zurück zum Stadium einer fanatischen, grausamen und geschlossenen Stammesgesellschaft».[74]

Es ist angesichts dieser Veränderung des Nahostkonfliktes gut nachvollziehbar, dass die Diskursanalysen französischer und angelsächsischer Wissenschaftler Israel erreicht haben. Der Überblick, den Laurence Silberstein von diesen Debatten gibt, zeigt, wie Israelis (und vereinzelt auch Hebräisch schreibende Araber), Intellektuelle und Wissenschaftler in Publikationen darüber nachdenken, wie selbstverständliche zionistische Alltagsbegriffe über das Denken und Handeln Herrschaft erlangt haben. Jeder kann selber nachvollziehen, dass es einen Unterschied macht, ob man von Einwanderung spricht oder von Rückkehr, von Ausland oder Exil, von Palästina oder vom Land Israel, von Besetzung oder Erlösung, von Besiedlung oder Antritt eines Erbes. Eng verbunden mit dem religiösen Vokabular ist die Überzeugung, die Gegnerschaft der Palästinenser gegen Israel habe keine nachvollziehbaren Ursachen. Ein interkommunaler Konflikt wird nicht mehr in politischen, sozialen und territorialen Kategorien gedeutet, sondern als die Manifestation eines altbekannten Judenhasses und Antisemitismus.[75]

7. Eifern für das Stiftungsland Palästina

Eine Zeitlang gab es unter Palästinensern ähnlich konträre Deutungen des Nahostkonfliktes wie im jüdischen Lager. Auf der einen Seite stand der 1964 gegründete Dachverband mehrerer palästinensischer Befreiungsorganisationen (PLO). Er sprach nicht nur für Muslime, sondern für alle Araber Palästinas, also auch für die arabischen Christen, heute ungefähr 50 000 in den von Israel besetzten Gebieten und 125 000 in Israel. Als sich die PLO im Jahre 1964 eine Charta gab, die sie 1968 noch einmal verschärfte, deutete sie den Konflikt mit Israel als den Kampf eines arabischen Volkes gegen den Zionismus, eine Spielart des westlichen Imperialismus. Mit Hilfe der Solidarität aller Araber und ihrer Staaten wollte sie ein unabhängiges arabisches Palästina erkämpfen. Einheit aller Araber und die Befreiung Palästinas bedingten einander. Entsprechend klar fielen Deutung und Verurteilung des Zionismus aus. Die Teilung Palästinas durch die Vereinten Nationen 1947 und die Gründung Israels seien unrechtmäßige Akte. Da die Juden eine Religionsgemeinschaft und keine Nation seien, hätten sie kein Recht auf einen eigenen Staat. Es müsse das Ziel der PLO sein, den Zionismus zu liquidieren (Art. 15). Juden, die vor der zionistischen Invasion in Palästina lebten, gelten als Palästinenser (Art. 6).[1]

Auf der anderen Seite standen die Muslim-Brüder, die dem Konflikt mit Israel eine andere Rahmung gaben. Angesichts des Niederganges, den der Islam nach dem Ende des Kalifates 1924 in den Nachfolgestaaten des Osmanischen Reiches erlitten hatte, hielten sie die Zeit für einen bewaffneten Kampf gegen Israel (noch) nicht für gekommen. Zunächst bedürfe es einer Islamisierung der Gesellschaft und der nur noch nominellen Muslime. Erst wenn ausreichend große Teile von dem verderblichen westlichen Einfluss befreit seien, könne eine Avantgarde überzeugter Gläubige den Kampf gegen die Gottlosen aufnehmen. Der Islamisierung der eigenen Gesellschaft gebühre zeitlich und sachlich der Vorrang vor dem bewaffneten Kampf. Die Muslim-Brüder, die dies vertraten, waren 1928 in Ägypten entstanden, hatten sich dort in den dreißiger Jahren in Gestalt von Vereinen ausgebreitet und waren nach 1945 auch in Palästina aktiv. Bis 1947 war die Zahl der lokalen Ableger im Land auf 25 angewachsen, mit geschätzten 12 bis 20 000 Mitgliedern.[2] Diese Präsenz der Muslim-

Brüder hatte zur Folge, dass es unter den Palästinensern zwei Haltungen zum Konflikt gab: Die Muslim-Brüder verlangten von den Palästinensern Geduld angesichts des Vorranges einer Islamisierung, die PLO die unverzügliche Aufnahme des bewaffneten Kampfes.

Der arabische Nationalismus büßte allerdings nach den Niederlagen der arabischen Staaten im Sechstagekrieg 1967 an Ansehen und Plausibilität ein. Es war auch nicht einzusehen, warum die Palästinenser nicht auch im Islam die nötige Gemeinsamkeit und Kraft bei der Bewältigung der «Katastrophe» (*al-nakba*) – der Teilung Palästinas 1948 – finden sollten.[3] Allerdings geriet dabei die politische Zurückhaltung der Muslim-Brüder zunehmend in Bedrängnis. Ende der siebziger Jahre mehrten sich dann die Zeichen, dass Muslime einer neuen Generation nicht mehr bereit waren, der Maxime zu folgen, dass die Zeit für eine Erhebung gegen Israel noch nicht reif sei. Palästina wurde ein Schauplatz des Aufstiegs militanter islamistischer Gruppen.[4]

In Ägypten waren schon zuvor in den sechziger Jahren islamistische Jihad-Gruppen aufgetreten, die die gegenwärtige Kultur und Gesellschaft ihres Landes für so korrumpiert hielten, dass sie die Möglichkeit einer allmählichen Islamisierung verneinten. Mit dieser Situationsdeutung lösten sie sich von der politisch zurückhaltend und langfristig operierenden Leitung der Bruderschaft, die ihre Aktivitäten auf die Schaffung islamistischer Milieus konzentrierte. Diese Gruppen organisierten sich in Form von Gemeinschaften (*jamāʿāt*) von Kämpfern, die den Jihad bereits jetzt praktizierten. Als Dr. Fathi al-Shiqaqi nach seinem Medizinstudium in Ägypten nach Gaza zurückkehrte, machte er sich 1980 zusammen mit Sheikh Abdulaziz ʿAuda, der aus einem Flüchtlingslager in Gaza kam und in Ägypten akademische Abschlüsse in Arabistik, Islamwissenschaft und islamischem Recht erworben hatte, daran, in Palästina ebenfalls eine solche Gruppe ins Leben zu rufen.[5] Die Organisation, die Shiqaqi und ʿAuda gründeten und Islamischen Jihad (*al-jihād al-islāmī*) nannten, wollte den Aktivismus nicht der PLO und den in ihr zusammengeschlossenen säkularen Unabhängigkeitsbewegungen überlassen.[6] Für Fathi al-Shiqaqi war es inakzeptabel, dass der Islam am bewaffneten Kampf gegen die fremde Besatzung Palästinas nicht beteiligt war. In seiner Biographie äußerte er seine Unzufriedenheit hinsichtlich des palästinensischen Widerstandes:

Diejenigen, die damals das Banner des Islams trugen, kämpften nicht für Palästina, und diejenigen, die für Palästina kämpften, hatten den Islam aus ihrer Ideologie verbannt. Wir jungen palästinensischen Muslime erkannten jedoch, dass Palästina im Herzen des Korans liegt und gleich einem Vers aus dem Koran ist. So wurde uns die Zentralität der Palästina-Frage für die islamische Bewegung und die islamische umma bewusst. Wir sahen, dass der Jihad in Palästina die einzige Rettung ist und der einzige Ausweg für uns alle, ob Individuen, Gruppen, Volk oder Nation.[7]

Islam und Islamismus in Palästina

Die politisch aktiven Muslime konnten sich auf eine jahrhundertealte Verwurzelung des Islams in Palästina berufen. Bevor der Prophet und seine Anhänger ihr Gebet nach Mekka ausrichteten, hatten sie dies in Richtung Jerusalem verrichtet. Die Änderung der Gebetsrichtung (*qibla*) demonstrierte zwar Mohammeds Abkehr von den Juden, aber auch die große Bedeutung, die Jerusalem für den Propheten hatte und für seine Anhänger auch weiterhin behielt.[8] Palästina war «die erste der zwei Qiblas», so priesen auch Islamisten das Land.[9] Von Jerusalem aus hatte der Prophet seine Himmelsreise, den *mi'raj*, angetreten, wobei er sein Pferd Buraq, das ihn auf wunderbare Weise nach Jerusalem gebracht hatte, an derselben Mauer angebunden hatte, die von den Juden als Klagemauer verehrt wird.[10] Die aufwändigen Bauten von Felsendom und al-Aqsa Moschee bereits aus dem ersten islamischen Jahrhundert (691/2 bzw. 706–717 n. Chr.) bezeugen diese frühe Bindung von Muslimen an die Stadt. Nach Mekka und Medina ist Jerusalem der drittwichtigste Wallfahrtsort der Muslime. Die Namen *al-haram al-scharīf* («das vornehme Heiligtum») für den heiligen Bezirk und *al-Quds* («die Heilige») für die Stadt unterstreichen dies.[11]

Zu der Herausbildung eines besonderen palästinensischen Islams hat, wie Roger Friedland und Richard Hecht zeigen,[12] eine alljährliche Wallfahrt zur Grabstätte des Propheten Moses (*maqām al-nabī Mūsā*) an der Straße von Jerusalem nach Jericho beigetragen. In mehreren Phasen wurde das (angebliche)[13] Grab des Moses vom 12./13. bis zum Ende des 19. Jahrhunderts von Muslimen zu einem großen Monument ausgebaut und von der Husaini-Familie in Jerusalem als *waqf* verwaltet. Alljährlich wurde zu ihm eine Wallfahrt organisiert, die in Jerusalem begann und endete. In der Zeit der Britischen Herrschaft wurde der Einzugsbereich der Teilnehmer geographisch und sozial stetig größer. Zunehmend brachten Reden und Banner auch politische Forderungen zum Ausdruck und begründeten unter den Arabern der Dörfer und Städte rund um Jerusalem ein Zusammengehörigkeitsgefühl. Verstärkt wurde dieses im 20. Jahrhundert durch den Streit mit der wachsenden jüdischen Gemeinschaft über die Klagemauer. Die Reste des antiken jüdischen Tempels bildeten zu-

gleich die Umfassung des «vornehmen Heiligtums» der Muslime. Nur
wenige Meter von der Klagemauer entfernt lag ein Grundstück, das als
waqf im Besitz marokkanischer Muslime war. Je intensiver Juden sich
darum bemühten, dieses Grundstück aufzukaufen bzw.
gegen ein ande-
res einzutauschen, um mehr Platz für die Betenden an der Klagemauer
zu schaffen, umso hartnäckiger widersetzten sich die Palästinenser diesem Ersuchen, da sie eine Wiedererrichtung des jüdischen Tempels be-
fürchteten.[14]
Nach dem Ende des Osmanischen Reiches war Palästina 1920 Britisches
Mandatsgebiet geworden. Großbritannien sah es als seine Aufgabe an,
sowohl eine lokale Selbstverwaltung der Araber zu gewährleisten als auch
die Errichtung einer Heimstatt der Juden zu fördern. Hierbei folgte es
nicht nur machtpolitischen Interessen, sondern entsprach auch den Erwartungen vieler seiner protestantischen Bürger, die glaubten, dass in der
Endzeit Israel im Heiligen Land wiederhergestellt werden würde.[15] So ver-
fuhr die Mandatsbehörde doppelgleisig, erkannte einerseits die Jewish
Agency als Vertretung der Juden an und schuf parallel dazu den Obersten
Muslimischen Rat mit Amin al-Husaini als Präsident und Mufti von Jerusalem. Die zahlreichen islamischen Stiftungen und Institutionen im Land
wurden seiner Leitung unterstellt.

Islamistische Militanz in Palästina

Ein Vorläufer und Vorbild späterer Islamisten wurde Izz al-Din al-Qassam,
der 1871 in Syrien geboren wurde, 1921 nach Palästina kam, Vorbeter
einer Moschee in Haifa wurde und dort eine muslimische Jugendorganisa-
tion nach Analogie des Christlichen Vereins Junger Männer (CVJM) gründete. Er verlangte von den jungen Muslimen, zur islamischen Ordnung
zurückzukehren und mit Gewalt gegen Briten und Juden vorzugehen. Mit
der Losung: «Dies ist der Jihad, Sieg oder Märtyrertod (*istischhād*)», brachte er mehrere hundert freiwillige Kämpfer (*fidā'iyyīn*) hinter sich. 1935
kam er bei einem Zusammenstoß mit einer britischen Patrouille ums Leben. Er blieb als Märtyrer unvergessen; Islamisten und Nationalisten
priesen gleichermaßen seine Opferbereitschaft als Vorbild.
    Dass Izz al-Din al-Qassam formell Mitglied der ägyptischen Bruder-
schaft war, ist nicht wahrscheinlich. Noch gab es nur wenig Berührung
zwischen den ägyptischen Muslim-Brüdern und Palästina. Seine Botschaft
aber stimmte völlig überein mit dem neuen Typus islamischer Gemeinschaft, den Hasan al-Banna (1906-1949) ins Leben gerufen hatte: den
Muslim-Brüdern.[16] Al-Banna stammte aus einer strenggläubigen Familie

und gehörte einem Sufi-Orden (*tarīqa*) an. Als er in Kairo ein Lehrerstudium absolvierte, empörte ihn der Einfluss, den die westliche Kultur auf die Stadt ausübte; er war entsetzt, dass selbst hoch angesehene islamische Gelehrte an der al-Azhar Universität diesen Zustand unwidersprochen hinnahmen. Von dem Wunsch beseelt, der islamischen Ordnung im Land wieder zur Anerkennung zu verhelfen, ging er als Lehrer nach Ismailiya in der Kanalzone und suchte dort unter Arbeitern und kleinen Staatsbediensteten Anhänger für eine Erneuerung des Islams. Sechs Muslime aus dem Dienst der Briten gewann er für seine Sache. Laut Gründungserzählung sollen sie feierlich erklärt haben, sie würden ihm darin Recht geben, dass den Muslimen die Würde genommen sei. Da nur er den rechten Weg kenne, um Vaterland, Religion und Gemeinschaft (*umma*) zu retten, würden sie ihm ihre Verantwortung vor Gott übertragen. Sie legten das Gelöbnis ab, «Truppen für die Botschaft des Islams» zu sein und wurden Brüder im Dienste des Islams, «Muslim-Brüder» (*al-ikhwān al-muslimūn*).[17]

Al-Banna übernahm von den Sufi-Orden Gelübde, Gebete und tägliche Koranrezitationen, obwohl er die mystische Religiosität, die ansonsten die Orden auszeichnete, ablehnte. Die Muslim-Brüder sollten anders als die Orden gesellschaftlich aktiv sein, die Mitglieder hauptsächlich Laien. Dass Rechtsgelehrte ihm zwar als hilfreich galten, aber nicht mehr als verbindliche Autoritäten, folgte aus al-Bannas Deutung der Lage des Islams in Ägypten. Ägypten habe seine islamische Seele verloren; angesichts der allgemeinen Desorientierung und Konfusion im Lande müsse der richtige islamische Weg erst wieder neu gefunden werden.[18] Jeder müsse bei sich selber beginnen und Heidentum und Imperialismus aus seinem Herzen vertreiben; dann solle man – in Befolgung einer Anweisung im Koran – auch andere dazu bringen, das Rechte zu tun und das Verwerfliche zu unterlassen.[19] Wer sterbe, ohne in diesem Sinne gekämpft zu haben, sei einen *jāhiliyya*-Tod gestorben, einen heidnischen Tod. Auf diese Weise wurde Jihad zur individuellen Pflicht eines jeden Muslims, zusätzlich zu den anderen fünf Säulen des Glaubens: dem Glaubensbekenntnis, dem Gebet, dem Fasten im Monat Ramadan, der Armensteuer sowie der Wallfahrt nach Mekka.

Hasan al-Banna entwickelte für den Weg aus dem Heidentum neue Handlungskonzepte. Dabei stützte er sich auf die genuin islamische Auffassung, dass dem Glaubenden die Aufgabe gestellt ist, die Wahrheit Wirklichkeit werden zu lassen. Angesichts der Übermacht des Unglaubens könne dies jedoch nur angepasst an die äußeren Umstände geschehen. Gegenwärtig könne die Durchsetzung einer islamischen Ordnung (*al-nizām al-islāmī*) nur graduell und phasenweise erfolgen. Auf eine erste Phase der Missionierung und Propaganda müsse eine zweite der Formierung islamischer Milieus bzw. islamischer Enklaven folgen, bevor in einer letzten und dritten Phase der Staat selbst islamisch werde. Diese Rahmung der Situation verwandelte islamische Überlieferungen in Handlungsskripte, die in einem Verhältnis der Abfolge zueinander standen: erst die Werbung von Anhängern, dann die Schaffung islamischer Inseln im Meer des Unglaubens und schließlich der Kampf für eine islamische politische Ordnung.[20]

Das Konzept einer Islamisierung der Gesellschaft und die Entwicklung in Gaza

Im Laufe der folgenden Jahre und Jahrzehnte gründeten Muslim-Brüder in Ägypten private Moscheen und Vereinigungen, die wiederum Träger von Kliniken, Schulen für Jungen und Mädchen, handwerklichen Betrieben und anderen gesellschaftlichen Institutionen wurden. So geschah es auch in Gaza, das bis 1967 von Ägypten verwaltete wurde und wo die Muslim-Brüder im Großen und Ganzen das politische Los der Brüder in Ägypten teilten. Nach der Revolution der Offiziere 1952 hatten die ägyptischen Muslim-Brüder zwar zwei Jahre lang deren Unterstützung genossen, doch dann machten Verbote und Verfolgung ihnen die Betätigung erneut schwer. Als Israel 1967 den Gazastreifen besetzte, verbesserten sich die Rahmenbedingungen der Muslim-Brüder. Israel gab ihnen freie Hand, wohl auch, weil es sie für ein unpolitisches Gegengewicht zur PLO hielt. Die Muslim-Brüder ihrerseits konzentrierten sich auf den Aufbau eines sozialen Islams. Und noch eine Verbesserung brachte die Besetzung durch Israel: Sie beendete die Abschottung der Muslim-Brüder in Gaza von denen im Westjordanland.

Treibende Kraft der Islamisierung wurde seit den siebziger Jahren Sheikh Ahmad Yasin, der bei den Muslim-Brüdern zu einer dominanten Figur aufstieg und als Anführer der Gläubigen, *amīr al-mu'minīn*, galt.[21] Er veranlasste die Bildung islamischer Vereine in Flüchtlingslagern und gründete 1973 das Islamische Zentrum (*Mujammaʿ al-Islāmī*), das die Arbeit der Muslim-Brüder in Gaza koordinierte. Israel legalisierte 1978 die Vereinigung, womit auch die rechtliche Voraussetzung für den zivilgesellschaftlichen Erfolg der Muslim-Brüder in Gaza gelegt wurde. Im Islamischen Zentrum wurden Komitees für Glauben, Wohlfahrt, Gesundheit, Sport und Konfliktlösung gegründet und unter ihrer Leitung Kindergärten, Schulen, medizinische Einrichtungen, Sportvereine und Berufsbildungszentren für Jungen und Mädchen eingerichtet und betrieben.[22] Die Muslim-Brüder fassten in fast allen Berufsverbänden Fuß. 1983 erlangten sie die Kontrolle über die islamische Universität in Gaza, die 1978 als Ableger der al-Azhar Universität in Kairo gegründet worden war.

Finanziert wurden diese Einrichtungen überwiegend aus Zakat-Abgaben und Spenden; reichhaltige Finanzmittel kamen aus den Golfstaaten; dazu kamen Mittel von islamischen Hilfsorganisationen weltweit.[23] Die Anzahl der Moscheen schnellte in die Höhe: in Gaza von 1967 bis 1987 von 200 auf 600, im Westjordanland von 400 auf 750, darunter eine große Anzahl privat gestifteter Moscheen (*ahlī*).[24] Auch auf die Verwaltung des *waqf*-Vermögens, das nach Schätzung von Ze'ef Schiff und Ehud Ya'ari 10 Prozent aller Immobilien im Gazastreifen – darunter private Moscheen, Läden, Handwerksbetriebe, Wohnungen – umfasste, konnten die Muslim-Brüder Einfluss nehmen.[25] Die Ansammlung von Vermögenswerten und Institutionen in den Händen der Bruderschaft war möglich, weil die Verwaltung von Gaza schon in ägyptischer Zeit relativ autonom war und diesen Status unter der israelischen Besatzungsmacht behielt. Ein israelischer Offizier wurde für die Legalisierung der informellen Entscheidungsprozesse der lokalen Autoritäten zuständig. Die Hälfte aller Palästinenser war verarmt und lebte von weniger als zwei Dollar täglich. 1997 erhielten mehr als 22000 Familien in Gaza und im Westjordanland von diesem Zentrum bzw. der Hamas Unterstützung. 40 Prozent aller Wohlfahrtsorganisationen in Gaza und dem Westjordanland gehörten zur Bruderschaft bzw. zur Hamas.[26]

Das Vorbild: Islamistische Zellen der Muslim-Brüder in Ägypten

Neben der Konzeption von Phasen der Islamisierung geht auf al-Banna noch eine weitere Neuerung zurück, die die Bildung islamischer Enklaven begünstigte: eine neue Mitgliederorganisation. Al-Banna schuf sie 1943 in einer Situation bedrohlich wachsender staatlicher Unterdrückung. Fünf Mitglieder wurden jeweils zu einer «Familie» (*usra*; pl. *usar*) zusammengefasst, die von einem der Mitglieder geleitet wurde. Vier «Familien» bildeten eine höhere Einheit, den «Clan» (ʿ*aschīra*), wiederum angeführt von einem der Häupter der «Familien».[27] Mit dieser Organisationsform war die Erwartung einer Wiedergeburt islamischer Identität verbunden. Die Mitglieder einer Familie sollten wie Brüder miteinander umgehen und Verantwortung füreinander tragen. Zu diesem Zwecke sollten sie sich einmal wöchentlich treffen und gemeinsam Glaubensrituale praktizieren, Mahlzeiten einnehmen, am Freitagsgebet teilnehmen sowie finanzielle Beiträge

in eine Gemeinschaftskasse einzahlen. Diese Gemeinschaft trat in Konkurrenz zu den familiären und verwandtschaftlichen Bindungen, an denen sich sonst das Handeln des Einzelnen auch in religiösen Angelegenheiten orientierte. Eine Zustimmung des Oberhauptes der natürlichen
Familie zum Beitritt war nicht nötig, was einen religiösen Individualismus
unterstützte. Als die Muslim-Brüder in Palästina und Jordanien Fuß fassten, gelangte das Vergemeinschaftungsmodell auch dorthin, wobei die
Zahl der Mitglieder einer «Familie» bis auf zehn steigen konnte.[28]

Diese Sozialform wurde von islamischen Theoretikern, die in der Gegenwart die Herrschaft eines neuen gottlosen Heidentums, der *jāhiliyya*
(wörtlich Unwissenheit), sahen, approbiert. Vor allem der Ägypter Sayyid
Qutb (1906–1966) ist hier zu nennen. Er wurde, vom Westen erst verzau-
bert, dann enttäuscht, zum Wortführer einer gewaltsamen Errichtung der
islamischen Ordnung. Die wahre Knechtschaft der Menschen trete immer
dann ein, wenn sie sich Gesetzen unterwürfen, die sie selbst gemacht hätten. Die ägyptische Gesellschaft befinde sich gegenwärtig in dieser Situation; die Eliten machten sich der Apostasie schuldig. Wenn sich in dieser
Lage überzeugte Muslime fänden, müssten sie eine Bewegung (*haraka*)
bilden und mit der Macht des neuen Heidentums brechen. Nur durch eine
Gemeinschaft Gerechter, einer Avantgarde, könne der Islam noch gerettet
werden. Das Szenario eines graduellen und allmählichen Zurückdrängens
des Heidentums wich gewaltsamen Maßnahmen, die sich an Handlungskonzepte aus dem Koran anlehnten: Die Abtrünnigen müssten zu Heiden
erklärt, die Gemeinschaft mit ihnen aufgekündigt und gegen sie gewaltsam vorgegangen werden. Der Jihad-Islam gab das Phasenmodell der
Muslim-Brüder auf und ersetzte es durch eine kriegerische Gesinnungsethik. Nicht mehr geduldiges Warten, sondern unverzügliches Handeln
war das Gebot der Stunde. Intention und Gesinnung der Muslime waren
der Ort eines islamischen Neubeginns.

Unter Berufung auf diese Gegenwartsdeutung klinkten sich in Ägypten
in den siebziger Jahren Zellen von Studenten aus dem breiten Strom der
Muslim-Brüder aus und bezeichneten sich als *jamāʿa* («Gemeinschaft»)
bzw. *jihād* («Gerechter Kampf»). Dabei darf man nicht annehmen, dass
alle diese Gruppen besonders traditionstreu gewesen wären. Gilles Kepel
hat anschaulich geschildert, wie solche Gruppierungen unter dem Zwang
des Alltags zuweilen sogar verbindliche islamische Normen der Ge-
schlechterbeziehungen aufgaben und damit gewaltige Irritationen bei
konservativen Muslimen hervorriefen. Sie entsprachen also ganz dem von
M. Douglas formulierten Typus der ‹kulturellen Enklave›: hoher interner

Gruppendruck verbunden mit der Befolgung außeralltäglicher Werte. Moderner Islamismus und islamischer Traditionalismus waren nicht nur nicht dasselbe, sondern konnten miteinander heftig in Konflikt geraten.[29] Die neue Gewaltbereitschaft der Bewegung zeigte sich bald auf dramatische Weise. 1981 bot sich dem Mitglied einer Jihad-Gruppe, dem Offizier Khalid al-Islambuli, die Möglichkeit, bei einer Militärparade Präsident Anwar al-Sadat zu erschießen, was er zusammen mit Gesinnungsgenossen vor laufenden Kameras dann auch tat.[30] Das Attentat löste eine Welle der Repression und Verfolgung von Islamisten aus. Viele verließen mit Duldung oder gar Unterstützung der Regierung das Land, um sich in Afghanistan am Jihad gegen die Sowjetunion zu beteiligen. So fanden Handlungs- und Argumentationsformen, die zuerst in Ägypten entwickelt worden waren, Eingang in das Netzwerk von Usama bin Laden.

Die islamistische Begründung des Attentates erfahren wir aus einer Schrift, die von einem Mitverschwörer verfasst worden war: Abd al-Salam Faraj, einem Elektroingenieur (1954–1982).[31] Seiner Schrift kann man entnehmen, wie sich der Jihad-Islam intellektuell und organisatorisch entwickelt hatte. Der Kampf für die islamische Ordnung war zur gesinnungsethischen Pflicht des wahren Muslims geworden. Hatte die ältere Generation noch auf die geduldige Islamisierung der Gesellschaft und auf Verantwortung gegenüber den daraus hervorgehenden sozialen islamischen Institutionen Wert gelegt, so verlangten islamistische Wortführer nun Priorität für den gewalttätigen Kampf gegen die eigenen ungläubigen Herrscher.

«Islamischer Jihad» in Palästina

Als Studenten aus Palästina Ende der siebziger Jahre in Ägypten studierten, machten sie mit den militanten Muslimen Ägyptens nähere Bekanntschaft. Die Informationen, die Ziad Abu-Amr und Meir Hatina über den Islamischen Jihad Palästinas zusammengetragen haben, geben die Verbindungen mit ägyptischen Jihad-Gruppen zu erkennen. Auch der Islamische Jihad sah den Islam nicht in einer Lage wie in Mekka, wo Glaubenswerbung ohne Zwang möglich war, sondern wie in Medina, wo die Verteidigung der islamischen Ordnung gegen ihre Feinde geboten war. Auch der Islamische Jihad schätzte das Martyrium und zog den bewaffneten Kampf für die islamische Ordnung den allmählichen Islamisierungsanstrengungen der Muslim-Brüder vor. Und er kannte ebenfalls ein Gelübde der Gruppenmitglieder, die in geheimen Untergrundzellen ähnlich dem Prinzip der «Familien» der Muslim-Brüder organisiert waren.[32]

Ziad Abu-Amr hat die Situation, in der die neue Bewegung sich damals in Palästina ausbreitete, so beschrieben:

Aus der Sicht des Islamischen Jihads konzentriert sich die Muslimbruderschaft auf Erziehung und Bildung im Gegensatz zu den nationalen Fraktionen der PLO, die sich auf den Kampf konzentrieren. Die Muslimbruderschaft hat den ‹Pfad des Glaubens› gewählt, und nicht den ‹Pfad des Jihad›. Die Nationalisten haben den ‹Pfad des Jihad› gewählt, aber den ‹Pfad des Glaubens› gemieden. Die Einzigartigkeit der Islamischen Jihad-Bewegung liegt darin, dass sie eine dialektische Beziehung zwischen dem Pfad des Jihad und dem Pfad des Glaubens herstellte.[33]

Eine neue Generation Palästinenser war nicht mehr bereit, das «Entweder–oder» von politischem Aktivismus oder religiösem Quietismus hinzunehmen. Islamische Traditionen und Vorbilder sollten dazu dienen, die Situation der Muslime in Palästina zu deuten und sie zu richtigem Handeln anzuleiten.

Studenten, die aus Ägypten nach Palästina zurückkehrten, waren die ersten, die sich dem Islamischen Jihad anschlossen. Akademiker um die dreißig zeigten sich für seine Botschaft besonders empfänglich. Dazu kamen Aktivisten von Fatah, die mehr islamische Aktivisten als andere palästinensische Befreiungsorganisationen in ihren Reihen hatte. An der islamischen Universität in Gaza und in den dortigen Moscheen gewann die neue Gruppierung bald Mitglieder. In den Jahren 1981–83 breitete sich der Islamische Jihad auch im Westjordanland und in Ost-Jerusalem aus. Über Moscheen, den «Festungen des Islams», und eigene Medien wurden die Anhänger rekrutiert. Zum Sprungbrett in die Öffentlichkeit wurden Studentenvereinigungen, als sie sich an Wahlen zu Studentenparlamenten beteiligten. Wie viele Mitglieder es schließlich waren, ist schwer zu sagen. Meir Hatina schätzt sie für Gaza 1987 auf 2000 bis 4000. Wie die ägyptischen Jihad-Gruppen waren sie an der Gründung und Betreibung sozialer Institutionen wegen der Abhängigkeit, die sich daraus vom Staat ergab, nicht interessiert und blieben daher zahlenmäßig klein.[34]

1983/84 bis 1987 folgte eine Zeit erster gewalttätiger Angriffe. Sie fiel in eine Phase, in der die Spannungen zwischen jüdischen Siedlern und Palästinensern in den besetzten Gebieten stetig zunahmen. Nach Angaben der israelischen Armee wurden im Jahr 1977 656 Störungen der öffentlichen Ordnung im Westjordanland gezählt; 1981 waren es 1556 und 1984 bereits 2663.[35] Mit mindestens 3000 Fällen von Angriffen arabischer Jugendlicher auf Israelis rechnet E. Sprinzak von 1981 bis zum Beginn der ersten Intifada 1987.[36] In diesem sozialen Umfeld operierte der Islamische Jihad. 1983 führten Mitglieder zusammen mit Fatah einen Anschlag auf einen Talmudlehrer in Hebron aus. Ein Ausbruch von sechs Jihad-Mitgliedern aus dem Zentralgefängnis von Gaza im Mai 1987 machte besonders Furore, ebenso die Tötung des Kommandeurs der israelischen Militärpolizei im Gaza-Streifen am 2. August 1987 sowie ein bewaffneter Zusammenstoß mit israelischen Sicherheitskräften am 6. Oktober 1987. Die zuletzt genannte Operation nimmt einen Ehrenplatz in den Berichten des Islamischen Jihad ein: Sie sei der Funke gewesen, der die Intifada entzündet habe. Die beiden Gründer des islamischen Jihad waren allerdings zuvor schon ausgeschaltet worden. Fathi al-Shiqaqi wurde 1986 von Israel zu vier Jahren Gefängnis verurteilt, 1988 ausgewiesen und später in Zypern vom israelischen Geheimdienst ermordet. Sheikh Abdulaziz ʿAuda wurde im November 1987 aus Palästina ausgewiesen. Doch die bewaffnete Gewalt, für die die Organisation gestanden hatte, sollte bald von Hamas übernommen werden.

Die erste Intifada

Hamas wurde in Zusammenhang mit der ersten Intifada, dem Aufstand der Palästinenser gegen die israelische Besatzungsmacht (1987–1991), gegründet.[37] Äußerer Anlass war ein Autounfall: Ein israelischer Lastwagen krachte am Grenzübergang Erez in eine Reihe wartender Autos; vier Palästinenser kamen ums Leben. Palästinenser aus dem benachbarten Flüchtlingslager hielten den Zusammenstoß für eine gezielte Vergeltung für einen zuvor im Gazastreifen erstochenen Israeli. Für den Protest der aufgebrachten Palästinenser waren Aktionen zivilen Ungehorsams wie das Zeigen verbotener palästinensischer Flaggen, das Rufen palästinensischer Parolen, das Verbrennen von Reifen auf Kreuzungen, Steinwürfe auf Autos jüdischer Siedler, unangemeldete Ladenschließungen und anderes mehr typisch. Die erste Intifada, der «Krieg der Steine», ging seit 1991 zurück und endete schließlich mit der Unterzeichnung der Oslo-Verträge und der Bildung der palästinensischen Autonomiebehörde 1993.

Als die israelische Armee gegen die unbotmäßigen Palästinenser mit Waffengewalt vorging und einige von ihnen erschoss, löste dies in Gaza und im Westjordanland eine Welle der Empörung aus, die immer mehr der Kontrolle der Armee entglitt. Die vier in den besetzten Gebieten noch operierenden nationalistischen Fraktionen (Fatah, die Volksfront FPLP, die demokratische Front und die Kommunistische Partei) bildeten gemeinsam ein Oberkommando (United National Command = UNC). Die Dachorganisation PLO, die 1982 nach Tunis ausgewichen war, wurde von den Ereignissen überrascht, schaltete sich aber aus der Ferne in die Bildung des UNC ein. Erleichtert wurde die Koordination des Aufstandes dadurch, dass bereits seit längerem – mangels öffentlicher Einrichtungen – zahlreiche palästinensische Selbsthilfeorganisationen entstanden waren. Getragen wurden sie vor allem von Jüngeren, was kein Zufall war, da die israelische Regierung im Zusammenhang mit ihrer Besiedlungspolitik seit 1981 palästinensische Lokalpolitiker, die mit der PLO sympathisierten, abgesetzt und 1982 die PLO ganz aus der Region vertrieben hatte. Studenten- und Jugendorganisationen füllten diese Lücke aus und hielten mit hohem Engagement die lebensnotwendigen sozialen Institutionen aufrecht. Sie waren es auch, die dem Aufstand seine Dynamik gaben. Das UNC versuchte mit Flugblättern, auf sie einzuwirken und ihre Aktionen zu steuern.[38]

Dem Aufstand war eine Kette von Zusammenstößen zwischen Siedlern und Palästinensern vorausgegangen. Sie fielen in die Zeit der dramatischen Ausbreitung jüdischer Siedlungen in den besetzten Gebieten. Blickt man auf die Ausgangssituation von 1947 zurück, wird die beklagenswerte Lage der Palästinenser nur allzu deutlich. Der Teilungsplan von 1947 hatte den Palästinensern 47 Prozent des Landes zugesprochen; das Oslo-Abkommen von 1993 gestand ihnen davon nur noch 22 Prozent zu; bei den Verhandlungen in Camp David 2000 wurden ihnen dann 80 Prozent von diesen 22 Prozent in Aussicht gestellt.[39] Dazu kam eine Politik Israels, die die Entwicklung einer eigenständigen palästinensischen Wirtschaft erschwerte, während im selben Moment ausländische Berufsmöglichkeiten für junge Palästinenser schwanden – und das bei einer schnell wachsenden jungen Bevölkerung.

Die Forderungen, die im zweiten Flugblatt des UNC vom 10. Januar 1988 erhoben wurden, bringen die Gründe für die Empörung der Palästinenser auf den Punkt. Verlangt wurden: die Rückkehr der Flüchtlinge, Selbstbestimmung der Palästinenser und ein eigener Staat, ein Ende des Kriegsrechts und der Deportationen, Respekt vor den Heiligtümern, Rückzug der israelischen Armee, Schießverbot auf Jugendliche, Auflösung der von Israel eingesetzten Organe, Abhaltung freier Wahlen, Freilassung aller Gefangenen, Aufhebung der Mehrwertsteuer, Einstellung der Beschlagnahme von Ländereien und des Baus von Siedlungen.[40] Die Wut über die israelische Inbesitznahme des Landes und schwindende Zukunftshoffnungen waren der Treibsatz des Aufstandes.

In dieser emotional aufgewühlten Situation ergriff das Oberhaupt des Islamischen Zentrums in Gaza, Sheikh Ahmad Yasin, die Initiative und beriet sich mit den wichtigsten Leuten seiner Organisation, darunter dem Arzt Dr. Abdulaziz Rantisi, und weiteren Mitgliedern der Bruderschaft.

Die Runde beschloss, die Koordination des Aufstandes, auf den sie selber länger hingearbeitet hatten, nicht den säkularen Gruppierungen alleine zu überlassen, sondern eine eigene Organisation ins Leben zu rufen: die «Islamische Widerstandsbewegung» (*harakat al-muqāwama al-Islāmiyya*), abgekürzt *hamās*, was auf arabisch zugleich «Eifer» bedeutet. Am 14. Dezember stellte sich die neue Organisation mit einem ersten Kommuniqué vor; weitere Kommuniqués folgten.[41]

Die gesegnete Intifada der Grenzkämpfer

Während der Konflikt seitens der Palästinenser anfangs noch mit Mitteln des zivilen Ungehorsams ausgetragen wurde und die Flugblätter des UNC erst schrittweise zur Anwendung von Gewalt aufriefen, deutete Hamas den Konflikt von Beginn an in drohenden Worten des Krieges und der Gewalt.[42] Schon das erste Kommuniqué spricht die palästinensischen Muslime als Grenzkämpfer (*murābitūn*) an: als Bewohner einer Grenzfestung (*ribāt*), die islamisches Territorium gegen die äußeren Feinde verteidigen müssen. Die von der israelischen Armee Erschossenen seien Märtyrer auf dem Wege Gottes; ihr Tod sei ein Ausdruck für den Opfergeist der Palästinenser, die das ewige Leben mehr liebten als ihre Gegner das irdische. Ein Volk, das den Tod nicht fürchte, sterbe nicht. Der Aufstand stelle eine unüberhörbare Ablehnung der jüdischen Besatzung, der Landenteignungen, der Siedlungen und der Unterwerfung unter die Zionisten dar; er rüttle das Bewusstsein derer auf, die nach einem kranken Frieden, nach hohlen internationalen Konferenzen und nach dem verräterischen Abkommen von Camp David nach Atem rängen. Die Intifada zeige, dass der Islam die Lösung und die Alternative sei. Die Siedler mögen wissen: Das palästinensische Volk kenne den Weg von Opfer und Märtyrertum und sei in dieser Hinsicht freigiebig.[43] Wie ernst die Drohung gemeint war, zeigen die 66 Gewalttaten an Israelis in den ersten drei Jahren der Intifada, oft mit dem Messer ausgeführt.[44] Das zweite Kommuniqué, das sich wieder an die Grenzkämpfer (*murābitūn*) wendet, spricht entsprechend von der «Gesegneten Intifada».

Im August 1988 veröffentlichte die Hamas ihre Grundsatzerklärung. Vorausgegangen war der Verzicht Jordaniens auf das Westjordanland. Damit wurde der Weg zu einem palästinensischen Staat frei, zugleich verstärkten sich aber die Spannungen zwischen Nationalisten und Islamisten. In ihrer Charta entwarf Hamas eine islamische Deutung der Intifada und erhob den Anspruch auf Gründung eines islamischen Staates.

> Im Namen Gottes des Erbarmers, des Barmherzigen! ... Die islamische Welt brennt, und ein jeder von uns hat – und sei es ein wenig – Wasser zu gießen, um zu löschen, was zu löschen er vermag, ohne auf andere zu warten. ... Gelobt sei Gott, dessen Hilfe und Vergebung wir erbitten und auf dessen Leitung und Vertrauen wir setzen. ... Ihr Menschen! Aus der Mitte des Unglücks, aus dem Meer des Leidens, aus den Schlägen der gläubigen Herzen und der (durch rituelle Waschung) reinen Arme, im Bewusstsein der Pflicht und in Erfüllung von Gottes Auftrag erging der Ruf, erfolgten die Zusammenkunft und der Zusammenschluss. ... Und so geschah es, dass sich der Kern bildete und sich seinen Weg zu bahnen begann in diesem hoch schlagenden Meer von Erwartungen und Hoffnungen. ... Als die Idee gereift und die Saat gewachsen war, ... ging die islamische Widerstandsbewegung daran, ihre Rolle wahrzunehmen, auf dem Weg ihres Herrn schreitend.[45]

Mit diesen fast mythischen Worten gibt die Präambel der Widerstandsbewegung einen heilsgeschichtlichen Ort. Der Kampf mit den Juden ist ein großer und schwerer, er verlangt alle Anstrengungen, heißt es weiter. Aber der Koran gewährt Hoffnung und Trost: Gott und sein Gesandter Mohammed werden die Oberhand behalten. Danach stellt sich die Hamas als ein Flügel der Muslim-Brüder vor (Art. 2), die das Land von Schmutz, Infamie und Übel befreien (Art. 3) und das Banner Gottes über jedem Zipfel Palästinas errichten werde (Art. 6). Dann entwirft die neue Bewegung ihre Vorgeschichte. Sie ist ein Glied in der Kette des Jihad gegen die zionistische Invasion und steht in Kontinuität mit dem Märtyrertod von Izz al-Din al-Qassam 1938, dem Krieg von 1948 und Aktionen von 1968.

Die Gewalt von Hamas war damit in ein heilsgeschichtliches Skript eingebettet. Die Charta beschwor in Art. 7 eine Propheten-Überlieferung, die sich auf das Ende der Zeit bezieht. An sich spielen Juden in den überlieferten islamischen Endzeitszenarien keine Rolle – nur die hier zitierte «Felsen-und-Bäume»-Tradition machte da eine Ausnahme.

> Die Stunde (der Auferstehung) wird erst kommen, wenn die Muslime gegen die Juden kämpfen. Die Muslime werden sie töten, bis sich der Jude hinter Felsen und Baum versteckt, und Felsen und Baum dann sagen: ‹Oh Muslim, oh Diener Gottes! Da ist ein Jude hinter mir. Komm und töte ihn›, außer der Gharqad-Baum, denn er ist ein Baum der Juden.[46]

Die Hamas-Charta greift dann die antisemitische Verschwörungstheorie der «Protokolle der Weisen von Zion» auf.[47] Die Macht von Juden habe hinter der Französischen Revolution, dem Kommunismus, hinter Ge-

heimorganisationen wie den Freimaurern, dem Ersten Weltkrieg, der Balfour-Erklärung, dem Völkerbund, dem Zweiten Weltkrieg und den Vereinten Nationen gestanden, erklärt Artikel 22 der Charta. Auch andere
zeitgenössische islamische Apokalypsen haben dies so gesehen. Einige von
ihnen scheinen das Bild vom «Antichrist» mit Ideen des protestantischen
Prämillenarismus ausgemalt zu haben, wonach dieser sein blutiges Ter-
rorregime am Ende der Tage in Israel aufrichten werde.[48]
Graffiti, Videos und Flugblätter von Hamas, die Anne Marie Oliver
und Paul F. Steinberg gesammelt und publiziert haben, setzen dieses Deutungsmuster voraus. Einige dämonisieren die Juden in Anlehnung an
Koran Sure 5, 60 als «Söhne von Affen und Schweinen», malen ihr Ende
sadistisch aus und schwelgen geradezu in der Vorstellung, welche Angst
ihr Herz beim Anblick eines «lebenden» Märtyrers erfasst. Der zum Himmel erhobene Zeigefinger, der für die Einzigkeit Gottes und seines Propheten steht, wird als Finger am Abzug eines Maschinengewehrs gefeiert;
ein einziger Tropfen Blut, den ein Muslim vergieße, bringe ihm Erlösung
und einen Platz im Paradies. Das Begräbnis eines Märtyrers sei in Wirklichkeit dessen Hochzeit.[49] Abbildungen zeigen Hamas als Schiff der Erlösung, über dem Sheikh Yasin und Hasan al-Banna schweben und auf
dessen Segeln die Worte der Hamas-Charta stehen: «Gott ist unser Ziel,
der Gesandte unser Vorbild, der Koran unsere Verfassung, Jihad unser
Weg, der Tod auf dem Weg Gottes unser höchstes Trachten».[50]
In der westlichen Öffentlichkeit wird in diesem Zusammenhang von
Antisemitismus gesprochen. Doch ist diese Begriffsbildung eher irrefüh-
rend. Alexander Flores hat Recht, wenn er darauf hinweist, dass es vor
dem Nahost-Konflikt im Islam keinen Antisemitismus wie in Europa
gab.[51] Erst in diesem Konflikt übernahmen islamistische Autoren Motive
des westlichen Antisemitismus. Rassistisch wie in Europa war jedoch
auch dieser Antizionismus nicht, selbst wenn man sehen muss, dass im
Laufe des Konfliktes die Unterscheidung zwischen Zionisten und Juden
häufig verschwand. Es war dieses Verschwinden, das dann wiederum die
religiösen Zionisten darin bestärkte, in der Feindschaft der Palästinenser
die Manifestation eines altbekannten Antisemitismus wiederzuerkennen.

Palästina als Stiftungsland des Propheten

Der Charta zufolge entstand die islamische Widerstandsbewegung zu einer
Zeit, in welcher die soziale Realität des Islams am Verblassen war. An die
Stelle der Herrschaft des Rechts war die Herrschaft des Unrechts getreten:

der Raub der Heimat und die Enteignungen von Land; Gewalt gegen
Frauen, Kinder und Alte; Zerstörungen von Häusern, die Gefangensetzung
von jungen Menschen (Art. 20). Der Kampf geht darum, allem wieder seinen richtigen Ort zu geben.

Die Islamische Widerstandsbewegung hat sich einer Zeit gegenüber befunden, in
der der Islam in der tatsächlichen Wirklichkeit des Lebens nicht mehr präsent war,
weshalb die Maße aus dem Gleichgewicht gerieten... Es verschwand die Herrschaft des Rechts, und es entstand die Herrschaft des Unrechts. Nichts blieb am
Platz. ... Was die Ziele angeht, so bestehen sie darin, das Unrecht zu bekämpfen,
zu besiegen und zu überwinden, so dass das Recht obsiegt, die Heimat zurückge-
geben wird und von ihren Moscheen herab der Ruf zum Gebet ertönt und (damit)
die Herrschaft des Islams verkündet, sodass die Menschen und alle Dinge wieder
an ihren rechten Platz zurückkehren. ... (Art. 9) ... Die islamische Widerstandsbewegung ... scheut keine Mühe, dem Recht Geltung zu verschaffen. ...(Art. 10) ...
Die Islamische Widerstandsbewegung ist davon überzeugt, dass das Land Palästinas ein islamisches Waqf-Land für die Generationen der Muslime bis zum Tag der
Auferstehung ist. Weder darf es oder ein Teil von ihm aufgegeben werden noch
darf darauf oder auf einen Teil von ihm verzichtet werden. ... (Art. 11).

Nach der Eroberung Palästinas habe Kalif Omar entschieden, das Land in
der Hand seiner Bewohner zu belassen, die Verantwortung dafür jedoch
als *waqf* bis zum Jüngsten Gericht den Muslimen zu übertragen (Art. 11).
Mit dieser Deutung griff die Hamas ein Konzept auf, das erst in Auseinandersetzung mit dem Zionismus diese prägnante Bedeutung erhalten
hat.[52] Zwar ist die Institution des *waqf* an sich alt, doch die Übertragung
auf Gesamtpalästina erst neueren Datums. In den dreißiger Jahren sprachen sich islamische Gelehrte gegen einen Verkauf palästinensischen
Landes an Juden aus, bis schließlich der Mufti von Jerusalem, Amin al-
Husaini, 1935 in einer Fatwa Palästina als anvertrautes Gut (*amana*) der
Muslime bezeichnete und diejenigen, die Land verkauften, als Abtrünnige
brandmarkte. In Analogie zur jüdischen Idee einer ‹Erlösung› des Bodens
forderten die Muslime seine ‹Rettung›.

Durch die Einbeziehung eines alten islamischen Rechtsinstitutes in die
Situationsdeutung wurde der palästinensische Nationalismus im Islam
verankert. «Der Patriotismus (*wataniya*) ... ist ein Teil der Religion», heißt
es in Art. 12. Friedliche Lösungen, die auf einen Teil des Landes verzichten, darf es nicht geben. «Keine Lösung der Palästinafrage außer durch
den Jihad» (Art. 13). Der Jihad für die Befreiung Palästinas ist die Pflicht
jedes Muslims, selbst der Frauen, die dafür keiner Erlaubnis des Ehe-
mannes bedürfen. An dem Tag, an dem die Feinde ein Territorium der
Muslime erbeuten, ist der Jihad eine individuelle Pflicht (Art. 15).

Hamas achte und respektiere andere islamische Bewegungen, da jede das Recht zur eigenständigen Interpretation des Islam *(ijtihad)* habe (Art. 23). Die PLO sei ein enger Gefährte, habe allerdings den Fehler begangen, die Idee des säkularen Staates zu übernehmen, was im Widerspruch zur Religion stehe und abzulehnen sei. «Die Islamizität Palästinas ist ein Teil unserer Religion». Würde die PLO den Islam als Programm übernehmen, wäre Hamas der Brennstoff ihres Feuers. Eine Befreiung des Landes sei nur durch die Schaffung einer islamischen Rechtsordnung denkbar; in ihr können auch Juden und Christen in Ruhe und Frieden leben.

Märtyreroperationen bzw. Selbstmordanschläge

1991 sorgte die Hamas dafür, dass eine eigene Abteilung aufgebaut wurde, deren spezielle Aufgabe der bewaffnete Kampf war. Der bewaffnete Arm wurde nach Izz al-Din al-Qassam benannt und knüpfte damit an den Widerstand der dreißiger Jahre an.[53] Die neue Brigade wurde vor allem berüchtigt wegen ihrer Selbstmordattentate auf Zivilisten. Doch hat sich diese völkerrechtswidrige Praxis erst schrittweise herausgebildet. Der Libanon war das Vorbild; Israel hatte unfreiwillig dazu beigetragen, als es im Jahre 1992 415 Islamisten aus den besetzten Gebieten, darunter Dr. Abdulaziz Rantisi, auswies, der Libanon sie jedoch nicht einreisen ließ. Monatelang saßen sie im Niemandsland fest, wo sich u. a. auch Hizbollah-Mitglieder um sie kümmerten und ihnen die Vorteile von Märtyreroperationen bzw. Selbstmordanschlägen nahe brachten. Jahre später erklärte Rantisi in einem Gespräch mit Mark Juergensmeyer, zu Beginn hätten die Anschläge von Hamas nur Soldaten in den besetzten Gebieten gegolten. Dies habe sich erst geändert, als 1994 der jüdische Siedler Dr. Baruch Goldstein das Massaker in der Patriarchenhöhle von Hebron unter betenden Muslimen anrichtete. In der Zeit davor seien nur Soldaten angegriffen worden, erst danach auch Zivilisten in Israel selbst.[54] Rantisis Behauptung lässt sich prüfen. Robert A. Pape hat in Tabellenform alle Selbstmordanschläge weltweit bis Ende 2003 zusammengestellt und nach Zeitraum, Art der Waffe, verantwortlicher Organisation, Ziel und Zahl der Toten geordnet. Dabei ergeben sich für eine Einordnung dieser besonders verwerflichen Form von Gewalt zwei Ergebnisse: Dass (nur) 50 Prozent aller Anschläge dieser Art auf islamische Gruppen zurückgingen und dass 95 Prozent aller Attacken in organisierten Kampagnen innerhalb eines begrenzten Zeitraums ausgeführt wurden.[55]
Eine erste Hamas-Kampagne fand am 6. und 13. April 1994 statt. Vier-

zig Tage waren seit dem Massaker von Baruch Goldstein in der Patriarchenhöhle vergangen, als in der Stadt Afula (Nordisrael) ein Selbstmordattentat auf einen Bus ausgeübt wurde – in Abwandlung der üblichen
Gedenkfeiern für Märtyrer vierzig Tage nach ihrem Tod. Ein Hamas-Kom-
muniqué preist den Täter, Ra'id Zakarna, als Märtyrer. Er hatte, angeleitet
von dem «Ingenieur» Yahya Ayyash, ein Auto mit 157 kg Sprengstoff gefüllt und in den Bus der Linie 348 gesteuert, wobei er 9 Israelis tötete und
52 verwundete – davon zwanzig so schwer, dass sie für den Rest ihrer
Tage mit entstellten Gesichtern und amputierten Händen und Füßen leben
müssen, wie das Kommuniqué mit sadistischer Genugtuung feststellt.[56]
Eine Woche später wurde ein Bus in Hadara (Israel) Ziel eines Anschlages,
bei dem es erneut Tote und viele Verletzte gab. Dass ein solches Attentat
einen schweren Verstoß gegen die Vierte Genfer Konvention darstellt,
bleibt bei den Tätern und ihren Sympathisanten völlig außer Betracht.
Eine Broschüre der amerikanischen Menschenrechtsorganisation *Human
Rights Watch*, die sich mit diesen Anschlägen befasst, rekapituliert die
Rechtsregeln in bewaffneten Konflikten und geißelt derartige Selbstmordattentate als Verbrechen gegen die Menschlichkeit und als Kriegs-
verbrechen.[57]

Eine zweite Kampagne begann, als die israelische Armee am 9. Oktober
1994 mit Gewalt einen von der Hamas gekidnappten Soldaten befreien
wollte, wobei drei Hamas-Wächter (sowie der israelische Soldat) ums Leben kamen. Hamas übte am 19. Oktober Rache mit einem Selbstmordanschlag auf einen Bus in Tel Aviv, bei dem 21 Israelis und ein Niederlän-
der starben. Am 2. November wurde ein Führer des Islamischen Jihad in
Gaza durch eine israelische Autobombe getötet. Der Islamische Jihad
rächte sich mit einem Selbstmordattentäter, der am 11. November mit
einem Fahrrad in einen israelischen Checkpoint fuhr, den mitgeführten
Sprengstoff zündete und drei Soldaten mit in den Tod riss. Nach weiteren
sechs Anschlägen von beiden Organisationen endete diese Kampagne mit
dem letzten Anschlag am 21. August 1995.

Der nächste Zyklus begann, als der israelische Geheimdienst am 5. Januar 1996 Yahya Ayyash, den «Ingenieur», mit einer Bombe im Handy
tötete. Die Empörung war groß; 100000 Palästinenser wohnten seinem
Begräbnis bei. Es folgten im Februar und März 1996 vier Selbstmordanschläge. Eine weitere Serie mit drei Anschlägen folgte von März bis September 1997.

Die längste und schwerste Kampagne mit insgesamt 92 Anschlägen nach
der Zählung von R. A. Pape erstreckt sich von Oktober 2000 bis Ende

Dezember 2003. Sie wurde von der Empörung getragen, die der damalige Oppositionsführer Ariel Sharon mit seinem Besuch auf dem Tempelberg provoziert hatte. Mit 4000 schwer bewaffneten israelischen Polizeibeamten und Grenzpolizisten hatte er den muslimischen Bezirk betreten, um so aller Welt zu zeigen, wie er öffentlich erklärte, dass der Tempelberg ausschließlich und auf ewig unter jüdischer Souveränität stehe. Die zweite Intifada, die er damit auslöste, wurde von einer neuen Kampagne von Märtyreroperationen begleitet, getragen von Hamas und dem Islamischen Jihad. Diesmal sprang die Kampfform auf säkulare nationalistische Gruppen über; die Fatah stellte eine eigene al-Aqsa-Brigade auf, die in gleicher Weise operierte. Auch die nationalistische Volksfront für die Befreiung Palästinas (PFLP) beteiligte sich. Eine nicht enden wollende Welle von Selbstmordattentaten traf israelische Zivilisten im Kernland Israel selbst und löste jedes Mal schwere Vergeltungsmaßnahmen Israels aus.[58]

Einzelfälle außerhalb von derartigen Kampagnen könnte es schon früher in Palästina gegeben haben. Nach Ami Pedahzur, der ebenfalls alle Selbstmordanschläge weltweit untersucht und in eine zeitliche Abfolge gebracht hat, soll der erste Hamas-Anschlag schon am 2. November 1993 erfolgt sein, also vor dem Hebron-Massaker von Baruch Goldstein. Tote oder Verletzte gab es nicht.[59] Und wenn man Joseph Croitoru glauben darf, wurden möglicherweise bereits in den siebziger Jahren vereinzelt derartige Anschläge von Palästinensern verübt.[60] Doch sind die Details zu unsicher, um R. A. Pape zu widerlegen, wonach das Selbstmordattentat eine von einer Gemeinschaft gewählte Waffe in einem Gebiet ist, das von einem demokratischen Staat besetzt wurde und in denen Menschen zu schwach sind, um sich erfolgreich militärisch wehren zu können.[61] In derartigen Situationen kann eine solche Waffe Sinn ergeben. Meinungsumfragen unter Palästinensern bestätigen seine Deutung, denn die Zustimmung zu dieser Art von Anschlägen auf Israelis ist seit 1995 gestiegen. Pape vermutet, dass aufgrund der Haltung der Öffentlichkeit diejenigen Befreiungsgruppen, die diese Kampfform praktizierten, an Popularität gewonnen haben.[62] Das würde auch erklären, warum säkulare Widerstandsgruppen sie in der zweiten Intifada nach 2000 übernommen haben. Papes Schlussfolgerung lautet:

Der Märtyrerdiskurs der Hamas bestärkt den Altruismus der Gruppe. Ähnlich wie bei Hizbollah ist das Hauptargument, dass das Märtyrertum gerechtfertigt wird durch den Nutzen, den es für den Schutz der lokalen Gemeinschaft vor ausländischer Besetzung hat, und nicht als ein Zweck in sich selbst. Verlautbarungen des Politbüros von Hamas folgen regelmäßig einer dreiteiligen Logik: dass Selbstmordoperationen eine Antwort auf die Besetzung sind; dass sie legitimiert sind auf Grund der Schwäche der eigenen konventionellen Militärmacht; dass sie gerechtfertigt sind angesichts Israels Verletzlichkeit gegenüber derartiger Gewalt.[63]

Wenn es richtig ist, dass das Selbstmordattentat nichts spezifisch Islamisches ist, sondern eine Waffe von Menschen unter den beiden genannten Bedingungen, dann darf man seine Verbreitung im Nahen Osten auch nicht einseitig einem an sich gewalttätigen Islam zuschreiben, sondern muss die Besetzung Palästinas durch das demokratische Israel in die Erklärung mit einbeziehen.[64]

Der typische Selbstmordanschlag ist keine Einzeltat, sondern wird von einem Team organisiert, das die Tat rechtfertigt, das Ziel bestimmt und den Täter einweist. Dieser gehört oft der Mittelschicht an und ist keineswegs immer ein besonders ungebildeter Gläubiger. Je mehr Kenntnis man über Kampagnen, Handlung und Profil dieser Täter erlangt hat, umso deutlicher zeichnet sich ab, dass es sich bei dieser Handlung um einen Typus Selbstmord handelt, den Emile Durkheim altruistisch nannte: einen selbstlosen Tod zu Gunsten einer Gemeinschaft. Nur dass die vorgestellte Gemeinschaft hier eine religiöse ist und mit Sterben und Tod spezielle Bedeutungen verbunden werden.[65]

Das Verhältnis der Hamas zu Israel: «Koexistenz im Konflikt»

Das Verhältnis zum Staate Israel ist weniger eindeutig, als diese Idealisierung von Rache und Gewalt vermuten lässt. Die Hamas verfügte zwar über Institutionen und Strukturen, durch die sie Anhänger und Muslime wirksam gegen die Besatzungsmacht mobilisieren konnte, sie hatte aber auch Deutungsmuster, mit denen sie flexibel auf sich ändernde Situationen reagieren konnte.[66] Nach den Oslo-Verträgen kam sie nicht mehr um die Frage herum, ob sie sich an politischen Wahlen beteiligen sollte oder nicht. Die Mitglieder begannen, diese Frage zu diskutieren und sogar über einen Waffenstillstand (*hudna*) (nicht aber Frieden) mit Israel nachzudenken. Ein internes Hamas-Dokument von 1992 spielte in Erwartung einer Autonomie Palästinas und der dann bevorstehenden Wahlen die verschiedenen Optionen durch: Boykott bzw. Verhinderung der Wahlen oder Teilnahme unter anderem bzw. dem eigenen Namen. Die Bewertung tendierte in Richtung einer Teilnahme. Die islamische Bewegung, so die Begründung, habe in den Jahren der Intifada viel Ansehen erworben, viele Anhänger gewonnen und müsse ihre eigenen fundamentalen Interessen im Auge behalten. Hamas dürfe sich nicht politisch isolieren, sondern müsse ihre populäre Basis in Wahlen absichern; sie müsse aber den Jihad zur Befreiung Palästinas auch in der Zeit der Autonomie fortführen und sich einer Normalisierung des Status quo und einer Aufgabe palästinensischer Rechte widersetzen.[67] Eine «Koexistenz im Konflikt» nannten zwei israelische Forscher diese Haltung.[68]

Als die Hamas sich für die Teilnahme an den Wahlen im Jahre 2006 entschied und damit stärker auf Koexistenz als auf Konflikt setzte, sahen die Regierungen Israels und der USA darin den Versuch einer Terror-Organisation, die Palästinensische Autonomiebehörde zu übernehmen; aus der Sicht der Organisation selber aber war diese Entscheidung gerade umgekehrt die Folge einer neuen Definition der Situation, die einen Verzicht auf Gewalt ratsam sein ließ. Die sozialen Institutionen, die die Muslim-Brüder und das Islamische Zentrum unterhielten und die für viele Palästinenser lebensnotwendig geworden waren, verlangten eine Verantwortungs- statt einer kriegerischen Gesinnungsethik.

Das soziale Netzwerk, das die Muslim-Brüder geschaffen hatten, war ein günstiger Nährboden für die Bereitschaft der ihm Angehörenden, es mit Gewalt gegen Angriffe von außen oder von innen zu verteidigen. Jedoch erzwang dasselbe Milieu auch eine gewisse Flexibilität im Kampf gegen Israel. Begründet war beides in den Zwängen, die das Sozialwerk der Hamas auferlegt. Anders als der Islamische Jihad, der eine kriegerische Gesinnungsethik praktizierte, sah Hamas den Kampf nicht ausschließlich unter dem Gesichtspunkt einer kriegerischen Glaubensbewährung, sondern auch als Einsatz für das Wohl der Allgemeinheit (*maṣlaḥa*). Damit begab sie sich in eine Gefahr, vor der Abd al-Salam Faraj in *Die versäumte Pflicht* gewarnt hatte. Zivilgesellschaftliche Institutionen tragen, so seine Kritik, nichts zur Bildung eines islamischen Staates bei; im Gegenteil, sie zementieren eine Abhängigkeit der Muslime vom abtrünnigen Staat (§ 48). Auch die Bildung einer islamischen Partei beurteilte er negativ (§ 52), desgleichen die Übernahme sozial wichtiger Berufe wie Arzt oder Ingenieur durch Muslime. Egal, wie viele es davon gebe, sie würden nur zur Stärkung eines heidnischen Staates mit beitragen (§ 53).[69] Hamas aber folgte dieser Warnung nicht und blieb in diesem Punkte Teil der Muslim-Brüder.

Das soziale Netzwerk, in dem die Hamas agierte, verlangte bei Konflikten mit der militärischen Übermacht Israels Vorsicht und Besonnenheit. Dem sozialen Islam der Hamas war eine intensive Durchdringung der Zivilgesellschaft gelungen; dieser Erfolg aber hat den Islamisten zugleich neue Aufgaben beschert und neue Regeln aufgezwungen. Und das nicht nur in Palästina, sondern weltweit. Dietrich Reetz fasst die Eigendynamik dieses zivilgesellschaftlichen Islams treffend zusammen, wenn er schreibt:

> In den meisten islamischen Ländern fallen [Islamisten; HGK] vor allem deshalb unter den Begriff der Zivilgesellschaft, weil sie … in dem ‹Niemandsland› zwischen Individuum und Staat existieren – gemeinsam mit Aktivisten der Menschenrechte, der Umwelt, der linken und demokratischen Opposition … Die Islamisten sehen sich zunehmend veranlasst, soziale, kulturelle und politische Probleme aufzugreifen, die der offizielle Staat nicht löst, nicht lösen kann oder lösen will.[70]

Mit der zivilgesellschaftlichen Institutionalisierung waren Handlungsbeschränkungen verbunden, die der Autor der *Versäumten Pflicht* richtig erkannt, allerdings als überzeugter Jihadist strikt abgelehnt hat. Diese Differenz zeigt sich im Falle der Hamas darin, dass die Flugblätter nie nur Gewalt, sondern immer auch Geduld gepredigt haben. So heißt es in einem Flugblatt:

> Wisse, dass der Sieg Geduld (*sabr*) verlangt und Gott auf der Seite der Gerechten ist.[71]

Es ist dieselbe Macht eines sozialen Islams, die sowohl Gewalt möglich macht wie ihr Grenzen setzt. Einen echten Frieden mit Israel kann sich die Hamas nicht vorstellen, einen Waffenstillstand (*hudna*) indes schon.[72] Diese Option wird allerdings von den politisch Verantwortlichen in Israel und den USA zurückgewiesen. Dabei zeigen historische Studien, dass islamische Staatswesen durchaus ein Völkerrecht kennen und dass solche Sicherheitsverträge in den Beziehungen mit nicht-islamischen Gemeinwesen eine Tradition haben.[73] Noch beachtlicher ist der Fall der ägyptischen Jamaʿa al-Islamiyya, die 1997 ihre Gewaltstrategie revidierte und mit den zuvor verabscheuten Institutionen des ägyptischen Staates einen Waffenstillstand schloss.[74] In der Reaktion der USA und Israels auf das Angebot von Hamas zeigt sich, wie sehr der Zyklus von Gewalt und Gegengewalt sich schon in der Wahrnehmung eingenistet hat. Wenn Staatsmänner jedoch prinzipiell darauf verzichten, die Situationsdeutungen von politischen Gegnern zu verarbeiten und es stattdessen vorziehen, sie als Feinde der menschlichen Ordnung militärisch zu vernichten, handeln sie selber gesinnungs- und nicht verantwortungsethisch. Sie nehmen bewusst in Kauf, dass die in den Deutungen von Hamas angelegten nicht-gewalttätigen Handlungsoptionen keine Chance bekommen.

8. Amerikanische Protestanten bereiten den endzeitlichen Kriegsschauplatz in Palästina vor

Die Außenpolitik von Staaten wird auch durch deren Kultur beeinflusst. Es ist an der Zeit, diesen Zusammenhang auch für die Religionsgeschichte eines Landes ernsthafter in Betracht zu ziehen. Die Kehrtwendung der US-amerikanischen Politik gegenüber der Siedlungspolitik Israels in den besetzten Gebieten bei gleichzeitiger Zurückweisung der berechtigten Ansprüche der Palästinenser – zu denen auch Christen gehören – sind ohne eine Berücksichtigung des religiösen Kontextes nicht befriedigend zu erklären. Dabei muss man die besondere Geschichte der Religionen in den USA im Auge behalten, da dort auch nach der Aufklärung religiöse Werte und Weltbilder in der Öffentlichkeit uneingeschränkt in Kraft blieben und die Nationwerdung der USA geprägt haben.[1]

In den USA haben sich seit dem Ende der siebziger Jahre in der Beziehung von protestantischen Religionsgemeinschaften zur Politik Veränderungen ergeben, wie dies ähnlich auch im Judentum Israels und im Islam Palästinas der Fall war. Wir erinnern uns: Dort hatte der Antagonismus zwischen einer säkular begründeten Politik auf der einen Seite und einer Distanz religiöser Gemeinschaften zum Politischen auf der anderen Seite einer neuen Verbindung beider Raum gemacht. Etwas Ähnliches geschah nun auch in den USA, wo der Gegensatz von liberalem politischem Engagement und fundamentalistischer Weltflucht seine Dominanz verlor und einem neuartigen religiösen Aktivismus wich.[2]

Fundamentalistische Gruppen hatten sich seit den zwanziger Jahren aus der politischen Öffentlichkeit zurückgezogen und das politische Geschäft den Parteien überlassen. Als jedoch in den USA von der Mitte der fünfziger bis zur Mitte der siebziger Jahre ein Reformliberalismus stetig an Macht gewann und eine Neutralität des Staates in moralischen Fragen durchzusetzen begann, fühlten sie sich zum Widerstand herausgefordert. Besonders das höchstrichterliche Verbot des Gebets an öffentlichen Schulen 1962 und die bedingte Freigabe der Abtreibung 1973 empörten die Fundamentalisten, aber gleichermaßen auch die Pfingstbewegung, die Charismatiker und die Neo-Evangelikalen. Die «Evangelikalen», so die zusammenfassende Bezeichnung für dieses überwiegend weiße protestantische Lager, sahen in diesen Urteilen eine Unterminierung der Moral

Amerikas.[3] Sie waren in ihren Augen deshalb so unerträglich, weil die Evangelikalen – im Gegensatz zum *social gospel* liberaler protestantischer Kirchen – nicht die sozialen Verhältnisse, sondern die «Unbekehrtheit» der Menschen für die Hauptursache von sozialen Missständen wie ungewünschte Schwangerschaft, Prostitution, Pornographie, Alkohol- und Drogenabhängigkeit hielten. Sie kämpften für die USA als eine christliche Nation und eine auf die Werte von Familie und Patriotismus gegründete Republik, deren staatliche Institutionen und Gesetze der Aufrechterhaltung dieser Moral zu dienen haben. Notfalls muss ein echter Amerikaner gegen eine davon abweichende Gesetzgebung und Rechtsprechung auch aufbegehren. Hauptfeind der Evangelikalen war der «säkulare Humanismus». Mit der Gründung von Rundfunk- und Fernsehstationen sowie Privatschulen verschafften sie sich öffentlich Gehör. Mit ihren Netzwerken aus Gemeinden, Schulen, Universitäten, juristischen Organisationen und Medienorganen finden sie heute bei ungefähr einem Viertel aller amerikanischen Wähler Anklang.[4]

Ende der siebziger Jahre riefen Vertreter der politischen Rechten mit dem Prediger Jerry Falwell und anderen Geistlichen die Organisation der *Moral Majority* ins Leben. Die Evangelikalen waren als Wählerpotenzial interessant geworden. «Bewegungsunternehmer» (so die Bezeichnung Manfred Brockers) bauten neue schlagkräftige Organisationen auf, die mit den vorhandenen Ressourcen und Netzwerken imstande waren, die Bürger gegen Abtreibung, für den Schutz der Familie, für die Beibehaltung der Verbote unmoralischen Verhaltens und für eine militärisch starke USA zu mobilisieren. 1980 trugen sie entscheidend zur Wahl von Ronald Reagan bei. Reagan griff in seiner Amtszeit manche ihrer Anschauungen auf, wenn er etwa ein nukleares «Armageddon» an die Wand malte oder die UdSSR als «Reich des Bösen» geißelte. Doch hinderte ihn das nicht, mit Gorbatschow, auf dessen Stirn manche Evangelikale das Zeichen des Antichristen zu erkennen meinten, Abrüstungsverträge zuschließen. Noch konnten die Berater Reagans die damals aufsteigenden Neo-Konservativen von der Regierung fernhalten.[5]

1986/87 zerfiel die *Moral Majority* als Organisation, aber Nachfolger traten bald an ihre Stelle, wie z. B. die *Christian Coalition*. In den neunziger Jahren etablierte sich die Neue Christliche Rechte mit einer Vielzahl von Organisationen und Initiativen als politisches Schwergewicht und gewann in der Republikanischen Partei an Einfluss.[6] Parallel dazu verlief der weitere Aufstieg der Neo-Konservativen, die in den neunziger Jahren die politische Meinungsführerschaft an sich zogen. Nach dem Ende des

Kalten Kriegs und dem Zerfall der Sowjetunion propagierten sie als die neue Aufgabe der USA, nicht mehr nur für das moralisch Richtige einzutreten, sondern es mit den gegebenen militärischen Mitteln auch international durchzusetzen, wobei sie im Nahen Osten den Hauptschauplatz für diesen Kampf sahen. Den internationalen Organisationen mit ihrer Bevorzugung nicht-militärischer Lösungen standen sie ablehnend gegenüber. Da weder die Neue Christliche Rechte alleine Wahlen entscheiden konnte noch die Republikanische Partei mit ihren Neo-Konservativen ohne sie eine Chance hatte, erschien den Parteigremien Ende der 90er Jahre der Gouverneur von Texas, George W. Bush, wegen seiner Verankerung im evangelikalen Lager als der aussichtsreichste Präsidentschaftskandidat. Nach der Wahl von George W. Bush zum Präsidenten bezogen Neo-Konservative im neuen Regierungsapparat Schlüsselpositionen und gaben auch der Nahostpolitik eine neue Richtung.

Bereits 1996 hatten Neo-Konservative im Auftrag des *American Enterprise Institute* dem Ministerpräsidenten Israels Benjamin Netanjahu geraten, sich von den Fesseln des Friedensprozesses zu befreien. Israel sei von einem Verlust der für eine Nation kritischen Masse bedroht. Dass Israel mit den Palästinensern sogar über seine Hauptstadt Jerusalem verhandle, sei dafür ein besorgniserregendes Symptom. Auch dass Israel auf Terror nur mit Vergeltungsschlägen reagiere, statt die Gruppen in den Nachbarländern zu verfolgen und militärisch auszuschalten, sei ein Zeichen seiner Schwäche. Israel solle einen klaren Bruch mit der Politik «Land für Frieden» vollziehen, seine Ökonomie durch Liberalisierung stärken und sich auf seine eigene Stärke unabhängig von den USA besinnen. In Form einer Rede eines imaginären neuen israelischen Ministerpräsidenten heißt es dann:

Unser Anspruch auf das Land, auf das wir 2000 Jahre lang unsere Hoffnung gesetzt haben, ist legitim und nobel. Es steht nicht in unserer eigenen Macht, egal wie sehr wir nachgeben würden, einseitig Frieden zu machen. Allein die bedingungslose Anerkennung unserer Rechte durch die Araber besonders in ihrer territorialen Dimension, also ‹Frieden für Frieden›, ist eine solide Basis für die Zukunft.[7]

An die Stelle einer Gleichbehandlung israelischer und palästinensischer Ansprüche setzten die Neo-Konservativen eine einseitige Parteinahme für Israel, die religiös begründet wurde. Man könnte in dieser Politik eine Entsäkularisierung (Peter L. Berger) staatlichen Handelns sehen,[8] wenn man Ernst-Wolfgang Böckenfördes These zur Entstehung des Staates in Westeuropa danebenhält:

Spricht man von Säkularisation im Zusammenhang der Entstehung des Staates, so denkt man meist an die so genannte Neutralitätserklärung gegenüber der Frage der religiösen Wahrheit.[9]

Die Strategie der Neo-Konservativen blieb keine reine Theorie. Die Regierungen der USA haben auch tatsächlich in ihrer Außenpolitik die Neutralität gegenüber religiösen Ansprüchen aufgegeben und für Israels Politik in der Frage der besetzten Gebiete Partei ergriffen.

Die Entsäkularisierung der US-Außenpolitik

Ohne das evangelikale Wahlvolk hätte dieses politische Programm keine Chancen auf Umsetzung gehabt. Ein solcher Machtgewinn von Religionen in den USA hatte sich schon länger angebahnt, war aber selbst für die, die sich mit Religion wissenschaftlich befassten, eine Überraschung. Noch in den sechziger Jahren galt als ausgemacht, was Arnold Toynbee damals feststellte:

Alle gegenwärtigen Religionen – ob auf Stammeszugehörigkeit oder auf Mission gegründet, ob Volksreligion oder Religion Gebildeter – haben ihren Halt in den Herzen, im Gewissen und Geist ihrer früheren Anhänger verloren.[10]

Und Peter L. Berger selbst hatte noch im Jahre 1967 religiöser Gemeinschaftlichkeit die Diagnose gestellt, es fehle ihr in der Moderne an sozialer Wirklichkeit.[11] Mag es damals tatsächlich so ausgesehen haben, als sei allerorten die gemeinschaftliche Religion ein Verlierer der Moderne, so stellte sich der Sachverhalt bald anders dar. Zwei amerikanische Religionssoziologen, Roger Finke und Rodney Stark, haben an Hand von Statistiken amerikanischer christlicher Denominationen aus dem gesamten Zeitraum von 1776 bis 1990 errechnet, dass der Anteil von Bürgern, die Mitglied einer christlichen Gemeinde waren, in den USA stetig angestiegen ist: 1850 waren es ein Drittel aller Amerikaner, 1980 schon zwei Drittel.[12] Auch danach setzte sich der Trend fort. Nutznießer dieses enormen Wachstums waren nicht liberale Gemeinden, sondern geschlossene Gemeinschaften («Sekten»), die an die moralische Lebensführung ihrer Mitglieder hohe Ansprüche stellten.[13] Die beiden Soziologen suchten die Erklärung in einer ökonomischen Hypothese, wonach große hierarchische Organisationen zur Selbstgefälligkeit neigten, kleine religiöse Gemeinschaften hingegen wegen ihrer Konkurrenzsituation mit anderen Gruppen permanent um Anhänger werben müssten. So würde der religiöse

Markt optimaler ausgeschöpft und eine Diversifikation von Religionen begünstigt. Säkularisierung sei nicht die Folge eines abnehmenden religiösen Bedarfs, sondern eines unattraktiven Angebotes.[14] Neben dieser Begründung, die nicht unwidersprochen blieb,[15] gab es noch eine weitere: den spezifischen Typus religiöser Vergemeinschaftung. In den USA haben Religionen die Gestalt von Gemeinden (congregations) angenommen, und zwar auch solche, die es – wie der Hinduismus – traditionell nicht waren; insgesamt hat man bei einer Datenerhebung mehr als 300 000 Lokalgemeinden im Land gezählt. Die amerikanischen Gemeinden teilen bestimmte organisatorische Merkmale: Sie besitzen als Gemeinden Land und Gebäude; in der Führung der Gemeinde dominieren die Laien; die Gemeinde wählt ihre Pastoren; die Gemeinde ist von privaten Geldgebern abhängig. Dazu kommt, dass ihre Aktivitäten sich nicht auf den Gottesdienst oder den Religionsunterricht beschränken, sondern auch karitative Hilfsleistungen und das Engagement für die zivile Gemeinschaft umfassen. Zu der Verbreitung dieses Typus von Religionsgemeinschaft trug die Verlagerung von Wohnbezirken aus der Innenstadt in die Vororte bei. Der dortige Mangel an öffentlichen Einrichtungen machte religiöse Gemeinschaftlichkeit besonders begehrt.[16] Nicht zufällig waren es amerikanische Sozialwissenschaftler, die die Frage des Sozialkapitals von Religionsgemeinschaften und seiner Wirkung auf die Zivilgesellschaft zum Thema machten. Die Wohlfahrtsgesetzgebung von 1996 eröffnete religiösen Gemeinden sogar noch die Möglichkeit, vom Staat Finanzmittel für ihre Sozialarbeit zu erhalten. Inzwischen liegen mehrere gut fundierte Monographien vor, die die moderne religiöse Gemeindebildung in den USA quantitativ und qualitativ aufarbeiten. Sie bestätigen, wie sehr sich dort religiöse Vergemeinschaftung noch weiter verbreitet hat,[17] während dies in Europa mit Ausnahme der Migranten nicht der Fall ist.

Diese neueren Befunde zogen eine kritische Prüfung der Säkularisierungsthese nach sich. Aus der Rückschau der neunziger Jahre wurde deutlich, dass die These einer notwendig mit der Modernisierung schwindenden Bedeutung von Religion sich spezifischen Umständen und Erfahrungen der fünfziger und sechziger Jahre des 20. Jahrhunderts verdankte.[18] Sie wurde in dieser Form von früheren Sozialwissenschaftlern wie Max Weber oder Emile Durkheim auch nicht geteilt, da beide Klassiker von einer Transformation von Religion in der Moderne ausgingen, nicht aber von ihrem Verschwinden. Interessant sind in diesem Zusammenhang Studien von Callum G. Brown zu Großbritannien. Als dort in den «langen sechziger Jahren» des 20. Jahrhunderts (von den späten fünfziger bis

zur Mitte der siebziger Jahre) der Kirchenbesuch so drastisch zurückging,
dass man von einem Kollaps der christlichen Lebenswelt sprechen kann,
setzte sich bei Historikern und Soziologen Säkularisierung als eine Art
Meistererzählung für die gesamte Geschichte der Religion im Westen seit
dem 17. Jahrhundert durch.[19] In den USA bestanden damals ähnliche Erwartungen, wie die Worte von Peter L. Berger bezeugen. In Wirklichkeit
aber war die Entwicklung in den sechziger Jahren keineswegs symptomatisch für eine langfristige globale Tendenz.

Prämillenarische Konstruktionen zeitgenössischer Politik

Eine weitere Triebkraft, welche die Religion in den USA erstarken ließ,
war ein ganz spezifisches Geschichtsbild protestantischer Gemeinden. Es
waren aufwändige und intensive Forschungen zum amerikanischen Fundamentalismus, die Licht in diese Seite des Protestantismus brachten. Sie
zeigen zuvorderst, dass man sich von dem Wort «Fundamentalisten»
nicht in die Irre führen lassen darf. Zwar war es «Fundamentalisten»
wichtig, den wahren Glauben durch die Dogmatisierung «fundamen-
taler» christlicher Lehren zu verteidigen. So erklärte beispielsweise 1910
die Generalversammlung der Presbyterianer folgende fünf Lehrsätze für
wortwörtlich verbindlich: die Unfehlbarkeit der Schrift; die Geburt Jesu
Christi von einer Jungfrau; sein Sühneopfer; seine leibliche Auferstehung
und seine Wunder wirkende Macht.[20] Man muss jedoch die scharfe Kontroverse, die diese Lehrsätze vor allem in den ersten beiden Jahrzehnten
des 20. Jahrhunderts auslösten und die zu Spaltungen vor allem in bap-
tistischen und presbyterianischen Gemeinden führten, von einer älteren
religiösen Bewegung unterscheiden, die sich mit dieser Glaubensrichtung
verbunden hatte. Damit folge ich Ernest R. Sandeen, der beides klar
trennt: die kontroversen Lehren und die Bewegung. Die Formulierung des
richtigen Glaubens in Form von fundamentalen Lehrsätzen stützte sich
auf die Lehre von der wortwörtlichen Inspiration der Bibel, die das Princeton Theological Seminary besonders nachdrücklich und zugespitzt gegen die liberale Theologie vertreten hat. Die Bewegung hingegen wurde
von einer heilsgeschichtlichen Auffassung beseelt. «Es war der Millenarismus, der der fundamentalistischen Bewegung ihr Leben und ihre Gestalt
gab», notierte E.R. Sandeen.[21] Die Buchreihe *The Fundamentals*, die den
neuen Glauben zwischen 1910 und 1915 im Lande bekannt machte, be-
ruhte auf einer Verknüpfung von biblischem Literalismus und Millenarismus. Als sich 1919 die «World's Conference on Christian Fundamentals»

bildete, war diese Allianz auch organisatorisch vollzogen. «Aus Millenariern wurden Fundamentalisten».[22] Der Millenarismus ging auf den Briten John Nelson Darby (1800–1882) zurück, dessen Lehre in den USA seit 1875 zu einer immer mächtigeren Strömung angeschwollen ist.[23] Darby lehrte, dass nach Israels Zurückweisung des Messias Jesus Christus die weitere Erfüllung der biblischen Prophezeiungen unterbrochen worden sei; Israels Heilsgeschichte sei befristet suspendiert und in dieser Zeit die Kirche Träger der Heilsgeschichte. Diese Periode (dispensation) gehe jedoch in der Gegenwart zu Ende; die endzeitliche Uhr werde demnächst wieder anfangen zu schlagen, und alle noch ausstehenden Prophezeiungen würden in einer letzten Phase der Geschichte in Erfüllung gehen. Dazu gehöre die Wiederherstellung des Volkes Israels in Palästina. Eine Voraussage, wann sie stattfinden soll, machte die Lehre indes nicht; es könne jederzeit geschehen («any-moment coming»).

Es waren nicht mehr irgendwelche zeitlichen Voraussagen von Tag und Stunde des Kommens des Herrns, die die Wirkung des Prämillenarismus begründeten, wie noch zu Beginn des 19. Jahrhunderts. Damals fand William Miller bei vielen Christen Glauben für eine Voraussage des Beginns der Heilszeit im Jahre 1844. Nach der unvermeidlichen «großen Enttäuschung» verzichteten die Anhänger von Darbys Prämillenarismus auf zeitliche Festlegungen, ohne dass dies aber zu einer Entschärfung der Spannung zwischen der falschen gegenwärtigen Ordnung und dem zukünftigen Gottesreich geführt hätte. Denn gerade die Möglichkeit eines plötzlichen und unvorhersehbaren Anbruches der Endzeit verlangt von den Gläubigen eine dauernde Heiligung ihres Lebens und eine permanente Aufmerksamkeit gegenüber möglichen ersten Anzeichen eines Umschlags der Geschichte.

Verschärft wurde diese Spannung durch ein rätselhaftes und umstrittenes Detail, das Darby dem apokalyptischen Szenario hinzugefügt hatte und dessen Herkunft nicht vollständig geklärt ist: die Lehre von der Entrückung der Gerechten bzw. der Kirche. Bevor die Zeit der Leiden anbreche, würden die Auserwählten zum Herrn entrückt und entgingen so dem dann folgenden Schrecken.[24] Textgrundlage hierfür war der erste Brief des Paulus an die Thessalonicher:

Denn der Herr selbst wird unter einem Befehlsruf, unter der Stimme eines Erzengels und unter [dem Schall] der Posaune Gottes vom Himmel herabkommen, und die Toten in Christus werden zuerst auferstehen; danach werden wir, die Lebenden, die Übrigbleibenden, zugleich mit ihnen entrückt werden in Wolken dem Herren entgegen in die Luft; und so werden wir allezeit bei dem Herren sein (4, 16 f).[25]

Nach der Entrückung beginne – so Darby weiter – für die Zurückgebliebenen eine sieben Jahre dauernde fürchterliche Drangsal (Matthäus 24,21). In dieser Zeit übe der Antichrist seine Schreckensherrschaft über die Welt aus; die nach Palästina zurückgekehrten Juden erbauten in Absprache mit ihm den Tempel neu. Am Ende aber werde der Herr Jesus Christus den Antichrist samt den Heiden und den Juden, soweit sie verstockt blieben, in der Schlacht von Armageddon, Palästina, vernichten. Juden müssten das Judentum aufgeben und Christen werden, oder sie würden wegen ihres Unglaubens vernichtet. Danach beginnt das tausendjährige Gottesreich.[26] Wegen eines ersten Erscheinens von Jesus Christus vor der Zeit der Schrecken wurde diese Lehre *Prämillenarismus* genannt und vom *Postmillenarismus* unterschieden, der mit einem Erscheinen des Herrn erst ganz am Ende der Zeiten rechnet.[27]

Das apokalyptische Geschichtsbild transformiert Erfahrungen des Sinnwidrigen in einen Ablauf und verzeitlicht so die Macht des Bösen in einem Geschichtsbild. Nicht nur in den USA, sondern auch in Europa hat sich dieses Geschichtsbild von den biblischen Grundlagen gelöst und ist zu einer Deutungskategorie der Moderne geworden.[28] Ein besonders dankbarer und ergiebiger Untersuchungsgegenstand sind die mit ihm verbundenen diskursiven Strategien und Argumente, wie Stephen D. O'Leary mit Hilfe einer Rhetorikanalyse aus amerikanischen millenarischen Schriften und Reden herausarbeitet.[29] Im Zentrum des Prämillenarismus' steht die Diagnose, was hier und heute die Manifestationen der Macht des Bösen und was die Symptome des herannahenden Endes sind. Damit verfügt er über beträchtliche Potenziale zeithistorischer und tagespolitischer Sensibilität und Diagnostik und ist eine kulturelle Großmacht in der Erzeugung von handlungsleitenden Situationsdefinitionen. Nur mit Hilfe der Analyse seiner Rhetorik kann man auch den oft beobachteten Widerspruch verständlich machen, dass der Prämillenarismus zwar eine pessimistische Geschichtssicht lehrt, zugleich aber politischen Aktivismus hervorruft.

Das Wunder der Wiederherstellung Israels

Zum Credo des amerikanischen Fundamentalismus gehört, was der Apostel Paulus einst der Gemeinde zu Rom in einem Brief als ein großes Geheimnis anvertraut hatte: Ein Teil Israels werde solange verstockt bleiben, bis auch die letzten Heiden bekehrt sind; alsdann werde auch Israel gerettet werden (Römerbrief 11,25–27). Während einige Kirchenväter, darunter Augustinus, der Auffassung waren, die noch ausstehenden biblischen Verheißungen würden sich gar nicht mehr auf das jüdische Volk, sondern auf die Kirche als das «wahre Israel» beziehen, bezogen englische und amerikanische Puritaner die Heilszusagen nach wie vor auf das Volk der Juden. Sie erwarteten eine Rückkehr der Juden nach Palästina als finales Ereignis der anbrechenden Endzeit. Israel ist ein entscheidender Akteur im letzten Akt der menschlichen Geschichte.

Als in der zweiten Hälfte des 19. Jahrhunderts zahllose Juden aus Russland fliehen mussten, waren amerikanische Protestanten die ersten, die den amerikanischen Präsidenten Benjamin Harrison und seinen Außenminister James Blaine 1891 in einer Bittschrift auf das Problem hinwiesen und um eine Lösung baten – sechs Jahre vor dem 1. Zionistenkongress in Basel (1897). Die Lage der zwei Millionen verarmten Juden, die in Europa keine Bleibe finden könnten, sei unhaltbar. Warum ihnen nicht, statt sie nach Amerika zu holen, Palästina zurückgeben? Gott habe es ihnen doch einst als unveräußerliches Land übereignet. Zudem hätten sich dort Juden schon wieder niedergelassen, und es seien erste Anzeichen einer neuen Heilszeit erkennbar.

Gehört Palästina nicht rechtmäßig den Juden? Es wird erzählt, dass Regenfälle zunehmen und es viele Indizien dafür gibt, dass das Land seine alte Fruchtbarkeit wiedergewinnt. Wenn sie in ihrer Regierung autonom wären, würden sich die Juden der ganzen Welt zusammentun und ihre leidenden Brüder in ihre altehrwürdige Wohnstätte bringen und dort ansiedeln. Über 1.700 Jahre haben sie geduldig auf diese Gelegenheit gewartet. Sie sind anderswo keine Bauern geworden, da sie glaubten, sie seien nur Fremde unter den Völkern, bis sie nach Palästina zurückkehren und ihr Land erneut bestellen würden. ... Wir glauben, es ist die richtige Zeit für alle Nationen und besonders die christlichen in Europa, Israel gegenüber Freundlichkeit zu zeigen. Eine Million Vertriebener appellieren mit ihrem schrecklichen Leiden an unsere Sympathie, Gerechtigkeit und Menschlichkeit. Lasst uns ihnen jetzt das Land wiedergeben, aus dem sie so grausam von unseren römischen Vorfahren vertrieben wurden.[30]

Als protestantische Petition ist das Dokument erstaunlich. In einer Zeit, in der der aufkommende Zionismus das nationale Recht der Juden auf einen eigenen Staat propagierte, sahen die Bittsteller in der jüdischen Besiedlung Palästinas das Nahen des Endes des Exils und Anzeichen einer neuen Heilszeit.

Das Rätsel löst sich, wenn man den theologischen Hintergrund des Inaugurators der Petition, William E. Blackstone, betrachtet.[31] Er stand in der Tradition von Darby und hatte 1881 in einem Buch *Jesus Is Coming* erklärt, dass in allernächster Zeit auf die fünfte Epoche der Weltgeschichte, die mit der Kreuzigung Jesu zu Ende gegangen sei, die letzte und sechste folge.[32] Alle Prophezeiungen, die noch nicht erfüllt seien, würden jetzt in Erfüllung gehen. Dazu gehöre auch die Wiederherstellung Israels. Allerdings stehe Israel danach eine schwere Zeit der Züchtigungen und Leiden bevor. Der Antichrist werde erscheinen und sich zum Herrscher des jüdischen Staates machen; erst mit der Schlacht von Armageddon in Palästina (Offenbarung 16,16) werde der Schrecken enden, würden die Mächte des Bösen vernichtet und das Tausendjährige Reich beginnen (Offenbarung 20). Mit seinen Aussagen zu Israel stand W. Blackstone solchen orthodoxen Juden nahe, die in der Wiederherstellung Israels ebenfalls einen messianischen Akt sahen – mit dem Unterschied allerdings, dass sie die Besiedlung des Landes vor der Zeit des Messias als einen Abfall vom Glauben betrachteten. Erst die Anhänger des religiösen Zionismus wären nach Blackstones Geschmack gewesen – allerdings wiederum mit dem Unterschied, dass Blackstone auch von ihnen eine Bekehrung zu Jesus Christus verlangt hätte. Säkulare Zionisten und assimilierte Juden müssten auf die fürchterlichsten Schrecken der Endzeit gefasst sein, wagte er 1918 auf einem jüdischen Zionisten-Treffen in Los Angeles zu erklären. Eine säkulare Begründung des Zionismus hielt er für gänzlich verfehlt.[33] Übrigens sprachen sich damals die meisten amerikanischen Juden gegen einen jüdischen Staat aus und hielten eher die USA für ihr «Zion». Entsprechend klein war die Zahl der überzeugten jüdischen Zionisten in den USA. Vor dem Ersten Weltkrieg waren nach Angaben von T. Weber lediglich 20 000 von den 1,5 Millionen Juden Mitglieder zionistischer Vereinigungen. Zur damaligen Zeit hatten mehr amerikanische Protestanten Interesse an einem jüdischen Staat in Palästina als amerikanische Juden, folgert er.[34]

Die religiöse Deutung der zionistischen Besiedlung wirkte auf das Verständnis zurück, das die Verfasser der Petition von ihrer Regierung hatten. Für sie waren die Amerikaner die Nachfahren der Römer, wozu auch Bezeichnungen wie «Senat» und «Capitol» für die politischen Institutionen der USA beitrugen. Gott habe den USA eine Rolle zugedacht ähnlich der des persischen Königs Kyros. Dieser habe den Juden bei ihrer Rückkehr aus dem babylonischen Exil nach Palästina geholfen und sei deshalb von Jesaja 45,1 «Gesalbter [*maschiach*] des Herrn» genannt worden. Blackstone glaubte auch eine biblische Prophezeiung gefunden zu haben, die die besondere Rolle der USA bereits vorausgesagt habe. Als der Prophet Jesaja von dem «Land des Flügelgeschwirrs» sprach, das Gaben nach Zion bringen werde (Jesaja 18,1 und 7), habe er damit – eingedenk des Seeadlers auf dem US-Wappen – doch wohl nur die USA meinen können.[35]

Der Prophetieglaube ist zentraler für die amerikanische politische Kultur, als man lange annahm, wie vor allem der Historiker Paul S. Boyer in seiner gründlichen Studie zum modernen amerikanischen Prophetieglauben nachgewiesen hat. Alle politischen Ereignisse rund um die Gründung eines Staates Israel haben bei amerikanischen Protestanten ein apokalyptisches Fieber hervorgerufen: die Balfour-Erklärung von 1917, die den Juden Palästina als Heimat in Aussicht stellte; der Rückzug der Briten aus Palästina und der Teilungsplan der Vereinten Nationen 1947; die Proklamation des Staates Israel am 14. Mai 1948; der Suez-Krieg 1957; die Einnahme der Altstadt Jerusalems durch die israelische Armee am 8. Juni 1967 sowie die Besetzung von Gaza und des Westjordanlandes im Zuge des Sechstagekrieges 1967; schließlich die Besiedlung der besetzten Gebiete. Das Ergebnis von Boyers Aufarbeitung des Prophetieglaubens ist dem von St. D. O'Leary verwandt. Auch Boyer erkennt im Prämillenarismus ein Instrument der Gläubigen, die Situation, in der sie sich befinden, zu deuten und daraus praktische Handlungskompetenz zu gewinnen. Das gilt ebenso für andere Teile des prämillenarischen Deutungsmusters. «Der Antichrist unser Zeitgenosse» betitelt Bernard McGinn das letzte Kapitel seiner Studie zur Geschichte des Antichristen. Dem Antichristen einen Namen zu geben, ist nach Robert C. Fuller geradezu eine amerikanische Obsession.[36] Tatsächlich kam in den USA wiederholt die Überzeugung auf, besonders grausame Machthaber seien der Antichrist: Benito Mussolini, Adolf Hitler, Saddam Hussein und neuerdings Usama bin Laden. Erwähnenswert ist der Fall Michael Gorbatschow. Als nach seiner Wahl zum Generalsekretär der KPdSU erste Fotos von ihm zirkulierten, meinten Fundamentalisten in dem roten Muttermal auf seiner Stirn das Zeichen des Antichristen zu entdecken.[37]

Einzelheiten wandeln sich; die darunter liegenden thematischen Strukturen bleiben dieselben.[38]

Mit diesem Satz trifft P. S. Boyer sehr gut das Typische des amerikanischen Prämillenarismus. Boyer sah sich in den Tagen des heraufziehenden Irakkrieges erneut darin bestätigt, als nicht wenige Amerikaner die aktuellen Ereignisse durch den Filter des Prophetieglaubens lasen.[39] Gleiches wiederholte sich im Krieg Israels gegen den Libanon im Sommer 2006.

Timothy P. Weber hat bei seiner Untersuchung das politische Handeln in den Blick genommen. Als im Laufe des 20. Jahrhunderts Israel in Palästina «wiederhergestellt» wurde, wirkte dieser Vorgang auch auf die Haltung der Prämillenarier zur Politik zurück.

Zum ersten Mal glaubten [... sie], dass es notwendig sei, die Zuschauersitze zu verlassen und sich auf das Spielfeld zu begeben, um sicherzustellen, dass das Spiel auch entsprechend dem göttlichen Drehbuch verläuft.[40]

Die Protestanten begnügten sich nicht mehr mit der Rolle der Zuschauer, sondern wollten Akteure werden. Weber rollt zum Beweis noch einmal die militärischen und politischen Stationen des entstehenden Staates Israel auf und ermittelt jeweils den aktiven Part protestantischer Staaten und Staatsmänner. Auch die exorbitanten militärischen und finanziellen Hilfen, die die USA dem Staat Israel gewähren, sind nicht nur dem Einfluss einer jüdischen Lobby zuzuschreiben, wie neuerdings behauptet wird,[41] sondern haben auch in der weiten Verbreitung dieses protestantischen Geschichtsbildes einen Grund.

Die Popularisierung des prämillenarischen Geschichtsbildes

Die prämillenarische Geschichtskonzeption hat weit über die fundamentalistischen Religionsgemeinschaften hinaus Wirkung erzielt. Schöpfer bzw. Vorbote einer Popularisierung des Endzeitszenarios war Hal Lindsey mit seiner Schrift *The Late Great Planet Earth* aus dem Jahre 1970.[42] Hal Lindsey, geboren 1929, Absolvent des Dallas Theological Seminary, einer Hochburg des dispensationalistischen Prämillenarismus,[43] bereiste im Frühjahr 1968 in seiner Funktion als Leiter der Organisation *Campus Crusade for Christ* kalifornische Universitäten und hielt an fünf aufeinanderfolgenden Abenden Vorlesungen über das bevorstehende Ende der Zeiten. Sie wurden zum Kern seines Buches über den «verstorbenen» großen Planeten Erde. Die letzte Epoche der Erfüllung der biblischen Endzeitprophezeiungen stehe unmittelbar bevor, predigte er. Untrügliches Indiz dafür sei die Wiederherstellung Israels im Heiligen Land im Jahre 1948. Der endzeitliche Kriegsschauplatz werde vorbereitet; der Zeitpunkt sei gekommen, von dem Jesus sagte:

Vom Feigenbaum lernet das Gleichnis: Wenn sein Zweig saftig wird und die Blätter hervor wachsen, merkt man, dass der Sommer nahe ist. So sollt auch ihr, wenn ihr dies alles seht, merken, dass *Er* nahe vor der Tür steht. Wahrlich ich sage euch: Dieses Geschlecht wird nicht vergehen, bis dies alles geschehen sein wird (Matthäus 24,32–34).

Jetzt, wo Israel wiederhergestellt sei, dauere es nur noch eine Generation bis zum Beginn der siebenjährigen Epoche der Drangsal, also bis spätestens 1988, wagte er – entgegen aller Vorsicht, die den Prämillenarismus in Fragen der Berechnung des Endes sonst auszeichnet – zu schreiben. Fast unmerklich trat zur Diagnose wieder eine Prognose.[44] Mit dem Krieg von 1967 und der Eingliederung der Altstadt von Jerusalem in den Staat Israel – so die Fortsetzung seiner Geschichtsdeutung – ist die Voraussetzung dafür gegeben, dass der Tempel neu errichtet werden kann. Auch sind die geopolitischen Allianzen der Schlacht von Armageddon bereits erkennbar (Kap. 5–9). Die Bedrohung Israels durch die Sowjetunion im Norden und Ägypten im Süden sowie die Wiederkehr des Römischen Reiches in Gestalt der Europäischen Gemeinschaft gehören zu den letzten Tagen der Menschheit. Als Nächstes folgt die Entrückung der Gerechten von der Erde. Menschen werden urplötzlich aus dem Auto, in dem sie gerade unterwegs sind, oder aus einem Fußballspiel oder dem Religionsunterricht entrückt. Selbst Staatsoberhäupter sind plötzlich verschwunden; die Vereinten Nationen versprechen Hilfe, sie wieder aufzufinden.

Der Entrückung folgt eine Zeit der Leiden. Im dritten Weltkrieg wird Israel von allen Seiten angegriffen. Als der Antichrist verspricht, dieser Welt Frieden zu geben, schließt Israel mit ihm einen Pakt.

> Durch eine kluge Lösung des Nahostproblems wird der Antichrist sein Versprechen wahr machen. Er wird der kriegsmüden Welt den Frieden geben.[45]

Danach erfolgt dann das Kommen des Herrn (Kap. 11–13). Ein nuklearer Krieg vernichtet die Welt; Jesus Christus errichtet das Gottesreich.

Im Vorfeld der Präsidentschaftswahlen von 1980 meldete sich Hal Lindsey mit einem weiteren Buch zu Wort: *The 1980's: Countdown to Armageddon*.[46] In düsteren Farben schildert er die möglichen Schicksale, die den USA drohen: von den Kommunisten übernommen, durch einen nuklearen Überraschungsangriff der Sowjetunion zerstört oder von den zehn Staaten der Europäischen Gemeinschaft abhängig zu werden. Doch sieht er einen Hoffnungsschimmer: Ein politisches Programm könne die USA retten – ein Programm, das den Wohlfahrtsstaat und die Bürokratie zurückdrängt, die Abrüstungsverträge zurückweist und Amerika zu einer militärischen Supermacht aufrüstet. Was wie ein Mittel der Bewährung des Glaubens im Kampf gegen die Mächte des Antichristen präsentiert wird, war in Wirklichkeit das Wahlprogramm der Republikaner. Der neue republikanische Präsident Ronald Reagan war selber allerdings kein Evangelikaler und kam nicht aus dem Kreis der Neuen Christlichen Rechten. Da er Hollywood-Schauspieler und in erster Ehe geschieden war, war er auch nicht deren Wunschkandidat, positionierte sich aber so geschickt, dass er es bald wurde.

Als die Sowjetunion zerfiel, besetzte Lindsey in einer weiteren Schrift zusammen mit Chuck Missler *The Magog Factor* die Rolle des Bösen im apokalyptischen Drama noch einmal neu. Jetzt waren es Islamisten, die die Rolle des Antichristen und seiner Anhänger übernahmen.[47]

«Entrückung» als Roman-Plot

Mit *The Late Great Planet Earth* war Hal Lindsey in einer Weise erfolgreich, die alle Vorstellung übersteigt. Bis 1990 wurden 35 Millionen Exemplare dieses Buches verkauft und haben zu einer enormen Popularisierung des prämillenarischen Geschichtsdenkens beigetragen. Doch wurde selbst dieser Erfolg noch übertroffen. Dieses Kunststück gelang einer Serie von Romanen, deren Verfasser Tim LaHaye und Jerry Jenkins waren und die den Namen «Left Behind» trägt. Tim LaHaye, geboren 1926, war Absolvent der fundamentalistischen Bob Jones Universität und unter den Gründern der *Moral Majority*. Er verfocht die Lehre von der Entrückung vor dem Beginn der Zeit der Drangsal. Für sein Vorhaben, diese Auffassung mittels Romanen populär zu machen, fand er den begabten Autor Jerry Jenkins als Partner. Der erste Roman *Left Behind: A Novel of the Earth's Last Days* erschien 1995, der 16. und bislang letzte Band *Kingdom Come* im April 2007. Die Bände der Reihe werden nicht nur in religiösen Buchhandlungen verkauft, sondern finden auch bei Barnes and Noble, Borders und Wal-Mart reißenden Absatz. Mit geschätzten 60 Millionen verkaufter Exemplare haben die Bücher dieser Reihe Hal Lindsays Bestseller weit übertroffen. Außerdem steigerte der Verlag Tyndale House die Popularisierung dieses Geschichtsbildes noch durch andere Produktlinien wie Comics, Hörkassetten, Websites, Computerspiele, Videos und DVDs.[48]

Die Handlung der Serie beruht auf einer kleinen Korrektur der theologischen Entrückungskonzeption mit erheblichen dramatischen Potenzialen. Während bei Darby die Zurückgelassenen keine Möglichkeit mehr haben, ihrem Geschick zu entgehen, eröffnet diese Serie den «left behind» die Chance, durch eigene Bekehrung doch noch der Verdammnis zu entgehen. Durch diese Modifikation entsteht der grundlegende Plot der Serie, der in allen Einzelszenen die Handlung trägt.[49] Die Zurückgebliebenen können sich noch im Glauben bewähren, die Männer natürlich vor allem durch den heldenhaften und mutigen Kampf gegen den Antichristen und seine Helfershelfer.

Im Mittelpunkt der Handlung steht Flugkapitän Rayford Steele, der sich mit seiner Boeing 747 von O'Hare Chicago nach London Heathrow befindet, als plötzlich Passagiere und Kabinenpersonal die Entdeckung machen, dass Dutzende von Passagieren verschwunden sind. Auf ihren leeren Sitzen befinden sich nur noch ihre Kleidungs- und Schmuckstücke. Steele wird nach O'Hare zurückbeordert, wo er eine Welt im Chaos vorfindet. Maschinen ohne Piloten sind weltweit abgestürzt. Daheim angekommen, findet er Haus und Ehebett leer. Seine Frau, eine wiedergeborene Christin, ist ebenfalls entrückt. Rayford Steele tut sich daraufhin mit anderen zur «Tribulation Force» zusammen, um den Mächten des Bösen entgegenzutreten. Sie nehmen den Kampf mit Nicolae Carpathia auf, dem Führer der Vereinten Nationen, der in Wirklichkeit der Antichrist ist. Er schließt nur deshalb mit Israel Friedensverträge, weil er seine Herrschaft sichern will. Um der Wahrheit willen aber darf es während der sieben Jahre seiner Herrschaft keinen Frieden, sondern nur Krieg geben.

Dieser Plot wird so in Szene gesetzt, dass er bei Leserinnen und Lesern eine Flut von eigenen Projektionen und Assoziationen vom richtigen Handeln hervorruft. Frauen sind ergeben und selbstbewusst, Männer dominant und demütig, heißt es in absichtlicher Verquickung männlicher und weiblicher Attribute. Nicht die politischen Institutionen repräsentieren das wahre Amerika, sondern die Gläubigen; die Vereinten Nationen sind ein Instrument des Antichristen. Je mehr die Zeit voranschreitet, umso schneller vollzieht sich der weitere moralische, religiöse und ökonomische Niedergang. Friedens- und Abrüstungsverträge, ja selbst der Umweltschutz sind Werke des Antichristen.[50]

Der Band *The Remnant* sprang im Jahre 2002 unmittelbar nach seiner Veröffentlichung an die Spitze der Bestsellerliste der *New York Times* – bei einer Erstauflage von angeblich 2,75 Millionen Exemplaren. Gershom Gorenberg, Autor der bereits früher erwähnten beiden Studien über den Kampf um den Jerusalemer Tempelberg und die Besiedlung der besetzten Gebiete, hat in einer Besprechung mit dem Titel «Intolerance: The Bestseller» auf den Antijudaismus der Serie hingewiesen.[51] Zwar stehen die Juden Israels im Zentrum der Handlung, jedoch bleibt ihnen am Ende keine andere Wahl, als sich entweder zu Jesus Christus zu bekehren oder vernichtet zu werden. Es ging und geht dem Prämillenarismus immer nur um das Heil von Christen, nie um das der Juden als Juden.[52]

Der Erfolg dieser Serie bringt ans Tageslicht, was sich sonst dem Blick entzieht: die Matrix einer amerikanischen populären Kultur, die bestimmte Ansichten über die gegenwärtige Geschichte und Politik erzeugt. Deren

Grundstruktur ist ein alles durchdringender Dualismus. Das Böse ist nicht etwas, das aus der eigenen Welt kommt: Es kommt von außen. Die Menschen sind nicht zugleich gut *und* böse; sie sind *entweder* gut *oder* böse. Die Lösung für die Existenz des Bösen besteht darin, dass es mit Gewalt eliminiert wird; am Ende gewinnt das Gute die Oberhand. Diese Grundstruktur ist aus Hollywood-Filmen, Comics und Science-Fiction-Romanen bekannt und hat sich über lange Zeiträume in den USA herausgebildet.[53] Eine verbreitete populäre Faszination mit einem bestimmten Typus männlicher Gewalt wird von «Left Behind» aufgegriffen und mit dem Prämillenarismus verknüpft. Die Gewaltidealisierung wird von einem «religiösen Halbprodukt» in ein Modell subjektiver Religiosität transformiert.[54]

Die Handlung der Romane begünstigt nicht allein eine Parteinahme der USA mit Israel und dessen Wiederherstellung im Heiligen Land, sondern ebenso klar eine Distanzierung von den Palästinensern und deren Widerstand gegen Landenteignungen und Entrechtung durch Israel. Die 145 000 Christen unter ihnen werden keines Wortes gewürdigt. Dies entspricht durchaus auch der politischen Wirklichkeit: Während amerikanische Fundamentalisten mit religiösen Zionisten engste Freundschaft pflegen, müssen die arabischen Christen mit ihren berechtigten Ansprüchen zurückstehen, wie T. Weber mit kritischem Unterton feststellt.[55] Während die Staatswerdung Israels als Etappe in der Heilsgeschichte interpretiert wird, gilt umgekehrt der erbitterte Widerstand von Seiten der Palästinenser pauschal als Ausdruck eines metaphysisch Bösen.

Medienwissenschaftler sind zu Recht sehr zurückhaltend, wenn es um die Frage geht, welche Wirkung fiktionale Werke auf das Handeln von Menschen haben können. In diesem Fall aber scheint es mir möglich, den Nachweis zu erbringen, dass es eine Wirkung gibt. Die mächtigen Netzwerke der *Moral Majority* bzw. der Neuen Christlichen Rechten haben diesen Deutungsmustern Eingang in die Politik verschafft: bereits zur Zeit von Ronald Reagan, deutlich mehr noch unter George W. Bush. Die positive Bewertung militärischer Stärke, die die Evangelikalen mit den Neo-Konservativen in den Think-Tanks und der Regierung teilen, begünstigt eine Verschärfung des Nahostkonfliktes. Typisch für dieses Denken ist der Fernsehprediger Jim Robison, der von Präsident Reagan eingeladen worden war, das Eröffnungsgebet beim Nationalkonvent der Republikaner 1984 zu halten, und der bei anderer Gelegenheit gesagt haben soll:

Bevor Jesus kommt, gibt es keinen Frieden. Jede Predigt vom Frieden vor seiner Wiederkehr ist Häresie; es ist gegen Gottes Wort; es ist vom Antichrist.[56]

9. Am 11. September 2001:
Ein Kriegszug auf dem Wege Gottes

Zwei Monate nach den Anschlägen vom 11. September erzählte Usama bin Laden saudischen Besuchern, wie er und seine Gefährten den Tag erlebt hatten. Sie waren in Afghanistan und hörten einen amerikanischen Kurzwellensender. Als sie endlich die Nachricht von den Anschlägen vernahmen, stimmten sie ein *Allāhu akbar* an. Und dann verriet bin Laden noch, wem er das Verdienst zuschrieb, die Ehre des Islams gerettet zu haben:

Mohammed [Atta] aus der ägyptischen Familie [dem Ägyptischen Jihad; HGK] war für die Gruppe verantwortlich.[1]

Die Vorbereitungen für den Angriff liefen seit 1998. Eine Hamburger Gemeinschaft islamistischer Studenten hatte bin Ladens Kriegsaufruf aus dem gleichen Jahr Gehör geschenkt. Angeführt wurde sie von Mohammed Atta aus Ägypten. Auch wenn wir über eine Verbindung zwischen ihm und ägyptischen Jihad-Gruppen nichts Genaueres wissen, hat bin Laden doch gute Gründe, zwischen dem 11. September und den ägyptischen Jihad-Gruppen eine Verbindung herzustellen.

Jihadisten in Afghanistan werden zur Basis eines weltweiten Netzwerks

Bin Ladens Organisation geht auf die achtziger Jahre zurück, als Muslime weltweit für einen militärischen Widerstand gegen die Besetzung Afghanistans durch die Sowjetunion rekrutiert wurden. Es waren besonders zwei Schulungsstätten in Peschawar, Pakistan, die junge Muslime anwarben und zu Kämpfern ausbildeten: ein «Büro für Mujahedin-Dienste», das der palästinensische Islamgelehrte und Muslim-Bruder Abdallah Azzam gegründet hatte; und ein Gästehaus «Haus der Unterstützer», dem Usama bin Laden vorstand.[2] Abdallah Azzam (1941–1989) und Usama bin Laden (geb. 1957) kannten sich aus der Zeit, in der bin Laden an der Universität von Jidda Wirtschaftswissenschaften und Management studierte und der islamische Rechtsgelehrte Azzam dort islamische Theologie unterrichtete.

Bin Ladens Interessen gingen über sein Fach hinaus; so hörte er Vorlesungen bei Azzam, aber auch bei Mohammed Qutb, dem Bruder von Sayyid Qutb, den die ägyptische Regierung 1967 wegen seiner staatsfeindlichen Schriften hingerichtet hatte. In Peschawar, wo sie sich wieder trafen, entwickelte sich zwischen beiden eine enge Zusammenarbeit. Azzam, der brillante Gelehrte aus Palästina, trug eine islamische Begründung für den Kampf gegen die Besetzung Afghanistans vor, die über den aktuellen Fall hinausging. Es sei eine individuelle Glaubenspflicht, das Gebiet des Islams zu verteidigen, wenn Feinde eindringen. Diese Verpflichtung gelte zuerst für die Muslime der angegriffenen Region. Sollten diese aber für eine wirksame Verteidigung zu schwach sein, weite sich die Pflicht schrittweise auf die gesamte islamische Gemeinschaft aus. Dabei ging die Vision Azzams über eine Befreiung Afghanistans hinaus; er schöpfte Hoffnung aus der alten Erwartung, dass von Osten, von Khorasan aus, die schwarzen Fahnen des Mahdi, des islamischen Messias, allen Muslimen die Befreiung bringen würden. Der Befreiung Jerusalems müsse die Kabuls vorangehen.[3] Alle Gebiete, die einmal islamisch waren, später aber von Christen (zurück)erobert wurden, wie Palästina, Libanon, Andalusien und andere, würden dann erneut islamisiert werden. Dabei dürfe und könne es keine Kompromisse geben.

Jihad und das Gewehr, sonst nichts: keine Verhandlungen, keine Konferenzen und keine Dialoge.[4]

Nach dieser Lesart zeigt sich der genuine islamische Glaube im Kampf gegen die ungläubigen Besatzungsmächte. Wer den Brüdern in Not zu Hilfe eilt, erwirbt sich Ansehen – vor den Menschen und vor Gott. Wer sie im Stich lässt, verliert beides: Ansehen und Heil. Es geht Azzam nicht mehr allein um die Befreiung eines islamischen Landes von der Fremdherrschaft: Es geht auch um das eigene Heil. Wer an diesem Kampf teilnimmt, braucht keine Autorität um Zustimmung fragen, auch nicht seine Frau oder seine Eltern. Die beiden Anlaufstellen von Azzam und bin Laden in Peschawar wurden zum Treffpunkt von überzeugten muslimischen Kämpfern vieler Länder. Die Gesamtzahl der ausländischen Kämpfer im Krieg gegen die Rote Armee betrug mutmaßlich zwischen 10000 und 20000 Mann; an den Kämpfen selbst beteiligten sich nur wenige hundert von ihnen – gemessen an den ca. 250000 afghanischen Mujahedin ist das lediglich ein Bruchteil.[5]

Nicht alle Kämpfer gaben der Vertreibung der Ungläubigen aus isla-

mischen Territorien die höchste Priorität, die Azzam ihr gab. Ägyptische
Islamisten, die auch wegen der Repression daheim den Weg nach Afghanistan gegangen waren, hielten den Kampf gegen die eigenen nur nomi-
nell islamischen Regierungen für nicht weniger dringlich. Unter ihnen
waren auch ehemalige Mitglieder der ägyptischen Jihad-Gruppe, die für
das Attentat auf Sadat 1980 verantwortlich war. Ihren Emir (Befehlsha-
ber), Aiman az-Zawahiri, hatte bin Laden 1986 kennen gelernt.[6] Als Abdallah Azzam im November 1989 durch die Explosion einer Autobombe
ums Leben kam, ging die Leitung seines Dienstleistungsbüros in Peschawar an ägyptische Jihadisten über. Ob sie an dieser Tat in irgendeiner
Form beteiligt waren, wie wiederholt vermutet wird, ist schwer zu sagen.
Unbestritten ist nur, dass Azzam nicht die Auffassung teilte, man müsse
die Waffen vor allem gegen die eigenen Regierungen richten, und es daher
ablehnte, Finanzmittel für diesen Kampf zur Verfügung zu stellen.[7] Als
Ägypter die Organisation übernahmen, bahnte sich jedenfalls eine Neu-
begründung des Kampfes gegen die Feinde des Islams an.

Bin Ladens Kriegserklärungen an die USA

Nachdem 1989 die Rote Armee aus Afghanistan abgezogen war, ging bin
Laden mit seinen Anhängern, die damals kaum mehr als ein Dutzend
Personen zählten, erst von Pakistan nach Saudi-Arabien, dann in den Su-
dan und schließlich 1996 nach Afghanistan, wo die Taliban im selben
Jahr an die Macht gelangt waren. Dort verfasste er einen Brief an «die
Brüder» weltweit und auf der arabischen Halbinsel im Besonderen.[8] Dar-
in rief er alle Muslime zum defensiven Jihad gegen die Amerikaner in
Arabien und gegen Israel in Palästina auf, wobei er diese Gegner auch für
den Tod Azzams verantwortlich machte. Bin Laden klagte die USA der
Aggression gegen das Land der beiden heiligen Stätten, Mekka und Medina, an. Muslime hätten in vielen Ländern Schreckliches erleiden müssen, ihr Blut sei das billigste auf der ganzen Welt. Doch in das Haus des
Islams (*dar al-Islam*) einzudringen, sei der absolute Höhepunkt der Arroganz. Die beiden heiligen Stätten des Islams würden durch die Anwesenheit von Truppen der Kreuzzügler entwürdigt. Die amerikanischen Stütz-
punkte in Saudi-Arabien, die dort während des ersten Golfkrieges 1990/91
angelegt wurden, seien ein Sakrileg, zu dessen Sühnung alle Muslime auf-
gerufen seien. Als den Ort, an dem er diese Erklärung abgab, nennt er
gleichfalls in Anspielung an die frühislamischen Traditionen vom Mahdi
Khorasan.
Zwei Jahre später, 1998, folgte eine ähnliche Erklärung, diesmal von

der «Islamischen Weltfront für den Jihad gegen Juden und Kreuzzügler». Der Aufruf zum Jihad wurde außer von Usama bin Laden auch von Aiman az-Zawahiri als Emir des ägyptischen Jihads, von Rifa'i Ahmad Taha für die ägyptische *Jamāʿa al-Islāmiyya*,[9] von einem Pakistaner und einem Bangladescher für die jeweiligen Gruppierungen unterzeichnet.[10] Die Erklärung, knapper und prägnanter als die zwei Jahre zuvor, begann mit dem so genannten Schwertvers (Sure 9:5) «Wenn die heiligen Monate abgelaufen sind, dann tötet die Polytheisten, wo immer ihr sie findet, greift sie, belagert sie und lauert ihnen auf jedem Weg auf.» Die arabische Halbinsel werde von Kreuzzüglern wie von Heuschrecken heimgesucht, die ihre Reichtümer auffressen – ein Vorgang von heilsgeschichtlicher Bedeutung.[11] Die Erklärung nennt drei Umstände, die die Verschwörung gegen den Islam und die Bedrohlichkeit der Lage der Muslime belegen sollen:

– Die USA hätten die heiligsten islamischen Orte auf der arabischen Halbinsel besetzt, um die Bodenschätze zu stehlen, die Muslime zu demütigen und die muslimischen Völker militärisch zu unterdrücken;
– die USA hätten dem irakischen Volk schweren Schaden zugefügt und täten dies durch ihr Embargo auch weiterhin, obwohl ihm eine Millionen Menschen zum Opfer gefallen seien;
– die USA würden den Irak zerstören und auch alle anderen Staaten der Region in wehrlose Kleinstaaten auflösen wollen, um so Israels Überlegenheit über die arabischen Nachbarstaaten zu garantieren.

Die hier genannten politischen Vorgänge werden als eine Kriegserklärung an Gott aufgefasst. Jetzt sei die Verteidigung des Islams die oberste Pflicht aller Gläubigen, wie die Erklärung – formell in die Form einer Rechtsbelehrung (*hukm*) gegossen –, festhält:

> Es ist eine individuelle Glaubenspflicht eines jeden Muslims in jedem Land, Amerikaner und ihre Verbündeten, Zivilisten und Militärs, zu töten, um die al-Aqsa-Moschee in Jerusalem und die Heilige Moschee von Mekka aus ihrer Gewalt zu befreien, sodass sich alle ihre Armeen aus der islamischen Welt zurückziehen, besiegt und unfähig, noch irgendeinen Muslim zu bedrohen.[12]

Die Erklärung schießt über die Pflicht der Gläubigen, islamische Territorien zu verteidigen, weit hinaus. Jetzt wird die Tötung von Amerikanern und ihren Verbündeten, ob Soldaten oder Zivilisten, zur Pflicht. Weiter ermahnt die Erklärung die Muslime, angesichts der Unausweichlichkeit des Krieges nicht an ihrem Leben zu hängen. Wollen sie wirklich das Leben in dieser Welt dem in der zukünftigen Welt vorziehen? Nicht allein das Allgemeinwohl der islamischen Gemeinschaft, sondern das Heil jedes Einzelnen stehe auf dem Spiel.

Die hier sprechenden Emire der Jihad-Gruppen wollten den Krieg nach der Befreiung Afghanistans in die USA tragen. Der Sieg über die Sowjetunion erschien ihnen wie ein Zeichen Gottes, dass auch die andere Supermacht nicht unbesiegbar sein kann. Dass die Kämpfer ihren Sieg über die Rote Armee vor allem den Flugabwehrraketen vom Typ Stinger verdankten, von denen die USA ihnen rund 900 zur Verfügung gestellt hatten und mit denen sie 269 sowjetische Flugzeuge und Hubschrauber vom Himmel geholt hatten,[13] bleibt allerdings unerwähnt.

Die Begründung für den Kampf ist prinzipieller geworden. Zu der kollektiven Bemühung, islamisches Territorium von ungläubigen Aggressoren zu befreien, tritt eine religiöse Ethik, für die der Kampf ein Mittel zur Erlangung persönlichen Heils ist. Hier entwickelt sich die Idee einer islamischen *umma*, die nur sekundär noch an ein bestimmtes Territorium gebunden ist, primär aber an eine bestimmte Lebensführung.

Kriegerischer Jihad als Maxime von Gesinnungsethik

Vordenker für diese Entterritorialisierung des islamischen Gebotes waren ägyptische Islamisten. Zwischen ihnen und den arabischen Mujahedin (den «arabischen Afghanen»), die bin Laden die Treue schworen und sich am Kampf gegen die Sowjetunion beteiligten, bestanden personelle Überschneidungen. Der Bruder des Sadat-Attentäters Khalid al-Islambuli gehörte zum innersten Zirkel um Usama bin Laden. Aus den Kreisen des ägyptischen Jihad kam die Schrift *Die versäumte Pflicht,* die lehrte, Jihad sei eine individuelle Glaubenspflicht gleich den übrigen «fünf Säulen» des Islams. Sie wurde in Auszügen bei der Ausbildung von islamischen Kämpfern in Afghanistan verwendet,[14] war aber ursprünglich ein «internes Diskussionspapier» (J. J. Jansen) der für das Attentat auf Präsident Anwar al-Sadat verantwortlichen Gruppe. Verfasst hatte sie Abd al-Salam Faraj, ein Elektroingenieur (1954–1982), der zusammen mit den Attentätern hingerichtet wurde. Er setzte sich Punkt für Punkt mit allen Einwänden und Zweifeln gegenüber dem absoluten Vorrang des kriegerischen Kampfes vor einer gewaltfreien Glaubenswerbung auseinander.[15] An keiner anderen islamischen Schrift lässt sich so deutlich in allen argumentativen Einzelschritten nachvollziehen, wie aus dem reichhaltigen Fundus islamischer Traditionen, Konzeptionen und Praktiken eine kriegerische Gesinnungsethik gewonnen werden kann und was dabei alles umgewertet oder als angeblich unislamisch verworfen werden muss. Faraj deutete die Lage des Islams in Ägypten in Analogie zur Mongolenherrschaft im 13. Jahrhundert. Der Mongolenherrscher Ghazan war zwar zum Islam übergetreten, hatte jedoch dem islamischen Recht in seinem Reich keine uneingeschränkte Verbindlichkeit verschafft. Aus diesem Grunde lehnte der mittelalterliche Gelehrte Ibn Taymiyya seine Herrschaft als unislamisch ab und hielt den Widerstand gegen ihn für geboten.[16] Die Schrift von Faraj griff dieses mittelalterliche Deutungsmuster auf und erklärte die gegenwärtigen Machthaber Ägyptens zu Apostaten, die mit den Kreuzzüglern gemeinsame Sache machten und noch strenger als Ungläubige bestraft werden müssten (§ 25–28).[17] Um in Ägypten einen islamischen Staat zu errichten, reichten wohltätige Vereinigungen nicht aus, da sie die Muslime vom Staat der Apostaten abhängig machten (§ 48). Ebenso wenig könnten Wissen und Bildung (*'ilm*) zu ihm führen, dies vermöge allein der Jihad (§ 63 f.). Der Islam sei gewaltsam verbreitet worden (§ 71); die Gründung eines islamischen Staates könne auch heute nicht mit gewaltfreier Propaganda (*da'wa*), sondern nur durch Gewalt und gegen den Willen der Mehrheit und der Ungläubigen erfolgen (§ 54–59).

Eine paradigmatische Rolle in Farajs Definition der gegenwärtigen Situation des ägyptischen Islams ist der Unterschied im Auftreten des Propheten erst in Mekka und dann in Medina. Das gegenwärtige Ägypten gleicht in keiner Weise der Situation Mekkas zur Zeit des Propheten, wo Gläubige und Ungläubige noch ohne Gewalt zusammenlebten (§ 83); es gleich vielmehr der Lage in Medina, wo der Islam von äußeren und inneren Feinden bedroht war und daher mit Gewalt verteidigt werden musste. Alle früheren Aussagen im Koran, die ein friedliches Zusammenleben zwischen Muslimen und Andersgläubigen kennen, sind durch den Schwertvers (Sure 9:5) sowie das Gebot, zu kämpfen (Sure 2:216), aufgehoben (§ 76–79). Der Kampf richtet sich in erster Linie nicht gegen den fernen Feind (Israel oder die USA), sondern gegen die Apostaten im eigenen Land. Erst wenn in Ägypten die islamische Ordnung durchgesetzt worden ist, wird sie sich auch weltweit verbreiten (§ 68–70). Die Tradition, wonach der Prophet als Fortsetzung und Ersatz für den kriegerischen (kleinen) Jihad den spirituellen (großen) Jihad empfohlen habe, hält Faraj für eine Fälschung. Der Jihad gegen die eigene Seele, gegen Satan und gegen die Ungläubigen und Heuchler sind drei Aspekte ein und derselben Glaubenspraxis (§ 88–90). Die gewaltsame Errichtung eines islamischen Staa-

tes erfolgt in Ausführung eines göttlichen Gebotes; für die daraus resultierenden Folgen ist der Gläubige nicht verantwortlich (§ 91).
Die Schrift formuliert neue praktische Regeln, die der aktuellen Situation Rechnung tragen sollen. Demnach ist der Kampf individuelle Pflicht; Eltern und Familie brauchen nicht um Zustimmung gefragt werden (§ 87). Der Kampf kann aber nur unter Anleitung eines rechtschaffenen Führers, der seine Eignung durch seine Glaubenspraxis bewiesen hat, geführt werden. Diesem Führer darf auch in einer Zeit, in der es keinen Kalifen gibt, die Gefolgschaft bis zum Tode geschworen werden (§ 95–97). Der Krieg gegen die Ungläubigen kennt keine Einschränkungen. Täuschung und Lüge sind ihnen gegenüber erlaubt, vorausgesetzt, mit ihnen existiert kein Vertrag (§ 107–109). Selbst der heimliche Dienst in heidnischen Armeen ist gestattet (§ 118). Ein Angriff auf die Ungläubigen darf zur Not auch ohne Vorwarnung erfolgen (§ 119). Zitate aus der Traditionsliteratur sollen belegen, dass auch Muslime, die im Kampf gefallen sind, dann keine Märtyrer waren, wenn ihre Intention nicht wirklich rein war, sondern die Erwartung einer reichen Beute oder der Gewinn von religiösem Prestige im Vordergrund standen (§ 130 f.). Die Schrift möchte auf diese Weise alle Bedenken ausräumen, die sich auf die Folgen der Jihad-Pflicht erstrecken. Eine Tötung von unschuldigen Zivilisten, Kindern und Frauen der Heiden darf zwar nicht absichtlich geschehen, darf aber in Kauf genommen werden (§ 121 f.). Der Kämpfer soll auf dem Schlachtfeld seinen Tod einer Kapitulation und Gefangennahme vorziehen (§ 127–129). Am Ende der Schrift wird den Führern der islamistischen Organisationen (*jamāʿāt al-Muslimīn*) aufgetragen, diese Regeln jedem Mitglied einzuschärfen (§ 142 f.).
Diese kriegerische Ethik steht im Dienste einer heilsgeschichtlichen Deutung. Der Prophet habe nicht nur die Eroberung von Konstantinopel vorausgesagt, sondern auch von Rom, die noch aussteht (§ 10–11) sowie das Auftreten des Mahdi, der die Welt mit Gerechtigkeit füllt, wie sie heute mit Ungerechtigkeit gefüllt ist (§ 14). So verankert die Schrift die kriegerische Praxis in einem heilsgeschichtlichen Szenario.[18] Dabei zählt allein die Gesinnung; Nebenabsichten, die der Kämpfer mit dem Jihad verbindet, machen die erlösende Wirkung der Handlung zunichte (§ 130–133). Diese rigorose kriegerische Gesinnungsethik koppelt sich von der Moral der bestehenden islamischen Gemeinschaft sowie von den Auffassungen der Rechtsgelehrten ab. Diese haben sich ihrerseits auch öffentlich gegen die Schrift zur Wehr gesetzt und es unternommen, die darin niedergelegten Auffassungen mit Argumenten zu entkräften.[19]

Den grundlegend neuen Gedanken des kriegerischen Gesinnungsislams findet man besonders klar bei Sayyid Qutb formuliert, dessen Schriften der Verfasser der *Versäumten Pflicht* kannte und zitierte (§ 135). Die Kultur der islamischen Länder war für Sayyid Qutb so umfassend vom Heidentum verdorben, dass nur noch das Herz und seine Intention als Wohnort und «Territorium» des Islams übrig geblieben sind. Doch war mit dieser düsteren Diagnose eine Hoffnung verbunden, die sich aus den Anfängen des Islams nährte. Bevor Mohammed den Koran als Rechtssystem etablieren konnte, musste er in den Herzen der Menschen verankert sein. Erst daraus konnte eine Autonomie der Gemeinschaft der Muslime gegenüber der Übermacht des Heidentums erwachsen. Auch heute müsse der islamische Glaube erst wieder in lebendigen Seelen und in einer vitalen Gemeinschaft Realität werden, ehe er zu einer politischen Bewegung werden könne, die mit der heidnischen Übermacht bricht.[20] Daher sei die exklusive Gemeinschaft der Vollkommenen und Reinen die alleinige Quelle von Islamizität. Die traditionelle Balance zwischen dem Einzelnen und der sozialen Ordnung, die von vielen islamischen Denkern gefeiert wurde, sei heute zerstört.[21] Die Islamizität einer Handlung könne nur noch nach der Intention (*niyya*) des einzelnen Akteurs beurteilt werden.[22]

Al-Qaʿida: Knotenpunkt weltweiter Netzwerke

Kurz vor Abzug der Sowjets legte bin Laden zusammen mit seinen Mitstreitern eine Datenbank von allen an, die in Afghanistan gegen die Sowjetunion gekämpft hatten. Die hier verzeichneten Freiwilligen sollten auch in Zukunft ein Stützpunkt für den militanten Islam sein. Als der ägyptische Jihad, angeführt von dem Arzt Aiman az-Zawahiri (geb. 1953), mit den Anhängern bin Ladens fusionierte und auch Mitglieder der ägyptischen *Jamāʿa al-Islāmiyya* dazu stießen, begann aus bin Ladens «Basis» eine soziale Gemeinschaft zu werden. Die ägyptische Jihad-Lehre ging mit dem saudischen Geld und der Motivation einfacher Muslime der arabischen Halbinsel eine machtvolle Verbindung ein. Die arabische Bezeichnung *al-Qāʿida*, «die Basis», aber blieb auch danach eher eine Funktionsbezeichnung als eine Gruppenbezeichnung.[23] Bin Laden verwendete sie nur dann, wenn andere sie ihm gegenüber gebrauchten, und auch dann nur zögernd. Er und seine Anhänger sprachen von sich als der «Islamischen Weltfront für den Jihad gegen Juden und Kreuzzügler».[24] Als wissenschaftliche Bezeichnungen sind «militante Islamisten mit Afghanistan-Bezug» bzw. «transnationaler militanter Islamismus» vorgeschlagen worden. Auch die Bezeichnung «Bin-Laden-Bruderschaft» wird verwendet. Dieses Schwanken der Bezeichnungen ist symptomatisch für die fließenden Grenzen dieser sozialen Größe. Sie machte den Amerikanern, die unter deren Angriffen zu leiden hatten, schwer zu schaffen. 1995 sprach das US State Department in einem Bericht noch von transnationalen Terroristen, die sehr viel schwerer aufzuspüren seien als Mitglieder namentlich bekannter Gruppen. Präsident Bill Clinton sprach von Bin Ladens «Netzwerk». Erst nach der Kriegserklärung Bin Ladens und den Anschlägen auf die Botschaften von Nairobi und Daressalam sowie auf das Kriegsschiff USS Cole im Jahre 1998 setzten sich die Geheimdienste und Politiker über das Nebulöse des Sachverhaltes hinweg und erklärten al-Qaʿida zu einer internationalen Organisation, die man zusammen mit den sie stützenden Schurkenstaaten militärisch zerschlagen könne. Fiktionen können neue Realitäten schaffen. Dies war hier der Fall. Regierungen, die sich in ihren eigenen Ländern seit längerem mit islamischen militanten Oppositionsgruppen herumschlugen, wie Russland, Indien, China, die Philippinen, Thailand, Israel ließen sich die Gelegenheit nicht entgehen und erklärten ihre Gegner zu Filialen von al-Qaʿida in der Hoffnung, in ihrem Kampf von den USA unterstützt zu werden.

Jason Burke hat mehrere Arten von Zugehörigkeiten zu diesem Netzwerk unterschieden.[25] Im Zentrum stehen *erstens* bin Laden und seine engsten Berater. Neben dem innersten Zirkel gibt es *zweitens* die Gruppe derer, die bin Laden als Emir den Treueid geschworen haben. Zu diesem Eid enthält eine Studie von Peter L. Bergen neue Dokumente, die in Bosnien in dem Ordner mit dem Namen *tārīkh Usāma* («Usamas Geschichte») in einem Computer gefunden wurden. Er enthält Briefe, Protokolle und weitere Dokumente aus der Anfangszeit von al-Qaʿida 1988. Im Protokoll einer der Gründungssitzungen steht auch die Eidesformel, mit der ein Mitglied feierlich gelobt, den Vorgesetzten zu gehorchen, sodass Gottes Wort die höchste Autorität ist.[26] Als die Sowjets Afghanistan verlassen hatten und bin Laden eine eigene Gruppe bildete – so eine andere Quelle –, schworen die Mitglieder bin Laden persönlich die Loyalität (*baiʿa*).[27]

Diese verschworene Gemeinschaft war nicht hermetisch abgeschieden, sondern offen für neue Getreue aus aller Welt. Eine Untersuchung von 172 Lebensläufen von al-Qaʿida-Mitgliedern hat ergeben, dass die Initiative zum Anschluss in vielen Fällen von lokalen Gruppen ausging, die über ehemalige Afghanistan-Kämpfer Kontakt mit bin Laden suchten.

Der Prozess, sich dem Jihad anzuschließen, ist mehr eine Aktivität von unten nach oben als von oben nach unten. Eine Menge junger Muslime möchte sich dem Jihad anschließen, aber weiß nicht, wie. ... Ich habe keine aktiven Anstrengungen von oben, die Mitgliedschaft in al-Qaʿida zu vergrößern, entdeckt. Der Druck kam von unten. Zukünftige Mujahedin waren darauf erpicht, der Bewegung beizutreten.[28]

Die Anhängerschaft bin Ladens rekrutierte sich überwiegend von unten nach oben, seltener von oben nach unten. Begünstigt wurde der Anschluss durch bereits bestehende soziale Beziehungen wie Freundschaft, Verwandtschaft, Lehrer-Schüler-Verhältnisse, Moscheezugehörigkeit und anderes mehr.[29] Ob es aber wirklich nur in pakistanischen Ausbildungsstätten der Tablighi und sonst nirgendwo regelrechte al-Qaʿida-Rekrutierer gegeben hat, wie M. Sageman in diesem Zusammenhang schreibt, müsste noch an Hand anders lautender Berichte geprüft werden. So hat R. Jacquard Nachrichten zusammengetragen, die auf eine gezielte Rekrutierung in Nordafrika und Europa durch engste Vertraute Usama bin Ladens hinweisen.[30] Einiges spricht für die These der Organisationssoziologin Renate Mayntz, dass al-Qaʿida auf einer Verbindung von hierarchischen Organisationsmerkmalen mit vertikalen Netzwerkstrukturen beruht. Aus dieser hybriden Form erklären sich einige Merkmale, die für al-Qaʿida typisch sind: dass die untersten Einheiten autonom sind und zugleich zentraler Steuerung unterliegen. Ihre Mitglieder sind voneinander isoliert, lassen sich bei ihren Aktivitäten aber von einer gemeinsamen Kernidee leiten und stehen im Austausch mit dem innersten Zirkel.[31] Hier bestätigt sich, dass es gerade die schwachen informellen Beziehungen sind, die besonders belastbare und dauerhafte Netzwerke bilden.[32] Weitgehend selbstständig agierende Zellen, getragen von gemeinsamen Überzeugungen und Engagement, sind generell erfolgreicher als hierarchische Kommandostrukturen. Zusammengehalten wird die sozial heterogene Anhängerschaft bin Ladens durch sein religiöses Ansehen. Dafür gibt es historische Analogien. In der Geschichte des islamischen Nordafrikas wurden fragmentierte und rivalisierende soziale Beziehungen von einem religiösen Anführer mobilisiert und kraft seines großen Ansehens auf ein gemeinsames Ziel hin ausgerichtet, wie Ibn Khaldun es dargestellt hat. Die Bündelung von Sozialbeziehungen und unterschiedlichen Konfliktdynamiken zu einer umfassenden Solidarität (ʿasabiyya) steigerte das Machtpotenzial solcher Koalitionen und bildete die Grundlage der Herausbildung neuer Dynastien. Bin Laden ist es offenbar gelungen, auf ähnliche Weise zum Mittelpunkt von disparaten sozialen Einheiten und Konflikten zu werden.[33]

Mit der «Basis» in Afghanistan sind *drittens* Gruppen assoziiert, die ihre Wurzeln in anderen Ländern haben und mit ihr nur gelegentlich zusammenarbeiten. Manchmal ist diese Zusammenarbeit nur punktuell und befristet, manchmal betrifft sie auch nur Untergruppen. Jason Burke spricht deshalb von einem «losen Netzwerk von Netzwerken» und vergleicht es mit dem Netzwerk von Globalisierungsgegnern. Dadurch jedoch, dass bin Laden über erhebliche Finanzmittel verfügt, ähnelt seine Organisation zuweilen auch einem international operierenden Unternehmen, das lokale «Gewaltunternehmer» finanziert und logistisch unterstützt. Die Gelder stammen überwiegend nicht aus dem Privatvermögen bin Ladens, das oft maßlos überschätzt wird, sondern aus Spenden von ca. 14 islamischen Organisationen.[34]

Finanzielle Transaktionen zwischen Teilen des Netzes müssen nicht über Banken abgewickelt werden, gibt es doch daneben das *hawala*-System. Es besteht aus zwei Geschäftspartnern in verschiedenen Ländern, die einander vollkommenes Vertrauen entgegenbringen, z. B. weil sie verwandtschaftlich verbunden sind. Was der eine an einem Ort (z. B. in Peschawar) von einem Einzahler für einen Empfänger an einem anderen Ort (z. B. in London) entgegennimmt, zahlt der Partner in London an den vorgesehenen Empfänger aus und umgekehrt. Ein Telefongespräch reicht, und die Transaktion ist durchgeführt. Wenn sich die Soll-und-Haben-Bestände der beiden Partner nicht im Laufe der Zeit von selbst ausbalancieren, muss bei Gelegenheit ein Ausgleich auf anderem Wege vorgenommen werden. Durch dieses *hawala*-System können auch große Summen an den Banken vorbei und ohne jede Dokumentenspur transferiert werden.[35]

Die Hamburger Zelle und die Vorbereitung des Kriegszugs

Die planerischen Anfänge für die Anschläge des 11. September 2001 gehen auf das Jahr 1998 zurück. In diesem Jahr hatte bin Laden zusammen mit den anderen Emiren den USA den Krieg erklärt. Nun plante er Kriegszüge nach frühislamischem Vorbild. Der Prophet hatte den entstehenden islamischen Staat in Medina militärisch gegen äußere Feinde verteidigt und dabei auf die von Beduinen praktizierte Form von Überraschungsangriffen zurückgegriffen. Die arabische Bezeichnung hierfür war *ghazwa* und lebt in dem deutschen Wort «Razzia» noch fort. Diesem Muster entsprechend erfolgten bereits am 7. August 1998 die Bombenanschläge auf die amerikanischen Botschaften in Ostafrika in Daressalam und Nairobi.

Islamistische Studenten arabischer Herkunft unterhielten seit Ende 1998 in einer Mietwohnung in der Marienstraße 54 in Hamburg-Harburg eine Wohngemeinschaft, der sie den vielsagenden Namen *dār al-ansār* («Haus der Unterstützer») gegeben hatten – denselben Namen, den bin Ladens Gästehaus in Peschawar getragen hatte. Ihre Bewohner Mohammed Atta, Ramzi bin al-Shib und Marwan al-Shehhi lebten gedanklich in der Zeit von Medina, als der Prophet dringlich auf Helfer angewiesen war, um dem Islam zu Anerkennung und Macht zu verhelfen. Der Jihad stand im Zentrum ihrer Gespräche, ob im Kosovo, in Tschetschenien, Afghanistan oder Bosnien.[36] Bereits 1997 war Ziad Jarreh zu der Gruppe dazugestoßen, ohne allerdings selber auch in die Wohngemeinschaft mit einzuziehen. Weitere junge Muslime zogen in die Wohnung ein, andere wieder aus. Im Laufe von zwei Jahren meldeten sich mehr als ein Dutzend Männer unter dieser Adresse an, wie Terry McDermott bei seinen Nachforschungen zur Hamburger Zelle herausgefunden hat. Kennen gelernt hatten sich die meisten in der im Zentrum Hamburgs gelegenen al-Quds-Moschee, wo junge arabische Muslime gemeinsam ihre Gebete verrichteten, Predigten anhörten, Islam-Kurse besuchten oder auch selbst leiteten. Dass der Jihad eine Pflicht ist, der nachzukommen die meisten Muslime versäumen, war ihr Hauptthema. Ein Veteran des Afghanistankrieges, Mohammed Haydar Zammar, hatte Entsprechendes in der al-Quds-Moschee gepredigt. Dass Zammar die Studenten im Auftrag von al-Qaʿida gezielt rekrutiert hätte, wie der *9/11 Commission Report* erwägt, wenn er ihn einen «möglichen Werber» nennt, ist jedoch weniger wahrscheinlich; sein Einfluss scheint sich auf Glaubensüberzeugungen beschränkt zu haben, wie der Report selbst erkennen lässt.[37] Eine wichtigere organisatorische Rolle hat wohl Abu Musab gespielt, der Mauretanier war und in Wirklichkeit Mohamedou Ould Slahi hieß. Er war ein aktives al-Qaʿida-Mitglied und lebte in Duisburg. Heute sitzt er in Guantanamo ein. Ramzi bin al-Shib hat wohl eher zufällig von ihm gehört und ihn dann mit Ziad Jarreh und Marwan al-Shehhi in Duisburg besucht. Slahi erklärte seinen Besuchern, wie schwierig es sei, direkt nach Tschetschenien zu reisen, wohin sie eigentlich wollten, und schlug ihnen stattdessen vor, erst in Afghanistan zu trainieren, bevor sie weiterreisten. Sie sollten sich pakistanische Visa besorgen und sich danach bei ihm nähere Instruktionen zur Reise holen.

Im Herbst 1999 begaben sich die vier von Hamburg nach Pakistan, jeder auf einem anderen Weg, um nicht aufzufallen. Vom pakistanischen Quetta aus fuhren sie in ein afghanisches Ausbildungslager nahe Kandahar, wo sie zu bin Laden geführt wurden. Damals erwogen gerade bin Laden und seine engsten Berater einen Anschlag mit Flugzeugen in den USA; da kamen die technisch versierten, Englisch sprechenden arabischen Studenten aus Hamburg gerade recht. So war es im Interesse beider Seiten, dass sie bin Laden den Loyalitätseid schworen und in das Vorhaben eingeweiht wurden. In Kandahar waren bereits erste Kämpfer für die Durchführung des Planes ausgewählt worden, darunter die Saudis Khalid al-Mihdhar und Nawaf al-Hazmi, die dann im Januar 2000 über Kalifornien in die USA einreisten.[38] Ein Propagandafilm von al-Qaʿida zeigt, wie sich noch weitere Kämpfer auf die Operation vorbreiteten.[39] Von Ahmed al-Haznawi al-Ghamidi gibt es ein Abschiedsvideo, das später von al-Jezira ausgestrahlt wurde und in dem er erklärt, er und die anderen wollten als Märtyrer sterben. Die Zeit der Demütigung sei vorbei, die Macht der USA beruhe auf nichts als Propaganda; jetzt würden Amerikaner auf ihrem eigenen Boden getötet werden. Und dann bittet der noch «lebende Märtyrer» Gott darum, die islamische *umma* durch «unseren» Tod wieder neu aufleben zu lassen.[40]

Die 19 Attentäter vom 11. September kamen aus ganz unterschiedlichen Zirkeln, was die Flexibilität der Organisation diesmal von der Seite der Durchführung der Anschläge her zeigt. Die Hamburger Zelle stellte drei der vier Piloten (Mohammed Atta, Ziad Jarrah und Marwan al-Shehhi). Da Ramzi bin al-Shib aus dem Jemen die Einreise in die USA verweigert worden war, betätigte er sich als Koordinator zwischen der Hamburger Gruppe und dem Chef des Militärkomitees der al-Qaʿida, Khalid Sheikh Mohammed, und seinem Beauftragten Atef. Als vierter Pilot kam in den USA noch Hani Hanjour dazu. In der Maschine der AA 77, die in das Pentagon gesteuert wurde, saßen die beiden persönlichen Vertrauten von bin Laden, Khalid al-Mihdhar und Nawaf al-Hazmi. Schließlich gab es noch eine weitere Gruppe von 12 Männern aus Saudi-Arabien. Sie hießen die «Muskeln», denn sie hatten die Aufgabe, Besatzung und Passagiere der entführten Maschinen in Schach zu halten.

Alle 19 Tatbeteiligten trugen neben ihren zivilen Namen noch einen anderen Namen, eine *kunya*. In der traditionellen islamischen Namensgebung konnte ein solcher Beiname einem Menschen im Laufe seines Lebens gegeben werden, wenn er beispielsweise Vater (Abu) geworden war und so den Namen seines Sohnes trug. In unserem Fall sind die Kunyas der Attentäter die Namen vorbildlicher Kämpfer bzw. standfester Gläubiger aus der islamischen Geschichte. Wann die Täter sie angenommen haben, verrät die Quelle nicht, möglicherweise aus Anlass ihrer auf Video dokumentierten Verpflichtung zum Märtyrertod. Dann wären es ihre Namen als «lebende Märtyrer».[41]

Die geistliche Anleitung für den 11. September

Den an den Anschlägen Beteiligten war eine Anleitung mit auf den Weg gegeben worden. Das FBI fand ein Exemplar in der Reisetasche von Mohammed Atta, die in Boston nicht mit umgeladen worden war. Ein weiteres Exemplar stammt aus dem Wagen, den Nawaf al-Hazmi beim Dulles-Flughafen in Washington abgestellt hatte. Schließlich fand das FBI Reste des Textes in den Trümmern der in Pennsylvania abgestürzten Maschine. Der arabische Text wurde vom FBI am 28. September 2001 mit Angabe der Fundorte ins Netz gestellt.[42]

Der Verfasser war augenscheinlich kein ausgebildeter islamischer Geistlicher. Das legt wenigstens seine Bemerkung im Zusammenhang mit der Empfehlung von Koran-Rezitationen nahe: «Wisst, dass die beste Rezitation die des edlen Korans ist. *Soweit ich weiß* [Hervor. HGK] gibt es dazu eine Übereinkunft der religiösen Gelehrten» (1/6). Ähnliche Wendungen finden sich in 3/1 und 3/14. So wird nur jemand sprechen, der sich seiner Gelehrsamkeit nicht ganz sicher ist. Das ist nicht ungewöhnlich, denn häufig sind es im Islam Laien, die Predigten halten; professionalisiert ist nur die Kenntnis der Rechtstradition. Alles dies würde gut auf Mohammed Atta passen, dem Emir der Angriffe vom 11. September, gäbe es nicht eine andere Information, die dagegen spricht.

Ein Journalist des arabischen Senders al-Jezira, Yosri Fouda, ist im Jahre 2002 unter konspirativen Bedingungen in Karatschi mit Ramzi bin al-Shib zu einem ausführlichen Interview von 48 Stunden zusammengetroffen und hat sich von ihm die Vorbereitung der Anschläge schildern lassen. Bin al-Shib zeigte Fouda auch einen Koffer mit «Souvenirs» aus seiner Hamburger Zeit, darunter ein Heft mit Abbildungen von Flugmanövern aus dem Besitz von Mohammed Atta. Fouda entdeckte darauf handschriftliche Notizen, die allerdings anders aussahen als die schönere Schrift des «Leitfadens für eine Entführung», wie er die Geistliche Anleitung nannte. Das Manuskript in Attas Besitz, klärte ihn bin al-Shib daraufhin auf, sei in Wirklichkeit nicht von Mohammed Atta, sondern von Abdul Aziz al-Omari verfasst und geschrieben worden.[43] Dieser sei wegen seiner Islam-Kenntnisse und seiner schönen Handschrift von den anderen sehr geschätzt worden.[44] Von al-Omari gibt es ebenfalls ein Bekennervideo. Bevor er am 29. Juni 2001 in die USA reiste, wurde von ihm in Kandahar eine Erklärung aufgezeichnet, in der er darlegte, dass er die Tat mit voller Absicht begehe. Zu al-Omari enthält der *9/11 Commission Report* Informationen, die gut zu der These, er sei der Verfasser, passen. Danach hat al-Omari eine High School mit Auszeichnung absolviert und an der islamischen Imam-Muhammad-Ibn-Saud-Universität einen akademischen Abschluss erworben. Er habe als Vorbeter einer Moschee in Saudi Arabien Dienst getan und sei Student des radikalen saudischen Geistlichen Sulaiman al-Alwan gewesen. Dessen Moschee in der Provinz Qassim sei bei anderen Geistlichen als «Terroristen-Fabrik» bekannt gewesen.[45]

Sicherlich kannten alle 19 Männer, die an den Angriffen beteiligt waren, das Vorhaben. Allerdings waren in der Geistlichen Anleitung ‹Flughafen› und ‹Flugzeug› nicht ausgeschrieben, sondern abgekürzt. Dies geschah sicherlich auch aus Gründen der Vorsicht, falls eine der Kopien in fremde Hände geraten sollte. Jedoch waren wohl nicht alle Beteiligten gleichermaßen in alle Einzelheiten des Planes eingeweiht. Wirklich voll informiert waren nur die vier Piloten und die Vertrauten bin Ladens, wie eine Bemerkung von bin Laden nahe legt.[46] Jedoch wussten alle, dass sie sich auf eine Mission begaben, an deren Ende – wenn sie denn gelang – der sichere Tod stand.

Schwurverbrüderung und Erneuerung der Intention

Die Geistliche Anleitung schreibt als Auftakt der Gewalttat «einen Treueid, zu sterben, leisten und das Erneuern der Intention» vor. *Bai'a*, ein Wort für Verpflichtungen verschiedener Art, bezeichnet in der Geschichte islamischer Gemeinschaftsbildungen den feierlichen Akt, mit dem Gläubige auf ihre Loyalität zu einem legitimen Anführer, ihrem Emir, eingeschworen werden.[47] Nach diesem Prinzip bildeten sich bereits seit langem Männerbünde, *futuwwa*. Auch die ägyptischen Muslim-Brüder kannten diese Praxis und schlossen sich mit einem ‹Treueid› zusammen. Etwas anderes ist allerdings ein Treueid bis zum Tod, wie er hier geschworen wurde. Faraj griff in der *Versäumten Pflicht* die Frage auf, ob ein Loyalitätseid bis zum Tode auch jemand anderem als dem Propheten geleistet werden dürfe, und bejahte sie; er gebühre jedem legitimen Anführer in einem Jihad (§ 95–97),[48] in diesem Fall bin Laden.

Zweck der Verbrüderung ist das «Erneuern der Intention» (*niyya*). «Intention» ist im islamischen Recht eine fundamentale Kategorie. «Eine gottesdienstliche Handlung ohne *niyya* ist ungültig, wie eine *niyya* ohne Handlung [ungültig ist]».[49] Sayyid Qutb und sein Bruder Mohammed

Qutb, ein Lehrer Usama bin Ladens, vertraten beide die Auffassung, dass
die Rechtgläubigkeit von Muslimen nicht mehr in ihren äußeren Handlungen, sondern nur noch in ihrer Intention (*niyya*) bestehen könne.[50] Als
Beispiel für eine vorbildliche Vorbereitung auf einen Akt kriegerischer
Gewalt verweist die Geistliche Anleitung auf Ali, Neffe und Schwieger-
sohn Mohammeds, im Grabenkrieg 627 n. Chr. Die Wahl dieses Vorbildes
wirft ein bezeichnendes Licht auf den Zweck, den der Verfasser mit seiner
geistlichen Anleitung verband:

Als Ali einmal mit einem Ungläubigen kämpfte, erhob sich dieser und bespuckte
ihn. Trotzdem steckte Ali sein Schwert [in die Scheide] zurück und hat ihn nicht
[sofort] damit erschlagen. Erst etwas später hat Ali ihn erschlagen. Als der Kampf
vorbei war, fragten ihn seine Gefährten, was es mit dieser Tat auf sich habe und
warum er den Ungläubigen nicht gleich getötet habe, sondern erst von ihm gelassen habe, um ihn dann später doch zu erschlagen. Daraufhin sagte Ali: ‹Als er
mich bespuckte, fürchtete ich, ich würde ihn aus persönlichem Rachegefühl erschlagen. Deshalb steckte ich mein Schwert zurück.› So oder ähnlich sagte er es.
Als er sich aber der Intention [des Kampfes für Gott] noch einmal versichert hatte,
kehrte er zurück, schlug auf den Ungläubigen ein und tötete ihn. Alles dies geschah
in kurzer Zeit. Man muss sich vor einer Tat innerlich darauf vorbereiten, damit
alles, was man tut, nur für Gott ist (3/13–15).

Die Demütigung Alis verlangt Bestrafung. Jedoch ist es die innere Vorbereitung, die darüber entscheidet, ob es nur eine persönliche Vergeltung
oder wirklich ein Kriegszug im Namen Gottes ist.

Vom Unrecht, das die Islamische Weltfront 1998 als Grund für die
Kriegserklärung an die USA anführt, findet sich hier kein Wort. Dabei
wissen wir, dass Mohammed Atta über dieses Unrecht persönlich empört
war.[51] Die Tat muss ganz für sich selbst sprechen. Angriffsziele waren die
arroganten Machtzentralen des heutigen «Heidentums»: das im World
Trade Center residierende Kapital der Wall Street, die im Pentagon behei-
matete Militärmacht und – das Ziel der in Pennsylvania abgestürzten
vierten Maschine – die im Kapitol ansässige politische Macht der USA.[52]
An diesen Mächten des heutigen Heidentums vollstrecken die Täter das
gerechte Gottesurteil. Zugleich wird jeder Kämpfer mit seinem Tod zum
Märtyrer. Da für die Aufnahme eines Märtyrers in das Paradies allein die
Intention im Moment des Sterbens zählt, hatten die Täter auch keinerlei
Bedenken, zuvor eine unislamische Lebensweise als eine bewusste Täuschung der Feinde einzusetzen.[53] Der Märtyrertod tilgt alle vorangegan-
genen Sünden.[54]

Mit der kriegerischen Handlung waren spirituelle Techniken verbunden. Dies zeigt sich in der Unterteilung in drei Phasen, die ähnlich wie in

der *Versäumten Pflicht* vorgenommen wird. Dort besteht der wahre Jihad aus drei unterschiedlichen Anstrengungen, die Aspekte ein- und derselben Handlung sind: dem Jihad gegen die eigene Seele, gegen den Satan und gegen die Ungläubigen und Heuchler (§ 88 f.). Die Dreiteilung der Handlung in der Geistlichen Anleitung setzt eine ähnlich Auffassung voraus: Der Jihad ist eine Anstrengung, die sich auf die eigene Seele, gegen den Satan und gegen die Ungläubigen richten muss, um gottgefällig zu sein.

Die erste Phase des Kriegszugs: Erlangung von Reinheit
Die Erneuerung der Intention beginnt in der Nacht vor dem Anschlag. In ihr reinigen die Männer ihre Körper und bereiten sich schrittweise mit Rezitationen, Gebeten, Meditationen und rituellen Waschungen auf den Kriegszug vor. Das arabische Wort für Rezitation, *dhikr,* das wiederholt in der Anleitung vorkommt, bedeutet nie nur «Aufsagen», sondern immer auch «Erinnerung» und «Vergegenwärtigung». Die Rezitation bringt aktuelle Teilhabe an der übernatürlichen Macht des Propheten.

Der Kämpfer soll die Suren 8 und 9 rezitieren und über ihre Bedeutung nachdenken (1/3). Der Prophet selbst habe befohlen, diese Suren vor dem Kriegszug (*ghazwa*) zu rezitieren, worauf sie viel Beute gemacht hätten. Die Wahl der Suren «Die Beute» (Sure 8) und «Die Umkehr» (Sure 9) ist bezeichnend; beide stammen aus der Zeit, als Mohammed Mekka verlassen hatte, in Medina einen Staat gründete und gegen Mekka in den Krieg zog. Aus Mohammed, dem verfolgten Propheten, wurde Mohammed der Kriegsherr und Staatsgründer. Das Beispiel, an dem sich die Handlung der Täter vorrangig orientierte, war der Grabenkrieg des Propheten von 627 n. Chr., der sowohl gegen äußere wie innere Feinde geführt wurde.[55] Während Mohammed in den Jahren zuvor in Mekka mit den Ungläubigen friedlich verkehrt hatte, änderte sich das in Medina. Es ist der Schwertvers, der diese neue Haltung dokumentiert:

> Wenn die heiligen Monate abgelaufen sind, dann tötet die Polytheisten, wo immer ihr sie findet, greift sie, belagert sie und lauert ihnen auf jedem Weg auf. Wenn sie umkehren, das Gebet verrichten und die Abgabe entrichten, dann lasst sie ihres Weges ziehen: Gott ist voller Vergebung und barmherzig (Sure 9:5).[56]

Der Wandel von Tolerierung der Ungläubigen zu Gewalt gegen sie ist ein zentrales Thema islamischer Theologie. Es gibt muslimische Gelehrte, die annehmen, dass der Schwertvers anders lautende vorangehende Offenbarungen ersetzt hat, wobei sie sich auf Sure 2:106 berufen, die eine solche Möglichkeit einräumt:

Was wir auch an Zeichen aufheben oder der Vergessenheit preisgeben, wir bringen dafür ein besseres oder ein gleiches.

Der Schwertvers habe nicht weniger als 114 andere Verse in 54 Suren, die ein friedliches Nebeneinander mit den Ungläubigen voraussetzen, aufgehoben und durch die Aufforderung «Vorgeschrieben ist auch der Kampf, obwohl er euch zuwider ist» (Sure 2:216) ersetzt, behauptet Faraj in der *Versäumten Pflicht* § 76–79 unter Berufung auf Gelehrte. Andere Rechtsgelehrte haben einer solchen Auslegung von Koran 2:106 widersprochen und das Prinzip der Abrogation (arab. *naskh*) von Offenbarungen an den Propheten grundsätzlich in Frage gestellt.[57] Der ägyptische Mufti Sheikh Jadd al-Haqq hat in seiner Widerlegung der *Versäumten Pflicht* einfach den zweiten Teil des Schwertverses zitiert, um die kriegerische Deutung zurückzuweisen: «Wenn sie umkehren, das Gebet verrichten und die Abgabe entrichten, dann lasst sie ihres Weges ziehen: Gott ist voller Vergebung und barmherzig.»[58]
Im Anschluss an die Rezitation der Kriegssuren folgen Meditationen (1/4).

Besinne dich (*an-nafs*) auf den unbedingten Gehorsam in dieser Nacht. Denn du wirst mit entscheidenden Situationen konfrontiert sein, in denen es 100% auf unbedingten Gehorsam ankommt. Bezähme dich, mache dich selbst verstehen, überzeuge dich und sporne dich dazu an (1/4).

Der Täter muss auf diese Weise sein natürliches Selbst, das am Leben hängt, überwinden.[59] Er soll in der Nacht wach bleiben und darum beten, dass er später «unentdeckt» bleibt (1/5). Dann aber soll er rigoros mit der Welt brechen:

Reinige dein Herz und säubere es von Makeln und vergiss oder ignoriere etwas, dessen Name Welt ist. Die Zeit des Spielens ist vorbei, es ist die wahre Verabredung gekommen. Wie viel Zeit unseres Lebens haben wir vergeudet! Warum erfüllen wir nicht in Zukunft jene Stunden mit gottgefälligen Taten und frommen Handlungen? (1/7).

Jetzt kommt alles darauf an, die Intention von allen ihr fremden Regungen zu befreien. Mental soll der Kämpfer sich darauf einstellen, dass seine Hochzeit bevorsteht und dass eventuell auftauchende Schwierigkeiten als Prüfungen Gottes zu seiner Rangerhöhung beitragen. Wenn Gott es wirklich will, dann vermag auch eine kleine Schar eine ganze Armee zu schlagen. Dies alles aber setzt voraus, dass der Kämpfer zusammen mit den

Brüdern Gebete rezitiert, aber auch alles Praktische nicht außer Acht lässt. Das Morgengebet in der Gemeinschaft der Brüder (*jamāʿa*) am Ende der Nacht besiegelt die Reinheit. «Die Engel bitten für dich um Verzeihung, solange du rituell rein bist, und beten für dich» (1/15).

Die zweite Phase im Flughafen: Furchtlosigkeit vor der satanischen westlichen Zivilisation

Der gläubige Muslim benötigt im Flughafen, der von den heidnischen Mächten beherrscht wird, vor allem eines: Schutz. Er erlangt ihn durch Rezitation und Gebet.

Wohin auch immer Du gehst, oder was auch immer Du tust, Du musst die religiöse Rezitation und das Gebet ausüben. Gott gewährt seinen gläubigen Dienern Schutz, Erleichterung, Unterstützung, Stärkung und Hilfe zum Sieg und noch anderes mehr (2/15).

Rezitation und Gebet bewirken, dass Engel den Kämpfer beschützen, ohne dass er es merkt (2/2). Die Technologie des Flughafens kann ihm nichts anhaben. Wer davor dennoch Furcht hat, ist in Wirklichkeit ein Freund Satans (2/6–7).

Diejenigen, die von der westlichen Zivilisation (*hadāra*) fasziniert sind, haben ihre Liebe zu ihr und ihre Verehrung für sie mit kaltem Wasser getrunken. Sie fürchten ihre [eigene] schwache Ausrüstung. ‹Ihr sollt nun aber nicht vor ihnen Furcht haben, sondern vor mir, wenn ihr gläubig seid› [Sure 3:175]. Denn die Furcht ist eine große Form der Verehrung. Die Freunde Gottes und die Gläubigen erweisen sie nur Gott, dem Einzigen und Einzigartigen, der in seinen Händen alles hält. Seid daher völlig sicher, dass Gott die List der Ungläubigen vereiteln wird (2/8).

Im ganzen Dokument ist dies die einzige Stelle, die den Feind der Jihadisten beim Namen nennt: Es ist die westliche Zivilisation ganz allgemein. Man wird einen Bezug auf Samuel Huntingtons Behauptung vom unversöhnlichen Kampf der westlichen mit der islamischen Kultur nicht ausschließen können.[60] Doch wird diese Theorie um einen spirituellen Aspekt erweitert: Die westliche Zivilisation flößt den Menschen Schrecken ein; nur der islamische Kämpfer ist dem gewachsen. Ohne dass andere es bemerken, spricht er im Flughafengebäude den ersten Teil des Glaubensbekenntnisses: *lā ilāha illā llāh*, «Es gibt keinen Gott außer Gott». Diese Worte wiegen schwerer als Himmel und Erde zusammen und machen den Kämpfer auf wunderbare Weise unangreifbar (2/9–11). Trotz der erschreckenden Übermacht des Heidentums bleibt er daher unerkannt; Gott ist es, der ihn mit dem Mittel der Verborgenheit vor seinen Feinden schützt.

Die Theologie der Überwindung der Angst vor der westlichen Übermacht steht in Zusammenhang mit einer bestimmten Diagnose der Gegenwart. In einem Zeitalter, in dem Schwäche in das Herz der Gläubigen gepflanzt wird und der Islam vom Untergang bedroht ist, erhebt sich eine Avantgarde von Muslimen und demonstriert eine übermenschliche Furchtlosigkeit.[61] Diese Theologie der Überwindung der Angst findet sich auch in Äußerungen von bin Laden. Der Brief, mit dem er 1996 zum Jihad aufrief, beginnt mit Koran-Zitaten, die die Gottesfurcht in das Zentrum des islamischen Glaubens rücken. Mit dieser Deutung der Situation des Kämpfers ist auch eine Aussage über seine für Außenstehende geheime Identität verknüpft. Der Soldat der Höchsten Macht bleibt im Reich Satans unerkannt. In einer Welt der Lüge ist eine Verheimlichung der wahren Identität nötig. Doch reicht die Praxis alleine für den Erfolg nicht aus; erst Gott kann sie erfolgreich werden lassen (2/3; vgl. 1/5).[62]

Im Hintergrund steht die Grundmaxime des Jihad-Islams, wonach die äußere Welt so umfassend vom Unglauben verdorben ist, dass nur noch das Herz und seine Intention als Wohnort des Islams übrig geblieben sind. Die völlige Abwertung des Äußeren erklärt auch, warum die Kämpfer einen westlichen Lebensstil annehmen, ihre Bärte scheren und Alkohol trinken konnten. Es kann keine harmonische Beziehung mehr zwischen der äußeren sichtbaren Welt und der unsichtbaren des Glaubens geben.

Die dritte Phase im Flugzeug: Angriff und Märtyrertod

Dann folgt der dritte Teil der Handlung: der Angriff. Unerkannt betritt der Gotteskämpfer die Maschine; auch hier erst wieder heimliche Rezitationen und Gebete. Das Thema des Märtyrertums rückt ins Zentrum. Trotz aller Bereitschaft zum Sterben ist das Märtyrertum keine eigene Leistung. «Bitte Gott, Dir das Märtyrertum (schahāda) zu verleihen» (3/7).[63] Wenn der Augenblick der Entscheidung gekommen ist, springt der junge Muslim auf wie ein Held, der nicht mehr ins Leben zurückkehren will, und schreit Allāhu akbar («Gott ist am größten»), was die Herzen der Ungläubigen mit Angst erfüllt. Der unerkannte Soldat der höchsten Macht gibt seine wahre Identität zu erkennen und tut, was Sure 8:12 gebietet: «Schlag auf die Nacken und schlagt auf jeden Finger von ihnen.» Dabei weiß er, dass Paradies und Paradiesjungfrauen auf ihn warten. Das Erleben der Erlösung wird in Metaphern sexueller Erfüllung ausgemalt.[64] Wenn Gott ihm die Gunst gewährt, jemanden mit seinem Messer zu opfern, soll er das für Vater und Mutter tun. Da es zu der Praxis des Propheten gehörte, die getöteten Feinde auszuplündern, soll dies ebenfalls im

Flugzeug geschehen – vorausgesetzt, es beeinträchtigt nicht die Operation. «Das unbedingt Verbindliche soll [in einem solchen Fall] dem Brauch (*sunna*) übergeordnet sein» (3/12). Auch sollen einige Feinde gefangen genommen und getötet werden. «Wenn alles so gelaufen ist, wie es soll, dann soll jeder von Euch auf die Schulter seines Bruders aus dem Apartment klopfen» (3/17). Es wäre schön, wenn man den Vers des Koran rezitieren könnte: «Und du darfst ja nicht meinen, dass diejenigen, die um Gottes willen getötet worden sind, wirklich tot sind (Sure 3:169)» (3/18). Auch ein wenig Beute soll noch gemacht werden, selbst wenn es nur eine Tasse oder ein Glas Wasser ist.

Wenn sich dann die wahre Verheißung nähert und die Stunde Null erreicht ist, zerreiße dein Gewand und lege deine Brust frei, um den Tod auf dem Wege Gottes willkommen zu heißen, und sei ständig Gottes eingedenk. Entweder schließt du mit dem Ritualgebet, wenn das möglich sein sollte, indem du einige Sekunden vor dem Ziel beginnst, oder deine letzten Worte sollen sein: ‹Es gibt keinen Gott außer Gott, und Mohammed ist sein Prophet›. Und wenn Gott will, folgt danach das Treffen im Höchsten Paradies mit der Erlaubnis Gottes (3/21–23).

Der Verfasser der Geistlichen Anleitung bildet mit dieser Rahmung der Gewalthandlung frühislamische Schlachten nach – bis hin zu deplatzierten Handlungen wie der Plünderung der Feinde. Der Erfolg der Operation hängt von der korrekten Rezitation von Suren und der peinlich genauen Inszenierung des Anschlages ab. Sie garantieren die Reinheit der Intention.

Diese Praxis hat eine Vorgeschichte. Der Krieg für die Sache Gottes war seit der Frühzeit eine muslimische Pflicht. Bei staatlich angeordneten Kriegen gegen Heiden musste der Gläubige zum Kriegsdienst bereit sein. Daneben aber gab es eine «strengere» religiöse Auffassung, wonach der Krieg gegen die Heiden die eigentliche Bewährungsprobe des Glaubens darstellt. Der wahre Muslim stellt seinen Glauben freiwillig im Krieg gegen die Heiden unter Beweis. Die Aussage des Propheten, wonach das Mönchtum seiner Gemeinde der Jihad sei,[65] ist nicht nur eine Polemik gegen das Christentum, sondern stellt auch eine positive Verbindung zwischen asketischer Weltablehnung und Kriegerethos her. Diese Verbindung findet sich auch schon in klassischen islamischen Quellen, wie Albrecht Noth gezeigt hat. Danach bereitet sich der Kämpfer mit Hilfe asketischer Enthaltung auf den Krieg vor. «Ritter bei Tage und Mönche bei Nacht»: So beschrieb ein christlicher Beobachter, was er als Gefangener bei Muslimen beobachtet hatte. Den Kämpfern wurde empfohlen, vor dem Kampf die Formeln des Gotteslobes auszusprechen, aus dem Koran zu rezitieren, Gebete zu verrichten, zu fasten und Gottespreisungen (*dhikr*) zu sprechen.[66] Ein Vorbild hierbei waren die Kriegszüge des Propheten, als er von Medina aus die islamische Ordnung durchsetzte, darunter besonders der Grabenkrieg des Propheten von 627 n. Chr.[67] Daran orientierten sich auch noch die Kämpfer des 11. September. Diese Kriegszüge (*ghazwa*) integrierten spirituelle und militärische Praktiken. Albrecht Noth kam bei seiner Untersuchung zu dem Ergebnis, «dass im Islam der Kampf gegen die Ungläubigen als eine Möglichkeit des ‹Gottesdienstes› angesehen und proklamiert wurde».[68]

Die Kultivierung eines Kriegerethos in der Diaspora

Religiöse Weltablehnung erzeugt eigene Praktiken; die Mittel, mit denen Gläubige ‹außerweltliches› Heil hoffen zu erwerben, haben eine psychologische Wirkung und schaffen dadurch ‹innerweltliche› Tatbestände. Max Weber hat auf dieser Differenz seine ganze Religionssoziologie errichtet.

Auch dieses außerweltliche Heilsgut war nun aber keineswegs ein nur jenseitiges. Auch da nicht, wo es sich selbst als solches verstand. Vielmehr war, psychologisch betrachtet, gerade der gegenwärtige, diesseitige Habitus dasjenige, worum es den Heilsuchenden primär zu tun war.[69] Weltflucht selbst ist psychologisch keine Flucht, sondern ein immer neuer Sieg über immer neue Versuchungen, mit denen er [der Asket] immer erneut aktiv zu kämpfen hat. Der weltablehnende Asket hat mindestens die negative innere Beziehung vorausgesetzten Kampfes zur «Welt». Man solle daher zweckmäßigerweise von «Weltablehnung» und nicht von «Weltflucht» sprechen.[70] Bewährung ist das psychologisch allein Greifbare an den Heilsgütern.[71]

Eine «negative innere Beziehung zur Welt» findet gegenwärtig auch unter Muslimen Anklang, besonders auch in der Diaspora. Wo keine soziale und kulturelle Integration in die Aufnahmeländer stattfindet und Muslime ausgegrenzt sind, da ist auch der gottlose Feind ein anderer geworden: nicht mehr das korrupte Regime in den Herkunftsländern, sondern die westliche Kultur. Neue Praktiken entstehen. Setzte sich der Islamismus in den Ländern des Nahen Ostens eine Re-Islamisierung von Gesellschaft und Staat zum Ziel, so entfaltete sich in der Diaspora ein Neo-Islamismus (Olivier Roy) in Form einer islamischen Lebensführung.[72] Doch kann er das nur, indem er sich Formen westlicher Religiosität aneignet. «Es gibt eindeutig eine Verknüpfung zwischen der wachsenden Entterritorialisierung des Islams ... und der Verbreitung spezifischer Formen von Religiosität», bemerkt Roy.[73] Aus institutionalisierter Religion wird eine persönliche Religiosität. Dabei büßt die imaginierte islamische Gemeinschaft (die *umma*) ihre geographische Bindung an ein Territorium ein und wird zu einer globalen «Religionsgemeinschaft», die wesentlich auf die Lebensführung gegründet ist.

Die Angleichung des Islams an Typen westlicher Religiosität vermindert jedoch nicht die Spannungen mit der westlichen Kultur. Im Gegenteil! An die Stelle der geographischen Grenzen treten mentale, die nicht minder hart verteidigt werden. Die Ablösung des Islams von seiner Bindung an Staatlichkeit und Territorialität befördert eine Individualisierung, die neue Formen von Gemeinschaftlichkeit erzeugt. Die enorme Expansion neuer islamischer Gemeinschaftlichkeit und die Ausbreitung eines posttraditionalen individualisierten Islams hängen daher eng zusammen. Ob die Triebkräfte, die hier erkennbar sind, jedoch zwangsläufig auf eine kriegerische Gesinnungsethik hinauslaufen oder nicht genauso die Form einer sozialen Verantwortungsethik annehmen können, ist eine offene Frage.[74]

Es lohnt sich, die Lebensläufe der Attentäter vom 11. September noch einmal aus dieser Perspektive zu betrachten. Die Motive eines Menschen, Selbstmord zu begehen, sind etwas anderes als die Bedeutung, die er mit seiner Handlung übermittelt. Während diese Bedeutung sich im Rahmen vorgegebener Muster bewegt, müssen die Motive für jeden Einzelnen gesondert erhoben werden und können ganz verschieden sein.[75] Für drei Täter der Hamburger Zelle – Mohammed Atta, Marwan al-Shehhi and Ziad Jarrah – sowie ihren Organisator Ramzi bin al-Shib hat Terry McDermott einen Anfang gemacht und alle biographischen Informationen, die er über sie in Deutschland finden konnte, zusammengetragen. Er wollte wissen, wer die Menschen waren, die eine so monströse Tat begehen konnten. Die Antwort, die er gibt, hat ihn selbst verstört: Es waren «bedauerlicherweise … ganz normale Menschen». Er fand junge Muslime, die in der Diaspora zu Gläubigen geworden waren – zu Gläubigen, die sich nicht den kleinsten Zweifel am Glauben gestatteten. Und eben darin sieht er eine Ursache. «Es ist nicht der Glaube selber, sondern diese Gewissheit, die das Problem erzeugt.»[76] O. Roy hat denselben Sachverhalt im Auge, wenn er von einer Abkoppelung der Identität der Muslime nicht nur von der politischen Ordnung, sondern auch von der Kultur spricht.[77] Eine Untersuchung mit ähnlichem Ergebnis hat Stephen Holmes vorgelegt. Sie kreist um die Situation junger Muslime in der deutschen Diaspora, die sich trotz ihrer Bildungskarrieren sowohl von ihren Herkunfts-

184 *Am 11. September 2001: Ein Kriegszug auf dem Wege Gottes*

ländern wie von der deutschen Gesellschaft entfremdet fühlen. Als Migranten, die einen reineren Islam leben können als die ‹Heuchler› in den Heimatländern, kultivieren sie ihre Wut und Frustration in religiösen Zirkeln.[78] Sogar auf Hochzeiten stimmen sie ihre Jihad-Lieder an, wie die Attentäter vom 11. September es taten.[79]

Die Martyriumsauffassung ist in der Diaspora neue Wege gegangen. Iranische Schia, Hizbollah und Hamas haben den frei gewählten Tod durch die eigene Waffe im Widerstandskampf gegen Israel und andere Besatzungsmächte zu einer religiös vorbildlichen Tat erklärt. Dabei bleibt die Handlung von autorisierten und nachvollziehbaren Urteilen der Glaubensgemeinschaft über das Maß der Bedrohung abhängig. Mit dem Netzwerk von al-Qaʿida hat sich hingegen ein anderer Typus von Märtyrer durchgesetzt. Er löst die Kriegerethik gänzlich von der Situation territorialer Bedrohung der Gemeinschaft und verbindet ihn mit einer persönlichen Ablehnung der westlichen Zivilisation. Der Selbstmordanschlag wird auch zu einem Mittel, sich aus freien Stücken aus den Verstrickungen mit einer Kultur, von der der Täter ebenso fasziniert wie abgestoßen ist, zu befreien. Diese neue Kategorie von Märtyrern war es, die seit dem 11. September auch im Westen in Erscheinung getreten ist.[80]

10. Ein grenzenloser Krieg der USA gegen den Terror

Bob Woodward schildert in seinem Buch *Bush at War*, wie schnell sich nach dem 11. September 2001 in der US-Regierung eine ganz bestimmte Deutung der Anschläge durchsetzte. Sprach George W. Bush in seiner allerersten Reaktion nur von «terroristischen Angriffen», hieß es wenig später: «Wir sind im Krieg.»[1] Der Angriff vom 11. September 2001 wurde getreu dem neo-konservativen Denken als eine militärische Herausforderung gedeutet, die mit einem Angriff auf Staaten, die den Terroristen Schutz bieten, beantwortet werden muss. Dazu trat dann noch eine religiöse Deutung. Am 16. September warnte George W. Bush seine Mitbürger in einer Rede mit den Worten:»this crusade, this war on terrorism, is going to take a while.« Allerdings war ihm diese Vokabel wohl eher unbeabsichtigt herausgerutscht. Wenigstens hat er sich später sehr viel vorsichtiger ausgedrückt. Doch blieb in der islamischen Welt der Eindruck bestehen, die USA befänden sich auf einem Kreuzzug. Dazu trug auch eine amerikanische Tradition politischer Rhetorik bei, die von Zivilreligion und Mission geprägt ist.[2]

Das amerikanische Konzept von Terrorismus

Der Terrorismusbegriff, wie er im Kampf Israels gegen den Widerstand der Palästinenser geprägt worden war, hat sich in den USA schnell durchgesetzt. An der zweiten von Benjamin Netanjahu 1983 in Washington organisierten Konferenz zum Terrorismus, die die Auffassung, wonach des einen Terrorist des anderen Freiheitskämpfer ist, verwarf, hatte auch George P. Shultz teilgenommen, der von 1983 bis 1989 amerikanischer Außenminister war. Er begrüßte in seinem Beitrag «The Challenge to the Democracies» ausdrücklich, dass die «Freie Welt» dank der Bemühungen des Jonathan-Institutes endlich das Problem des Terrorismus anpacke. Von seltenen Ausnahmen abgesehen, sei es das Ziel von Terroristen, anderen ihren Willen durch Verbreitung von Angst aufzuzwingen. Terrorismus sei eine Form politischer Gewalt, die sich gegen «uns», gegen die Demokratien, gegen «unsere» grundlegenden Werte und gegen «unsere» fundamentalen strategischen Interessen richtet. Dabei berief er sich auf

Worte, die Senator Henry Jackson bei der ersten Konferenz 1979 gesprochen hatte:

Dem Gedanken ‹Des einen Terrorist ist des anderen Freiheitskämpfer› kann nicht zugestimmt werden. Freiheitskämpfer oder Revolutionäre sprengen keine Busse mit Zivilisten in die Luft; terroristische Mörder tun dies. Freiheitskämpfer ziehen nicht los, um Schulkinder gefangen zu nehmen und abzuschlachten; terroristische Mörder tun dies. Freiheitskämpfer ermorden nicht unschuldige Geschäftsleute oder entführen und nehmen unschuldige Männer, Frauen und Kinder als Geiseln; terroristische Mörder tun dies. Es ist eine Schande, wenn Demokratien es zulassen, dass das wertvolle Wort ‹Freiheit› mit Akten von Terroristen assoziiert wird.[3]

Der Terrorist kämpft nicht, so George P. Shultz in Anlehnung an Jackson, um andere von seiner Sache und seinem Recht zu überzeugen; er kämpft, um Unschuldige umzubringen. Wenn man dies verstanden habe, sei es nicht schwer, zwischen Terroristen und Freiheitskämpfern zu unterscheiden. Die Kämpfer in Afghanistan oder die *Contras* in Nicaragua brächten keine Unschuldigen um und seien daher genuine Widerstandskämpfer und keine Terroristen.

Diese Definition löst sich von einer Auffassung von Terror, die einst in Europa entstanden war. Bruce Hoffman, ein amerikanischer Terror-Experte, erinnert an sie, wenn er Maximilien Robespierre zitiert:

Terror ist nichts anderes als Gerechtigkeit, sofortige unnachsichtige und unbeugsame Gerechtigkeit; er stellt daher eine Ausdrucksform der *Tugend* dar.[4]

Im Unterschied zum Verbrecher handelt nach dieser Auffassung der Terrorist nicht aus eigennützigen, persönlichen Motiven; er ist ein «Verbrecher» mit gutem Gewissen. Shmuel N. Eisenstadt geht bei seiner Deutung des heutigen gewalttätigen Fundamentalismus vom Jakobinismus als Paradigma aus.[5] Nicht ein Zuwenig, sondern ein Zuviel an Moral treibt den Rechtsbrecher an.

In derselben Zeit, in der die Konferenzen des Jonathan-Instituts stattfanden, legte sich das amerikanische Außenministerium auf die Definition von Terrorismus fest, die auf den Konferenzen des Jonathan-Institutes vorgeschlagen worden war:

Der Begriff ‹Terrorismus› bezeichnet vorsätzliche, politisch motivierte Gewalt, die von subnationalen Gruppen oder heimlich operierenden Tätern gegen nicht-kämpfende* (noncombatant) Ziele ausgeübt wird, gewöhnlich mit der Absicht, eine Öffentlichkeit (audience) zu beeinflussen. (Übers. HGK)[6]

Da diese Definition nicht nur den Feind benennt, sondern damit auch die Praxis seiner Bekämpfung bestimmt, muss man sie genauer betrachten. Drei Merkmale zeichnen sie aus. *Erstens* spaltet die Definition das ambivalente Konzept des vorbildlichen Freiheitskämpfers, der auch schuldbeladener Gewalttäter ist, in zwei Teile auf: in einerseits einen berechtigten Widerstand, der nicht terroristisch ist; und in andererseits einen menschenverachtenden Terror, der keinerlei Berechtigung beanspruchen kann.[7] Es ist wie in der ‹Left-Behind›-Serie: ein Kämpfer kann nur das eine oder das andere sein. Akteure des Terrors können *zweitens* nur subnationale oder subversive Gruppen sein; nur wenn ein Staat solchen Gruppen Schutz bietet, wird er zum Unrechtsstaat («Schurkenstaat»). Ansonsten sind Staaten keine terroristischen Akteure. Die Berichte, die das Außenministerium in den folgenden Jahren über Terroraktivitäten erstellte, fußen alle auf dieser Kategorisierung. Wenn palästinensische oder libanesische schiitische Milizen israelische Siedlungen in den besetzten Gebieten beschossen, waren das Akte von Terror. Wenn der Staat Israel palästinensische oder schiitische Dörfer beschoss, war das berechtigte Verteidigung. Wenn Israel christliche libanesische Milizen unterstützte, war es dazu berechtigt; wenn Syrien die Miliz der Hizbollah unterstützte, gab es sich als ein Unrechtsstaat zu erkennen. Anerkennung oder Ablehnung von Israel (als Besatzungsmacht) wird zum Kriterium der rechtlichen Legitimität oder Illegitimität einer Gruppe. Im Nahostkonflikt wiederholt sich, was James R. Lewis bei den amerikanischen Auseinandersetzungen über Kulte erkannt hatte: Konflikte über die Legitimität oder Illegitimität einer Gruppe werden über ihre Klassifikationen ausgetragen. Bemerkenswert an der Definition des Außenministeriums ist *drittens* die Ausweitung der Kategorie der Zivilisten auf Militärs, wie die mit Stern angehängte Erläuterung ausführt:

Für den Zweck dieser Definition wird der Begriff ‹nicht-kämpfend› so verstanden, dass er neben Zivilisten auch militärisches Personal, das zur Zeit eines Zwischenfalls unbewaffnet und/oder nicht im Dienst ist, einschließt. Wir betrachten auch Angriffe auf militärische Einrichtungen oder auf bewaffnetes Militärpersonal, wenn es an dem Ort keinen Zustand militärischer Feindseligkeiten gibt, als Akte von Terrorismus. (Übers. HGK)

Damit wird ein Angriff von Freiheitskämpfern auf militärische Einrichtungen einer Besatzungsmacht als Terrorakt klassifiziert.

Diese neue Auffassung hat eine suggestive politische Rhetorik entstehen lassen, die ebenfalls genauer zu betrachten ist. Wer von Terroristen spricht, bringt bei seinen Zuhörern die Bereitschaft zum Verschwinden, etwas über die Gründe ihres Handelns erfahren zu wollen; er lenkt die Aufmerksamkeit davon ab, dass die eigene Politik zum Entstehen der Erscheinung mit beigetragen haben könnte; er suggeriert, es sei widersinnig, mit solchen Menschen zu verhandeln; er trennt die Gewalthandlung von ihrer Begründung ab; Gegengewalt ist so die einzige angemessene Reaktion. Mit der Semantik der Bezeichnung «Terroristen» haben wir fast einen metaphysischen Begriff vor uns, der nur eine Lösung zulässt: ihre Eliminierung. Terroristen sind moralische Nihilisten, stehen außerhalb der Rechtsordnung und müssen vernichtet werden.[8]

Wechselt man von der Semantik zu den praktischen Anwendungen, zeigen sich allerdings Ungereimtheiten. Denn betrachten wir beispielsweise noch einmal die Fälle, die George P. Shultz für seine Behauptung anführt, es sei sonnenklar, wer Widerstandskämpfer und nicht Terrorist sei, so ist festzuhalten, dass die von den USA unterstützten *Contras* in den achtziger Jahren in Nicaragua zirka 3000 Zivilisten umgebracht haben, von den Gräueln der antisowjetischen Kämpfer in Afghanistan ganz zu schweigen. Aus der Distanz wird damit deutlich, dass beide Beispiele nicht einfach nur unglücklich gewählt sind, sondern dass die Terrorismus-Rhetorik vom tagespolitischen Freund-Feind-Schema der USA eingeholt wird. Im Moment der Verwendung wird die Bezeichnung wie von selbst deckungsgleich mit den jeweiligen politischen Feinden. Was eine Terrororganisation ist und was nicht, musste daher in Washington *ex cathedra* amtlich entschieden werden. Widersprüche waren die Folge.

Als zum Beispiel die USA mit der PLO über eine Lösung des Nahostkonfliktes Gespräche führten, wollten Mitglieder des Repräsentantenhauses wissen, wie sich dies zu der Einordnung der PLO als Terrororganisation verhalte. Ob ein Angriff der PLO auf eine israelische Einheit kein Terror sei, war eine wiederholt gestellte Frage. Nein, antwortete der Unterstaatssekretär, nicht entsprechend unserer Definition. Daraufhin schränkte er dann ein: «Wissen Sie, Angriffe auf militärische Ziele können auch terroristisch sein. Es hängt von den Umständen ab.» Auf die Frage, um was für Umstände es sich dabei denn handle, antwortete er: «Ich halte es nicht für sachdienlich, in eine nähere Beschreibung einzutreten.»[9]

«Der Ruf der Geschichte»:
Ein globaler Krieg von ungewisser Dauer

Das Bild, das die Regierung der USA sich vom Feind und von sich selber in diesem Kampf machte, kommt besonders klar in der Rede zum Ausdruck, die Präsident George W. Bush am 28. Januar 2003 zur Lage der Nation hielt.[10] Der Krieg gegen die Regierung der Taliban in Afghanistan schien erst einmal vorbei zu sein, der Krieg gegen das Regime von Saddam Hussein im Irak stand bevor. Entworfen hatte den Text Michael Gerson, ein Theologe aus dem evangelikalen Lager, der bis 2006 Redenschreiber und einflussreicher Berater G.W. Bushs war.[11] Gerson griff in seinen Entwürfen die von Bush selber gesprochene Sprache auf; der Präsident sah die Reden, bevor er sie hielt, noch einmal durch. Es handelt sich bei ihnen also um Texte, die das Denken des Präsidenten wiedergeben.

In den ersten Teilen geht die Rede vom 28. Januar 2003 auf die notwendige Stimulierung der amerikanischen Wirtschaft, auf eine bezahlbare medizinische Versorgung für alle Amerikaner, auf eine unabhängige Energieversorgung und auf die Fürsorge für Arme und Kranke ein. Alsdann wendet sie sich von den natürlichen Übeln den – wie es heißt – von Menschen gemachten zu.

Es gibt Tage, an denen unsere Mitbürger keine Nachrichten vom Krieg gegen den Terror hören. Es gibt aber keinen einzigen Tag, an dem ich nicht von einer weiteren Bedrohung höre oder Berichte über laufende Operationen empfange oder Befehle erteile in diesem globalen Krieg gegen ein verbreitetes Netzwerk von Mördern.[12]

Die Sprache, mit der die Gegner beschrieben werden, ist bizarr. Von irgendwelchen Gründen für die Handlungen dieser Täter wird nichts gesagt, nicht einmal in Andeutungen, obwohl die Begründungen bekannt sind: Die Vertreibung von Palästinensern von ihrem angestammten Land und die Verletzung religiöser Gefühle durch die amerikanische Militärpräsenz im Land der beiden heiligen Stätten: Diese muslimischen Klagen finden keine Erwähnung. Die Terroristen haben keine Heimat und keinen Glauben, sie handeln allein aus Hass und haben nur eine Ambition: grenzenlose Grausamkeit und Mord.[13] Jedoch werde es unter der Führung des amerikanischen Präsidenten gelingen, diese schreckliche Bedrohung der gesamten zivilisierten Welt abzuwehren.

Die Bedrohung ist neu; Amerikas Pflicht vertraut. Im ganzen 20. Jahrhundert haben kleine Gruppen von Männern die Kontrolle über große Nationen an sich gerissen, Armeen und Waffenarsenale aufgebaut, haben sich daran gemacht, die Schwachen zu beherrschen und die Welt einzuschüchtern. Jedes Mal war ihr Verlangen nach Grausamkeit und Mord grenzenlos. Jedes Mal wurden die Absichten von Hitlerismus, Militarismus und Kommunismus von der Willenskraft freier Völker, von der Stärke großer Allianzen und von der Macht der Vereinigten Staaten besiegt ... Der Ruf der Geschichte ist an das richtige Land ergangen.[14]

Die politischen Differenzen, die zwischen den politischen Strömungen von Nationalsozialismus oder Kommunismus oder dem gewalttätigen Islamismus bestehen, werden zugunsten einer metaphysischen Kategorie eingeebnet. Der Feind ist global und die Verkörperung des Bösen, der Kampf gegen ihn ist das Gebot der Stunde und muss weltweit geführt werden.

Die Rede von G. W. Bush knüpft an populäre Vorstellungen an, die in unterschiedlicher Gestalt seit langem durch die Kultur Amerikas wandern.[15] Dabei geht es um die Rettung Unschuldiger durch einen Helden: ob er Captain America, Rambo oder Terminator heißt oder in dem Film *Independence Day* der Präsident selber ist. In diesen Kategorien deuten seine Worte auch die Lage der amerikanischen Nation:

Wir bitten [die freien Nationen], sich uns anzuschließen, und viele tun es. Jedoch hängt der Weg unserer Nation nicht von den Entscheidungen anderer ab. Welche Handlung auch immer erforderlich ist, welche Handlung auch immer notwendig ist, *ich* [Herv. HGK] werde die Freiheit und Sicherheit des amerikanischen Volkes verteidigen.[16] ... Wir opfern uns für die Freiheit von Fremden. ... Die Freiheit, die wir so hochschätzen, ist nicht Amerikas Gabe an die Welt, sondern Gottes Geschenk an die Menschheit.[17]

Mit Hilfe seines evangelikalen Beraters gibt der US-Präsident dem islamistischen Überfall vom 11. September eine prämillenarische Rahmung und entwirft damit zugleich auch ein politisches und militärisches Handlungsmodell. Die Rahmung der Situation und das Handlungsskript sind, worauf Bruce Lincoln aufmerksam gemacht hat, symmetrisch zu der Konzeption von bin Laden; nur verkörpern in dessen Reden die Amerikaner das metaphysisch Böse.[18]

Diese Rhetorik ist nicht ohne Einfluss auf das Handeln der US-Regierung geblieben. Das offizielle Dokument, das im September 2002 die Nationale Sicherheitsstrategie der Vereinigten Staaten von Amerika formulierte, unterläßt es ebenfalls, Aufschluss über Natur, Ziele und die Strategie des Feindes zu geben. Es heißt lapidar:

Die Vereinigten Staaten von Amerika führen einen Krieg gegen weltweit agierende Terroristen. Der Feind ist kein einzelnes politisches Regime oder eine Einzelperson oder eine Religion oder Ideologie. Der Feind ist der Terrorismus – vorsätzliche, politisch motivierte und gegen Unschuldige gerichtete Gewalt.[19]

Mögliche Gründe und Begründungen, die die Täter und ihre Mitstreiter für ihre Handlungen haben, werden ignoriert; eine Spezifizierung der Interessen des Feindes unterbleibt. Ein solcher Feind, der überall und nirgendwo sein kann, verlangt den Einsatz aller Mittel, über die man verfügt. Nur so hat man wenigstens eine Chance, sich vor unermesslichem Schaden zu schützen.

Nicht einmal Hinweise, dass der Anschlag vom 11. September in den Augen der Täter eine Falle war, wurden von der US-Regierung ernst genommen und diskutiert.[20] Man habe den USA einen Köder gelegt, an den sie angebissen haben; ein Anschlag, der al-Qaʿida nur 500 000 US-Dollar gekostet habe, habe die USA zu einem Krieg verleitet, der sie bislang 500 Milliarden US-Dollar gekostet habe. Diese Rechnung machte bin Laden in einer Ansprache am Vorabend der Präsidentschaftswahlen 2004 auf und trug auf diese Weise nebenbei zur Wiederwahl seines Feindes bei.[21] Die Kosten des Irakkrieges werden inzwischen auf 2 Billionen US-Dollar veranschlagt.

Der Krieg, den die USA gegen den Terror führen, ist ein globaler Krieg von ungewisser Dauer. Warum das so sein muss, kann man einer Äußerung von Donald Rumsfeld entnehmen. Rumsfeld, der damalige Verteidigungsminister, sagte im Juni 2002 auf einer Pressekonferenz:

Wir alle in diesem Geschäft lesen Geheimdienstinformationen. Wir lesen sie täglich, denken über sie nach, und sie werden in unserem Kopf zu etwas, das auch existiert. Aber das ist falsch. Es ist nicht etwas, das existiert. ... Ich fand ..., dass es sehr wichtige Geheimdienstinformationen gibt, die einige Länder ... gar nicht kannten; sie kannten ein wichtiges Ereignis noch zwei Jahre, nachdem es geschehen war, nicht, vier Jahre danach, sechs Jahre danach, in einigen Fällen elf, zwölf, dreizehn Jahre danach nicht. Was ist die Botschaft davon? Die Botschaft heißt: es gibt Dinge, von denen wir wissen, dass wir sie kennen («known knowns»); es gibt Dinge, von denen wir wissen, dass wir sie nicht kennen («known unknowns») ... Es gibt aber auch noch Dinge, von denen wir nicht einmal wissen, dass wir sie nicht kennen («unknown unknowns»).[22]

Wenn man von der Existenz einer Gefahr noch nicht einmal etwas weiß, wird man als Staatsmann gut daran tun, sich entsprechend zu verhalten. Mit dieser Logik rechtfertigte Rumsfeld, der – man vergesse es nicht – am 11. September 2001 in seinem Arbeitszimmer vom Angriff auf das Penta-

gon überrascht worden war, den Krieg gegen den Irak. Man habe nicht
gehandelt, weil man dramatisch neue Beweise für Iraks Massenvernich-
tungswaffen gefunden hätte, erklärte er vor dem Senatsausschuss für die
Streitkräfte. «Wir handelten, weil wir die vorhandenen Indizien durch das
Prisma der Erfahrung des 11. September in einem neuen Licht sahen.»[23]
«Das Fehlen von Beweisen ist kein Beweis für ihr Fehlen», ließ er ein an-
dermal verlauten.[24] Ähnlich äußerte sich der Unterstaatssekretär Paul
Wolfowitz: Weil FBI und CIA versagt hätten, die Verbindung nachzuwei-
sen, könne dies nicht bedeuten, dass sie nicht bestünde.[25] Die gefühlte
Bedrohung ersetzt eine Analyse der bestehenden.

Während der ersten Tage des Krieges gegen den Irak im April 2003
schaltete die amerikanische Regierung in den Zeitungen des Landes ganz-
seitige Anzeigen, die an diese gefühlte Bedrohung appellierten.

Sie haben sich sicher schon gefragt: «Gibt es etwas, was wir tun können, um uns
vor der Drohung des Terrorismus zu schützen?» Hier ist Ihre Antwort. Erstens
eine Tasche mit Notvorrat für drei Tage bereithalten, bis die Gefahr eines biolo-
gischen, chemischen oder radiologischen Angriffes vorbei ist: eine Gallone Wasser
pro Tag und Person müsste reichen, außerdem Trockennahrung, Taschenlampe,
batteriebetriebenes Radio, Klebebänder, um Fenster und Türen abzudichten.
Zweitens eine Übersicht mit den Telefonnummern aller Familienmitglieder und
immer ein mindestens halbvoll getanktes Auto. Drittens stets informiert bleiben
und mit den Familienmitgliedern vorweg besprechen, was man nach einem Terror-
angriff macht.[26]

Das Heimatschutzministerium gibt nicht nur praktische Ratschläge; es
übermittelt mit ihnen auch noch eine ganz andere Botschaft, die an die
Nerven geht: Der Feind ist in unmittelbarer Nähe, auch wenn man ihn
nicht kennt oder sieht. Nur wer mit allem rechnet, handelt richtig. Da
jede Verbindung zwischen der Politik der USA und den Anschlägen ge-
leugnet wird, muss den Bürgern weisgemacht werden, dass die Anschläge
vom 11. September unschuldigen Zivilisten galten und nicht den amerikanischen Machtzentren.

Ein Angriff auf das Sozialkapital islamischer Netzwerke

Nach den Anschlägen vom 11. September reagierte der Präsident mit
einer «Exekutivorder» (13224), die das Eigentum terroristischer Personen
und Gruppen einfror sowie Spenden zugunsten von Personen oder Gruppen verbot, die Terrorismus praktizieren, zu praktizieren drohen oder ihn
unterstützen. Die präsidiale Verordnung erging am 23. September 2001.

Sie war nicht die erste ihrer Art. Bill Clinton hatte bereits im Januar 1995 das Vermögen von Organisationen, die den Friedensprozess im Nahen Osten stören wollen, sowie Transaktionen oder Spenden zu Gunsten von diesen Gruppen verboten. Ein Anhang zu seiner Verordnung (12947) nennt 12 Organisationen, die darunter fallen, darunter Hizbollah und Hamas, aber auch zwei jüdische Organisationen (Kach und Kahane Chai). Die Verordnung von George W. Bush, die nach den Anschlägen vom 11. September erging, zählt in einem Anhang 27 natürliche und juristische Personen aus dem Umkreis von al-Qaʻida auf. Allerdings sah die Exekutivorder ausdrücklich eine Erweiterung der Liste durch das Außenministerium und das Finanzministerium vor. Sukzessive wurden immer weitere Personen und Gruppen hinzugefügt, ohne dass immer ein Zusammenhang mit al-Qaʻida erkennbar wäre. Das gilt vor allem für alle Organisationen, die Hamas und Hizbollah unterstützen. Indem Spenden für diese Bewegungen, die im Libanon und in Palästina den Widerstand gegen die Besatzungsmacht Israel organisierten, als feindliche Akte im Krieg gegen den Terror verfolgt wurden, wurde der Nahostkonflikt Teil des Krieges gegen den Terror.

Im Jahre 2003 umfasste die Liste des Außenministeriums 36 Organisationen. Dass die Liste der Terrororganisationen auch von tagespolitischen Interessen beherrscht wird, zeigt der Fall der Terrororganisation Nr. 22. Die USA haben nach ihrem Einmarsch in den Irak 2003 mit einer iranischen Oppositionsgruppe, die sich dort seit Jahren auf den gewaltsamen Sturz des Regimes in Iran vorbereitete – die *Mujahedin-e Khalk* –, einen Waffenstillstand geschlossen; sie durften ihre Waffen behalten und gegen eventuelle Eindringlinge aus Iran auch benutzen. Dazu musste die Gruppe jedoch erst von der Terrorliste gestrichen werden, was auch geschah.[27]

Lohnend ist ein Blick auf die Liste von Personen und Organisationen, die das Finanzministerium aufgestellt hat. Einer neuen Abteilung, dem «Foreign Terrorist Asset Tracking Center», war die Aufgabe übertragen worden, Finanzströme aufzuspüren und zu unterbrechen, mit denen terroristische Gruppen finanziert wurden.[28] Die Liste schwoll immer weiter an und füllt heute über 100 kleinstgedruckte Seiten. Da mit der Zakat-Abgabe, die die religiöse Pflicht jeden Muslims war, auch Jihad unterstützt wird, wurde folgerichtig der Krieg gegen den Terror auf alle möglichen islamischen Wohlfahrtsorganisationen ausgeweitet. So sollten – wie der Einleitungstext erklärt – Spender abgeschreckt, die amerikanische Öffentlichkeit und andere Staaten gewarnt, die finanziellen Netzwerke zerstört und die terroristischen Zellen von ihren Ressourcen abgeschnitten werden.

Nach einem Anschlag von Hamas im August 2003 setzte der Präsident zusammen mit dem Finanzministerium fünf palästinensische Hilfsorganisationen, die Hamas unterstützen, auf die Liste.[29] Ein dazugehöriges Informationsblatt für die Presse gab zum Spendenwesen von Hamas nähere Informationen. Hamas erhalte durch Spendensammlungen weltweit mehr als zehn Millionen Dollar. Die Wohltätigkeit sei nur Deckmantel. Während Hamas Gelder auch für legitime wohltätige Zwecke verwende, sei diese Aktivität doch primär ein Mittel für die militärischen Ziele der Organisation.

Die Hamas-Führung habe selber eingeräumt, dass der militärische Flügel dem politischen unterstehe. «Wir können die Flügel nicht vom Körper trennen; täten wir das, könnte der Körper nicht fliegen. Hamas ist ein Körper.» Diese Worte Sheikh Ahmad Yasins, übermittelt von der Presseagentur Reuter am 12. Mai 1998, werden zur Begründung angegeben. Während in Wirklichkeit Hamas als Widerstandsbewegung der Muslim-Brüder beides ist, Sozialwerk und Miliz, macht die US Regierung aus ihr eine einseitig gewalttätige Organisation. Damit sind Spenden an Hamas strafbar. Davon betroffen sind alle islamischen Hilfsorganisationen, die in den USA und in anderen Ländern Spenden für bedürftige Palästinenser sammeln und über die Bruderschaft in Palästina verteilen lassen.

Die Kriminalisierung islamischer Wohlfahrtsorganisationen trägt den Krieg tief in verarmte islamische Milieus hinein und bedroht die Existenz muslimischer Familien. Von diesem Krieg, der parallel zu dem im Irak geführt wird, wird in der westlichen Öffentlichkeit kaum Notiz genommen. Darum ist ein kleiner Einblick in seine Folgen, den Zaki Chehab uns gibt, so wertvoll. Er schildert an dem Fall der elfköpfigen Familie von Ahmed Abu al-Kheir in Nablus die Wirkung, die das Einfrieren der Vermögenswerte der «Holy Land Foundation for Relief and Development» in den USA für sie hatte. Die Wohltätigkeitsorganisation hat im Jahr 2000 über $ 13 Millionen an Spenden gesammelt und über Hamas in Palästina verteilen lassen. Davon erhielt die Familie von Ahmed Abu al-Kheir, der seit einem Verkehrsunfall arbeitsunfähig war, eine kleine Summe zwischen $ 55 und 85 monatlich; ausgezahlt wurde sie vom lokalen Zakat-Komitee in Nablus. Hunderte von armen palästinensischen Familien, von Waisen, von Behinderten und Studierenden wurden auf diesem Wege unterstützt. Mit dem Verbot versiegte diese Hilfe. Die Regierung Bush begründete ihr Verbot damit, dass die Mittel der Organisation an Hamas gingen; Hamas aber würde mit diesen Mitteln Schulen unterstützen, wo Kinder ermutigt würden, Selbstmordattentäter zu werden; auch habe Hamas damit Selbstmordattentäter rekrutiert, indem sie deren Familien finanzielle Unterstützung zusicherte. Laut dem Vorsteher des Zakat-Komitees in Nablus aber kommen diese Mittel gar nicht Hamas als Organisation zugute; ihre Vergabe folgt den Prinzipien, die auch sonst die Verteilung der Zakat-Mittel steuern.[30] Die Feindschaft und der Hass, die dieser Krieg verursacht, sind nicht abzusehen. Eine Güterabwägung zwischen dem berechtigten Anliegen, al-Qaʿida finanziell auszutrocknen, einerseits und den gewalttätigen Reaktionen, die eine so umfassende Bedrohung islamischer Hilfswerke provoziert, andererseits, steht aus.

Die Suspendierung des Kriegsrechts für gefangene Jihadisten

Präsident Bush unterzeichnete im Februar 2002 ein internes Memorandum, das aus dem Terrorismus-Konzept auch kriegsrechtliche Konsequenzen zog.

Betrifft: Humane Behandlung von al-Qaʿida- und Taliban-Gefangenen. Der Oberkommandierende und Regierungschef der Vereinigten Staaten ordnet an: «Keine der Regeln der Genfer Konvention trifft auf unseren Konflikt mit al-Qaʿida in Afghanistan oder anderswo in der Welt zu, da – neben anderen Gründen – al-Qaʿida keine Vertragspartei von Genf war.» Es heißt weiter, natürlich verlangen unsere Werte von uns, auch solche Gefangene human zu behandeln, die darauf keinen rechtlichen Anspruch haben. Danach aber bekräftigte der Oberkommandierende eine Anordnung seines Verteidigungsministers, «wonach die Gefangenen human und in einer Weise, die mit den Prinzipien von Genf übereinstimmt, behandelt werden sollen, *soweit dies die militärischen Notwendigkeiten* [Hervorh. HGK] zulassen».[31]

Ohne diesen Befehl wären die Praktiken in den Gefängnissen von Abu Ghraib sowie Guantanamo schwerlich möglich gewesen. Seymour M. Hersh hat Debatten in der US-Regierung über Folterungen in Guantanamo zusammengetragen, die die «Spielräume» bei Verhören entsprechend den militärischen Notwendigkeiten erweitern sollten. Nicht alle Misshandlungen durch amerikanische Verhörteams würden so viel Schmerzen und Leiden hervorrufen, dass sie unter das Folterverbot fielen, war die einhellige Meinung.[32]

Zur Aufweichung des Folterverbotes trug paradoxerweise ein Handbuch für einen Verhaltenskurs bei, der für Soldaten und Soldatinnen der Marineinfanterie im Irak-Einsatz gedacht war. Unter dem Titel *Semper*

Sensitive möchte dieses Handbuch die Armeeangehörigen für Besonderheiten der irakischen Kultur sensibilisieren.

Beschäme oder demütige niemanden in der Öffentlichkeit. Einen Mann öffentlich zu beschämen ist ein Grund dafür, dass er und seine Familie gegen die Koalitionstruppen sind. Die wichtigste Voraussetzung für Beschämung ist die Anwesenheit von Zeugen. Wenn du etwas tun musst, das wahrscheinlich Scham hervorruft, schütze die Person vor dem Blick anderer. Scham wird auch hervorgerufen, wenn man einem Gefangenen eine Kapuze überstülpt. Vermeide diese Praxis. Einen Gefangenen auf den Boden zu legen oder einen Fuß auf ihn zu setzen, impliziert, dass du Gott bist. Dies ist eines der schlimmsten Dinge, die man tun kann. Araber betrachten die folgenden Dinge als unrein: Füße oder Fußsohlen; den Gebrauch eines Badezimmers zusammen mit anderen; anders als die Marineinfanterie, die an Freiluft-Toiletten gewöhnt ist, werden Araber nicht gemeinsam die Dusche oder das Badezimmer benutzen; Körpersekrete (weshalb sie Papiertaschentücher mögen).[33]

Die praktischen Verhaltensregeln, die den Armeeangehörigen dazu dienen sollten, bei Arabern Vertrauen zu erlangen, wurden von den Verhörteams in Abu Ghraib auf den Kopf gestellt. Die Kameras, mit denen die entsprechenden Handlungen dann sogar noch photographiert wurden, sollten den Gefangenen unmissverständlich klar machen, dass ihre Demütigung nicht mit der Misshandlung endet, sondern dauernd verfügbar bleibt, ohne dass sie daran irgendetwas ändern könnten. Die Fotos waren als «shame multiplier» gedacht.[34]

Der Brief eines im Irak kämpfenden US-Offiziers an Senator McCain beleuchtet das Problem von einer anderen Seite her.[35] Ian Fishback schreibt, er habe Misshandlungen von irakischen Gefangenen miterlebt und sich daraufhin an Vorgesetzte und Dienststellen mit der Bitte gewandt, zu klären, was genau die Regeln für eine gesetzmäßige und humane Behandlung der Gefangenen bei Verhören im Irak seien und was nicht. Eine Antwort auf seine Anfragen habe er auch nach 17 Monaten nicht bekommen.

Ich bin mir sicher, dass diese Konfusion zu einem weiten Feld von Misshandlungen beigetragen hat, darunter Todesdrohungen, Schläge, Knochenbrüche, Mord, ungeschütztes der Witterung Aussetzen, extreme physische Anspannungen, Geiselnahmen, Entfernen der Kleider, Schlafentzug und erniedrigende Behandlung. Ich und Soldaten unter meinem Kommando waren Zeugen einiger dieser Misshandlungen in Afghanistan und im Irak.

Der Kongress hat daraufhin ein gesetzliches Verbot solcher Misshandlungen erlassen, das der Präsident bei seiner Unterschrift allerdings durch ein «signing statement» gleich wieder verwässert hat. Er erklärte nämlich

bei der Unterzeichnung, er werde die neuen Beschränkungen der Verhör-
methoden im Lichte seiner Vollmacht, die nationale Sicherheit zu schützen, beurteilen und sie bei Bedarf außer Kraft setzen.

Rückblickend war es keineswegs zwingend notwendig, den Krieg gegen
den Terror auszurufen und die Regierungen, die al-Qaʿida wirklich oder
angeblich Schutz geboten haben (Afghanistan und Irak), ohne ein Man-
dat der Vereinten Nationen anzugreifen und den Gefangenen den Schutz
der Genfer Konvention vorzuenthalten. Die Aufarbeitung des 11. September wäre anders verlaufen, wenn die Terrorakte als kriminelle Akte international verfolgt worden wären. Und diese Alternative bestand.[36] Nur
war in der prämillenarischen Rahmung des Angriffes vom 11. September
für ein solches internationales Vorgehen kein Platz, obwohl alle Instrumente, die dafür nötig gewesen wären, vorhanden waren.[37] In einem
öffentlichen Prozess könnten die Täter ihrerseits Anklagen gegen den
Westen erheben. Geschähe das, würden aus den angeblich hasserfüllten
Bestien junge Männer, die die Möglichkeit hätten, die Gründe für ihre
Verbrechen zu Gehör zu bringen.

Schlussbetrachtung:
Religionskriege im Zeitalter
der Globalisierung

Täglich kommen Berichte aus dem Nahen Osten, die ein Reim im Gedicht
von Andreas Gryphius aus dem Zeitalter der Glaubenskriege (1636) sein
könnten:

> Die Türme stehn in Glut, die Kirch ist umgekehret,
> Das Rathaus liegt im Graus, die Starken sind zerhaun,
> Die Jungfrau sind geschänd't, und wo wir hin nur schaun,
> Ist Feuer, Pest und Tod, der Herz und Geist durchfähret.

Ganz zufällig ist diese Erinnerung nicht. Herfried Münkler hat in seiner
Untersuchung der «neuen» Kriege auf Übereinstimmungen mit dem Dreißigjährigen Krieg hingewiesen.[1] Wie damals gehören private Milizen zu
den Kriegsparteien; wie damals sind Religionen selten die eigentliche
Brandursache, haben aber häufig als Brandbeschleuniger gewirkt; wie damals sind religiöse Gemeinschaften erst im Verlauf des Krieges zu Gewalt-
akteuren geworden. Man darf daher die Beziehungen, die zwischen dem
kriegerischen Verlauf eines Konflikts und der Explosion religiöser Gewalt
bestehen, nicht vorschnell zur einen oder anderen Seite hin kausal auflösen. Weder kann man Kulte, Fundamentalismus, Terrorismus zu den
Hauptschuldigen erklären noch politische Unterdrückung oder Entrechtung. Weder ist allein eine religiöse Gemeinschaft noch ein sozialer Konflikte der Verursacher von Gewalt. Gewalthandlungen gehen aus den
Wechselwirkungen zwischen beiden Seiten hervor. Erst wenn diese Diagnose gestellt ist, kann man über die geeigneten Therapien nachdenken.

Neue Formen religiöser Gemeinschaftlichkeit und Gewalt

Um heutige Typen religiösen Gewalthandelns zu verstehen, muss man mit
den zeitgenössischen Formen religiöser Gemeinschaftlichkeit beginnen.
Neben den vertrauten Sozialformen von Synagoge, Kirche, Moschee sind
regionale, nationale oder auch transnationale Netzwerke entstanden, die
eine eigene Sozialform von Religion darstellen. Bestehende Rechtsformen
erlauben es Laien, religiöse Vereinigungen unabhängig von staatlichen

Privilegien, aber unabhängig auch von traditionellen religiösen Autoritäten zu gründen. In diesen religiösen Netzwerken werden aktuelle Probleme, drängende Sorgen, demütigende Erfahrungen und hochgespannte Erwartungen der Religionsangehörigen zum Thema gemacht und gehen mit ihren Glaubensanschauungen und -praktiken eine Verbindung ein.

Besonders massiv haben sich solche Netzwerke in Weltteilen verbreitet, in denen der Sozialstaat schwach oder gar nicht ausgebildet ist, staatliche Ordnungen in Krisen und Kriegen zerbrechen, und eine fortschreitende Ausbreitung von Marktwirtschaft zu einer Individualisierung der Risiken des Lebens führt. Wo weder der Staat noch herkömmliche Loyalitäten dem Einzelnen Sicherheiten in Notlagen bieten, werden schwächelnde familiäre, nachbarschaftliche, lokale, tribale, sprachliche und nationale Loyalitäten von dem religiösen Sozialkapital dieser Brüderlichkeitsethik aufgesogen und wird die Brüderlichkeitsethik zu einem Motor der Schaffung sozialer Institutionen.

Während früher die Ausübung religiöser Handlungen in bestehende Loyalitäten eingebettet war, so werden jetzt Stimmen moderner religiöser Autoritäten laut, es sei Sache des Einzelnen, zu entscheiden, das religiös Richtige auch zu tun. Das lässt sich besonders klar an der Absicht, für eine Gemeinschaft zu töten oder zu sterben, ablesen. Wenn Menschen sich entscheiden, so zu handeln, ist es die religiöse Gemeinschaft, die diese Handlung billigen und für die Folgen mit einstehen muss. Hier liegt der Antrieb für eine Idealisierung des Märtyrers und die Bildung solidaritätsverbürgender Institutionen. Die neuen Formen praktizierter gewalttätiger Religiosität sind daher nach innen innovativ wie nach außen hierarchisch: Sie lösen sich von tradierten Modalitäten und Restriktionen, bedürfen aber der Legitimierung durch die religiöse Gemeinschaft und ihre heutigen Autoritäten. So kommt das Paradox zustande, dass mit der Individualisierung religiöser Praxis die Macht religiöser Gemeinschaften zunehmen kann.

Heilsgeschichtliche Deutungsrahmen und Handlungsskripte

Auch in der modernen Gesellschaft gehören religiöse Sinndeutungen, die in Konzeptionen von Heilgeschichte wurzeln, nicht der Vergangenheit an. Noch vor drei Jahrzehnten hielt man solche Deutungen für definitiv vergangen. «Das Mittelalter [fand] in Wahrheit erst dann sein Ende…, als intelligente und gebildete Menschen aufhörten, Prophezeiungen ernst zu nehmen», schrieb Peter Burke 1978. Auch den Zeitpunkt meinte er be-

nennen zu können. «Um 1800 war es für Gebildete fast genauso natürlich, sich über Prophezeiungen lustig zu machen, wie es dreihundert Jahre
vorher selbstverständlich gewesen war, sie ernst zu nehmen.»²
Zwanzig Jahre nach Burkes Worten hat sich die Einschätzung unter
Wissenschaftlern signifikant geändert.

> Wir müssen Männer wie Joachim von Fiore [ca. 1130–1202] und Hal Lindsay [geb.
> 1929] als gleichrangig ansehen und die dauerhafte Existenz einer Tradition messia-
> nischer Revolution im Westen vom Mittelalter bis in unsere Zeit anerkennen.³

Mit diesen Worten schließen David S. Katz und Richard Popkin ihre Studie zur Geschichte der Idee einer messianischen Zeitenwende ab. Von
einem Verschwinden des Prophetieglaubens in der Moderne ist keine
Rede mehr, auch nicht unter den Gebildeten. Und diese Sicht ist deutlich
realistischer als die von Peter Burke. Zwar waren militante Antizipati-
onen des Gottesreiches nach den europäischen Glaubenskriegen des 16.
und 17. Jahrhunderts in Misskredit geraten. Aber das fast blinde Vertrau-
en auf die Macht der Vernunft rief selber eine erneute Renaissance der
alten Erwartungen hervor. Denn das blutige Ende der Französischen Revolution schien vielen ein schlagender Beweis dafür zu sein, dass es Menschen nie und nimmer gelingen könne, aus eigener Vernunft heraus einen
Fortschritt zum Besseren zu Stande zu bringen.⁴ Eine zusätzliche Triebkraft moderner heilsgeschichtlicher Erwartungen wurden die Industrialisierung und die mit ihr verbundenen Lebensbedingungen. In England breiteten sich zwischen 1790 und 1850 protestantische Sekten mit glühenden
Endzeithoffnungen besonders in den Industrierevieren explosionsartig
aus.⁵ Ein «Chiliasmus der Verzweiflung» war nach der Diagnose des His-
torikers Edward P. Thompson eine der Triebkräfte.⁶ Dazu kam dann noch
als weiterer Antrieb die Leistungsfähigkeit religiöser Vergemeinschaftung.
Unter den Bedingungen der Industriegesellschaft, die dem Einzelnen alle
Risiken aufbürdete, ohne dass er sich noch auf traditionelle Loyalitäten
von Familie, Verwandtschaft oder Nachbarschaft verlassen konnte, entfaltete die religiöse Brüderlichkeitsethik eine mächtige Anziehungskraft. Wie
in England nahmen auch in Deutschland im 19. Jahrhundert religiöse End-
zeiterwartungen zu, und auch hier besonders in den Industrierevieren. Die
miserablen Lebensbedingungen in der damaligen Industriegesellschaft be-
reiteten den Boden für apokalyptische Gemeinden, aber auch für die
kommunistische Bewegung. Beide schienen den unerträglichen Lebens-
verhältnissen weltgeschichtlich einen Sinn verleihen zu können: als

Schritt hin zum göttlichen «Weltgericht» oder zur sozialistischen «Weltrevolution».[7] Beide Deutungsrahmen, der heilsgeschichtliche und der sozialistische, konkurrierten bereits seit längerem miteinander, wie Lucian Hölscher glänzend gezeigt hat. Seit dem 18. Jahrhundert war mit dem Aufkommen der Wissenschaft und der zunehmenden Fähigkeit, Naturprozesse zu erklären und zu kontrollieren, die Zukunft mehr und mehr in den Bereich des Machbaren gerückt. Folge dieser neuen technischen und wissenschaftlichen Möglichkeiten war nicht ein Verschwinden des Glaubens an die Heilsgeschichte, sondern die «Verdoppelung des Zukunftsbegriffes». Neben der wissenschaftlichen und sozialen Planung einer besseren Zukunft blieb die Erwartung einer Ankunft des Herrn – adventus – bestehen.[8] Die Zukunft im Sinne von wissenschaftlichem und sozialem Fortschritt wurde von der Gegenwart aus entworfen, Zukunft im Sinne der Heilsgeschichte vom Ende her: vom Tag des Gerichts aus.

Auch noch im 20. Jahrhundert kam es vor, dass sich Heilserwartungen an soziale Bewegungen hefteten. Was unter dem Gesichtspunkt einer klaren Unterscheidung des Religiösen vom Politischen zu Schwierigkeiten führt, kann verständlich werden, wenn man sich der Erkenntnis Max Webers erinnert, dass jede Art Alltagshandeln religiös «gerahmt» werden kann. Als Erwartung von Heil kann Religion sich mit alltäglichem zweck- und wertrationalem Handeln verbinden. Aus dieser Perspektive ist denen zuzustimmen, die die konventionelle Diastase von Politik und Religion bzw. Herrschaft und Heil für unfruchtbar halten.[9] Tatsächlich sind die Beziehungen zwischen säkularen politischen und religiösen Strömungen heutzutage vielfältig und eng; die neuen zivilen Formen religiöser Netzwerke können problemlos mit politischen Parteien und ihren Programmen verknüpft werden. In Israel ist das mit der religiösen Siedlerbewegung und dem rechtsgerichteten Likud, in den USA mit der *Moral Majority* bzw. der «Neuen christlichen Rechten» und den Republikanern geschehen; im Libanon ist die Hizbollah und in Palästina Hamas ein Beispiel dafür, wie aus einer religiösen Organisation eine politische Partei werden kann.

Zeit als Schöpfungsprozess

Um die Genese heilsgeschichtlicher Handlungsskripte zu rekonstruieren, muss man nicht von ‹heiliger› Zeit als einer Auflehnung gegen die historische Zeit ausgehen, wie Mircea Eliade es tat, sondern muss «Zeit» selber ins Auge fassen.[10] Stephen Hawkings Bestseller *Eine kurze Geschichte der Zeit*[11] lässt klar erkennen, was Naturwissenschaftler und Philosophen seit Beginn des 20. Jahrhunderts am ‹Rätsel der Zeit› so faszinierte:[12] dass sie keine universale Größe ist und die Eigenzeit sich bewegender Systeme im Verhältnis zueinander verschieden ist. Die Revolutionierung der Zeitkonzeption – die «neue Zeit» im naturwissenschaftlichen Sinne – lässt auch manche Zwänge, die das Modell einer universalen Zeit auf die Kulturwissenschaft ausgeübt hat, hinfällig werden. Das hatte bereits Henri Bergson (1859–1941) erkannt, als er beklagte, dass die geläufigen Ausdrücke für Zeit oft der Sprache des Raumes entlehnt seien; die Dauer werde in fixe Zeitpunkte zerlegt, die danach wieder kausal als vergangene, gegenwärtige und zukünftige Zustände verbunden würden. Kaum einer der Philosophen habe «bei der Zeit nach positiven Eigenschaften gesucht». Neue Metaphern und Modelle seien nötig.

> Geben wir der Bewegung ihre Beweglichkeit zurück, der Veränderung ihr Fließen, der Zeit ihre Dauer … Die Dauer wird sich als das offenbaren, was sie tatsächlich ist: nämlich fortdauernde Schöpfung, unterbrochenes Hervortreten.[13]

Nach Bergson erzeugt die Zeit Handlungen, die nicht determiniert sind. Zeit habe es mit einer unaufhörlichen Schaffung von Wirklichkeit zu tun, sie sei *élan vital*, »Lebensschwung«, ein Schöpfungsprozess. Bergsons Konzeption von Zeit kommt dem Sachverhalt der Aktivierung religiöser Handlungsskripte entgegen. Dafür gibt er selbst ein einprägsames Beispiel. Als er am 4. August 1914 die Tageszeitung *Matin* aufschlug und darin die Überschrift «Deutschland erklärt Frankreich den Krieg» las, habe er «das plötzliche Gefühl einer unsichtbaren *Anwesenheit*» gehabt. «Es war, als wenn eine Legendenfigur aus dem Buche, das ihre Geschichte erzählt, herausträte und sich gemächlich im Zimmer placierte. In Wahrheit hatte ich es freilich nicht mit der vollständigen Person zu tun. Es war von ihr nur das vorhanden, was nötig war, um eine gewisse Wirkung zu erreichen. Sie hatte ihre Stunde abgewartet, und gemütlich ohne Umstände setzte sie sich an ihren Platz.»[14]

Die von uns behandelten Fälle zeigen diese schwer fassbare Anwesenheit von etwas lange Vergangenem. Eine vom FBI belagerte adventistische Religionsgemeinschaft handelt, als lebe sie in der Endzeit; in Iran und im Libanon werden die Schlachten von Kerbala 680/681 n. Chr. neu ausgefochten; Israelis deuten den militärischen Sieg über die arabischen Nachbarstaaten und die Besetzung der einst zum heiligen Land gehörigen Gebiete als den Beginn der Erlösung von Volk und Welt; die besiegten Palästinenser beanspruchen in demselben Moment, als sie den größten Teil des ihnen von den Vereinten Nationen 1947 zugewiesenen Landes verloren hatten, ganz Palästina als das ihnen zustehende Stiftungsland des Propheten; amerikanische Protestanten deuten Israels Sieg als seine heilsgeschichtliche Wiederherstellung und damit als Schauplatz des anstehenden Kampfes gegen den Antichrist; Jihadisten führen auf die Machtzentren der USA einen Angriff aus, wie ihn Mohammed und seine Anhänger zu der Zeit ausführten, als der Islam in Medina zur staatlichen Ordnung wurde und verteidigt werden musste. In allen diesen Fällen wird eine neue Situation der Gemeinschaft in heilsgeschichtlichen Konzeptionen gedeutet und daraus Zuversicht gewonnen.

Heilsgeschichtliche Szenarien religiöser Gewalt

Alle acht geschilderten Fälle erwuchsen aus einem längerfristigen Konfliktverlauf. Ein Kampf um alternative Werte, das Scheitern einer Modernisierung, ein Bürgerkrieg und ein Territorialkonflikt bildeten Konfliktfelder, in denen religiöse Gemeinschaften zu öffentlichen Akteuren wurden und ihre passive Haltung zur Welt aufgaben.

Die amerikanischen Fälle von Jonestown 1978 und Waco 1993 zeigen, wie angegriffene religiöse Gemeinschaften bestimmte Handlungsverläufe in Gang setzten. Beide Gemeinschaften brachen mit der die amerikanische Gesellschaft dominierenden Moral und institutionalisierten alternative Wertbindungen. So sehr verbanden die Gemeindeglieder ihre Hoffnung auf Heil mit der Existenz ihrer Gemeinschaft, dass ihnen mit zunehmendem Verfolgungsdruck nur noch die Alternative zwischen Kapitulation vor den destruktiven Mächten dieser Welt und dem Sterben für die Wahrheit übrig zu bleiben schien. Umgekehrt war aus der Perspektive der Einsatzkräfte eine Verhandlungslösung ganz undenkbar. Die Bedeutung, die die Bezeichnung «Kult» für sie hatte, ließ das ganz absurd erscheinen.

Der Umsturz in Iran 1978/79 war zugleich der Aufstieg des Konzeptes des «Fundamentalismus». Diese Bezeichnung, die seit den zwanziger Jahren in den USA meistens abschätzig gebraucht wurde, wurde Ende der siebziger Jahre von den angelsächsischen Medien auf Vorgänge in Iran angewandt, um so dem Unbegreiflichen einen Namen zu geben. Denn dort war die schiitische Religionsgemeinschaft unter dem Eindruck des Zusammenbruches eines westlichen Modernisierungsmodells dazu übergegangen, ihre Ethik zu revidieren: Nicht mehr geduldiges Ertragen von Tyrannei und Ungerechtigkeit sollte vorbildlich sein, sondern aktiver Kampf dagegen. Alte theologische Bedenken und Vorbehalte gegen einen selbst herbeigeführten Tod im Kampf gegen die Feinde des Imams wurden fallen gelassen. Jetzt sollte der bewusst gewählte Tod im Kampf gegen die Gottlosen das Prestige des Märtyrers bringen.

Im Libanon war es die Unfähigkeit des Staates, in schiitischen Siedlungsgebieten zivile Institutionen aufzubauen und militärischen Schutz zu bieten, die die Schiiten dazu brachte, sich unter Führung ihres Imams Musa al-Sadr sich von der Pflicht des passiven Erleidens von Unrecht zu lösen. 1978 aber verschwand ihr Imam plötzlich und auf unerklärliche Weise. Der Schock, den das auslöste, und der fast gleichzeitige politische Sieg der Glaubensbrüder in Iran bewirkte, dass Schiiten zu einer aktiven Gemeinschaft wurden und mit spektakulären Selbstmordanschlägen die fremden Besatzer aus dem Libanon vertrieben. Als Partei Gottes (Hizbollah) bezogen sie aus ihren heilsgeschichtlichen Erwartungen Stärke nicht nur für den bewaffneten Kampf gegen die ungläubigen Besetzer des Landes, sondern auch für den Aufbau eines umfangreichen islamischen Sozialwerks. Mit dem Ende des libanesischen Bürgerkrieges 1989 schlugen sie dann den Weg zu einer nationalen politischen Partei ein. Da der Kriegszustand des Libanon mit Israel aber andauerte, betrachteten Israel sowie die USA die Partei Gottes als eine terroristische Kampforganisation und versuchten, den Libanon im Sommer 2006 mit einem Krieg von dem «Krebsgeschwür» zu befreien. Doch führte dies nur zu einer weiteren Stärkung der Hizbollah.

Der Nahostkonflikt im Prisma der Heilsgeschichte

Heilsgeschichtliche Erwartungen bestimmten seit Mitte der siebziger Jahre die politischen Entwicklungen im Nahostkonflikt. Vor allem dieser Konflikt etablierte wirksam religiöse Situationsdeutungen und Handlungskonzepte in der politischen Öffentlichkeit. Die militärische Eroberung Ost-Jerusalems, des Westjordanlandes und Gazas 1967 wurde von religiösen Zionisten als Krieg der Erlösung gedeutet; amerikanische Protestanten sahen darin den Beginn der endzeitlichen Wiederherstellung Israels; muslimische Palästinenser wollten den Verlust des von Mohammed ihnen überlassenen Stiftungslandes nicht hinnehmen.

Diese Deutungen zogen entsprechende Handlungen nach sich. Religiöse Zionisten gingen erst ohne, später dann mit Unterstützung der Regierung Israels dazu über, biblisches Land in Besitz zu nehmen und auf ihm jüdische Siedlungen zu errichten. Sogar eine Sprengung des islamischen Felsendoms wurde geplant. Zum Konflikt mit den Palästinensern trat ein

innerjüdischer Konflikt mit Befürwortern einer Rückgabe des Landes im
Gegenzug für eine Friedens-Lösung. Die Muslim-Brüder mobilisierten Palästinenser als «Murabitun» für
eine Verteidigung des islamischen Territoriums gegen Israel. Als auch
nach den Oslo-Abkommen der Bau jüdischer Siedlungen in den besetzten
Gebieten unvermindert weiterging und im Oktober 2000 der Oppositionsführer Ariel Scharon den von Muslimen verwalteten Tempelberg mit
einer bewaffneten Eskorte betrat, um so in aller Öffentlichkeit Anspruch
auf diesen von Muslimen verwalteten Bezirk zu erheben, löste dies die
zweite Intifada aus. Die Entweihung des «Vornehmen Heiligtums» wurde
von Muslimen als die befürchtete endzeitliche Entwürdigung der islamischen Gemeinschaft verstanden. Durch Märtyreroperationen gegen israelische Soldaten und Zivilisten sollte das Ansehen der Gemeinschaft wiederhergestellt werden.

Die heilsgeschichtliche Deutung des Nahostkonfliktes machte auch vor
den USA nicht Halt. Hier hatten protestantische Fundamentalisten bereits
seit dem Ende des 19. Jahrhunderts gelehrt, der Adressat aller noch nicht
erfüllten biblischen Weissagungen sei das jüdische Volk und nicht die Kirche. Fasziniert verfolgten sie die schrittweise Wiederherstellung Israels im
20. Jahrhundert und lasen den Vorgang als das Nahen der Endzeit. Nun
wurde es eine Aufgabe auch der Protestanten, mit den ihnen eigenen Mitteln auf die amerikanische Politik Einfluss zu nehmen und die Wiederherstellung Israels im heiligen Land zu beschleunigen.

Verantwortungs- und Gesinnungsethik als Handlungsoptionen

Auf islamistischer Seite verbreitete sich seit dem Beginn der achtziger Jahre
ein Typus von Gesinnungsethik, der von einer völligen Korrumpierung des
sunnitischen Islams in den arabischen Ländern des Nahen Ostens ausging.
Die Gründung islamischer Institutionen wie Schulen oder Krankenhäuser
führe nur zu einer weiteren Abhängigkeit vom heidnischen Staat. Nur einer
kleinen Gruppe Getreuer, die in ihren Intentionen rein geblieben ist, könne
es jetzt noch gelingen, Vergeltung zu üben und die Würde der Muslime
wiederherzustellen. Dieser Typus von Jihad manifestierte sich in den Anschlägen vom 11. September 2001 auf das ökonomische, militärische und
politische Machtzentrum der USA. Da das Märtyrertum nur denen zuteil
wird, die reiner Intention sind, sollten sich die Täter in einem ersten Schritt
mit Rezitationen, Gebeten und Ritualen auf den Überfall vorbereiten, sich
zweitens auf dem Flughafen vor der satanischen Macht westlicher Zivilisation mit Gebeten und Rezitationen schützen und schließlich mit einem

«Allahŭ Akbar» auf den Lippen sterben. Es ist die Intention im Moment des Sterbens, die über das individuelle Heil entscheidet.

Reden, militärische Maßnahmen und Verordnungen des amerikanischen Präsidenten deuteten den Angriff auf die USA als Kampf gegen das Böse, das sich zuvor schon im Bolschewismus und Nationalsozialismus manifestiert habe. Die gefangenen Jihadisten haben daher kein Anrecht auf eine Behandlung nach den Regeln der Genfer Konvention oder auf einen öffentlichen Prozess, der es ihnen möglich machen würde, ihre Handlungen zu rechtfertigen. Handlungsoptionen jenseits des Krieges gibt es nicht; irgendwelche Verhandlungslösungen mit den Terroristen oder den sie unterstützenden Staaten sind undenkbar.

Wie kann man den Zyklus religiöser Gewalt unterbrechen?

Es ist wenig wahrscheinlich, dass die religiösen Gemeinschaften in absehbarer Zeit ihre Rolle als zivilgesellschaftliche Akteure wieder ablegen und sich aus den Konfliktfeldern wieder zurückziehen. Weder die ultra-orthodoxe Ablehnung eines jüdischen Staates noch der Vorrang einer Islamisierung der Gesellschaft vor aller Militanz noch die Abkehr der protestantischen Fundamentalisten vom politischen Geschäft werden wohl in absehbarer Zeit wieder vorherrschend werden. Dennoch ist es nicht richtig, zu meinen, eine heilsgeschichtliche Deutung sei immer Konflikt verschärfend und daher schlecht. In den neuen Formen aktivierter Religion sind mehr Handlungsoptionen angelegt, als sich im gewalttätigen Ablauf durchsetzen. So haben die Erfahrungen von Waco die amerikanischen Einsatzkräfte gelehrt, erst die Situationsdeutung einer renitenten Religionsgemeinschaft in Erfahrung zu bringen, um der Gefahr einer unbeabsichtigten Eskalation entgegenzuwirken. Alle geschilderten Fälle lassen sich in dieser Weise noch einmal aufrollen. Wie nämlich die Analyse gezeigt hat, folgt in keinem der behandelten Fälle die Gewalt zwangsläufig aus Art und Verlauf des Konfliktes oder aus dem Typ der beteiligten religiösen Gemeinschaft. Wenn aber religiöse Gewalt ein Produkt von Handlungsverläufen ist, dann stellt sich die Frage, an welcher Stelle diese unterbrochen werden könnten. Ich nenne drei.

Erstens tragen politische Parteien zur Verschärfung von Konflikten mit Religionsgemeinschaften bei. Offensichtlich begünstigen die Bedingungen von Demokratien eine Mobilisierung von religiösen Netzwerken zu Wahlzwecken. Politiker suchen Unterstützung bei religiösen Gruppen und tragen so aktiv dazu bei, dass religiöse Deutungsmuster ihr Reden und Handeln mitbestimmen. Damit erhalten religiöse Situationsdeutungen und Handlungspräferenzen politische Verbindlichkeit und können der Legitimation von staatlichem Handeln dienen. Der Glaube, ein starker demokratischer Staat wäre als solcher ein Hemmschuh gegen eine solche Entwicklung, erweist sich angesichts dieser Umstände als zu optimistisch. Eher könnten es transreligiöse zivilgesellschaftliche Initiativen und internationale Institutionen sein, die eine Stärkung des Prinzips von Rechtsstaatlichkeit herbeiführen und staatliches Handeln wieder säkularisieren.

Zweitens. Für religiöse Gemeinschaften, die in Konflikt geraten mit staatlichen Instanzen oder der Rechtsordnung, liegt eine Terminologie bereit, die jede Art der Aushandlung von Konflikten mit ihnen widersinnig erscheinen lässt. Es handelt sich demnach um Kulte, Fundamentalismus oder Terrorgruppen, denen echte Religiosität abgesprochen wird und die auf keinen Fall Vertragspartner sein können.

Wenn der Herr dich in das Land bringt, es zu besetzen, und die Völker dort, die größer und stärker sind, in deine Hand gibt, so sollst du an ihnen den Bann vollstrecken: du sollst keinen Vertrag mit ihnen machen und sie nicht verschonen. (5. Mose 7,1–2)

Dabei zeigt die Geschichte des Judentums, dass eine derartige Sprache der Gewalt nie die Praxis der Glaubensgemeinschaft bestimmt hat. Im Gegenteil! Die Geschichte des Judentums ist gerade umgekehrt ein Beispiel dafür, wie trotzdem mit Heiden Verträge abgeschlossen werden konnten. Wenn heutzutage Hamas einen Waffenstillstand anbietet, sollte man diese Option nicht höhnisch von sich weisen. Die jüngste deutsche Geschichte ist ein gutes Beispiel dafür, dass unterhalb der Ebene von Friedensverträgen Abkommen möglich sind, die Waffengänge ausschließen. Wenn aber Inhaber staatlicher Gewalt sich anmaßen, religiöse Gemeinschaften mit militärischen Mitteln bekämpfen und eliminieren zu wollen, dann schaffen sie erst die gewalttätigen Verläufe.

Drittens. Eine Religionsgemeinschaft, die für ein Sozialwerk verantwortlich ist, ist stärker auf die Berücksichtigung der Folgen gewalttätigen Handelns angewiesen als eine Gruppe junger Männer, die zum Kämpfen wild entschlossen ist. Diese Unterscheidung ist deshalb so einschneidend, weil sie es möglich machen müsste, nicht alle islamischen Wohltätigkeitsorganisationen, die Almosensteuer und Spenden an Muslime in Palästina über die Muslim-Brüder (und damit Mitglieder von Hamas) verteilen, in den Krieg gegen Terror einzubeziehen.

Anmerkungen

I. Einführung: Gewalt als religiöse Gemeinschaftshandlung

1 In: H. Lutterbach/J. Manemann (Hg.), *Religion und Terror. Stimmen zum 11. September aus Christentum, Islam und Judentum*, S. 27–29.

2 Zu einer Arbeitsdefinition von Religion als eine Selbstpositionierung von Menschen, die die Welt transzendiert, siehe H. G. Kippenberg/K. v. Stuckrad, *Einführung in die Religionswissenschaft. Gegenstände und Begriffe*, S. 13 f.

3 J. Z. Smith, *Imagining Religion. From Babylon to Jonestown*, S. 104 (Übers. HGK).

4 Siehe unten S. 220, Anm. 30.

5 *Der Spiegel*, 38/2001, S. 168 und 170.

6 W. Sofsky, *Zeiten des Schreckens. Amok, Terror, Krieg*, S. 174. Wie für Sofsky ist für den Islamwissenschaftler Navid Kermani das Fehlen eines Bekennerschreibens für das Verständnis der Taten vom 11. September ausschlaggebend. Nicht Vergleiche mit islamischen Gruppen wie Hamas führten weiter, sondern mit der Aum-Sekte sowie anderen Kulten, die sich in einem manichäischen Kampf gegen das Böse wähnen. Es handele sich um ein durch und durch westliches Phänomen, um eine Spielart von Nihilismus, was angesichts der westlichen Biographien der Täter auch verständlich sei (*Dynamit des Geistes. Martyrium, Islam und Nihilismus*, S. 32–35).

7 W. Sofsky, *Zeiten des Schreckens*, S. 177 f.

8 G. Sorel, *Über die Gewalt*. H. Joas, *Kriege und Werte. Studien zur Gewaltgeschichte des 20. Jahrhunderts*, S. 64–67.

9 «Was den Zuschauer erregt, ist die Gewalt selbst. Sie stößt ab, ängstigt, verlockt und ergötzt. Die Zuckungen und Schreie des Opfers lösen einen kurzen Schock aus, einen Moment der Übelkeit, der Angst um das eigene Leben» (W. Sofsky, *Traktat über die Gewalt*, S. 107). Den Einwand hat Bernd Weisbrod formuliert: «Sozialgeschichte und Gewalterfahrung im 20. Jahrhundert», S. 118.

10 S. u. S. 173 und 174 f.

11 H. G. Kippenberg/T. Seidensticker (Hg.), *Terror im Dienste Gottes. Die ‹Geistliche Anleitung› der Attentäter des 11. September 2001*. Eine verbesserte Version ist auf Englisch erschienen: H. G. Kippenberg/T. Seidensticker (Hg.), *The 9/11 Handbook. Annotated Translation and Interpretation of the Attackers' ‹Spiritual Manual›*.

12 P. Waldmann, *Terrorismus. Provokation der Macht*, S. 12 f.

13 Zur Sprachlichkeit von Gewalthandlungen siehe auch B. Weisbrod, «Religious Languages of Violence. Some Reflections on the Reading of Extremes»; zum kulturwissenschaftlichen Performanzbegriff siehe Uwe Wirth und seine Einleitung zu dem von ihm herausgegebenen Band *Performanz. Zwischen Sprachphilosophie und Kulturwissenschaften*, S. 34–42. Im Unterschied zur sprachwissenschaftlichen Performanz als Ausführung von Sprechakten bezieht sich die kulturwissenschaftliche Performanz auf die Inszenierung von Handlungen und die materiale Verkörperung von Botschaften.

14 Ein umfassender Forschungsbericht stammt von Volkhard Krech, «Sacrifice and Holy War: A Study of Religion and Violence».

15 W. Burkert, *Homo Necans*, S. 341.

16 R. Girard, *Das Heilige*, S. 9.

17 Eine Zusammenfassung seiner Thesen hat R. Girard auf einer Konferenz in den USA vorgenommen, an der auch Walter Burkert und Jonathan Z. Smith teilnahmen: «Generative Scapegoating».

18 Beide Erklärungsmodelle ergänzen sich wie Antithesen, schreibt Walter Burkert in seiner Schrift *Anthropologie des religiösen Opfers*, S. 35 f.

19 A. Greeley, *Religion in Europe at the End of the Second Millennium*, S. 78.

20 J. Assmann, *Moses der Ägypter. Entzifferung einer Gedächtnisspur*. Zum religionswissenschaftlichen Forschungsstand zum Monotheismus siehe Bernhard Lang, «Monotheismus».

21 J. Assmanns Definition: «Unter ‹Kosmotheismus› verstehe ich ein auf der Übersetzung von der Göttlichkeit des Kosmos beruhendes Weltverständnis, das diese Göttlichkeit zunächst und natürlicherweise als Vielfalt erfährt, aber die Einheit des Kosmos immer mitdenkt und sie schließlich sogar als das dominierende Prinzip ins Zentrum rücken kann» (J. Assmann, *Monotheismus und Kosmotheismus*, S. 26 Anm. 62).

22 J. Assmann, *Die mosaische Unterscheidung oder der Preis des Monotheismus*, S. 36.

23 J. Assmann, *Monotheismus und die Sprache der Gewalt*, S. 21.

24 J. Assmann, *Monotheismus und die Sprache der Gewalt*, S. 57.

25 R. M. Schwartz, *The Curse of Cain. The Violent Legacy of Monotheism*.

26 R. M. Schwartz, *The Curse of Cain*, S. 4–13.

27 R. Stark, *One True God. Historical Consequences of Monotheism*, S. 115–172.

28 R. M. Schwartz, «Holy Terror».

29 Dies der wichtige Gesichtspunkt von Erich Zenger, «Was ist der Preis des Monotheismus?».

30 H. G. Kippenberg, «Die Entlassung aus Schuldknechtschaft im antiken Judäa: Eine Legitimitätsvorstellung von Verwandtschaftsgruppen».

31 Zum Verlauf des Makkabäer-Aufstandes siehe die knappe und kritische Darstellung von Peter Schäfer, *Geschichte der Juden in der Antike. Die Juden Palästinas von Alexander dem Großen bis zur arabischen Eroberung*, S. 62–77.

32 Dafür gab es eine explizite biblische Grundlage: den Noah-Bund. Gott hat nach der Sintflut mit allen Völkern einen Bund geschlossen (1. Mose 9, 1–17). Siehe dazu H. Schmidinger (Hg.), *Wege zur Toleranz*, S. 23–26.

33 Klassisch hierzu E. Peterson, «Der Monotheismus als politisches Problem» (1935).

34 P. Schäfer, «Geschichte und Gedächtnisgeschichte: Jan Assmanns ‹Mosaische Unterscheidung›», S. 22.

35 Da die mosaische Unterscheidung zum ersten Mal von Israel zur Praxis gemacht worden sei, habe das jüdische Volk den Hass der anderen Völker auf sich gezogen. Der antike Antisemitismus sei nur die Kehrseite der religiösen Selbstausgrenzung der Juden und daher in Wirklichkeit Antimonotheismus gewesen: so J. Assmann, *Die mosaische Unterscheidung*, S. 83–86.

36 D. Nirenberg, *Communities of Violence. Persecution of Minorities in the Middle Ages*, S. 3–17.

37 Die These der Verfolgungsgesellschaft stammt von R. I. Moore, *The Formation of a Persecuting Society: Power and Deviance in Western Europe, 950–1250*. Kritisch dazu die von John Christian Laursen und Cary J. Nederman herausgegebenen Studien *Beyond the Persecuting Society. Religious Toleration before the Enlightenment*. Das Vorwort weist auf einen meist unausgesprochenen Zusammenhang mit der Auffassung von Säkularisierung hin (S. 5). Die These steht im Dienst der Behauptung, dass es erst der Säkularisierung gelang, Toleranz zu erzeugen. Auch die umgekehrte Sichtweise gibt es und hat den gleichen Bezugspunkt: Die Idealisierung der mittelalterlichen Einheitskultur artikulierte ein Unbehagen an der säkularisierten Moderne und ihrer Zerrissenheit. Siehe dazu O. G. Oexle, «Das Mittelalter und das Unbehagen an der Moderne. Mittelalterbeschwörungen in der Weimarer Republik und danach».

38 M. Borgolte, «Wie Europa seine Vielfalt fand». Über die mittelalterlichen Wurzeln für die Pluralität der Werte». Der Beitrag fasst umfangreiche Studien von Borgolte zum

Thema zusammen: *Europa entdeckt seine Vielfalt, 1050–1250*; sowie *Christen, Juden, Muselmanen.*

39 A. Angenendt, *Toleranz und Gewalt. Das Christentum zwischen Bibel und Schwert*, S. 92–95; siehe dazu J. Assmann (Hg.), *Die Erfindung des inneren Menschen. Studien zur religiösen Anthropologie.*

40 S. Kakar, *Die Gewalt der Frommen. Zur Psychologie religiöser und ethnischer Konflikte*, S. 286 f.; A. Varshney, *Ethnic Conflict and Civic Life: Hindus and Muslims in India.*

41 M. Juergensmeyer, *Terror im Namen Gottes. Ein Blick hinter die Kulissen des gewalttätigen Fundamentalismus*, S. 158–164.

42 «Eine Definition dessen, was Religion ‹ist›, kann unmöglich an der Spitze, sondern könnte allenfalls am Schlusse einer Erörterung wie der nachfolgenden stehen. Allein wir haben es überhaupt nicht mit dem ‹Wesen› der Religion, sondern mit den Bedingungen und Wirkungen einer bestimmten Art von Gemeinschaftshandeln zu tun, dessen Verständnis auch hier nur von den subjektiven Erlebnissen, Vorstellungen, Zwecken des Einzelnen – vom ‹Sinn› – aus gewonnen werden kann, da der äußere Ablauf ein höchst vielgestaltiger ist. Religiös oder magisch motiviertes Handeln ist, in seinem urwüchsigen Bestande, diesseitig ausgerichtet. ‹Auf dass es dir wohl gehe und du lange lebest auf Erden›, sollen die religiös oder magisch gebotenen Handlungen vollzogen werden.» M. Weber, *Wirtschaft und Gesellschaft*, Band 2: *Religiöse Gemeinschaften*, S. 121.

43 H. G. Kippenberg, «Einleitung», in: M. Weber, *Religiöse Gemeinschaften*, S. 38–44; siehe auch H. G. Kippenberg, «Religionsentwicklung», in: H. G. Kippenberg/M. Riesebrodt (Hg.), *Max Webers ‹Religionssystematik›*, S. 77–99.

44 Dass man die Konzeption von Gemeinschaft nicht dualistisch auf natürliche versus soziale Formen beschränken sollte, hat Helmuth Plessner 1924 im Widerspruch zu Tönnies' Entgegensetzung von Gesellschaft und Gemeinschaft verlangt. Es komme darauf an, die Aspekte von Differenzierung, Zivilisierung, Verrechtlichung, Öffentlichkeit mit einzubeziehen. H. Plessner, «Grenzen der Gemeinschaft. Eine Kritik des sozialen Radikalismus» (1924).

45 K. Lichtblau, «‹Vergemeinschaftung› und ‹Vergesellschaftung› bei Max Weber. Eine Rekonstruktion seines Sprachgebrauchs»; H. G. Kippenberg, «Religiöse Gemeinschaften. Wo die Arbeit am Sinn-Problem der Welt und der Bedarf sozialen Handelns an Gemeinschaftlichkeit zusammentreffen».

46 Karl Jaspers, *Max Weber. Deutsches Wesen im politischen Denken, im Forschen und Philosophieren*, Zitate S. 46 und S. 44.

47 H. Joas, *Die Kreativität des Handelns*, S. 235.

48 H. Esser, «Die Definition der Situation»; derselbe, *Soziologie. Spezielle Grundlagen*, Sechs Bände.

49 R. T. LaPiere, «Attitudes vs. Actions».

50 H. Esser referiert das Experiment mit der dazugehörigen Literatur in Kapitel 2 in: *Soziologie. Spezielle Grundlagen*, Band 1: *Situationslogik und Handeln*, S. 59–63, Zitat S. 59.

51 W. I. Thomas/D. S. Thomas, *The Child in America: Behavior Problems and Programs*, S. 572; H. Esser, *Situationslogik und Handeln*, Kap. 2 «Das Thomas-Theorem», S. 59–73, Zitat S. 63 (meine Übers.). Zum Thomas-Theorem, seinen beiden Autoren und seiner Verbreitung in der amerikanischen Soziologie R. K. Merton, «The Thomas Theorem and The Matthew Effect».

52 H. Esser, «Die Rationalität der Werte. Die Typen des Handelns und das Modell der soziologischen Erklärung». Mateusz Stachura setzte sich mit Essers Einbau der Werttheorie in die Handlungstheorie in zwei Aufsätzen auseinander. «Logik der Situationsdefinition und Logik der Handlungsselektion. Der Fall des wertrationalen Handelns» sowie in «Handlung und Rationalität».

2. Der Machtzuwachs religiöser Vergemeinschaftung

1 T. Hobbes, *Leviathan oder Stoff, Form und Gewalt eines kirchlichen und bürgerlichen Staates*, S. 275 f.

2 C. Schmitt, *Der Begriff des Politischen*, S. 79–95.

3 S. Pufendorf, *Über die Pflicht des Menschen und des Bürgers nach dem Gesetz der Natur*, S. 56–58.

4 Hg. von M. Rang, S. 545–639.

5 J.-J. Rousseau, *Emile oder Von der Erziehung*, S. 585.

6 J.-J. Rousseau, *Emile*, S. 635.

7 P. L. Berger, *Zur Dialektik von Religion und Gesellschaft. Elemente einer soziologischen Theorie*, S. 128; eine interessante weiterführende Auseinandersetzung mit Peter L. Berger nimmt Hans Joas in seinem Buch: *Braucht der Mensch Religion? Über Erfahrungen der Selbsttranszendenz*, S. 32–49, vor.

8 Dem englischen Religionssoziologen David Martin verdanken wir zur Verbreitung des Protestantismus fundierte empirische Studien: *Tongues of Fire. The Explosion of Protestantism in Latin America* und *Pentecostalism: The World their Parish*.

9 Daten gibt es nur für einzelne Länder.

10 H. G. Kippenberg, *Die vorderasiatischen Erlösungsreligionen in ihrem Zusammenhang mit der antiken Stadtherrschaft*, S. 119–138.

11 M. Weinfeld, *The Organizational Pattern and the Penal Code of the Qumran Sect.*

12 H. G. Kippenberg, «‹Nach dem Vorbild eines öffentlichen Gemeinwesens›. Diskurse römischer Juristen über private religiöse Vereinigungen»; J. S. Kloppenborg/S. G. Wilson (Hg.), *Voluntary Associations in the Graeco-Roman World*; U. Egelhaaf-Gaiser/ A. Schäfer (Hg.), *Religiöse Vereine in der römischen Antike. Untersuchungen zu Organisation, Ritual und Raumordnung.*

13 T. Rajak, «Was there a Roman Charter for the Jews?»; dieselbe, «Jewish Rights in the Greek Cities under Roman Rule: A New Approach»; K. L. Noethlichs, *Das Judentum und der Römische Staat. Minderheitenpolitik im antiken Rom*, S. 34–36 (Vereinsbildungen in den Städten); derselbe, *Die Juden im christlichen Imperium Romanum (4.–6. Jahrhundert)*, S. 58–71.

14 John Quigley, *The Case for Palestine. An International Law Perspective*, S. 17–19; S. 118 f.

15 H. G. Kippenberg, «Christliche Gemeinden im Römischen Reich: Collegium licitum oder illicitum».

16 Darstellung der gegenwärtigen Praxis des «finanziellen Gottesdienstes» («Financial Worship») und der Hilfsempfänger islamischer NGOs von J. Benthall/J. Bellion-Jourdan, *The Charitable Crescent. Politics of Aid in the Muslim World*, S. 7–28.

17 Zu diesem Sozialmodell fundamental James Scott, «Patronage or Exploitation?».

18 J. S. Ismael/T. Y. Ismael, «Cultural Perspectives on Social Welfare in the Emergence of Modern Arab Social Thought».

19 M. Bonner/M. Ener/A. Singer (Hg.), *Poverty and Charity in Middle Eastern Contexts*, Teil III: «The State as Benefactor».

20 D. F. Eickelman/J. Piscator, *Muslim Politics*, S. 35 f.

21 D. Singerman, «The Networked World of Islamist Social Movements».

22 D. J. Sullivan, *Private Voluntary Organizations in Egypt. Islamic Development, Private Initiative, and State Control*; dieselbe/S. Abed-Kotob, *Islam in Contemporary Egypt. Civil Society vs. The State.*

23 Zur Anwendung des Konzepts von Öffentlichkeit auf islamische Gesellschaften gibt es inzwischen eine reichhaltige Literatur: D. F. Eickelman/J. W. Anderson (Hg.) *New Media in the Muslim World. The Emerging Public Sphere*; M. Hoexter/S. N. Eisenstadt/ N. Levtzion (Hg.), *The Public Sphere in Muslim Societies*; A. Salvatore/D. F. Eickelman (Hg.), *Public Islam and the Common Good*, S. 3–27.

24 H. Cattan, «The Law of Waqf» (Darstellung der klassischen Verhältnisse); zum Aufleben von waqf im 20. Jahrhundert siehe J. Benthall/J. Bellion-Jourdan, *The Charitable Crescent. Politics of Aid in the Muslim World*, S. 29–84 («Waqf and Islamic Finance. Two Resources for Charity»).

25 M. Hoexter, «The ‹Waqf› and the Public Sphere»; J.-P. Hartung, «Die fromme Stiftung [waqf]. Eine islamische Analogie zur Körperschaft?».

26 Walter Schmidt, *Option für die Armen? Erkenntnistheoretische, sozialwissenschaftliche und sozialethische Überlegungen zur Armutsbekämpfung*, S. 333–356.

27 A. Sen, *Ökonomie für den Menschen. Wege zu Gerechtigkeit und Solidarität in der Marktwirtschaft*, S. 32.

28 Aus philosophischer Sicht hat Christoph Menke das Thema der Selbstverwirklichung in ähnlicher Weise abgehandelt, wenn er die «subjektiven Fähigkeiten» in den Mittelpunkt stellt: «Innere Natur und soziale Normativität. Die Idee der Selbstverwirklichung».

29 G. F. Schuppert, «Skala der Rechtsformen für Religion: vom privaten Zirkel zur Körperschaft des öffentlichen Rechts. Überlegungen zur angemessenen Organisationsform für Religionsgemeinschaften», S. 21.

30 J. Casanova, *Public Religions in the Modern World*.

31 P. L. Berger (Hg.), *The Desecularization of the World. Resurgent Religion and World Politics*, S. 9.

32 G. Davie, *Europe: The Exceptional Case*, S. 19 f.

33 R. D. Putnam, *Making Democracy Work. Civic Traditions in Modern Italy*, S. 130 f.; zu Putnam als Vertreter des Kommunitarismus siehe W. Reese-Schäfer, *Kommunitarismus*, S. 103–110.

34 R. D. Putnam, *Making Democracy Work*, S. 179 (Übers. HGK).

35 Alexis de Tocqueville, *Über die Demokratie in Amerika*, Kap. 23 «Über den Gebrauch, den die Amerikaner im bürgerlichen Leben von Zusammenschlüssen machen», S. 248–253, Zitat S. 248.

36 R. D. Putnam, «Demokratie in Amerika am Ende des 20. Jahrhunderts», S. 21.

37 Dazu N. Lemann, «Kicking in Groups».

38 R. D. Putnam, *Bowling Alone*, S. 65–79 («Religious Participation»), Zitate S. 67 und 69 (Übers. HGK). Religionsgemeinschaften bringen gewaltige Finanzmittel für die Wohlfahrt auf – Putnam schätzt 15–20 Milliarden US-Dollar jährlich – und entfalten vielfältige soziale Aktivitäten (S. 67 f.). Friedrich-Wilhelm Graf konstatiert richtig eine Spannung zwischen Putnams Verfallsthese und seiner euphorischen Beschreibung der nordamerikanischen Religionskultur: «‹In God we Trust›. Über mögliche Zusammenhänge von Sozialkapital und kapitalistischer Wohlfahrtsökonomie».

39 Zur amerikanischen Wohlfahrtsgesetzgebung und der ‹charitable-choice›-Regelung in ihr siehe A.-K. Nagel, *Charitable Choice. Religiöse Institutionalisierung im politischen Raum. Religion und Sozialpolitik in den USA*.

40 R. D. Putnam, «Demokratie in Amerika am Ende des 20. Jahrhunderts», S. 28.

41 R. D. Putnam (Hg.), *Gesellschaft und Gemeinsinn. Sozialkapital im internationalen Vergleich*, S. 18. In der Einleitung zu dem Band (S. 15–43) – verfasst zusammen mit K. A. Goss – legt er dar, dass die Bezeichnung 1916 zum ersten Mal begegnete und danach weitere sechs Male unabhängig von einander neu geprägt wurde (S. 17 f.).

42 J. S. Coleman, *Foundations of Social Theory*, S. 300–321 (Kapitel 12: «Social Capital»); zuvor derselbe, «Social Capital in the Creation of Human Capital».

43 J. S. Coleman, *Foundations of Social Theory*, S. 321.

44 M. Granovetter, «The Strength of Weak Ties»; dazu sehr informativ J. Beckert, «Soziologische Netzwerkanalyse».

45 H. Esser, *Soziologie. Spezielle Grundlagen. Band 4: Opportunitäten und Restriktionen*, S. 256–260.

46 M. R. Lepsius, «Institutionenanalyse und Institutionenpolitik».
47 A. Portes/P. Landolt, «The Downside of Social Capital», S. 18–21.
48 A. Salvatore/D. F. Eickelman (Hg.), *Public Islam and the Common Good*, S. 151 f
    (Konfrontation von Casanovas Auffassung mit der skeptischen von A. McIntyre).
49 R. D. Putnam, *Gesellschaft und Gemeinsinn*, S. 27–31. Die Kritik, die einst Helmut
    Plessner an der Idealisierung von «Gemeinschaft» geübt hat, gilt auch heute noch:
    «Grenzen der Gemeinschaft. Eine Kritik des sozialen Radikalismus» (1924).
50 A. Varshney, *Ethnic Conflict and Civic Life: Hindus and Muslims in India.*
51 M. Douglas, «Grid and Group, New Developments». Sie hat den Artikel im Jahre
    2005 auf einem Workshop zu Ehren von Michael Thompson vorgetragen und ihn
    dann im Internet veröffentlicht. http://www.psych.lse.ac.uk/complexity/Workshops/
    MaryDouglas.pdf. (Zugriff am 7.9.07)
52 E. Sivan, «The Enclave Culture».
53 M. R. Lepsius, «Parteiensystem und Sozialstruktur: zum Problem der Demokratisie-
    rung der deutschen Gesellschaft».
54 M. Riesebrodt, *Fundamentalismus als patriarchalische Protestbewegung*, S. 35 f.
55 S. Ismail, «The Popular Movements Dimension of Contemporary Militant Islamism:
    Socio-Spatial Determinants in the Cairo Urban Setting». Sie hat aus dem Fall gene-
    rellere Konsequenzen gezogen: «Religious ‹Orthodoxy› as Public Morality. The State,
    Islamism, and Cultural Politics in Egypt». Beide Beiträge sind in ihrem Band *Rethin-
    king Islamist Politics. Culture, the State and Islamism* abgedruckt.
56 J. Clifford, «Diasporas».
57 P. van der Veer, «Transnational Religion» (Artikel aus dem Jahre 2001) http://www.
    transcomm.ox.ac.uk/working%20papers/WPTC-01-18%20Van%20der%20Veer.
    pdf (Zugriff 7.9.07); P. van der Veer/H. Lehmann (Hg.), *Nation and Religion. Per-
    spectives on Europe and Asia*, «Introduction», S. 3–13; darin T. Asad, «Religion, Na-
    tion-State, Secularism», S. 178–196; außerdem S. H. Rudolph/J. Piscatori (Hg.),
    Transnational Religion and Fading States; D. F. Eickelman behandelt in diesem Band
    das Sicherheitsproblem, das sich im Blick auf den Islam ergibt: «Trans-state Islam
    and Security», (S. 27–46).
58 Überaus präzise dargestellt von M. R. Lepsius, «Eigenart und Potenzial des Weber-
    Paradigmas».
59 M. Weber, *Wirtschaft und Gesellschaft*, Teilband 1: *Gemeinschaften*, S. 121–125.
    Das von W. Mommsen edierte Stichwortmanuskript zu den Gemeinschaften notiert:
    «‹Brüderlichkeitsbeziehung› (nüchtern und unpathetisch)».
60 Dazu ausführlicher H. G. Kippenberg, «Religiöse Gemeinschaften. Wo die Arbeit am
    Sinn-Problem der Welt und der Bedarf sozialen Handelns an Gemeinschaftlichkeit
    zusammentreffen».
61 M. Weber, *Wirtschaft und Gesellschaft*, Teilband 2: *Religiöse Gemeinschaften*, S. 195.
62 M. Weber, *Religiöse Gemeinschaften*, S. 372.
63 M. Weber, *Religiöse Gemeinschaften*, S. 373 f. Der Begriff «Liebeskommunismus»
    stammt von Ernst Troeltsch.
64 M. Weber, *Religiöse Gemeinschaften*, S. 367.
65 M. Weber, *Die Wirtschaftsethik der Weltreligionen. Konfuzianismus und Taoismus*,
    S. 486.
66 M. Yokota, «Mit welcher Eigendynamik entwickeln sich Religionen? Eine Studie
    über ‹Brüderlichkeit› und ‹Theodizee› in Max Webers Religionssoziologie»; H. Tyrell,
    «Intellektuellenreligiosität, ‹Sinn›-Semantik, Brüderlichkeitsethik – Max Weber im
    Verhältnis zu Tolstoi und Dostojewski»; derselbe, «Die christliche Brüderlichkeits-
    ethik. Semantische Kontinuitäten und Diskontinuitäten».
67 Max Weber, *Die Wirtschaftsethik der Weltreligionen. Konfuzianismus und Taoismus*,
    S. 497.

68　W. Schluchter, *Religion und Lebensführung*, Bd. 1, S. 165–200 («Gesinnungsethik und Verantwortungsethik: Probleme einer Unterscheidung»), Zitate S. 198. Zu einem ähnlichen Befund kommt H. Tyrell, «Antagonismus der Werte – ethisch», S. 331–333.

69　H. Arendt, *Macht und Gewalt*, S. 45.

3. Konflikte mit alternativen Religionsgemeinden: USA 1978 und 1993

1　Grundlegende Studien: D. Chidester, *Salvation and Suicide: an Interpretation of Jim Jones, the People's Temple, and Jonestown*; J. R. Hall, *Gone from the Promised Land: Jonestown in American Cultural History*. Außerdem methodisch wichtig J. R. Hall/ P. D. Schuyler/S. Trinh, *Apocalypse Observed: Religious Movements and Violence in North America, Europe and Japan*, S. 15–43 («The Apocalpse of Jonestown»).

2　D. Chidester, *Salvation and Suicide*, Kap. 2 «The Classification of Persons», S. 51–78.

3　J. R. Hall, *Gone from the Promised Land*, S. 77–105 («The Corporate Conglomerate»).

4　J. R. Hall, *Gone from the Promised Land*, S. 184–190 («The Fusion of Political and Defector Opposition in Exposé Journalism»).

5　A. Shupe/D. G. Bromley, «The Evolution of Modern American Anticult Ideology: A Case Study in Frame Extension».

6　«When a sect breaks away from a church, it takes with it the label ‹religion›. But cults are not born with the religious label attached» (R. Stark/W. S. Bainbridge, *The Future of Religion. Secularization, Revival, and Cult Formation*, S. 34).

7　J. Gordon Melton, «Anti-cultists in the United States: an Historical Perspective»; Robert Jay Lifton, der als Psychologe in der Antikultbewegung mitgearbeitet hat, zählt in der ersten Fußnote seines Buches *Terror für die Unsterblichkeit. Erlösungssekten proben den Weltuntergang*, S. 17, die wesentlichen Elemente von Kult auf: «totalitäre Praktiken oder Formen der Gehirnwäsche», «Verehrung eines Gurus oder Führers», «Verbindung aus spiritueller Suche von unten und – zumeist ökonomischer und /oder sexueller – Ausbeutung von oben». Robert J. Lifton will damit sogar Terrorismus erklären, wie der amerikanische Titel verspricht: *Destroying the World to Save it: Aum Shinrikyo, Apocalyptic Violence, and the New Global Terrorism*.

8　J. Gordon Melton/M. Introvigne (Hg.), *Gehirnwäsche und Sekten. Interdisziplinäre Annäherungen*. Darin auf S. 9–36 Meltons Darstellung von Aufstieg und Fall der Theorie.

9　C. Wessinger, *How the Millennium Comes Violently. From Jonestown to Heaven's Gate*, S. 52 (Übers. HGK).

10　R. Moore, «‹American as Cherry Pie›».

11　Studien dazu in dem Band von D. G. Bromley (Hg.), *The Politics of Religious Apostasy. The Role of Apostates in the Transformation of Religious Movements*.

12　D. Chidester, *Salvation and Suicide*, S. 40 f.

13　Dieser Bericht stammte von Jeremiah Gutman und wird von D. Chidester, *Salvation and Suicide*, in Auszügen wiedergegeben (S. 30) (Übers. HGK).

14　D. Chidester, *Salvation and Suicide*, S. 24–46 («Cognitive Distancing»).

15　J. Gordon Melton, «Einleitung: Gehirnwäsche und Sekten – Aufstieg und Fall einer Theorie», S. 9–36, auf S. 25; das Gutachten auf S. 235–275.

16　J. D. Tabor/E. V. Gallagher, *Why Waco. Cults and the Battle for Religious Freedom in America*, S. 100–103; S. A. Wright, «Construction and Escalation of a Cult Threat», S. 88–90.

17　J. Tabor/E. V. Gallagher, *Why Waco*, S. 63–76 (« Guns and Sex»).

18　T. Robbins/D. Anthony, «Cults, Porn, and Hate. Convergent Discourses on First Amendment Restriction».

19　J. Tabor/E. Gallagher, *Why Waco*, S. 64 f.

20 K. Newport, *The Branch Davidians of Waco. The History and Belief of an Apocalyptic Sect*. Dazu die beiden Kapitel «‹An Ultimate Act of Faith›? The Cause of the Waco Fire» (S. 278–306) und «‹For Behold the Lord Will Come with Fire›: Theology and the Waco Inferno» (S. 307–324).

21 L. Festinger/H. W. Riecken/S. Schachter, *When Prophecy Fails. A Social and Psychological Study of a Modern Group that Predicted the Destruction of the World*, S. 12–23.

22 Zur Geschichte der «Sprösslinge Davids»: K. Newport, *The Branch Davidians of Waco. The History and Belief of an Apocalyptic Sect*; J. Tabor/E. Gallagher, *Why Waco*, S. 33–39; D. G. Bromley/E. D. Silver, «The Branch Davidians: A Social Profile and Organizational History».

23 So K. Newport, «The Heavenly Millennium of Seventh-day Adventism», S. 145 f.

24 J. Tabor/E. Gallagher, *Why Waco*, S. 80–93; David G. Bromley sieht in dem «whistleblower» («dem, der Krach schlägt»; HGK) eine eigene soziale Form von Austritt aus einer Gemeinschaft: «The Social Construction of Contested Exit Roles: Defectors, Whistleblowers, and Apostates», S. 31–35.

25 J. R. Hall, «Public Narratives and the Apocalyptic Sect», S. 212–228 (Mutmaßungen über den drohenden Massenselbstmord seitens der Gegner und der Einsatzkräfte).

26 J. Tabor/E. Gallagher, *Why Waco*, S. 132–135.

27 S. E. Mead, *Das Christentum in Nordamerika. Glaube und Religionsfreiheit in vier Jahrhunderten*, S. 17 f.

28 P. Jenkins, *Mystics and Messiahs. Cults and New Religions in American History*, hat die Zyklen in Übersichten anschaulich gemacht: S. 13, 35 und 126.

29 J. Tabor/E. Gallagher, *Why Waco*, S. 15 f. (Abdruck des Briefes). Im Anhang des Buchs (S. 189–203) das unabgeschlossene Manuskript von David Koresch. Eine Überlebende von Waco hatte die Diskette vor dem Feuer gerettet.

30 Zu den Vorgängen L. Michel/D. Herbeck, *American Terrorist. Timothy McVeigh and the Oklahoma City Bombing*; eine knappe religionszentrierte Analyse von M. Juergensmeyer, *Terror im Namen Gottes. Ein Blick hinter die Kulissen des gewalttätigen Fundamentalismus*, S. 54–62.

31 A. Macdonald, *The Turner Diaries* (1978). Auf dem Umschlag des nach wie vor erhältlichen Buches steht: «The book contains racist propaganda. The FBI said it was the blueprint for the Oklahoma City bombing. Many would like it banned. It is being published to alert and warn America.»

32 L. E. Sullivan, «‹No longer the Messiah›: US Federal Law Enforcement Views of Religion in Connection with the 1993 Siege of Mount Carmel near Waco, Texas», S. 228.

33 N. Ammerman, «Waco, Federal Law Enforcement, and Scholars of Religion».

34 J. Tabor/E. Gallagher, *Why Waco*, S. 1–12 («What might have been»).

35 Catherine Wessinger, die an den Vorgängen als Beraterin beteiligt war, hat in ihrem *How the Millennium Comes Violently* ausführlich darüber berichtet: «1996 – Montana Freeman», S. 158–219.

36 C. Wessinger, *How the Millennium Comes Violently*, S. 202.

37 J. E. Rosenfeld, «The Justus Freemen Standoff. The Importance of an Analysis of Religion in Avoiding Violent Outcomes», S. 331.

38 J. E. Rosenfeld, «Implications for Law Enforcement», S. 351.

39 J. R. Hall, *Gone from the Promised Land: Jonestown in American Cultural History*, S. 296 (Übers. HGK); zu ähnlichen Ergebnissen kommen R. Moore/F. McGehee III (Hg.), *New Religious Movements, Mass Suicide, and Peoples Temple. Scholarly Perspectives on a Tragedy*; S. A. Wright (Hg.), *Armageddon in Waco. Critical Perspectives on the Branch Davidian Conflict*; D. G. Bromley (Hg.), *The Politics of Religious Apostasy. The Role of Apostates in the Transformation of Religious Movements*.

40 C. Wessinger, *How the Millennium Comes Violently. From Jonestown to Heaven's Gate*, S. 4 (Übers. HGK).

41 Beispielhaft vergleichend durchgeführt von J. R. Hall/P. D. Schuyler/S. Trinh, *Apocalypse Observed: Religious Movements and Violence in North America, Europe, and Japan*.

4. Jeder Tag Aschura, jedes Grab Kerbala: Iran 1977–1981

1 A. Taheri, *Chomeini und die Islamische Revolution*, Kap. 12 («Die Kette des Martyriums»); M. M. J. Fischer, *Iran. From Religious Dispute to Revolution*, S. 195 f.

2 S. Azarine, «Frauen in der islamischen Bewegung. Interviews und Erlebnisse», Zitat S. 126.

3 O. Bani, *Fatima statt Farah. Erfahrungen einer Frau in der iranischen Revolution*, S. 85.

4 O. Bani, *Fatima statt Farah*, S. 86 f.

5 Eine Darstellung der Entwicklung dieser Feiern findet sich bei H. Halm, *Der schiitische Islam. Von der Religion zur Revolution*, S. 3–97 («Die Sintflut des Weinens. Geißlerprozessionen und Passionsspiele»).

6 H. Alavi, «Peasant Classes and Primordial Loyalities».

7 E. Aubin, «Le Chi'isme et la Nationalité Persane», S. 480.

8 P. Della Valle, *Reisebeschreibung in unterschiedliche Teile der Welt*. Teil II, S. 70 (Text sprachlich aktualisiert HGK).

9 H. G. Kippenberg, «Jeder Tag Ashura, jedes Grab Kerbala. Zur Ritualisierung der Straßenkämpfe im Iran», S. 220–236.

10 V. Turner, *Das Ritual. Struktur und Antistruktur*. Der englische Originaltitel von 1969 lautete *The Ritual Process*, was der Darstellung besser entspricht; zu Turner hoch informativ P. Bräunlein, «Victor Witter Turner (1920–1983)».

11 Klassisch vertreten von dem Ethnologen M. Gluckman, «Rituale der Rebellion in Süd-Ost-Afrika».

12 V. Turner, *Das Ritual*, S. 97.

13 D. Monchi-Zadeh, *Ta'ziya. Das persische Passionsspiel*, S. 193.

14 R. H. de Generet, *Le Martyre d'Ali Akbar*, S. 30 f. und öfters.

15 R. H. de Generet, *Le Martyre d'Ali Akbar*, S. 52 f. (Übers. HGK).

16 R. H. de Generet, *Le Martyre d'Ali Akbar*, S. 56 f. (Übers. HGK).

17 R. H. de Generet, *Le Martyre d'Ali Akbar*, S. 70 f. (Übers. HGK).

18 R. H. de Generet, *Le Martyre d'Ali Akbar*, S. 78 f. (Übers. HGK).

19 Paul Vieille verdanken wir die Beobachtung, dass im europäischen Feudalismus die Rivalitäten der Klientelgruppen der Institution des Vertrages unterworfen worden waren, während der «orientalische Feudalismus» den Rivalitäten freien Lauf ließ (*La feodalité et l'Etat en Iran*, S. 296).

20 Der nordafrikanische Philosoph Ibn Khaldun hat Ende des 14. Jahrhunderts in seiner *Muqaddima* die wichtigsten Hadithen zu der Mahdi-Erwartung zusammengestellt, ihre Zuverlässigkeit überprüft und ist zu dem Schluss gekommen, dass sie nicht echt waren. Ihre Geltung erklärte er anders. Die politischen Aufstände, die von dieser Erwartung auch in Nordafrika ausgelöst wurden, deutete Ibn Khaldun als die soziale Macht von expandierenden Verwandtschaftsgruppen, als *'asabiyya*. (Übersetzung von F. Rosenthal, *Ibn Kaldûn, The Muqaddimah*, Bd. II, S. 156–200).

21 N. Keddie, *Religion and Rebellion in Iran. The Tobacco Protest of 1891–1892*; H. Algar, *Religion and State in Iran 1785–1906*, S. 214.

22 S. Akhavi, *Religion and Politics in Contemporary Iran: Clergy – State Relations in the Pahlavi Period*, S. 32–59.

23 A. K. S. Lambton, *Landlord and Peasant in Persia*; U. Planck, «Der Teilbau im Iran»;

H.Katouzian, «Land Reform in Iran. A Case Study in the Political Economy of Social Engineering».

24 F.Kazemi, *Poverty and Revolution in Iran. The Migrant Poor, Urban Marginality and Politics*; Überblick über die Landreform bei N.R.Keddie, *Roots of Revolution. An Interpretive History of Modern Iran*, S. 160–182; Daten zur Binnenwanderung bei S.A.Arjomand, *The Turban for the Crown. The Islamic Revolution in Iran*, Appendix S. 216 f., ausgewertet S. 106–108.

25 S.A.Arjomand, *The Turban for the Crown*, S. 91–94 mit den entsprechenden Daten.

26 Die unterschiedlichen Strömungen im schiitischen Klerus behandelt E. Abrahamian, *Iran. Between Two Revolutions*, S. 473–479. Zu Khomeinis Konzept einer Herrschaft der Geistlichen vgl. A.A.Sachedina, *The Just Ruler (al-sultan al-ʿadil) in Shïite Islam. The Comprehensive Authority of the Jurist in Imamite Jurisprudence*. Sachedina erklärt den Unterschied zwischen wilaya und saltana folgendermaßen: Während der Sultan Gehorsam erzwingt, kann der Inhaber von wilaya Gehorsam nur einfordern, nicht aber erzwingen (S. 33).

27 B.K.Freamon, «Martyrdom, Suicide, and the Islamic Law of War: A Short Legal History».

28 Wort- und Begriffserläuterung von H.Halm, *Die Schia*, S. 134.

29 E.Kohlberg, «Some Imami-Shiʿi Views on Taqiyya», S. 396 mit Anm. 10.

30 I.Goldziher, «Das Prinzip der takijja im Islam», S. 65.

31 E.Meyer, «Anlass und Anwendungsbereich der taqiyya», S. 267.

32 A.A.Sachedina, «A Treatise on the Occultation of the Twelfth Imamite Imam», S. 109–124, zum Vernunftbeweis S. 113 ff; derselbe, *Islamic Messianism. The Idea of Mahdi in Twelver Shïism*, S. 103 f.

33 S.Akhavi, *Religion and Politics in Contemporary Iran: Clergy-State Relations in the Pahlavi Period*, S. 112 f. (Vorlesungen von Bazargan zum Thema); S. 164–166 (von Khomeini).

34 E.Abrahamian, *Radical Islam. The Iranian Mojahedin*, S. 92–104 («Ideology»).

35 J.Al-e Ahmad, *Occidentosis: A Plague from the West*. Zu dieser Schrift und Al-e Ahmad siehe B.Hanson, «The ‹Westoxication› of Iran: Depictions and Reactions of Behrangi, Al-e Ahmad and Shari'ati» sowie A.Rahnema, *An Islamic Utopian. A Political Biography of Ali Shari'ati*, S. 190–192.

36 Zu Shariatis Haltung zu Frantz Fanon (und Jean-Paul Sartre) siehe A.Rahnema, *An Islamic Utopian*, S. 126–128.

37 F.Fanon, *Die Verdammten dieser Erde*, S. 72.

38 Shariati war bei seinem Studium in Paris von Louis Massignon, George Gurvitch und Jacques Berque inspiriert worden (A.Rahnema, *An Islamic Utopian*, S. 119–126).

39 A.Rahnema, *An Islamic Utopian*, S. 314 f; U.Tilgner (Hg.), *Umbruch im Iran. Augenzeugenberichte – Analysen – Dokumente*, S. 38.

40 W.O.Beeman, «Images of the Great Satan: Representations of the United States in the Iranian Revolution»; derselbe, *The ‹Great Satan› vs. the ‹Mad Mullahs›. How the United States and Iran Demonize Each Other*.

41 M.C.Bateson, «‹This Figure of Tinsel›: A Study of Themes of Hypocrisy and Pessimism in Iranian Culture», S. 125–134.

42 Zur paramilitärischen sozialen Gruppe der basïj, aus der die meisten Mobilisierten kamen, siehe F.Khosrokhavar, *L'islamisme et la mort. Le martyre révolutionnaire en Iran*, S. 171–221. Am Ende des Krieges sollen 300000 Iraner gefallen sein und 500000 zu Kriegsversehrten geworden sein.

43 J.M.Davis, *Martyrs. Innocence, Vengeance, and Despair in the Middle East*, «The Child as Soldier-Martyr: Iran's Mohammad Hosein Fahmideh», S. 45–66. Eigentlich wäre eher Scham am Platz gewesen, bemerkte die Autorin ganz richtig.

44 N. Kermani, «Märtyrertum als Topos politischer Selbstdarstellung in Iran».
45 F. Sahebjam, ‹Ich habe keine Tränen mehr›. *Iran: Die Geschichte des Kindersoldaten Reza Behrouzi*, S. 134–136.
46 F. Sahebjam, ‹Ich habe keine Tränen mehr›, S. 9–11.
47 C. Reuter, *Mein Leben ist eine Waffe. Selbstmordattentäter – Psychogramm eines Phänomens*, S. 59 f.
48 E. Durkheim, *Der Selbstmord*, S. 256–272.
49 J. Croitoru, *Der Märtyrer als Waffe. Die historischen Wurzeln des Selbstmordattentates*, S. 82 f.
50 T. Seidensticker, «Der religiöse und historische Hintergrund des Selbstmordattentates im Islam».
51 W. Schmucker, «Iranische Märtyrertestamente», S. 189 (Zitat Khomeinis).
52 Ich folge hierbei W. Schmucker, «Iranische Märtyrertestamente», S. 220–222.
53 W. Schmucker, «Iranische Märtyrertestamente», S. 222 f.
54 F. Khosrokhavar, *L'islamisme et la mort. Le martyre révolutionnaire en Iran*, S. 95–169 («Martyre et nouvelle subjectivité»); derselbe, *Suicide Bombers. Allah's New Martyrs*, S. 41–48 («Shariati on Martyrdom»), S. 48–52 («The Martyr as ‹Individual in Death›»), S. 52–58 (»Paradoxical Individualisation of Religious Discourse»).
55 M. Juergensmeyer, «Antifundamentalism».
56 G. A. Almond/R. S. Appleby/E. Sivan, *Strong Religion. The Rise of Fundamentalisms around the World*, S. 17 (Übers. HGK).
57 So auch P. Waldmann, «Wie religiös ist der ‹religiöse Terrorismus›?», S. 99–109, S. 103.
58 G. A. Almond/R. S. Appleby/E. Sivan, *Strong Religion*, S. 235 (Übers. HGK); Thomas Scheffler stellt ähnlich fest, dass der Weg fundamentalistischer Gruppen in die Gewalt nicht zwangsläufig war, sondern in einem Zusammentreffen mehrerer Prozesse seine Ursache hat. «Islamischer Fundamentalismus und Gewalt», S. 88–111.
59 R. S. Appleby, *The Ambivalence of the Sacred. Religion, Violence, and Reconciliation* (Kap. 3: «Violence as a Sacred Duty: Patterns of Religious Extremism», S. 81–120; S. 88 f. zur Konzeption der Ausnahme in besonderen Zeiten); Peter Waldmann schließt sich dem an: «Die zeitliche Dimension des Terrorismus», in: derselbe (Hg.), *Determinanten des Terrorismus*: «Außergewöhnliche Zeiten erfordern extreme Maßnahmen» (S. 164–171).
60 S. N. Eisenstadt, *Fundamentalism, Sectarianism, and Revolution*, S. 68.
61 M. Brocker, «Politisierte Religion: Die Herausforderung des Fundamentalismus in vergleichender Perspektive».
62 G. Sick, *All Fall Down. America's Tragic Encounter with Iran*, S. 164 (Übers. HGK).
63 K. Thomas, *Religion and the Decline of Magic. Studies in Popular Beliefs in Sixteenth- and Seventeenth Century England*, S. 652–669 («The Witch and Her Accuser»), siehe besonders S. 658 und 662. Der entsprechende Abschnitt in deutscher Übersetzung bei C. Honegger, *Die Hexen der Neuzeit. Studien zur Sozialgeschichte eines kulturellen Deutungsmusters*, S. 256–308.

5. Die «Partei Gottes» greift in den Krieg ein: Libanon 1975–2000

1 M. Kramer, «The Oracle of Hizbullah. Sayyid Muhammad Husayn Fadlallah», S. 101; J. Sankari, *Fadlallah. The Making of a Radical Shi'ite Leader*, S. 176–181.
2 S. Rosiny, *Islamismus bei den Schiiten im Libanon. Religion im Übergang von Tradition zur Moderne*, S. 68–71; *ta'ifa* bezeichnet sprachlich den «Teil» eines Ganzen. Dazu T. Scheffler, «Religion, Violence and the Civilizing Process. The Case of Lebanon».
3 R. Schulze, *Geschichte der Islamischen Welt im 20. Jahrhundert*, S. 317 f. (Liste der 17 Einzelkriege).

4   E. Picard, «La violence milicienne et sa légitimation religieuse».

5   S. Saadeh, «Basic Issues Concerning the Personal Status Laws in Lebanon».

6   S. Khalaf, «The Radicalization of Communal Loyalties», S. 290; S. Khalaf, *Civil and Uncivil Violence in Lebanon. A History of the Internationalization of Communal Conflict*, S. 270–272.

7   Zu Musa al-Sadr die fesselnde Darstellung von F. Ajami, *The Vanished Imam. Musa al Sadr and the Shia of Lebanon.* Außerdem A. R. Norton, *Amal and the Shīʿa*, S. 39–58.

8   A. R. Norton , *Amal and the Shīʿa*, S. 40 f. (Übers. HGK).

9   Quellenmaterial zu dieser Deutung bei S. Nasr, «Mobilisation Communautaire et Symbolique Religieuse: L'Imam Sadr et les Chiʾites du Liban (1979–1975)».

10   M. M. Milani, *The Making of Iran's Islamic Revolution. From Monarchy to Islamic Republic*, S. 89.

11   Text in englischer Übersetzung bei A. R. Norton, *Amal and the Shīʿa*, S. 144–166.

12   A. R. Norton , *Amal and the Shīʿa*, S. 147, 151 f.

13   Dazu S. Rosiny, «Der *jihad*. Eine Typologie historischer und zeitgenössischer Formen islamisch legitimierter Gewalt». Eine zugespitzt militärische Deutung des Konzeptes Jihad vertritt hingegen David Cook in seinem Buch *Understanding Jihad*.

14   A. R. Norton , *Amal and the Shīʿa*, S. 52–56.

15   Zu Abspaltungen S. Rosiny, *Islamismus bei den Schiiten im Libanon*, S. 126–129; J. Sankari, *Fadlallah*, S. 196–199 («The Splintering of the Amal Movement and the Formation of Hizbullah»).

16   In Sure 58:22 heißt es ähnlich, dass diejenigen, die an Gott und an den Jüngsten Tag glauben, denen keine Liebe erweisen sollen, die sich Gott und seinem Gesandten widersetzten, «auch wenn sie ihre Väter wären, oder ihre Söhne, ihre Brüder oder ihre Sippenmitglieder. In deren Herzen hat Er den Glauben geschrieben und sie mit einem Geist von sich gestärkt. ... Sie sind die Partei Gottes» (Übers. Adel Theodor Khoury).

17   Quellen für seine Biographie sind M. Kramer, «The Oracle of Hizbullah. Sayyid Muhammad Husayn Fadlallah», und neuerdings J. Sankari, *Fadlallah. The Making of a Radical Shi'ite Leader.*

18   Graphische Darstellung der schiitischen Hierarchie bei S. Rosiny, *Islamismus bei den Schiiten im Libanon*, S. 132. Talib Aziz behandelt Fadlallahs Stellung und stellt seine Unterordnung unter Ayatollah Khu'i dar: «Fadlallah and the Remaking of the Marja'iya»; ausführlich dazu auch J. Sankari, *Fadlallah.*

19   So die Terminologie von S. Rosiny, «Religiöse Freigabe und Begrenzung der Gewalt bei Hizb Allāh im Libanon».

20   Im Oktober 1983 wollte eine israelische Militärkolonne die Durchfahrt durch die schiitische Stadt Nabatiyya erzwingen, als dort gerade die Aschura-Feiern stattfanden. In Unkenntnis der Situation gingen die Soldaten mit Waffengewalt gegen die «aufrührerische» Masse vor und erschossen Unschuldige.

21   G. Delafon, *Beyrouth. Les Soldats de l'Islam*, S. 54 f.; zu den Selbstmordkommandos des Jahres 1983 A. Rieck, *Die Schiiten im Kampf um den Libanon: Politische Chronik 1958–1988*, S. 489–500.

22   P. Waldmann, *Terrorismus. Provokation der Macht*, S. 61–68.

23   Text in englischer Übersetzung bei A. R. Norton, *Amal and the Shīʿa*, S. 167–187.

24   S. Rosiny, *Islamismus bei den Schiiten im Libanon*, zu Raghib Harb S. 149–153.

25   A. R. Norton, *Amal and the Shīʿa*, S. 172.

26   Israel richtete allerdings im Süden eine 25 km breite Pufferzone von 1100 Quadratkilometern ein, in der die Besetzung bis zum Jahr 2000 fortdauerte.

27   M. Kramer, «Hezbollah's Vision of the West», Zitat S. 39 (Übers. HGK).

28   R. A. Pape, *Dying to Win. The Strategic Logic of Suicide Terrorism*, S. 253 f.

29 Vielen Beobachtern des Libanon-Krieges der achtziger Jahre sind die näheren Umstände der Selbstmordanschläge unklar geblieben. Nur wenige erkannten, dass nur ein Viertel aller Bombenattentate im Libanon islamisch begründet war. Nach einer Zählung von Ariel Merari hatten nur 7 von 31 registrierten Bombenanschlägen einen islamistischen Hintergrund. Alle anderen waren gewöhnliche militärische Operationen der syrischen Armee. A. Merari, »The Readiness to Kill and to Die: Suicidal Terrorism in the Middle East».

30 J. Alagha, «Hizbollah and Martyrdom», S. 57; S. Rosiny, «Religiöse Freigabe und Begrenzung der Gewalt bei Hizb Allāh im Libanon», N. Qassem, *Hizbollah. The Story From Within*, S. 85; A. R. Norton, *Hezbollah: A Short History*, S. 80. Einen Teil ihres Internetauftritts widmet die Hizbollah ihren Märtyrern. Dabei wird auch westliche wissenschaftliche Literatur, die das Phänomen der Selbstmordattentäter erklärt, in Auszügen wiedergegeben. http://www.moqawama.org/english/martyrs.php (Zugriff 27.7.07)

31 F. Rosenthal, «On Suicide in Islam»; T. Seidensticker, «Die Transformation des christlichen Märtyrerbegriffs im Islam», zum Konflikt mit dem Selbstmordverbot S. 143 f. und S. 148.

32 B. K. Freamon, «Martyrdom, Suicide, and the Islamic Law of War: A Short Legal History», S. 320–326.

33 Zitiert von M. Kramer, «Hizbullah: The Calculus of Jihad», S. 549 (Übers. HGK).

34 M. Kramer, «The Moral Logic of Hizballah», S. 146; behandelt auch von S. Rosiny, *Islamismus bei den Schiiten im Libanon*, S. 234; zu Fadlallahs Haltung zu militärischen Selbsttötungsoperationen J. Sankari, *Fadlallah*, S. 205–208.

35 M. Kramer, «The Moral Logic of Hizballah», S. 147 (Übers. HGK).

36 M. Kramer, «The Oracle of Hizbullah. Sayyid Muhammad Husayn Fadlallah», S. 112 zur *fatwa* Khomeinis.

37 M. Kramer, «Sacrifice and Fratricide in Shiite Lebanon», S. 40 (Übers. HGK).

38 S. Rosiny, *Islamismus bei den Schiiten im Libanon*, S. 257.

39 Johannes J. G. Jansen, *The Neglected Duty*, S. 200.

40 M. Kramer, «The Moral Logic of Hizballah», S. 137 (Übers. HGK).

41 Information aus M. Kramer, *Hezbollah's Vision of the West*, S. 37–39.

42 Entnommen aus M. Kramer, «The Moral Logic of Hizballah», S. 148 (Übers. HGK).

43 Prägnante Darstellung von A. R. Norton, *Hizbollah. A Short History*, S. 107–112.

44 A. N. Hamzeh, *In the Path of Hizbullah*, S. 52; D. Danawi, *Hizbullah's Pulse. Into the Dilemma of Al-Shahid and Jihad Al-Bina Foundations*, S. 29.

45 D. Danawi, *Hizbullah's Pulse*, S. 66.

46 Nähere Informationen und weitere Studien zu den sozialen Institutionen der Hizbollah bei D. Danawi, *Hizbullah's Pulse*; S. Rosiny, *Islamismus bei den Schiiten im Libanon*, S. 132–136; H. Jaber, *Hezbollah*, Kap. 5 «Necessities of Life», S. 145–168; J. Palmer Harik, *Hezbollah. The Changing Face of Terrorism*, Kap. 6 «Serving the Umma – Hezbollah as Employer and Welfare Organization», S. 81–94; N. Qassem, *Hizbullah*, S. 83–87. Wertvolle Einzelheiten über die Stiftungen, ihre Größe, ihre Zwecke, ihre Organisation und ihre Aktivitäten, finden sich bei A. N. Hamzeh, *In the Path of Hizbullah*, S. 48–66.

47 Bei J. P. Harik, *Hezbollah. The Changing Face of Terrorism*, S. 73–79 mehr über die Politik der «Öffnung» (*infitah*).

48 D. Danawi, *Hizbullah's Pulse*, S. 31.

49 B. K. Freamon, «Martyrdom, Suicide, and the Islamic Law of War», S. 358 f; J. Croitoru, *Der Märtyrer als Waffe*, S. 199.

50 So betont J. M. Davis Verzweiflung als Triebkraft für die Verbreitung des Märtyrerkonzeptes im Nahen Osten (*Martyrs. Innocence, Vengeance, and Despair in the Middle East*, S. 14 f.); angemessener scheint mir Jessica Sterns Herangehensweise zu

sein; sie teilt ihre Studie *Terror in the Name of God. Why Religious Militants Kill* in zwei große Teile: «Mißstände, die den Heiligen Krieg hervorbringen» und «Organisationen des Heiligen Krieges».

51 H. Jaber, *Hezbollah*, S. 1–6.
52 J. M. Davis, *Martyrs*, S. 67–84 («The Woman as Soldier-Martyr and Suicide Bomber: Lula Abboud»).
53 Th. Scheffler, «Religion, Violence and the Civilizing Process», vergleicht diesen Ausgang mit dem in Europa nach den Religionskriegen des 17. Jahrhunderts, wo – anders als im Libanon – die Politik entkonfessionalisiert und enttheologisiert wurde (S. 182).
54 S. Rosiny, *Islamismus bei den Schiiten im Libanon*, S. 293–296.
55 S. Khalaf, «The Radicalization of Communal Loyalties», S. 288; Khalaf bezieht sich auf ein Konzept von Theodor Hanf, «Ethnurgy: on the Analytical Use and Normative Abuse of the Concept of ‹Ethnic Identity›».
56 S. Khalaf, *Civil and Uncivil Violence in Lebanon*, S. 38–61 («The Drift into Incivility»).
57 *Orientjournal* Herbst 2001, S. 11.
58 So die Begründung der Regierung Israels für den Krieg (A. R. Norton, *Hezbollah*, S. 139 f.).

6. Israels Kriege der Erlösung

1 Als Alexander der Große Territorien «mit dem Speer» erwarb, leitete er daraus das Recht ab, uneingeschränkt zu herrschen. W. Schmitthenner, «Über eine Formveränderung der Monarchie seit Alexander d. Gr.»; A. Mehl, *«Doriktetos chōra. Kritische Bemerkungen zum ‹Speererwerb› in Politik und Völkerrecht der hellenistischen Epoche»*; zur Gewalt in den Gründungsmythen europäischer Nationen und der USA aufschlussreich: N. Buschmann/D. Langewiesche (Hg.), *Der Krieg in den Gründungsmythen europäischer Nationen und der USA;* darin speziell B. Gladigow, «Gewalt in Gründungsmythen», S. 23–38.
2 W. Graf Vitzthum (Hg.), *Völkerrecht*, S. 26.
3 A. Roberts/R. Guelff (Hg.), *Documents on the Laws of War*, S. 318.
4 M. Benvenisti, *Intimate Enemies. Jews and Arabs in a Shared Land*, S. 34. Das Kapitel «City of Strife» ist eine anschauliche Schilderung der Spannungen in der gewaltsam vereinigten Stadt, in der zum Beispiel der Ostteil im Stadtbudget signifikant benachteiligt wurde (S. 1–51).
5 M. Benvenisti, *The West Bank Data Project. A Survey of Israel's Policies;* derselbe, *1986 Report. Demographic, Economic, Legal, Social and Political Developments in the West Bank.*
6 M. Benvenisti, *The West Bank Data Project*, S. 51 f; derselbe, *Intimate Enemies*, S. 61; 65–66.
7 M. Benvenisti, *The West Bank Data Project*, S. 52–55. Der Umfang des biblischen Landes schwankt in den jüdischen Überlieferungen. Das Land Israel konnte das verheißene «gelobte» Land Kanaan sein, von dem in der Patriarchenerzählung gesprochen wird; es konnte das von Israeliten tatsächlich besiedelte Gebiet bezeichnen oder das von der Halakha definierte Land; den größten Umfang hat es in Genesis 15,18–21: Gott sagt Abraham zu, seinem Nachkommen das Land vom Nil bis zum Euphrat zu geben. Das Land war in der jüdischen Überlieferung heilig, da Gott sein Besitzer ist und der Boden daher unveräußerlich: Lev 25,23. Land Israel ist in diesem Sinne ein «geotheologischer» Begriff. Siehe dazu G. Krämer, *Geschichte Palästinas*, S. 15–21; 31–34; 36–39.
8 Diese Zahlen aus G. Gorenberg, *The Accidental Empire. Israel and the Birth of the Settlements, 1967–1977*, S. 358.

9 J. Quigley, *The Case for Palestine. An International Law Perspective*, S. 176.
10 Zu finden auf der Website der Foundation for Middle East Peace, unter Documents, Opinion of the Legal Advisor, Department of State, 4–21–78 (http://www.fmep.org/documents/opinion_OLA_DOS4–21–78.html) (Zugriff 13.9.07).
11 *New York Times*, 3. Februar 1981 (Übers. HGK).
12 D. Gold, «From ‹Occupied Territories› to ‹Disputed Territories›».
13 Sie z. B. http://www.think-israel.org/grief.occupationmyth.html (Zugriff 13.9.07).
14 «Statement by the President» vom 14. April 2004 (http://www.whitehouse.gov/news/releases/2004/04/20040414–2.html) «The goal of two independent states … remains a key to resolving this conflict. … It seems clear that an agreed, just, fair and realistic framework for a solution to the Palestinian refugee issue as part of any final status agreement will need to be found through the establishment of a Palestinian state, and the settling of Palestinian refugees there, rather than in Israel». «As part of a final peace settlement, Israel must have secure and recognized borders, which should emerge from negotiations between the parties in accordance with UNSC Resolutions 242 and 338. In light of new realities on the ground, including already existing major Israeli populations centres, it is unrealistic to expect that the outcome of final status negotiations will be a full and complete return to the armistice lines of 1949. It is realistic to expect that any final status agreement will only be achieved on the basis of mutually agreed changes that reflect these realities».
15 K. H. Rengstorf/S. v. Kortzfleisch (Hg.), *Kirche und Synagoge. Handbuch zur Geschichte von Christen und Juden. Darstellung mit Quellen*, Bd. 2, S. 680 f.
16 Der Vorgang ist von Aviezer Ravitzky aufgearbeitet worden: *Messianism, Zionism, and Jewish Radicalism*. Siehe «Forcing the End»; «Radical Anti-Zionism», S. 40–78; zu den drei Schwüren S. 22–26 und Appendix S. 211–234.
17 Zu der Auffassung, den Einbruch des Messianischen könne man sich nur wie eine unvorhersehbare Katastrophe vorstellen, siehe G. Scholem, *Über einige Grundbegriffe des Judentums*, S. 130 und 133.
18 Zur Geschichte dieser Strömung S. C. Heilman/M. Friedman, «Religious Fundamentalism and Religious Jews: The Case of the Haredim»; S. C. Heilman, *Defenders of the Faith. Inside Ultra-Orthodox Jewry*.
19 A. Ravitzky, *Messianism, Zionism, and Jewish Radicalism*, S. 145–180 («Exile in the Holy Land: The Dilemma of Haredi Jewry»).
20 S. C. Heilman, *Defenders of the Faith*, S. 12.
21 A. Ravitzky, *Messianism, Zionism, and Jewish Radicalism*, S. 75.
22 M. E. Marty/R. Scott Appleby, *Herausforderung Fundamentalismus. Radikale Christen, Moslems und Juden im Kampf gegen die Moderne*, S. 97; Artikel von Daniel Pipes (25. September 2004), veröffentlicht auf der Website http://www.danielpipes.org/blog/331 (Zugriff 28. 7.07).
23 Dt. Übersetzung des Manifestes bei H. J. Schoeps (Hg.), *Jüdische Geisteswelt*, S. 214–216.
24 Gershom Scholem hat in der Mystik ein Mittel gesehen, den Messianismus zu neutralisieren und vor seinen zerstörerischen Folgen zu bewahren: *Die jüdische Mystik in ihren Hauptströmungen*, S. 361 f.
25 J. Dan, «Rav Kooks Stellung im zeitgenössischen jüdischen Denken».
26 A. I. HaCohen Kook, «Die Tora des Auslandes und die Tora des Landes Israel», S. 111–123; eine Auswahl aus derselben Schrift mit einer Einleitung von Arthur Hertzberg: *The Zionist Idea. A Historical Analysis and Reader*, S. 416–431.
27 Website http://www.kipa.co.il/merkaz/eng.asp (Zugriff 27.7.07)
28 G. Aran, «The Father, the Son, and the Holy Land»; G. Gorenberg, *The Accidental Empire. Israel and the Birth of the Settlements, 1967–1977*, S. 21–23.
29 S. C. Heilman, «Guides of the Faithful. Contemporary Religious Zionist Rabbis».

Israels Kriege der Erlösung223

30 A. Ravitzky, «The Messianism of Success in Contemporary Judaism».
31 G. Gorenberg, *The Accidental Empire*, S. 129–162; siehe auch G. Aran, «Jewish Zionist Fundamentalism: The Bloc of the Faithful in Israel (Gush Emunim)». Aran verdanken wir Augenzeugenberichte über die Frühphase der Siedlungsbewegung. Er war als Soziologiestudent an der Hebrew University nebenher als Fahrer, Waffenträger und Leibwächter von Führern der religiösen Siedlungsbewegung tätig. Zugleich hatte er ein soziologisches Interesse an den Vorgängen. Ein Bericht zu der Frühzeit auch von Ehud Sprinzak, «Gush Emunim: The Tip of the Iceberg».
32 G. Gorenberg, *The Accidental Empire*, S. 273 f., S. 371, S. 336 (Übers. HGK).
33 G. Aran, «The Gospel of the Gush: Redemption as a Catastrophe»; J. Rosenman, «The Apocalyptic Ideology of Gush Emunim»; E. Sprinzak, *The Ascendance of Israel's Radical Right*, S. 110–127.
34 J. Quigley, *The Case for Palestine. An International Law Perspective*, S. 17–19; 118–119.
35 Zu Amana siehe M. Benvenisti, *The West Bank Data Project*, S. 39–43; E. Sprinzak, *The Ascendance of Israel's Radical Right*, S. 127–29.
36 Autoaufkleber «Yesha ist hier» griffen die Abkürzung für die Gebiete Judäa, Samaria und Gaza (hebr. *'azza*) auf und spielten mit den zwei Bedeutungen: «diese Gebiete sind Teil des Staates Israel» und «die Erlösung ist nahe» (S. C. Heilman, «Guides of the Faithful. Contemporary Religious Zionist Rabbis», S. 344)
37 Zu den Gebietskörperschaften M. Benvenisti, *The West Bank Data Project*, S. 39–43; E. Sprinzak, *The Ascendance of Israel's Radical Right*, S. 129 f.
38 M. Benvenisti, *Intimate Enemies*, S. 59 f; eine detaillierte Darstellung der Ausbildung dieses Systems bei M. Benvenisti, *The West Bank Data Project*, S. 37–39.
39 Benvenisti schildert die verschiedenen Typen jüdischer Siedlungen und ihre Verbreitung Anfang der achtziger Jahre (*The West Bank Data Project*, S. 49–63).
40 Hierzu die von David Newman herausgegebenen Aufsätze: *The Impact of Gush Emunim. Politics and Settlement in the West Bank*.
41 M. Benvenisti, *The West Bank Data Project*, S. 57–60.
42 E. Sprinzak, *The Ascendance of Israel's Radical Right*, S. 127–129.
43 R. A. Pape, *Dying to Win*, S. 49.
44 Zahlen und Karte bei M. Benvenisti, *Intimate Enemies*, S. 61 f. Siehe auch die Tabelle bei R. A. Pape, *Dying to Win. The Strategic Logic of Suicide Terrorism*, S. 49, der offizielle israelische Daten zugrunde liegen; Ost-Jerusalem ist nicht mitgezählt. Siehe auch das Daten des Siedlungsreports der Website der *Foundation for Middle East Peace* http://www.fmep.org (Zugriff 27.7.07).
45 J. Quigley, *The Case for Palestine*, S. 30 f; S. 102–104; 146–148, Zitat S. 146 f. (Übers. HGK); M. Saltman, «The Use of the Mandatory Emergency Laws by the Israeli Government».
46 Diese Zahlen aus denselben Quellen wie oben Anm. 44.
47 E. Efrat, *The West Bank and Gaza Strip. A Geography of Occupation and Disengagement*, S. 3 (Übers. HGK).
48 Eine Karte mit den Gebieten, die für den palästinensischen Staat aus israelischer (und amerikanischer) Sicht vorgesehen sind, bei L. Lybarger, *Identity and Religion in Palestine*, S. 2.
49 E. Sprinzak beschreibt eine solche Kontroverse in: *The Ascendance of Israel's Radical Right*, S. 153–155. Rabbi Yehuda Amital, Absolvent der Markaz HaRav, warf Gush Emunim eine Übertreibung der Bedeutung von «Land» auf Kosten von «Volk» und «Tora» im Prozess der Erlösung vor.
50 E. Sprinzak, «From Messianic Pioneering to Vigilante Terrorism».
51 David Newman beschreibt den Spagat in «Gush Emunim. Between Fundamentalism and Pragmatism».

52 E. Sprinzak, «Gush Emunim: The Tip of the Iceberg».

53 So die Verdächtigen bei ihrer Befragung durch den israelischen Geheimdienst, aus der Israel Shahak, «The Ideology behind Hebron Massacre» zitiert.

54 Ausführlich dazu E. Sprinzak, *The Ascendance of Israel's Radical Right*, S. 251–288 («The Cultural Radicals and the Struggle for the Temple Mount») sowie G. Gorenberg, *The End of Days*, der die Vorgänge in allen Einzelheiten darstellt, wobei er auch schildert, wie einflussreiche amerikanische protestantische Fundamentalisten die Planungen der Wiedererrichtung des Tempels mit Wort und Tat unterstützten. Zu Recht merkt er in diesem Zusammenhang an, dass es dieser theologischen Richtung – dem sog. Prämillenarismus – nie um das Wohlergehen der Juden, sondern immer nur um das Millennium der Christen ging (S. 50; 86).

55 Zahlen dazu bei S. Mishal/R. Aharoni, *Speaking Stones. Communiqués from the Intifada Underground*, S. 21 und E. Sprinzak, *The Ascendance of Israel's Radical Right*, S. 148.

56 E. Sprinzak, «From Messianic Pioneering to Vigilante Terrorism», S. 213.

57 S. C. Heilman, «Guides of the Faithful. Contemporary Religious Zionist Rabbis», S. 345; E. Sprinzak, *The Ascendance of Israel's Radical Right*, S. 164 f.

58 Details der Vorgänge bei E. Sprinzak, *Brother against Brother. Violence and Extremism in Israeli Politics from Altalena to the Rabin Assassination*, S. 1–4; S. 238–243; S. 258–266.

59 Quelle: http://www.fact-index.com/b/ba/baruch_goldstein.html (Zugriff 13.9.07).

60 E. Sprinzak, *Brother against Brother*, Kap. 6: «The Kahanist Culture of Violence. Evolution and Containment» (S. 180–216) S. 191.

61 http://www.public-action.com/x/nh-baruch-lubavitch (Zugriff 13.9.07). Hier findet sich auch die Schutzbehauptung, Goldstein sei einem drohenden arabischen Pogrom zuvorgekommen.

62 Mitteilung von Prof. Dr. Zwi Werblowsky, Jerusalem.

63 Die theologische Begründung dieses Attentates und ein Vergleich mit dem auf Anwar al-Sadat hat R. C. Kiener vorgenommen: «Gushist and Qutbian Approaches to Government: A Comparative Analysis of Religious Assassination».

64 E. Sprinzak, *Brother against Brother*, S. 274 f. (mit wörtlichem Zitat). Zwi Werblowsky teilte mir mit, dass die Fomel aus dem Standardtext des großen Bannfluchs stammt. Er ist im Ritualkompendium KOLBO (wohl frühes 14.Jh.) enthalten und wurde auf Hebräisch mit lateinischer Übersetzung abgedruckt bei John Selden, *De iure naturali & gentium*, liber 4 cap.8, S. 510 f.

65 E. Sprinzak, *Brother against Brother*, Kap. 8: «To Kill a Prime Minister» (S. 244–285).

66 Im Oktober 2004 berichtete Middle East Web Log aus Anlass von Ariel Sharons Gaza-Rückzugsplan: «Ein Rabbiner bot an, gegen den Ministerpräsidenten Ariel Sharon ein mittelalterliches Pulsa Di Nura Ritual durchzuführen, um mit magischen Mitteln seinen Untergang herbeizuführen. Sicherheitsexperten einschließlich des Leiters von GSS (Shabak) warnen, dass wir nur einen Schritt von einem geplanten Mordanschlag entfernt sind, und vielleicht noch schlimmer, dass jüdische Gruppen tatsächlich planen, die Moschee auf dem Tempelberg zu zerstören, um so den letzten messianischen Krieg und die Errichtung des dritten Tempels zu bewirken». http://www.mideastweb.org/log/archives/00000305.htm. (Zugriff 8.7.2007)

67 B. Netanyahu, «Introduction», in: derselbe (Hg.), *Terrorism. How the West Can Win*, S. 3 (Übers. HGK).

68 B. Netanyahu, «Defining Terrorism», in derselbe (Hg.), *Terrorism*, S. 7–15, Zitat S. 9 (Übers. HGK).

69 J. Trabant, *Europäisches Sprachdenken. Von Platon bis Wittgenstein*, S. 207.

70 G. Gorenberg, *The End of Days*, S. 244.

71 G. Gorenberg, *The End of Days*, S. 195 (Übers. HGK).

72 G. Gorenberg, *The End of Days*, S. 245 (Übers. HGK).
73 E. Sprinzak, «Fundamentalism, Terrorism and Democracy: The Case of the Gush Emunim Underground».
74 A. Oz, *Im Lande Israel*, S. 116.
75 L. J. Silberstein, *The Postzionism Debates: Knowledge and Power in Israeli Culture*, S. 80.

7. Eifern für das Stiftungsland Palästina

1 «Das palästinensische Nationale Manifest von 1964»; «Das palästinensische Nationale Manifest von 1968». Beide Texte in dt. Übersetzung in: Y. Harkabi, *Das palästinensische Manifest*, S. 131–137 und 138–145. Die im Text besprochenen Artikel stammen aus dem Manifest von 1968.
2 J. Croitoru, *Hamas. Der islamische Kampf um Palästina*, S. 33.
3 Zu der «Katastrophe» siehe die Website http://www.alnakba.org. (Zugriff 28.7.07)
4 R. Paz, «The Development of Palestinian Islamic Groups». Der Text ist auch im Internet verfügbar.
5 Zu den beiden Gründerpersonen Z. Abu-Amr, *Islamic Fundamentalism in the West Bank and Gaza*, S. 93 f.
6 Zum palästinensischen Islamischen Jihad gibt es wenige Studien. Grundlegend sind Z. Abu-Amr, *Islamic Fundamentalism in the West Bank and Gaza* sowie M. Hatina, *Islam and Salvation in Palestine*.
7 M. Hatina, *Islam and Salvation in Palestine*, S. 26; J. Croitoru, *Hamas. Der islamische Kampf um Palästina*, S. 60.
8 W. Montgomery Watt/A. T. Welch, *Der Islam I. Muhammed und die Frühzeit – Islamisches Recht – Religiöses Leben*, S. 102–104.
9 A. M. Oliver/P. F. Steinberg, *The Road to Martyrs' Square. A Journey into the World of the Suicide Bomber*, S. 65.
10 Zum *miʿraj* siehe den Artikel von J. Horovitz in *Shorter Encyclopedia of Islam*, S. 381–384.
11 T. Seidensticker erörtert die islamwissenschaftlichen Prüfungen der historischen Quellen: «Jerusalem aus der Sicht des Islams».
12 R. Friedland/R. Hecht, «The Nebi Musa Pilgrimage and the Origins of Palestinian Nationalism».
13 Das 5. Buch Mose merkte noch an, niemand würde die Grabstätte von Moses kennen (Dtn 34, 6).
14 G. Krämer, *Geschichte Palästinas*, S. 264–268. Nach der Eroberung der Altstadt im Jahre 1967 rissen die Israelis das marokkanische Viertel ab.
15 T. P. Weber, *On the Road to Armageddon. How Evangelicals became Israel's Best Friends*, S. 109–112; S. 156–160.
16 R. P. Mitchell, *The Society of the Muslim Brothers*.
17 R. P. Mitchell, *The Society of the Muslim Brothers*, S. 8.
18 In Begriffen des islamischen Rechts: Das Tor von *ijtihad* (des rechtlichen Argumentierens) steht wieder offen (R. P. Mitchell, *The Society of the Muslim Brothers*, S. 239).
19 Dazu M. Cook, *Forbidding Wrong in Islam. An Introduction*.
20 R. P. Mitchell, *The Society of the Muslim Brothers*, S. 13–19.
21 Sein Vater war Bauer im Gaza-Streifen gewesen und durch den Krieg von 1948 zum Flüchtling geworden. Ahmad Yasin, 1936 geboren, wuchs in einer Moschee-Gemeinde der islamischen Bruderschaft auf. Im Alter von sechzehn brach er sich beim Spielen den Hals und war seitdem fast vollständig gelähmt. Zum Leben und Wirken von Sheikh Ahmad Yasin sind wichtig die Studien von Ziad Abu-Amr, «Shaykh Ahmad Yasin and the Origins of Hamas», von J. Croitoru, *Hamas*, S. 37–48, und neuerdings mit zahlreichen neuen Informationen und Korrekturen falscher Auffas-

sungen von Zaki Chehab, *Inside Hamas. The Untold Story of Militants, Martyrs and Spies.*

22 S. Mishal/A. Sela, *The Palestinian Hamas*, S. 20.

23 Z. Chehab, *Inside Hamas. The Untold Story of Militants, Martyrs and Spies*, S. 150–157.

24 Zu dieser Rechtsform in Palästina siehe D. J. Sullivan, *Private Voluntary Organizations in Egypt. Islamic Development, Private Initiative, and State Control*, S. 142–147; die Zahlen aus Z. Chehab, *Inside Hamas*, S. 151.

25 Z. Schiff/E. Ya'ari, *Intifada, The Palestinian Uprising – Israel's Third Front*, S. 220–239. Michael Dumper hat mit Hilfe von Interviews Licht in die Geschichte der *waqf*-Verwaltung im Gaza-Streifen gebracht: «Forty Years without Slumbering: waqf Politics and Administration in the Gaza-Strip, 1948–1987»; S. Mishal/A. Sela, *The Palestinian Hamas. Vision, Violence, and Coexistence*, S. 22.

26 R. A. Pape, *Dying to Win. The Strategic Logic of Suicide Terrorism*, S. 191 f.

27 R. P. Mitchell, *The Society of the Muslim Brothers*, S. 32 f. (Geschichte dieser Organisationsform), S. 177 (Organigramm); S. 195–200 (Darstellung der Aufgaben der Familien). In Ägypten wurden islamische Untergrundzellen *usar* (Familien) genannt: Saad Eddin Ibrahim, «Anatomy of Egypt's Militant Islamic Groups: Methodological Note and Preliminary Findings», S. 436.

28 D. Engelleder, *Die islamistische Bewegung in Jordanien und Palästina 1945–1989*, S. 108–111; eine gleiche Struktur ist für die syrische Bruderschaft bezeugt: J. Reissner, *Ideologie und Politik der Muslimbrüder Syriens. Von den Wahlen 1947 bis zum Verbot unter Adib Ash-Shishakli 1952*, S. 103.

29 G. Kepel, *Muslim Extremism in Egypt*, Kap. 3: «The Society of Muslims»; zu dieser Differenz treffend: N. Göle, «Snapshots of Islamic Modernities».

30 G. Kepel, *Muslim Extremism in Egypt*, S. 210–215 (zum Mord an Sadat).

31 Am 14. Dezember 1981 meldete die Zeitung al-Ahrar in Kairo, sie sei im Besitz einer Schrift *Die versäumte Pflicht (al-farīda al-ghā'iba)*, die die Täter zu ihren Handlungen ermächtigt habe. Bereits einige Tage zuvor hatte der Mufti Ägyptens in al-Ahrar eine Widerlegung der Argumente der Attentäter veröffentlicht. Das Ministerium für Waqf veröffentlichte 1983 eine Sammlung von *fatwa*'s, darunter auch die Stellungnahme des Muftis; im Anhang dazu wurde die gesamte Schrift publiziert. Schließlich wurde sie in Amman nachgedruckt, wobei dem Autor der Ehrentitel des *schahid*, des Märtyrers, gegeben wurde, da er am 15. April 1982 mit den Attentätern hingerichtet worden war. Die zuverlässigste Ausgabe ist die des Waqf-Ministeriums. Johannes J. G. Jansen hat sie seiner Übersetzung und Kommentierung zu Grunde gelegt: *The Neglected Duty*; deutsche Auszüge bei Andreas Meier, *Der politische Auftrag des Islam*, S. 368–378. Zu ihrer Wirkung auf die Jihadisten in Afghanistan s. u. S. 165–168.

32 M. Hatina, *Islam and Salvation in Palestine*, S. 30.

33 Z. Abu-Amr, *Islamic Fundamentalism*, S. 103 (Übers. HGK).

34 M. Hatina, *Islam and Salvation in Palestine*, S. 40 (Schätzung der Zahl); S. 26.

35 S. Mishal/R. Aharoni, *Speaking Stones*, S. 21.

36 E. Sprinzak, *The Ascendance of Israel's Radical Right*, S. 148.

37 Lange Zeit gab es nur wenige Studien zu Hamas, darunter: S. Mishal/A. Sela, *The Palestinian Hamas. Vision, Violence, and Coexistence*, und K. Hroub, *Hamas. Political Thought and Practice*. Das hat sich neuerdings schlagartig geändert: H. Baumgarten, *Hamas. Der politische Islam in Palästina*; J. Croitoru, *Hamas. Der islamische Kampf um Palästina*; Z. Chehab, *Inside Hamas. The Untold Story of Militants, Martyrs and Spies.*

38 Eine Auswahl von Kommuniqués des UNC aus den Anfangsjahren der ersten Intifada haben Shaul Mishal und Reuben Aharoni veröffentlicht: *Speaking Stones. Com-*

muniqués from the Intifada Underground, S. 53–198. Im Einleitungskapitel «The Road to the Intifada» (S. 1–23) gehen sie auf die wachsende Bedeutung Jugendlicher für die sozialen Institutionen im Westjordanland ein und verweisen zur Erklärung auf die israelische Besatzungspolitik (S. 18–21); in dem Kapitel «Paper War. The Intifada Leaflets» haben die Autoren das literarische Genre und die Inhalte der Flugblätter von Hamas und des UNC untersucht und miteinander verglichen (S. 25–49). Eine weitere Sammlung dieser frühen Flugblätter auf arabisch mit französischer Übersetzung wurde herausgegeben von Jean-François Legrain, *Les voix du soulèvement palestinien: 1987–1988. Edition critique des communiqués du Commandement National Unifié du Soulèvement et du Mouvement de la Résistance Islamique*.

39 R. Ovendale, *The Origins of the Arab-Israeli Wars*, S. 322 und 335.

40 S. Mishal/R. Aharoni, *Speaking Stones*, S. 55–58; A. Flores, *Intifada. Aufstand der Palästinenser*, S. 90 f.

41 Eine Auswahl übersetzter Kommuniqués von Hamas bei S. Mishal/R. Aharoni, *Speaking Stones*, S. 201–285.

42 Ein Vergleich beider Lager hinsichtlich des Aufrufs zur Gewalt bei S. Mishal/R. Aharoni, *Speaking Stones*, S. 39–42.

43 Dieses Kommuniqué in englischer Übersetzung im Anhang des Buches von Khaled Hroub, *Hamas. Political Thought and Practice*, S. 265 f. S. Mishal/R. Aharoni, *Speaking Stones* bezeichnen ein Flugblatt vom Januar 1988 als erstes der Hamas (S. 201–203). Auch dieses spricht die Aufständischen als *murabitun* an. Croitoru, *Hamas* versucht den Sachverhalt der verschiedenen Zählung zu klären (S. 75–77).

44 Diese Zahlen aus S. Mishal/A. Sela, *The Palestinian Hamas*, S. 57 mit Anm. 6 auf S. 209.

45 Deutsche Übersetzung von Lutz Rogler in: H. Baumgarten, *Hamas*, S. 207–226; Zitat S. 207 f.; engl. Übers. im Anhang des Buches von K. Hroub, *Hamas*, S. 267–291.

46 Zu dieser Tradition siehe A. M. Oliver/P. F. Steinberg, *The Road to Martyrs' Square. A Journey into the World of the Suicide Bomber*, S. 19–24 («The Gharqad Tree»).

47 W. Benz, *Die Protokolle der Weisen von Zion. Die Legende von der jüdischen Weltverschwörung*, S. 98 f.

48 D. Cook, *Contemporary Muslim Apocalyptic Literature*, S. 184–200.

49 A. M. Oliver/P. Steinberg, *The Road to Martyrs' Square*, S. 72–76 («Terror in their Hearts»).

50 A. M. Oliver/P. Steinberg, *The Road to Martyrs' Square*, Bild 13.

51 A. Flores, «Judaeophobia in Context: Anti-Semitism among Modern Palestinians».

52 G. Krämer, *Geschichte Palästinas*, S. 292–296.

53 Nicht nur die Flugblätter von Hamas, sondern auch des UNC beriefen sich auf ihn: S. Mishal/R. Aharoni, *Speaking Stones*, S. 33. Vgl. Flugblatt Nr. 2 des UNC mit Flugblatt Nr. 31 der Hamas.

54 M. Juergensmeyer, *Terror im Namen Gottes. Ein Blick hinter die Kulissen des gewalttätigen Fundamentalismus*, S. 107 f.

55 R. A. Pape, *Dying to Win*, Appendix I «Suicide Terrorist Campaigns, 1980–2003», S. 253–264.

56 A. M. Oliver/P. Steinberg, *The Road to Martyrs' Square*, S. 79.

57 *Erased in a Moment. Suicide Bombing Attacks against Israeli Civilians*, S. 43–61.

58 Die Explosion an Gewalt, die Beteiligung der al-Aqsa-Brigaden sowie der PFLP zeigt die Übersicht von R. A. Pape, *Dying to Win*, S. 280–282.

59 A. Pedahzur, *Suicide Terrorism*, S. 241–253 «Appendix Suicide Bombings (December 1981–June 2005)» S. 242.

60 J. Croitoru, *Der Märtyrer als Waffe. Die historischen Wurzeln des Selbstmordattentates*, S. 80–94 und S. 165–171.

61 R.A.Pape, *Dying to Win*, Appendix II «Occupations by Democratic States, 1980–2003», S. 265–267.

62 R.A.Pape, *Dying to Win*, S. 49 f.

63 R.A.Pape, *Dying to Win*, S. 192 mit Quellenbelegen zu allen drei Gesichtspunkten S. 192 f.

64 Auch Christoph Reuter hält das Phänomen nicht für spezifisch islamisch: *Mein Leben ist eine Waffe. Selbstmordattentäter – Psychogramm eines Phänomens.*

65 B. Nedelmann, «Die Selbstmordbomber. Zur symbolischen Kommunikation extremer politischer Gewalt», S. 400 f.

66 Dazu G.E.Robinson, «Hamas as a Social Movement».

67 S.Mishal/A.Sela, *The Palestinian Hamas*, S. 126 (im Kapitel «Calculated Participation», S. 113–146).

68 S.Mishal/A.Sela, *The Palestinian Hamas*, S. 83–112 («Coexistence within Conflict»).

69 J.J.G.Jansen, *The Neglected Duty*, S. 182–185.

70 D. Reetz, *Sendungsbewusstsein oder Eigennutz: Zu Motivation und Selbstverständnis islamischer Mobilisierung*, S. 11 f.

71 S.Mishal/A.Sela, *The Palestinian Hamas*, S. 63 (Übers. HGK).

72 S.Mishal/A.Sela, *The Palestinian Hamas*, S. 86.

73 R.Lohlker, *Islamisches Völkerrecht. Studien am Beispiel Granada*, S. 33 f; S. 41–43

74 Dokumentiert von I.Fawzi/I.Lübben, *Die ägyptische* Jamaʿa al-islamiya *und die Revision der Gewaltstrategie*; dazu auch G.Krämer, «Aus Erfahrung lernen? Die islamische Bewegung in Ägypten».

8. Amerikanische Protestanten bereiten den endzeitlichen Kriegsschauplatz in Palästina vor

1   Ein umfassender und kritischer Literaturbericht zur Religionsgeschichte der USA von Michael Hochgeschwender, «Religion, Nationale Mythologie und Nationale Identität. Zu den methodischen und inhaltlichen Debatten in der amerikanischen ‹New Religious History›»; siehe auch sein neues Buch *Amerikanische Religion.*

2   So die Diagnose von Manfred Brocker, *Protest – Anpassung – Etablierung. Die Christliche Rechte im politischen System der USA*, S. 60.

3   Bei M.Brocker, *Protest – Anpassung – Etablierung*, S. 325–344, eine äußerst nützliche Zusammenstellung aller Entscheidungen des *Supreme* Court seit 1947 in Angelegenheiten der Religion, nach Fallgruppen geordnet.

4   Ich folge M.Brocker, *Protest – Anpassung – Etablierung*, S. 35–74. Quantitative Angaben bei M.Brocker, S. 73 f. sowie A.Lieven, *America Right or Wrong. An Anatomy of American Nationalism*, S. 139 f.

5   S.Halper/J.Clarke, *America Alone. The Neo-Conservatives and the Global Order*, S. 68–73.

6   M.Brocker, *Protest – Anpassung – Etablierung*, S. 121–179. Eine Übersicht über alle Organisationen der Christlichen Rechten auf S. 122 f. Vgl. auch R.Prätorius, ‹In God We Trust›. *Religion und Politik in den USA*, S. 112–119.

7   «A Clean Break: A New Strategy for Securing the Realm» (Übers. HGK; Hervorhebung im Original). The Institute for Advanced Strategic and Political Studies. http://www.iasps.org/strat1.htm (Zugriff am 14. 7. 07).

8   P.L.Berger (Hg.), *The Deseculariziation of the World. Resurgent Religion and World Politics*; darin vom Herausgeber: «The Desecularization of the World: A Global Overview» S. 1–18.

9   E.-W.Böckenförde, «Die Entstehung des Staates als Vorgang der Säkularisation», S. 43.

10 Vorwort zu J.Cogley, *Religion in a Secular Age*. New York: Praeger 1968 S. XVI (Übers. HGK).

11 Siehe oben S. 30.
12 R. Finke/R. Stark, *The Churching of America, 1776–1990. Winners and Losers of Our Religious Economy.*
13 «Organisationen sind in dem Maße stärker, in dem sie ihren Mitgliedern beträchtliche Kosten in Form von Opfer oder Stigma auferlegen» (R. Finke/R. Stark, *The Churching of America,* S. 238 Übers. HGK). Die Formulierung steht im Dienst einer der Ökonomie entlehnten Erklärungshypothese: Die Gläubigen würden religiöse Handlungen als eine Investition in ein zukünftiges Heil verstehen und es angesichts dieser Erwartung für zweckmäßiger erachten, nicht in eine anspruchslose, sondern in eine anspruchsvolle Religionsgemeinschaft zu investieren. Wunschversagung sei die beste Garantie für zukünftiges Heil. Daher zeige sich in der gesamten Christentumsgeschichte eine Tendenz von der Kirche zur Sekte. Die Hypothese wurde zuerst ausgearbeitet von R. Stark/W. S. Bainbridge, *A Theory of Religion.*
14 Der Theorieansatz läuft in den USA unter dem Namen «Rational Choice Theory of Religion». Er soll das Ausbleiben des – von vielen erwarteten – Niederganges der Religion in der Moderne erklären. Eine Übersicht über die Vertreter dieses Ansatzes bei L. A. Young (Hg.), *Rational Choice Theory and Religion. Summary and Assessment.*
15 Kritik an dem Erklärungsmodell übt Steve Bruce, *Choice and Religion. A Critique of Rational Choice Theory.* Bruce beanstandet den nutzenorientierten Religionsbegriff (religiöse Praxis als Investition in einen zukünftigen Gewinn). Für die Fälle von religiöser Vitalität in der Moderne gibt es seiner Ansicht nach keine generelle Hypothese.
16 Auf den Zusammenhang zwischen der Ausbreitung städtischer Vororte («suburbanisation») und der Zunahme religiöser Vergemeinschaftung weist Anatol Lieven hin: *America Right or Wrong. An Anatomy of American Nationalism,* S. 139 f.
17 Die Erhebung der relevanten Daten geschah in der «National Congregations Study» aus dem Jahre 1998 http://www.cpanda.org/data/a00189/a00189.html (Zugriff 14.7.07). Sie wurde für weitere Studien grundlegend: M. Chaves, *Congregations in America;* R. Wuthnow, *Saving America? Faith-Based Services and the Future of Civil Society;* N. T. Ammerman, *Pillars of Faith. American Congregations and their Partners.*
18 Eine Aufarbeitung erst der Ausgliederung von Religion aus den Modernisierungstheorie, dann ihrer Wiederaufnahme in sie von H. Joas/W. Knöbl, *Sozialtheorie. Zwanzig einführende Vorlesungen,* Kap. 13 (S. 430–473).
19 C. G. Brown, *The Death of Christian Britain;* derselbe, «The Secularisation Decade: What the 1960s have done to the Study of Religion».
20 E. R. Sandeen, *The Roots of Fundamentalism. British and American Millenarism 1800–1930,* S. XIVf.; S. 188–207.
21 E. R. Sandeen, *The Roots of Fundamentalism,* S. XV (Übers. HGK).
22 E. R. Sandeen, *The Roots of Fundamentalism,* S. 246 (Übers. HGK). Sandeens These wird von Nancy T. Ammerman in ihrer neueren Darstellung des amerikanischen Fundamentalismus bestätigt. Neben Missionierung, dem Glauben an die Unfehlbarkeit der Bibel sowie der moralischen Trennung von den Ungläubigen ist der Prämillenarismus ein weiteres zentrales Merkmal von Fundamentalismus: N. T. Ammerman, «North American Protestant Fundamentalism», S. 4–8.
23 Die gründlichsten neueren Studien zum protestantischen Prämillenarismus stammen von T. P. Weber, *Living in the Shadow of the Second Coming. American Premillennialism 1875–1925;* derselbe, *On the Road to Armageddon. How Evangelicals Became Israel's Best Friend.*
24 Was über die Herkunft von ‹rapture› bekannt ist, findet sich bei E. R. Sandeen, *The Roots of Fundamentalism,* S. 62–70, und bei T. Weber, *On the Road to Armageddon,*

S. 23–26. Über diese Glaubensanschauung ist wegen ihrer großen Popularität eine theologische Diskussion entbrannt: siehe z. B. B. R. Rossing, *The Rapture Exposed. The Message of Hope in the Book of Revelation.* Die Autorin beklagt eine Umwertung biblischer Apokalyptik von Hoffnung auf Furcht, von Friede auf Gewalt. «Solche Segnung von Gewalt ist der wahre Grund dafür, daß wir es uns nicht leisten dürfen, der dispensationalistischen Version der von der Bibel erzählten Geschichte nachzugeben – weil das Leben von realen Menschen auf dem Spiel steht» (S. 46). Theologen sind für die Theologie nicht nur dogmatisch, sondern auch ethisch verantwortlich, möchte man bekräftigend hinzufügen.

25 Die von Fundamentalisten herausgebrachte Scofield Study Bible, die alle relevanten Texte kommentiert, übersetzt die Stelle folgendermaßen: »For the Lord himself shall descend from heaven with a shout, with the voice of the archangel and with the trump of God: and the dead in Christ shall rise first: Then we which are alive and remain shall be caught up together with them in the clouds, to meet the Lord in the air; and so shall we ever be with the Lord» (Oxford: University Press zuerst 1909; 1996, S. 1269).

26 Die Wiederherstellung Israels am Ende der jetzigen Periode war – zusammen mit einer endzeitlichen Chronologie und der Wiederkunft Jesu – bereits auf englischen Prophetiekonferenzen 1826–1829 gelehrt worden. Siehe E. R. Sandeen, *The Roots of Fundamentalism*, S. 18–22.

27 Die möglichen Konstruktionen des Millenniums sind noch weitaus variabler; die Basiselemente können noch auf andere Weise einander zugeordnet werden. So konnte die Entrückung mitten in der Zeit der Drangsal angesetzt werden oder erst an ihrem Ende (T. Weber, *Living in the Shadow of the Second Coming*, S. 10; Y. Ariel, *On Behalf of Israel. American Fundamentalist Attitudes towards Jews, Judaism, and Zionism, 1865–1945*, S. 20–23). Die deutsche Sprache ist, was diese Variationen angeht, sperrig. Während im Englischen von «pretribulation» und «posttribulation» gesprochen wird, spricht M. Brocker, *Protest – Anpassung – Etablierung*, S. 60 Anm. 49, von «Vortrübsalsentrückung» und «Nachtrübsalsentrückung».

28 Siehe dazu die Studien in G. Plasger/B. Schipper (Hg.), *Apokalyptik und kein Ende?*

29 Stephen D. O'Leary, *Arguing the Apocalypse. A Theory of Millennial Rhetoric.*

30 Abdruck des Textes bei Y. Ariel, *On Behalf of Israel*, S. 70–72, Zitat S. 71 (Übers. HGK).

31 Zu Blackstone siehe Y. Ariel, *On Behalf of Israel*, S. 55–96 («The Zionist and Missionary Activity of William E. Blackstone») sowie T. Weber, *Living in the Shadow of the Second Coming*, S. 137–139, und derselbe, *On the Road to Armageddon*, S. 102–106.

32 Dt. Übersetzung: W. E. Blackstone, *Der Herr kommt.*

33 Y. Ariel, *On Behalf of Israel*, S. 60–65; T. Weber, *On the Road to Armageddon*, S. 112 f.

34 T. Weber, *Living in the Shadow of the Second Coming*, S. 135 f. (die Zahlen); derselbe, *On the Road to Armageddon*, S. 101–106 (Dispensationalismus und Zionismus in den USA).

35 Y. Ariel, *On Behalf of Israel*, S. 92 f. Die biblische Darstellung von Kyros spielt noch in der religiösen Legitimation der Regierung von George W. Bush eine Rolle, wie Bruce Lincoln zeigt: «The Cyrus Cylinder. The Book of Virtues, and the ‹Liberation› of Iraq: On Political Theology and Messianic Pretensions».

36 B. McGinn, *Antichrist: Two Thousand Years of the Human Fascination with Evil*, S. 250–280; Robert C. Fuller, *Naming the Antichrist. The History of an American Obsession.*

37 B. McGinn, *Antichrist*, S. 260; P. S. Boyer, *When Time Shall be No More*, S. 176–180.

38 P. S. Boyer, *When Time Shall be No More*, S. 78 (Übers. HGK).

39 P. S. Boyer, «When U. S. Foreign Policy Meets Biblical Prophecy.»
40 T. Weber, *On the Road to Armageddon*, S. 15 (Übers. HGK).
41 Dazu der kontrovers diskutierte Artikel von J. J. Mearsheimer/S. M. Walt, «The Israel Lobby and U. S. Foreign Policy», der inzwischen zu einem Buch ausgearbeitet wurde, das in deutscher Übersetzung vorliegt.
42 H. Lindsey/C. C. Carlson, *The Late Great Planet Earth*; dt. Übersetzung: *Alter Planet Erde wohin? Im Vorfeld des Dritten Weltkriegs*.
43 Zu H. Lindsey siehe T. Weber, *On the Road to Armageddon*, S. 188–192; S. O'Leary, *Arguing the Apocalypse*, S. 134–171.
44 H. Lindsey/C. Carlson, *Alter Planet Erde wohin?* S. 59 f. (Auslegung des Feigenbaumgleichnisses).
45 H. Lindsey/C. Carlson, *Alter Planet Erde wohin?*, S. 180.
46 H. Lindsey, *The 1980's: Countdown to Armageddon*.
47 S. O'Leary, *Arguing the Apocalypse*, S. 172–193 («Apocalyptic Politics in the New Christian Right»).
48 Informationen zur Serie bei G. W. Shuck, *Marks of the Beast. The ‹Left Behind› Novels and the Struggle for Evangelical Identity*; Weber, *On the Road to Armageddon*, S. 192–196; B. D. Forbes/J. H. Kilde (Hg.), *Rapture, Revelation, and the End Times. Exploring the Left Behind Series*; darin von B. D. Forbes, «How Popular Are the Left Behind Books … and Why?», S. 5–32. Die Verkaufszahl von 60 Millionen auf S. 7 f.
49 J. Kilde, «How Did Left Behind's Particular Vision of the End Times Develop? A Historical Look at Millenarian Thought», S. 60.
50 A. J. Frykholm, *Rapture Culture. Left Behind in Evangelical America*; dieselbe, «What Social and Political Messages Appear in the Left Behind Books? A Literary Discussion of Millenarian Fiction».
51 In: *The American Prospect* 13, Heft 17, 23.9.2002. Internetausgabe http://www.prospect.org.
52 So G. Gorenberg, *The End of Days. Fundamentalism and the Struggle for the Temple Mount*, S. 50 und 85. Anders Y. Ariel, der sich mit den Worten beruhigt: «Die Juden in den Romanen sind ein irrendes, aber kein bösartiges Volk» («How are the Jews and Israel Portrayed in the Left Behind Series?», S. 132, Übers. HGK).
53 R. Jewett/J. S. Lawrence, *Captain America and the Crusade against Evil. The Dilemma of Zealous Nationalism*.
54 Das Konzept der «Religiösen Halbprodukte» stammt von Georg Simmel. Dazu V. Krech, *Georg Simmels Religionstheorie*, S. 66 f.
55 T. Weber, *On the Road to Armageddon*, S. 244–248.
56 Überliefert von G. Halsell, *Prophecy and Politics. Militant Evangelists on the Road to Nuclear War*, S. 16. Siehe zur unsicheren Quelle des Wortes Forbes, «How Popular Are the Left Behind Books … and Why?», S. 28.

9. Am 11. September 2001:
Ein Kriegszug auf dem Wege Gottes

1 Englische Übersetzung einer Videoaufzeichnung von dem Gespräch bei B. Rubin/J. C. Rubin (Hg.), *Anti-American Terrorism and the Middle East: A Documentary Reader*, S. 243–247. In Ägypten wurden islamische Untergrundzellen auch *usar* (Familien) genannt (s. o. S. 129).
2 Neue Quellen zur Frühgeschichte hat P. L. Bergen, *The Osama bin Laden I know* veröffentlicht (S. 74–107 «The Birth of al Qaeda»).
3 D. Cook, *Contemporary Muslim Apocalyptic Literature*, S. 173 f.
4 P. L. Bergen, *Heiliger Krieg Inc. Osama bin Ladens Terrornetz*, S. 77.
5 Zahlen aus G. Steinberg, *Der nahe und der ferne Feind. Die Netzwerke des islamisti-*

schen Terrorismus, S. 36; zum Jihad in Afghanistan G.Kepel, *Das Schwarzbuch des Dschihad. Aufstieg und Niedergang des Islamismus*, S. 172–187.

6 R.Peters, *Jihad in Classical and Modern Islam*, S. 149–169 (behandelt die verschiedenen Jihad-Gruppen in Ägypten zurzeit von Sadat); zur Begegnung von Bin Laden und az-Zawahiri siehe Bergen, *Heiliger Krieg Inc.*, S. 84.

7 Zur Differenz beider Gesichtspunkte und Gruppen siehe G. Steinberg, *Der nahe und der ferne Feind*, S. 46 f.

8 Text in englischer Übersetzung bei Y.Alexander/M.Swetnam (Hg.), *Usama bin Laden's ‹al-Qaida›: Profile of a Terrorist Network*, Appendix 1 A, S. 2 sowie bei B.Lawrence (Hg.), *Messages to the World. The Statements of Osama bin Laden*, S. 23–30 (Statement 3).

9 Er musste später seine Unterschrift zurückziehen, da die Gruppe ihre Haltung zur Gewalt revidierte. Siehe dazu I.Fawzi/I.Lübben, *Die ägyptische Jama'a al-islamiya und die Revision der Gewaltstrategie*.

10 Text in englischer Übersetzung bei Y.Alexander/M.Swetnam (Hg.), *Usama bin Laden's ‹al-Qaida›*, Appendix 1 B, sowie bei B.Lawrence (Hg.), *Messages to the World*, S. 58–62 (Statement 6).

11 D.Cook, *Understanding Jihad*, S. 136–139 («The Conspiracy to Destroy Islam»); derselbe, *Contemporary Muslim Apocalyptic Literature*, S. 180–183 («The Final Battle»).

12 Y.Alexander/M.Swetnam (Hg.), *Usama bin Laden's ‹al-Qaida›*, Appendix 2, S. 2; B.Lawrence (Hg.), *Messages to the World*, S. 61 (Übers. HGK).

13 P.L.Bergen, *Heiliger Krieg Inc.*, S. 102.

14 R. Jacquard, *In the Name of Osama Bin Laden. Global Terrorism and the Bin Laden Brotherhood*, S. 60 sowie Appendix Dokument 12, S. 200 f.

15 J.J.G.Jansen, *The Neglected Duty. The Creed of Sadat's Assassins and Islamic Resurgence in the Middle East*, S. 6 f. Zur Abgrenzung der Position Farajs von rivalisierenden Gruppen und Auffassungen siehe R.Peters, *Jihad in Classical and Modern Islam*, S. 149–169 («The Relevance of the Jihad Doctrine in Sadat's Egypt»).

16 Ein solches Widerstandsrecht war unter Sunniten weder im Mittelalter noch in der Neuzeit allgemein anerkannt: E. Sivan, *Radical Islam. Medieval Theology and Modern Politics*, S. 94–107. Jeder noch so schlechte Herrscher war einer Spaltung (*fitna*) der islamischen Gemeinschaft vorzuziehen («The Sunni Revolution», S. 83–139).

17 Die Zusammenhänge zwischen mittelalterlicher Theologie, darunter Ibn Taymiyya, und modernem politischem Islam sind Gegenstand der Studien von Emmanuel Sivan. Im Vorwort zu *Radical Islam* beschreibt er ein signifikantes Erlebnis. Nachdem er über den Jihad im Mittelalter gearbeitet hatte, wollte er die Welt der angestaubten Folianten hinter sich lassen und sich der Gegenwart zuwenden. Als er in Kairo und Ost-Jerusalem an arabischen Buchläden vorbeikam, entdeckte er zu seinem Erstaunen, dass die alten Folianten neu veröffentlicht worden waren und von jungen Leuten in moderner Kleidung gekauft wurden (S.IX).

18 Nach zwei Studien, in denen David Cook die Geschichte und Gegenwart apokalyptischer Literatur im Islam aufgearbeitet hat, zeigte er in einer weiteren Studie, dass die Auffassungen vom Jihad teilweise in apokalyptischen Geschichtsszenarios wurzeln und dass dies auch für die *Versäumte Pflicht* gilt: D.Cook, *Understanding Jihad*, S. 106–110.

19 J.Jansen fasst die *fatwa* des ägyptischen Muftis und die in ihr gemachten Einwände gegen diese Deutung der Situation Ägyptens und gegen die Islaminterpretation zusammen: *The Neglected Duty*, S. 54–60.

20 S.Qutb, *Milestones*, S. 30–39; D. Cook, *Understanding Jihad*, S. 103; S.Damir-Geilsdorf, *Herrschaft und Gesellschaft. Der islamische Wegbereiter Sayyid Qutb und seine Rezeption*, S. 181–190 («Jihād-Konzept»).

21 Treffende Bemerkungen auf Grund einer positiven Bewertung dieser traditionellen

‹Balance› von Seyyed Vali Reza Nasr, *Mawdudi and the Making of Islamic Revivalism*, S. 53–57.

22 In diesem Zusammenhang ist auch ein Handbuch islamischen Terrors zu erwähnen, das Raphael Israeli vorgestellt hat: «A Manual of Islamic Fundamentalist Terrorism». In Zusammenhang mit dem Selbstmordverbot heißt es:»What matters is not the act, but the intention *(niyya)* of the martyr» (S. 35).

23 Zur Geschichte der Bezeichnung, ihrer Semantik und ihrer sozialen Bezugsgröße J. Burke, *Als-Qaeda. Casting a Shadow*, S. 7–12.

24 B. Lawrence (Hg.), *Messages to the World*, z. B. S. 108 und 115.

25 J. Burke, *Al-Qaeda. Casting a Shadow of Terror*, S. 13–22.

26 P. Bergen, *The Osama bin Laden I know*, S. 74–107 («The Birth of al Qaeda»), Eidesworte S. 81.

27 P. Bergen, *The Osama bin Laden I know*, S. 86; Beispiele bei Bergen, *The Osama bin Laden I know*, S. 102, 117, 138 f., 263.

28 M. Sageman, *Understanding Terror Networks*, Zitate S. 122 und 123 (Übers. HGK).

29 M. Sageman, *Understanding Terror Networks*, S. 107–120.

30 R. Jacquard, *In the Name of Osama Bin Laden. Global Terrorism and the Bin Laden Brotherhood*, S. 55–72 («The Islamic Legion»).

31 R. Mayntz, «Hierarchie oder Netzwerk? Zu den Organisationsformen des Terrorismus».

32 S. o. 39.

33 M. Ruthven, *A Fury for God. The Islamist Attack on America*, S. 51–53; zu Ibn Khalduns Modell der Herrschaftsentstehung in tribalen islamischen Gesellschaften E. Gellner, *Leben im Islam. Religion als Gesellschaftsordnung*, S. 13–135.

34 *The 9/11 Commission Report: Final Report of the National Commission on Terrorist Attacks upon the United States*, S. 169–173, sowie die Abschnitte «Financial Network» bei R. Gunaratna, *Inside al Qaeda. Global Network of Terror*, S. 80–92 und bei R. Jacquard, *In the Name of Osama Bin Laden*, S. 126–134 («The Bin Laden's Network's Billions»). J. Millard Burr/R. O. Collins stellen die mit al-Qaʿida verbundenen wohltätigen Stiftungen in einer Liste zusammen: *Alms for Jihad*, S. 37.

35 *The 9/11 Commission Report*, S. 171 f. mit Anm. 124; P. Bergen, *Heiliger Krieg Inc.*, S. 138; R. Gunaratna, *Inside al Qaeda. Global Network of Terror*, S. 17 und 84; die Praxis wird dargestellt von J. Millard Burr/R. O. Collins, *Alms for Jihad*, S. 71–75.

36 T. McDermott, *Perfect Soldiers. The Hijackers: Who they were, why they did it*, S. 65, 85.

37 *The 9/11 Commission Report*, S. 438 verglichen mit S. 164.

38 *The 9/11 Commission Report*, S. 155 f.

39 *Der Spiegel* berichtete im Jahre 2003 in seiner Ausgabe 44 vom 27. Oktober über ein Propagandavideo, in dem drei weitere Attentäter, darunter der mutmaßliche Verfasser der Geistlichen Anleitung, Abdul Aziz al-Omari, auftraten (S. 122 f.).

40 B. Rubin/J. Colp Rubin (Hg.), *Anti-American Terrorism and the Middle East*, S. 276.

41 N. Fielding/Y. Fouda, *Masterminds of Terror. Die Drahtzieher des 11. September berichten. Der Insider-Report von al-Qaida*, S. 124–128. Fouda hatte eine Diskette mit den Namen von bin al-Shib erhalten. Zur Bezeichnung ‹Lebender Märtyrer› für jemanden, der sich zu einer Tat auf Video bereits bekannt, sie aber noch nicht begangen hat, siehe A. Pedahzur, *Suicide Terrorism*, S. 179.

42 http://www.fbi.gov/pressrel/pressrel01/letter.htm (Zugriff 14.11.07). Zu diesem Text und den Problemen, die damit zusammenhängen, siehe H. G. Kippenberg/T. Seidensticker (Hg.), *Terror im Dienste Gottes. Die «Geistliche Anleitung» der Attentäter des 11. September 2001*. Der Band enthält eine Edition des arabischen Textes, eine deutsche Übersetzung und Analysen. Eine verbesserte Ausgabe erschien auf Eng-

234 Anmerkungen

lisch: H. G. Kippenberg/T. Seidensticker (Hg.), *The 9/11 Handbook. Annoted Translation and Interpretation of the Attackers' Spiritual Manual*. Ich zitiere das Dokument nach der Einteilung in der englischen Ausgabe.

43 N. Fielding/Y. Fouda, *Masterminds of Terror*, S. 161 und 180; nach J. Burke, *Al-Qaeda.
Casting a Shadow*, soll Atta das Schreiben al-Omari diktiert haben (S. 227).

44 Atta habe eine komische kindliche Handschrift gehabt, bestätigte später Attas Vater
Fouda in einem Interview, ohne ihm allerdings eine Schriftprobe seines Sohnes zu
zeigen. Vgl. N. Fielding/Y. Fouda, *Masterminds of Terror*, S. 130 f.

45 *The 9/11 Commission Report*, S. 232–233 mit Fußnoten.

46 Bin Laden erklärte auf einem Videoband (in Arabisch): «Die Brüder, die die Operation durchgeführt haben, wussten nur, dass es um eine Märtyreroperation ging; wir
baten jeden einzelnen von ihnen, nach Amerika zu gehen; aber über die Operation
selber wussten sie buchstäblich nichts. Sie wurden ausgebildet, ohne dass wir ihnen
die Operation enthüllten, bis sie dort waren und kurz bevor sie an Bord der Maschinen gingen» (H. Mneimneh/K. Makiya, «Manual for a ‹Raid›», in: R. B. Silvers/B. Ep-
stein [Hg.], *Striking Terror. America's New War*, S. 303 f. Anm. 2). In gleichem Sinne
äußerte sich der Organisator der Anschläge Khalid Sheikh Muhammad (N. Fielding/
Y. Fouda, *Masterminds of Terror*, S. 155).

47 R. P. Mottahedeh, *Loyalty and Leadership in an Early Islamic Society*, S. 50–54.

48 J. Jansen, *The Neglected Duty*, § 95, S. 204.

49 J. Schacht, *An Introduction to Islamic Law*, S. 116.

50 G. Steinberg, *Der nahe und der ferne Feind*, S. 41. Die Lehren von Muhammad Qutb
verglichen mit denen seiner Bruders behandelt S. Damir-Geilsdorf, *Herrschaft und
Gesellschaft*, S. 294–299.

51 Dazu S. Holmes, «Al-Qaeda, September 11, 2001», S. 140.

52 Dass nicht das Weiße Haus das Ziel war, sondern das Kapitol, ergab sich aus Foudas
Interview mit bin al-Shib (N. Fielding/Y. Fouda, *Masterminds of Terror*, S. 144).

53 So die Überlegung von J. Cole, «Al-Qaeda's Doomsday Document and Psychological
Manipulation», S. 8; siehe auch das al-Qaeda Trainingsmanual UK/BM-22 (Fotos
von den Brüdern sollen ohne Bart sein).

54 D. Cook, «Suicide Attacks or ‹Martyrdom Operations› in Contemporary *Jihad* Literature», S. 22 und 27.

55 D. Cook, «Suicide Attacks or ‹Martyrdom Operations›», S. 23.

56 Deutsche Koranübersetzung nach *Der Koran*. Arabisch-deutsch. Übersetzt und kommentiert von A. T. Khoury, Gütersloh 2004.

57 Unter Berufung auf den sudanesischen Gelehrten Mahmud Mohammed Taha spricht
Abdullah Ahmed An-Na'im sich gegen das Prinzip der Abrogation von allen Vor-
schriften aus der mekkanischen Zeit, die nicht mit solchen von Medina übereinstim-
men, aus. Durch eine Historisierung von Traditionen, wie sie ähnlich in der neuzeitlichen jüdischen und christlichen Theologie vorgenommen wurde, gewinnt An-Na'im
die Begründung für eine legitime islamische Rechtsordnung, die auch Nicht-Muslime
einbezieht (A. A. An-Na'im, *Toward an Islamic Reformation. Civil Liberties, Human
Rights, and International Law*, S. 52–60).

58 J. Jansen, *The Neglected Duty*, S. 55 f.

59 Zu dem Zusammenhang mit dem Sufismus bemerkt Juan Cole, dass die ägyptische
Tradition der Muslim-Brüder Sufi-Ideen anders als die Salafis nicht gänzlich abge-
lehnt hat («Al-Qaeda's Doomsday Document and Psychological Manipulation»,
S. 5).

60 K. Abou El Fadl, «9/11 and the Muslim Transformation», S. 81–86.

61 D. Cook, *Understanding Jihad*, S. 136–139 («The Conspiracy to Destroy Islam»);
ders., *Contemporary Muslim Apocalyptic Literature*, S. 180–183 («The Final
Battle»).

62 Zum Prinzip der Verheimlichung in der antiken und islamischen Religionsgeschichte siehe H. G. Kippenberg/G. G. Stroumsa (Hg.), *Secrecy and Concealment: Studies in the History of Mediterranean and Near Eastern Religions*. Das Prinzip der Verstellung wurde bereits von antiken Gnostikern praktiziert, da sie die sichtbare Welt für eine satanische Schöpfung hielten und für unfähig, die Angehörigen des unsichtbaren Gottes zu erkennen. Die Verheimlichung der eigenen Identität war Teil des gnostischen Glaubensbekenntnisses. Später kehrt dieses Prinzip bei Schiiten wieder: E. Kohlberg, «Taqiyya in Shi'i Theology and Religion».

63 Zu der Spannung zwischen Märtyrertum als eigener Tat und als Urteil Gottes siehe I. Strenski, «Sacrifice, Gift and the Social Logic of Muslim ‹Human Bombers›», S. 12 f.

64 M. Ruthven, *A Fury for God*, S. 102.

65 Zu den islamischen Quellen dieser Tradition siehe Art. «Rahbānīya» (Mönchtum), in: *Shorter Encyclopaedia of Islam*. Leiden 1974, S. 466 f.

66 A. Noth, *Heiliger Krieg und Heiliger Kampf im Islam und Christentum. Beiträge zur Vorgeschichte und Geschichte der Kreuzzüge*, S. 55 f.

67 Zu dem koranischen *ghazwa* und seiner tribalen Vorgeschichte siehe die Artikel *ghazw* von As'ad Abu Khalil, in: *The Oxford Encyclopedia of the Modern Islamic World*. Oxford 1995, Bd. 2, S. 66–67; *ghazw* von T. Muir Johnstone, in: *Encyclopedia of Islam*. Leiden 1991, S. 1055 f. und *ghāzī* von Irène Melikoff, a.a.O. S. 1043–1045.

68 A. Noth, *Heiliger Krieg und Heiliger Kampf*, S. 61.

69 M. Weber, *Die Wirtschaftsethik der Weltreligionen. Konfuzianismus und Taoismus*, S. 98.

70 M. Weber, *Wirtschaft und Gesellschaft*, Teil II: *Religiöse Gemeinschaften*, S. 324.

71 M. Weber, *Die Wirtschaftsethik der Weltreligionen. Konfuzianismus und Taoismus*, S. 98.

72 «Post-Islamismus meint die Privatisierung der Re-Islamisierung», so die griffige Formel von O. Roy, *Globalized Islam*, S. 97.

73 So die These von O. Roy, *Globalized Islam*, S. 5 f.

74 Bei Roy kommt m. E. religiöse Ethik als Substitut für Bindung an ein geographisches Territorium zu kurz.

75 D. Gambetta, «Can We Make Sense of Suicide Missions?»

76 T. McDermott, *Perfect Soldiers*, Zitate S. XVI –XVII (Übers. HGK).

77 O. Roy, *Globalized Islam*, S. 39.

78 S. Holmes, «Al-Qaeda, September 11, 2001».

79 T. Seidensticker, «Jihad Hymns (*Nashīds*) as a Means of Self-Motivation in the Hamburg Group».

80 Die Verselbständigung des Martyriums von der Idee der Verteidigung islamischen Landes ist Gegenstand des Buches von Farhad Khosrokhavar, *Suicide Bombers. Allah's New Martyrs*.

10. Ein grenzenloser Krieg der USA gegen den Terror

1 B. Woodward, *Bush at War*, S. 15–17.

2 M. Brocker, «Zivilreligion – missionarisches Sendungsbewusstsein – christlicher Fundamentalismus? Religiöse Motivlagen in der (Außen-)Politik George W. Bushs».

3 G. P. Shultz, «*The Challenge to the Democracies*», Zitat S. 18 f. (Übers. HGK).

4 B. Hoffman, *Terrorismus – der unerklärte Krieg. Neue Gefahren politischer Gewalt*, S. 16.

5 S. N. Eisenstadt, *Fundamentalism, Sectarianism, and Revolution*, S. 68.

6 US Department of State, Counterterrorism Office, Releases, Patterns of Global Terrorism 2000, Introduction. http://www.state.gov/s/ct/rls/pgtrpt/2000/index.cfm?do cid=2419 (Zugriff 17. 7. 07) Hier der englische Text: «No one definition of terrorism

has gained universal acceptance. For the purpose of this report, however, we have chosen the definition of terrorism contained in Title 22 of the United States Code, Section 2656 f(d). That statute contains the following definitions: – The term ‹terrorism› means premeditated, politically motivated violence perpetrated against noncombatant[*] targets by subnational groups or clandestine agents, usually intended to influence an audience.»
Die mit Stern angekündigte Erläuterung heißt:
[*]«For purposes of this definition, the term ‹non-combatant› is interpreted to include, in addition to civilians, military personnel who at the time of the incident are unarmed or not on duty. ... We also consider as acts of terrorism attacks on military installations or on armed military personnel when a state of military hostilities does not exist at the site, such as bombings against US bases in Europe, the Philippines, or elsewhere.»

7 Hierzu C. Townshend, *Terrorismus. Eine kurze Einführung*, S. 7–13.

8 T. Kapitan, «The Terrorism of ‹Terrorism›». Zur Moral des Terrorismus gibt es nur wenige Studien. Wenn sie historisch angelegt werden, bestätigen sie, dass die Täter tatsächlich häufig moralische Rigoristen waren. Siehe dazu D. C. Rapoport/A. Yonah (Hg.), *The Morality of Terrorism. Religious and Secular Justifications*.

9 B. Ganor, «Defining Terrorism: Is One Man's Terrorist Another Man's Freedom Fighter?».

10 Die Rede wurde vom Weißen Haus ins Internet gestellt: http://www.whitehouse. gov./news/releases/2003/01/20030128-19.html (Zugriff 18.7.07) und gekürzt aufgenommen in G. W. Bush, «*We will Prevail*». *President George W. Bush on War, Terrorism, and Freedom*, S. 214–221.

11 Berichte über ihn in der *Washington Post* (die ins Internet gestellt wurden) sowie in *USA Today* vom 4. April 2001 http://www.usatoday.com/life/2001-04-11-bush-speechwriter.htm (Zugriff am 18.7.07).

12 G. W. Bush, «*We will Prevail*», S. 214 (Übers. HGK).

13 G. W. Bush, «*We will Prevail*» , S. 216; vgl. auch S. 46 zum grundlosen Hass.

14 G. W. Bush, «*We will Prevail*», Zitate S. 216 und 220 (Übers. HGK).

15 Ihre Vorgeschichte wurde aufgearbeitet von J. S. Lawrence/R. Jewett, *The Myth of the American Superhero*. Ein Jahr später haben beide die Fortschreibung des Mythos durch George W. Bush behandelt: R. Jewett/J. S. Lawrence, *Captain America and the Crusade against Evil. The Dilemma of Zealous Nationalism*.

16 G. W. Bush: «*We will Prevail*», S. 216 f.

17 G. W. Bush: «*We will Prevail*», S. 221.

18 Dazu B. Lincoln, «Symmetric Dualisms: Bush and bin Laden on October 7»; derselbe, «The Cyrus Cylinder, the Book of Virtues, and the ‹Liberation› of Iraq: On Political Theology and Messianic Pretensions».

19 Eine gekürzte deutsche Version in: *Internationale Politik* 57 (2002) S. 113–138, Zitat S. 117. Eine vollständige Version unter: http://www.uni-kassel.de/fb5/frieden/regionen/USA/doktrin-lang.html, Zitat S. 12 (23.12.2006).

20 I. S. Lustick, *Trapped in the War on Terror*, S. 23.

21 B. Lawrence (Hg.), *Messages to the World. The Statements of Osama bin Laden*, S. 242 (Statement 23).

22 D. Gambetta, «Reason and Terror. Has 9/11 made it hard to think straight?», in: *Boston Review* 29, 2 (2004). http://bostonreview.net/BR29.2/gambetta.html (Zugriff 18.7.07) Seitenzählung nach der Internetausgabe.

23 D. Gambetta, «Reason and Terror», S. 7.

24 I. S. Lustick, *Trapped in the War on Terror*, S. 29.

25 I. S. Lustick, *Trapped in the War on Terror*, S. 58.

26 *The New York Times* vom 9. April 2003 auf der Seite A 17.

27 Die Liste der im Mai 2003 vom US-Außenministerium geführten Terrororganisationen findet sich auch im Anhang des Buches von David Frum/Richard Perle, *An End to Evil. How to Win the War on Terror*, S. 263 f. Zu dem Fall der Mujahedin-e Khalk D. Pipes/P. Clawson, «Ein terroristischer Verbündeter?» *New York Post* 20. Mai 2003, übersetzt aus dem Englischen von H. Eiteneiner. http://de.danielpipes.org/article/1157 (Zugriff 1.8.07).

28 J. Millard Burr/R. O. Collins, *Alms for Jihad*, S. 9 f. Alle genannten Dokumente sind von dem Weißen Haus, dem Außenminsterium sowie dem Finanzministerium ins Internet gestellt worden.

29 http://www.treas.gov/press/releases/js672.htm.

30 Z. Chehab, *Inside Hamas. The Untold Story of Militants, Martyrs and Spies*, S. 153 f.

31 M. Danner, *Torture and Truth. America, Abu Ghraib, and the War on Terror*, S. 105 f. (Übers. HGK).

32 S. M. Hersh, *Chain of Command. The Road from 9/11 to Abu Ghraib*, S. 1–20.

33 Das Handbuch mit dem Namen *Semper Sensitive* wurde von *Harpers Magazine* im Juni 2004 veröffentlicht und ins Internet gestellt: http://www.harpers.org/Semper-Sensitive.html (Zugriff 18.7.07) (Übers. HGK).

34 Ich folge der Auswertung von M. Danner, *Torture and Truth*, S. 18 f.

35 *Washington Post*, 28. September 2005. http://www.washingtonpost.com/wp-dyn/content/article/2005/09/27/AR2005092701527.html (Zugriff 18.7.07).

36 J. T. Sterba (Hg.), *Terrorism and International Justice*.

37 D. Archibugi/I. M. Young, «Envisioning a Global Rule of Law».

11. Schlussbetrachtung: Religionskriege im Zeitalter der Globalisierung

1 H. Münkler, *Die neuen Kriege*, S. 75–89, zur Analogie der neuen Kriege mit dem Dreißigjährigen Krieg.

2 P. Burke, *Helden, Schurken und Narren. Europäische Volkskultur in der frühen Neuzeit*, S. 287 f.

3 D. S. Katz/R. Popkin, *Messianic Revolution. Radical Religious Politics to the End of the Second Millennium*, S. 253 (Übers. HGK).

4 Ernest R. Sandeen, *The Roots of Fundamentalism. British and American Millenarism 1800–1930*, S. 5–7.

5 E. Hobsbawm, «Die Arbeitersekten».

6 E. P. Thompson, *Die Entstehung der englischen Arbeiterklasse*, Bd. 1, S. 404–431.

7 L. Hölscher, *Weltgericht oder Revolution. Protestantische und sozialistische Zukunftsvorstellungen im deutschen Kaiserreich*.

8 L. Hölscher, *Weltgericht oder Revolution*, Zitat S. 23; S. 32–34. Hiervon handelt auch sein weiteres Buch *Die Entdeckung der Zukunft*.

9 Dazu J. Gebhardt, «‹Politik› und ‹Religion›: Eine historisch-theoretische Problemskizze». Ein Forschungsbericht dazu von Ulrich Willems/Michael Minkenberg, «Politik und Religion im Übergang – Tendenzen und Forschungsfragen am Beginn des 21. Jahrhunderts». Jan Assmann zeigt in *Herrschaft und Heil. Politische Theologie in Altägypten, Israel und Europa*, dass nicht nur theologische Begriffe in die moderne Staatslehre eingegangen sind – so die bekannte These von Carl Schmitt –, sondern umgekehrt auch politische Begriffe in die Theologie der Religionen der Achsenzeit. Dieser Vorgang begleitete die Herausbildung eines exklusiven Monotheismus (S. 29–31).

10 M. Eliade, *Kosmos und Geschichte. Der Mythos der ewigen Wiederkehr* (1949). Frankfurt: Suhrkamp 1984, S. 7. Zu Mircea Eliade siehe jetzt F. Turcanu, *Mircea Eliade. Der Philosoph des Heiligen im Gefängnis der Geschichte. Eine Biographie*.

Zeit als Thema der Philosophie behandeln W. Chr. Zimmerli/M. Sandbothe (Hg.), *Klassiker der modernen Zeitphilosophie.*

11   S. Hawking, *Eine kurze Geschichte der Zeit.*
12   H. M. Baumgartner (Hg.), *Das Rätsel der Zeit. Philosophische Analysen.*
13   H. Bergson, «Denken und schöpferisches Werden» (1934/1948), S. 228 f.
14   H. Bergson, *Die beiden Quellen der Moral und der Religion.* (1932). Frankfurt 1992, S. 124. Man könnte auch an das Gedicht «Der Krieg» von Georg Heym denken: «Aufgestanden ist er, welcher lange schlief,/aufgestanden unten aus Gewölben tief».

Literatur

I. Einführung: Gewalt als religiöse Gemeinschaftshandlung

Angenendt, Arnold, *Toleranz und Gewalt. Das Christentum zwischen Bibel und Schwert.* Münster 2007.

Assmann, Jan, (Hg.), *Die Erfindung des inneren Menschen. Studien zur religiösen Anthropologie.* Gütersloh 1993.

Assmann, Jan, *Monotheismus und Kosmotheismus. Ägyptische Formen eines «Denkens des Einen» und ihre europäische Rezeptionsgeschichte.* Sitzungsberichte der Heidelberger Akademie der Wissenschaften, phil.-hist. Klasse 1993,2. Heidelberg, Winter 1993.

Assmann, Jan, *Moses der Ägypter. Entzifferung einer Gedächtnisspur.* München 1998.

Assmann, Jan, *Die mosaische Unterscheidung oder der Preis des Monotheismus.* München 2003.

Assmann, Jan, *Monotheismus und die Sprache der Gewalt.* Wien 2006.

Borgolte, Michael, *Europa entdeckt seine Vielfalt, 1050–1250.* Stuttgart 2002.

Borgolte, Michael, «Wie Europa seine Vielfalt fand. Über die mittelalterlichen Wurzeln für die Pluralität der Werte», in: Joas, Hans/Wiegandt, Klaus (Hg.), *Die kulturellen Werte Europas.* Frankfurt 2005, S. 117–163.

Borgolte, Michael, *Christen, Juden, Muselmanen.* München 2006.

Brocker, Manfred, «Politisierte Religion: Die Herausforderung des Fundamentalismus in vergleichender Perspektive», in: *Zeitschrift für Politikwissenschaft* 13 (2003), S. 23–52.

Bromley, David G. (Hg.), *The Politics of Religious Apostasy. The Role of Apostates in the Transformation of Religious Movements.* Westport (CT) 1998.

Burkert, Walter, *Homo Necans. Interpretationen altgriechischer Opferriten und Mythen* (1972). Berlin/New York ²1997.

Burkert, Walter, *Anthropologie des religiösen Opfers.* München ²1987.

Eisenstadt, Shmuel, *Fundamentalism, Sectarianism, and Revolution: The Jacobin Dimension of Modernity.* Cambridge 2000.

Esser, Hartmut, «Die Definition der Situation», in: *Kölner Zeitschrift für Soziologie und Sozialpsychologie* 48 (1996), S. 1–34.

Esser, Hartmut, *Soziologie. Spezielle Grundlagen.* Sechs Bände. Frankfurt 1999–2001. Band 1: *Situationslogik und Handeln.* 1999; Band 5: *Institutionen.* 2000; Band 6: *Sinn und Kultur.* 2001.

Esser, Hartmut, «Die Rationalität der Werte. Die Typen des Handelns und das Modell der soziologischen Erklärung», in: Albert, Gert/Bienfait, Agathe/Sigmund, Steffen/Wendt, Claus (Hg.), *Das Weber-Paradigma. Studien zur Weiterentwicklung von Max Webers Forschungsprogramm.* Tübingen 2003, S. 153–187.

Fellmann, Ferdinand, *Lebensphilosophie. Elemente einer Theorie der Selbsterfahrung.* Reinbek 1993.

Fischer-Lichte, Erika, *Ästhetik des Performativen.* Frankfurt 2004.

Forst, Rainer, *Toleranz im Konflikt: Geschichte, Gehalt und Gegenwart eines umstrittenen Begriffs.* Frankfurt 2003.

Friedman, Yohanan, *Tolerance and Coercion in Islam. Interfaith Relations in the Muslim Tradition.* Cambridge 2003.

Girard, René, *La Violence et le Sacré.* Paris 1972; dt. Übersetzung: *Das Heilige und die Gewalt.* Zürich 1987.

Girard, René, «Generative Scapegoating», in: Robert G. Hamerton-Kelly (Hg.), *Violent Origins. Walter Burkert, René Girard and Jonathan Z. Smith on Ritual Killing and Cultural Formation.* Stanford/CA 1987, S. 73–105.

Greeley, Andew, *Religion in Europe at the End of the Second Millennium.* New Brunswick/ London 2003.

Henten, Jan Willem van, *The Maccabean Martyrs as Saviours of the Jewish People. A Study of 2 and 4 Maccabees.* Leiden 1997.

Henten, Jan Willem van (Hg.), *Die Entstehung der jüdischen Martyrologie.* Leiden 1989.

Janssen, Hans-Gerd, «Streitfall Monotheismus. Einführung in das Thema», in: Jürgen Manemann (Hg.), *Monotheismus,* S. 20–27.

Jaspers, Karl, *Max Weber. Deutsches Wesen im politischen Denken, im Forschen und Philosophieren.* Oldenburg 1932.

Joas, Hans, *Die Kreativität des Handelns.* Frankfurt 1996.

Joas, Hans, *Kriege und Werte. Studien zur Gewaltgeschichte des 20. Jahrhunderts.* Weilerswist 2000.

Juergensmeyer, Mark, «Nonviolence», in: *ER* Band 10, 1986, S. 463–468.

Juergensmeyer, Mark, *Terror im Namen Gottes. Ein Blick hinter die Kulissen des gewalttätigen Fundamentalismus.* Freiburg 2003.

Kakar, Sudhir, *Die Gewalt der Frommen. Zur Psychologie religiöser und ethnischer Konflikte.* München 1997.

Kapitan, Tomis, «The Terrorism of ‹Terrorism›», in: James Sterba (Hg.), *Terrorism and International Justice.* New York und Oxford 2003, S. 47–66.

Kermani, Navid, *Dynamit des Geistes. Martyrium, Islam und Nihilismus.* Göttingen 2002.

Kippenberg, Hans G., «Die Entlassung aus Schuldknechtschaft im antiken Judäa: Eine Legitimitätsvorstellung von Verwandtschaftsgruppen», in: Günter Kehrer (Hg.), «*Vor Gott sind alle gleich». Soziale Gleichheit, soziale Ungleichheit und die Religionen.* Düsseldorf 1983, S. 74-104.

Kippenberg, Hans G., *Die Entdeckung der Religionsgeschichte. Religionswissenschaft und Moderne.* München 1997.

Kippenberg, Hans G., «Religionsentwicklung», in: Kippenberg, Hans G./Riesebrodt, Martin (Hg.), *Max Webers ‹Religionssystematik›.* Tübingen 2001, S. 77–99.

Kippenberg, Hans G., «Religiöse Gemeinschaften. Wo die Arbeit am Sinn-Problem der Welt und der Bedarf sozialen Handelns an Gemeinschaftlichkeit zusammentreffen», in: Albert, Gert/Bienfait, Agathe/Sigmund, Steffen/Wendt, Claus (Hg.), *Das Weber-Paradigma. Studien zur Weiterentwicklung von Max Webers Forschungsprogramm.* Tübingen 2003, S. 211-233.

Kippenberg, Hans G./Stuckrad, Kocku von, *Einführung in die Religionswissenschaft. Gegenstände und Begriffe.* München 2003.

Kippenberg, Hans G./Seidensticker, Tilman (Hg.), *Terror im Dienste Gottes. Die ‹Geistliche Anleitung› der Attentäter des 11. September 2001.* Frankfurt 2004.

Kippenberg, Hans G./Seidensticker, Tilman (Hg.), *The 9/11 Handbook. Annotated Translation and Interpretation of the Attackers' Spiritual Manual.* London 2006.

Krech, Volkhard, «Sacrifice and Holy War: A Study of Religion and Violence», in: Heitmeyer, Wilhelm/Hagan, John (Hg.), *International Handbook of Violence Research.* Dordrecht 2003, S. 1005–1021.

Lang, Bernhard, «Monotheismus», in: *Handbuch religionswissenschaftlicher Grundbegriffe,* Band 4. Stuttgart 1998, S. 148–165.

LaPiere, Richard T., «Attitudes vs. Actions», in: *Social Forces* 13 (1934/35), S. 230–237.

Laursen, John Christian/Nederman, Cary J. (Hg.), *Beyond the Persecuting Society. Religious Toleration before the Enlightenment.* Philadelphia 1998.

Lawrence, Bruce (Hg.), *Messages to the World. The Statements of Osama bin Laden.* Übersetzt von James Howarth. London/New York 2005.

Lewis, James R., *Legitimating New Religions.* New Brunswick 2003.

Lichtblau, Klaus, «‹Vergemeinschaftung› und ‹Vergesellschaftung› bei Max Weber. Eine Rekonstruktion seines Sprachgebrauchs», in: *Zeitschrift für Soziologie* 29 (2000), S. 423–443.

Lutterbach, Hubertus/Manemann, Jürgen (Hg.), *Religion und Terror. Stimmen zum 11. September aus Christentum, Islam und Judentum.* Münster 2002.

Makropoulos, Michael, «Kontingenz. Aspekte einer theoretischen Semantik der Moderne», in: *Archive Européenne de Sociologie* 45 (2004) S. 369–399.

Manemann, Jürgen (Hg.), *Monotheismus.* Münster 2003.

Merton, Robert K., «The Thomas Theorem and The Matthew Effect», in: *Social Forces* 74 (1995), S. 379–424.

Moore, Robert Ian, *The Formation of a Persecuting Society: Power and Deviance in Western Europe, 950–1250.* Oxford 1987.

Nirenberg, David, *Communities of Violence. Persecution of Minorities in the Middle Ages.* Princeton 1998.

Noth, Albrecht, «Möglichkeiten und Grenzen islamischer Toleranz», in: *Saeculum* 29 (1978), S. 190–204.

Oexle, Otto Gerhard, «Das Mittelalter und das Unbehagen an der Moderne. Mittelalterbeschwörungen in der Weimarer Republik und danach», in: *Gedenkschrift für František Graus.* Sigmaringen 1992, S. 125–153.

Paret, Rudi, «Toleranz und Intoleranz im Islam», in: *Saeculum* 21 (1970), S. 344–365.

Peterson, Eric, «Der Monotheismus als politisches Problem» (1935), in: derselbe, *Theologische Traktate.* München 1951, S. 45–147.

Plessner, Helmuth, «Grenzen der Gemeinschaft. Eine Kritik des sozialen Radikalismus» (1924), in: derselbe, *Gesammelte Schriften, Band 5: Macht und menschliche Natur.* Frankfurt: Suhrkamp 1981, S. 7–133.

Rapoport, David C./Yonah, Alexander (Hg.), *The Morality of Terrorism. Religious and Secular Justifications.* New York 1982.

Schäfer, Peter, *Geschichte der Juden in der Antike. Die Juden Palästinas von Alexander dem Großen bis zur arabischen Eroberung.* Stuttgart 1983.

Schäfer, Peter, «Geschichte und Gedächtnisgeschichte: Jan Assmanns ‹Mosaische Unterscheidung›», in: Klein, Birgit E./Müller, Christiane E. (Hg.), *Memoria – Wege jüdischen Erinnerns.* Festschrift für Michael Brocke. Berlin 2005, S. 19–39.

Schmidinger, Heinrich (Hg.), *Wege zur Toleranz. Geschichte einer europäischen Idee in Quellen.* Darmstadt 2003.

Schwartz, Regina M., *The Curse of Cain. The Violent Legacy of Monotheism.* Chicago 1997.

Schwartz, Regina M., «Holy Terror», in: Christina von Braun u.a. (Hg.), *‹Holy War› and Gender. Violence in Religious Discourses. ‹Gotteskrieg› und Geschlecht. Gewaltdiskurse in der Religion.* Berlin 2006, S. 13–22.

Smith, Jonathan Z., *Imagining Religion. From Babylon to Jonestown.* Chicago/London 1982.

Smith-Christopher, Daniel L. (Hg.), *Subverting the Hatred. The Challenge of Nonviolence in Religious Traditions.* New York 1998.

Sofsky, Wolfgang, *Traktat über die Gewalt.* Frankfurt 1996.

Sofsky, Wolfgang, *Zeiten des Schreckens. Amok, Terror, Krieg.* Frankfurt 2002.

Sorel, Georges, *Über die Gewalt* (1906). Frankfurt 1969.

Stachura, Mateusz, «Handlung und Rationalität», in: Albert, Gert u.a. (Hg.), *Aspekte des Weber-Paradigmas. Festschrift für Wolfgang Schluchter.* Wiesbaden 2006, S. 100–125.

Stachura, Mateusz, «Logik der Situationsdefinition und Logik der Handlungsselektion».

Der Fall des wertrationalen Handelns», in: *Kölner Zeitschrift für Soziologie und Sozialpsychologie* 58 (2006), S. 433–452.

Stark, Rodney, *One True God. Historical Consequences of Monotheism.* Princeton 2001.

Stobbe, Heinz-Günther, «Monotheismus und Gewalt. Anmerkungen zu einigen Beispielen neuerer Religionskritik», in: Manemann, Jürgen (Hg.), *Monotheismus*, S. 166–180.

Thomas, William I./Thomas, Dorothy Swaine, *The Child in America: Behavior Problems and Programs.* New York 1928.

Varshney, Ashutosh, *Ethnic Conflict and Civic Life: Hindus and Muslims in India.* Oxford 2002.

Waldmann, Peter, *Terrorismus. Provokation der Macht.* München 1998.

Waldmann, Peter, «Die zeitliche Dimension des Terrorismus», in: derselbe (Hg.), *Determinanten des Terrorismus.* Weilerswist 2004, S. 139–187.

Weber, Max, *Wirtschaft und Gesellschaft.* Band 2: *Religiöse Gemeinschaften.* MWG I/22-2. Hg. von Hans G. Kippenberg in Zusammenarbeit mit Petra Schilm unter Mitwirkung von Jutta Niemeier. Tübingen 2001.

Weisbrod, Bernd, «Religious Languages of Violence. Some Reflections on the Reading of Extremes», in: Lüdtke, Alf/Weisbrod, Bernd (Hg.), *No Man's Land of Violence. Extreme Wars in the 20th Century.* Göttingen 2006, S. 251–276.

Weisbrod, Bernd, «Sozialgeschichte und Gewalterfahrung im 20. Jahrhundert», in: Nolte, Paul u.a. (Hg.), *Perspektiven der Gesellschaftsgeschichte.* München 2000, S. 112–123.

Willems, Ulrich/Minkenberg, Michael, «Politik und Religion im Übergang – Tendenzen und Forschungsfragen am Beginn des 21. Jahrhunderts», in: dieselben (Hg.), *Politik und Religion. Politische Vierteljahrsschrift,* Sonderheft 33 (2002). Wiesbaden 2003, S. 13–41.

Wirth, Uwe (Hg.), *Performanz. Zwischen Sprachphilosophie und Kulturwissenschaften.* Frankfurt 2002.

Zenger, Erich, «Was ist der Preis des Monotheismus?», in: Assmann, Jan, *Die mosaische Unterscheidung*, S. 209–220.

2. Der Machtzuwachs religiöser Vergemeinschaftung

Arendt, Hannah, *Macht und Gewalt* (1970). München 2000.

Asad, Talal, «Religion, Nation-State, Secularism», in: Veer, Peter van der/Lehmann, Hartmut (Hg.), *Nation and Religion. Perspectives on Europe and Asia.* Princeton 1999, S. 178–196.

Beckert, Jens, «Soziologische Netzwerkanalyse», in: Kaesler, Dirk (Hg.), *Aktuelle Theorien der Soziologie. Von Shmuel N. Eisenstadt bis zur Postmoderne.* München 2005, S. 286–312.

Benthall, Jonathan/Bellion-Jourdan, Jérôme, *The Charitable Crescent. Politics of Aid in the Muslim World.* London 2003.

Berger, Peter L., (Hg.), *The Desecularization of the World. Resurgent Religion and World Politics.* Washington, DC 1999.

Berger, Peter L., *Zur Dialektik von Religion und Gesellschaft. Elemente einer soziologischen Theorie* (1967). Frankfurt 1973.

Bonner, Michael/Ener, Mine/Singer, Amy (Hg.), *Poverty and Charity in Middle Eastern Contexts.* New York 2003.

Casanova, José, «Chancen und Gefahren öffentlicher Religion. Ost- und Westeuropa im Vergleich», in: Kallscheuer, Otto (Hg.), *Das Europa der Religionen.* Frankfurt 1996, S. 181–210.

Casanova, José, *Public Religions in the Modern World.* Chicago 1994.

Cattan, Henry, «The Law of Waqf», in: Khadduri, Majid/Liebesny, Herbert (Hg.), *Law in the Middle East.* Band 1: *Origin and Development of Islamic Law.* Washington 1955, S. 203–222.

Clark, Janine A., *Islam, Charity, and Activism. Class Networks and Social Welfare in Egypt, Jordan, and Yemen.* Bloomington 2004.

Clifford, James, «Diasporas», in: *Cultural Anthropology* 9 (1995), S. 302–338.

Coleman, James S., «Social Capital in the Creation of Human Capital», in: *American Journal of Sociology* 99 (1988), S. 95–120.

Coleman, James S., *Foundations of Social Theory.* Cambridge (Mass.) 1990.

Davie, Grace, *Europe: The Exceptional Case. Parameters of Faith in the Modern World.* London 2002.

Davie, Grace, *Religion in Britain since 1945: Believing without Belonging.* Oxford 1994.

Douglas, Mary, «Grid and Group, New Developments». http://www.psych.lse.ac.uk/complexity/Workshops/MaryDouglas.pdf (Zugriff 5.12.06).

Dumont, Louis, *Individualismus. Zur Ideologie der Moderne.* Frankfurt 1991.

Egelhaaf-Gaiser, Ulrike/Schäfer, Alfred (Hg.), *Religiöse Vereine in der römischen Antike. Untersuchungen zu Organisation, Ritual und Raumordnung.* Tübingen 2002.

Eickelman, Dale F./Piscatori, James, *Muslim Politics.* Princeton 1996.

Eickelman, Dale F., «Trans-state Islam and Security», in: Rudolph, Susanne H./Piscatori, James (Hg.), *Transnational Religion and Fading States,* S. 27–46.

Eickelman, Dale F./Anderson, Jon W. (Hg.), *New Media in the Muslim World. The Emerging Public Sphere.* Bloomington ²2003.

Esser, Hartmut, *Soziologie. Spezielle Grundlagen.* Band 4: *Opportunitäten und Restriktionen.* Frankfurt 2000.

Frevert, Ute (Hg.), *Vertrauen. Historische Annäherungen.* Göttingen 2003.

Gabriel, Karl (Hg.), *Europäische Wohlfahrtsstaatlichkeit. Soziokulturelle Grundlagen und religiöse Wurzeln.* Jahrbuch für Christliche Sozialwissenschaften Band 46. Münster 2005.

Graf, Friedrich Wilhelm/Platthaus, Andreas/Schleissing, Stephan (Hg.), *Soziales Kapital in der Bürgergesellschaft.* Stuttgart 1999.

Graf, Friedrich-Wilhelm, «‹In God we Trust›. Über mögliche Zusammenhänge von Sozialkapital und kapitalistischer Wohlfahrtsökonomie», in: Graf, Friedrich Wilhelm/Platthaus, Andreas/Schleissing, Stephan (Hg.), *Soziales Kapital in der Bürgergesellschaft.* Stuttgart 1999, S. 93–130.

Granovetter, Mark, «The Strength of Weak Ties», in: *American Journal of Sociology* 78 (1973), S. 1360–1380.

Hartung, Jan-Peter, «Die fromme Stiftung [*waqf*]. Eine islamische Analogie zur Körperschaft?», in: Kippenberg, Hans G./Schuppert, Gunnar Folke (Hg.), *Die verrechtlichte Religion. Der Öffentlichkeitsstatus von Religionsgemeinschaften.* Tübingen 2005, S. 287–314.

Hobbes, Thomas, *Leviathan, or the Matter, Forme, & Power of a Common-Wealth Ecclesiastical and Civill* (1651). London 1968. Dt. Übersetzung: *Leviathan oder Stoff, Form und Gewalt eines kirchlichen und bürgerlichen Staates.* Hg. von Iring Fetscher. Frankfurt/M. 1984.

Hoexter, Miriam/Eisenstadt, Shmuel/Levtzion, Nehemia (Hg.), *The Public Sphere in Muslim Societies.* Albany 2002.

Hoexter, Miriam, «The ‹Waqf› and the Public Sphere», in: Hoexter, Miriam/Eisenstadt, Shmuel/Levtzion, Nehemia (Hg.), *The Public Sphere in Muslim Societies.* Albany 2002, S. 119–138.

Ismael, Jacqueline S./Ismael, Tareq Y. «Cultural Perspectives on Social Welfare in the Emergence of Modern Arab Social Thought», in: *The Muslim Word* 85 (1995), S. 82–106.

Ismail, Salwa, «Religious ‹Orthodoxy› as Public Morality. The State, Islamism, and Cultural Politics in Egypt», in: *Critique. Journal for Critical Studies of the Middle East* 14 (1999), S. 25–47.

Ismail, Salwa, «The Popular Movements Dimension of Contemporary Militant Islamism: Socio-Spatial Determinants in the Cairo Urban Setting», in: *Comparative Studies in Society and History* 42 (2000), S. 363–393.

Ismail, Salwa, *Rethinking Islamist Politics. Culture, the State and Islamism*. London 2003.

Joas, Hans, *Braucht der Mensch Religion? Über Erfahrungen der Selbsttranszendenz*. Freiburg 2004.

Kippenberg, Hans G. «Christliche Gemeinden im Römischen Reich: *Collegium licitum* oder *illicitum*», in: Hutter, Manfred/Klein, Wassilios/Vollmer, Ulrich (Hg.), *Hairesis. Festschrift für Karl Hoheisel zum 65. Geburtstag*. Münster 2002, S. 172–183.

Kippenberg, Hans G., «'Nach dem Vorbild eines öffentlichen Gemeinwesens'. Diskurse römischer Juristen über private religiöse Vereinigungen», in: Kippenberg, Hans G./Schuppert, Gunnar Folke (Hg.), *Die verrechtlichte Religion. Der Öffentlichkeitsstatus von Religionsgemeinschaften*. Tübingen 2005, S. 11–35.

Kippenberg, Hans G., «Religiöse Gemeinschaften. Wo die Arbeit am Sinn-Problem der Welt und der Bedarf sozialen Handelns an Gemeinschaftlichkeit zusammentreffen», in: Albert, Gert u. a. (Hg.), *Das Weber-Paradigma. Studien zur Weiterentwicklung von Max Webers Forschungsprogramm*. Tübingen 2003, S. 211–233.

Kippenberg, Hans G., «Das Sozialkapital religiöser Gemeinschaften im Zeitalter der Globalisierung», in: Pfleiderer, Georg/Stegemann, Ekkehard W. (Hg.), *Religion und Respekt. Beiträge zu einem spannungsreichen Verhältnis*. Zürich 2006, S. 245–271.

Kippenberg, Hans G., *Die vorderasiatischen Erlösungsreligionen in ihrem Zusammenhang mit der antiken Stadtherrschaft*. Frankfurt 1991.

Kippenberg, Hans G./Schuppert, Gunnar Folke (Hg.), *Die verrechtlichte Religion. Der Öffentlichkeitsstatus von Religionsgemeinschaften*. Tübingen 2005.

Kippenberg, Hans G./Riesebrodt, Martin (Hg.), *Max Webers ‹Religionssystematik›*. Tübingen 2001.

Kloppenborg, John S./Wilson, Stephen G. (Hg.), *Voluntary Associations in the Graeco-Roman World*. London 1996.

Lehmann, Hartmut, *Säkularisierung. Der europäische Sonderweg in Sachen Religion*. Göttingen 2004.

Lemann, Nicholas, «Kicking in Groups», in: *The Atlantic Monthly* 277 (1996), S. 22–26.

Lepsius, M. Rainer, «Eigenart und Potenzial des Weber-Paradigmas», in: Albert, Gert u. a. (Hg.), *Das Weber-Paradigma. Studien zur Weiterentwicklung von Max Webers Forschungsprogramm*. Tübingen 2003, S. 32–41.

Lepsius, M. Rainer, «Die ‹Moral› der Institutionen», in: *Eigenwilligkeit und Rationalität sozialer Prozesse. Festschrift Friedhelm Neidhardt*. Opladen 1999, S. 113–126.

Lepsius, M. Rainer, «Institutionalisierung und Deinstitutionalisierung von Rationalitätskriterien», in: Gerhard Göhler (Hg.), *Institutionenwandel*. Opladen 1997, S. 57–69.

Lepsius, M. Rainer, «Institutionenanalyse und Institutionenpolitik», in: Birgitta Nedelmann (Hg.), *Politische Institutionen im Wandel*. Opladen 1995, S. 392–403.

Lepsius, M. Rainer, «Parteiensystem und Sozialstruktur: zum Problem der Demokratisierung der deutschen Gesellschaft», in: Ritter, Gerhard A. (Hg.), *Deutsche Parteien vor 1918*. Köln 1973, S. 56–80.

Lewis, James R., *Legitimating New Religions*. New Brunswick 2003.

Martin, David, *Pentecostalism: The World their Parish*. Oxford 2002.

Martin, David, *Tongues of Fire. The Explosion of Protestantism in Latin America*. Oxford 1990.

Menke, Christoph, «Innere Natur und soziale Normativität. Die Idee der Selbstverwirklichung», in: Joas, Hans/Wiegand, Klaus (Hg.), *Die kulturellen Werte Europas*, Frankfurt 2005, S. 304–352.

Nagel, Alexander-Kenneth, *Charitable Choice. Religiöse Institutionalisierung im politischen Raum. Religion und Sozialpolitik in den USA.* Hamburg 2006.

Noethlichs, Karl Leo, *Das Judentum und der Römische Staat. Minderheitenpolitik im antiken Rom.* Darmstadt 1996.

Noethlichs, Karl Leo, *Die Juden im christlichen Imperium Romanum (4.–6. Jahrhundert).* Berlin 2001.

Plessner, Helmut, «Grenzen der Gemeinschaft. Eine Kritik des sozialen Radikalismus» (1924), in: derselbe, *Gesammelte Schriften,* Band 5: *Macht und menschliche Natur.* Frankfurt 1981, S. 7–133.

Portes, Alejandro, «Social Capital: Its Origins and Applications in Modern Sociology», in: *Annual Review of Sociology* 24 (1998), S. 1–24.

Portes, Alejandro/Landolt, Patricia, «The Downside of Social Capital», in: *The American Prospect* 26 (1996), S. 18–21.

Pufendorf, Samuel, *De officio hominis et civis iuxta legem naturalem libri duo* (1673). Dt. Übersetzung: *Über die Pflicht des Menschen und des Bürgers nach dem Gesetz der Natur.* Frankfurt 1994.

Putnam, Robert D. (Hg.), *Gesellschaft und Gemeinsinn. Sozialkapital im internationalen Vergleich.* Gütersloh 2001.

Putnam, Robert D., «The Prosperous Community: Social Capital and Public Life», in: *The American Prospect* 13 (1993), S. 35–42.

Putnam, Robert D., *Making Democracy Work. Civic Traditions in Modern Italy,* Princeton 1993.

Putnam, Robert D., «Bowling Alone: America's Declining Social Capital», in: *Journal of Democracy* 6 (1995), S. 65–78; dt. Übersetzung: «Demokratie in Amerika am Ende des 20. Jahrhunderts», in: Graf, Friedrich Wilhelm/Platthaus, Andreas/Schleissing, Stephan (Hg.), *Soziales Kapital in der Bürgergesellschaft.* Stuttgart 1999, S. 21–70.

Putnam, Robert D., *Bowling Alone. The Collapse and Revival of American Community.* New York 2000.

Quigley, John, *The Case for Palestine. An International Law Perspective.* Überarbeitete und aktualisierte Ausgabe. Durham 2005.

Rajak, Tessa, «Jewish Rights in the Greek Cities under Roman Rule: A New Approach», in: William S. Green (Hg.), *Approaches to Ancient Judaism.* Atlanta 1985, S. 19–35.

Rajak, Tessa, «Was there a Roman Charter for the Jews?», in: *Journal of Roman Studies* 74 (1984), S. 107–123.

Reese-Schäfer, Walter, *Kommunitarismus.* Frankfurt ³2001.

Riesebrodt, Martin, *Fundamentalismus als patriarchalische Protestbewegung. Amerikanische Protestanten (1910–28) und iranische Schiiten (1961–79) im Vergleich.* Tübingen 1990.

Rosen, Lawrence, «Constructing Institutions in a Political Culture of Personalism», in: derselbe, *The Culture of Islam. Changing Aspects of Contemporary Muslim Life.* Chicago 2002, S. 56–72.

Rousseau, Jean-Jacques, *Emile oder Von der Erziehung (1762).* Hg. von Martin Rang. Stuttgart 1963.

Rudolph, Susanne H./Piscatori, James (Hg.), *Transnational Religion and Fading States.* Boulder 1997.

Salvatore, Armando/Eickelman, Dale F. (Hg.), *Public Islam and the Common Good.* Leiden 2004.

Schäbler, Birgit/Stenberg, Leif (Hg.), *Globalization and the Muslim World. Culture, Religion, and Modernity.* Syracuse/New York 2004.

Schluchter, Wolfgang, *Religion und Lebensführung,* Band 1: *Studien zu Max Webers Kultur- und Werttheorie.* Frankfurt/M. 1988.

Schmidt, Walter, *Option für die Armen? Erkenntnistheoretische, sozialwissenschaftliche und sozialethische Überlegungen zur Armutsbekämpfung.* Mering 2005.

Schmitt, Carl, *Der Begriff des Politischen (1932).* Berlin 1979.

Schuppert, Gunnar Folke, «Skala der Rechtsformen für Religion: vom privaten Zirkel zur Körperschaft des öffentlichen Rechts. Überlegungen zur angemessenen Organisationsform für Religionsgemeinschaften», in: Kippenberg, Hans G./Schuppert, Gunnar Folke (Hg.), *Die verrechtlichte Religion. Der Öffentlichkeitsstatus von Religionsgemeinschaften.* Tübingen 2005, S. 11–35.

Scott, James, «Patronage or Exploitation?», in: Gellner, Ernest/Waterbury, John (Hg.), *Patrons and Clients in Mediterranean Societies.* London 1977, S. 21–39.

Sen, Amartya, *Ökonomie für den Menschen. Wege zu Gerechtigkeit und Solidarität in der Marktwirtschaft.* München ²2003.

Singerman, Diane, «The Networked World of Islamist Social Movements», in: Wiktorowicz, Quintan (Hg.), *Islamic Activism. A Social Movement Theory Approach.* Bloomington 2004, S. 143–163.

Sivan, Emmanuel, «The Enclave Culture», in: Almond, Gabriel A./Appleby, R. Scott/Sivan, Emmanuel, *Strong Religion. The Rise of Fundamentalisms around the World.* Chicago 2003, S. 23–89.

Sullivan, Denis J., *Private Voluntary Organizations in Egypt. Islamic Development, Private Initiative, and State Control.* Gainesville 1994.

Sullivan, Denis J./Abed-Kotob, *Islam in Contemporary Egypt. Civil Society vs. The State.* Boulder (Color.) 1999.

Tocqueville, Alexis de, *Über die Demokratie in Amerika (frz. 1835).* Ausgewählt und herausgegeben von J. P. Mayer. Stuttgart 1990.

Tyrell, Hartmann, «Die christliche Brüderlichkeitsethik. Semantische Kontinuitäten und Diskontinuitäten», in: Gabriel, Karl/Herlth, Alois/Strohmeier, Klaus Peter (Hg.), *Modernität und Solidarität. Konsequenzen gesellschaftlicher Modernisierung.* Freiburg 1997, S. 189–212.

Tyrell, Hartmann, «Intellektuellenreligiosität, ‹Sinn›-Semantik, Brüderlichkeitsethik – Max Weber im Verhältnis zu Tolstoi und Dostojewski», in: Sterbling, Anton/Zipprian, Heinz (Hg.), *Max Weber und Osteuropa.* Hamburg 1997, S. 25–58.

Tyrell, Hartmann, «Antagonismus der Werte – ethisch», in: Kippenberg, Hans G./Riesebrodt, Martin (Hg.), *Max Webers ‹Religionssystematik›.* Tübingen 2001, S. 315–334.

Veer, Peter van der, «Transnational Religion» (Paper 2001) http://www.transcomm.ox. ac.uk/working%20papers/WPTC-01–18%20Van%20der%20Veer.pdf.

Varshney, Ashutosh, *Ethnic Conflict and Civic Life: Hindus and Muslims in India.* Oxford 2002.

Veer, Peter van der/Lehmann, Hartmut (Hg.), *Nation and Religion. Perspectives on Europe and Asia.* Princeton 1999.

Weber, Max, *Die Wirtschaftsethik der Weltreligionen. Konfuzianismus und Taoismus. Schriften 1915–1920.* Hg. von Helwig Schmidt-Glintzer in Zusammenarbeit mit Petra Kolonko. MWG I/19. Tübingen 1989.

Weber, Max, *Wirtschaft und Gesellschaft.* Teilband 1: *Gemeinschaften.* Hg. von Wolfgang Mommsen in Zusammenarbeit mit Michael Meyer. MWG I/22–1. Tübingen 2001.

Weber, Max, *Wirtschaft und Gesellschaft.* Teilband 2: *Religiöse Gemeinschaften.* Hg. von Hans G. Kippenberg in Zusammenarbeit mit Petra Schilm unter Mitwirkung von Jutta Niemeier. MWG I/22–2 Tübingen 2001.

Weinfeld, Moshe, *The Organizational Pattern and the Penal Code of the Qumran Sect. A Comparison with Guilds and Religious Associations of the Hellenistic-Roman Period.* Göttingen 1986.

Wiktorowicz, Quintan (Hg.), *Islamic Activism. A Social Movement Theory Approach.* Bloomington 2004.

Wiktorowicz, Quintan, *The Management of Islamic Activism. Salafis, Muslim Brotherhood, and State Power in Jordan.* New York 2001.

Wippel, Steffen, *Islamische Wirtschafts- und Wohlfahrtseinrichtungen in Ägypten zwischen Markt und Moral.* Münster 1997.

Yokota, Michihiro, «Mit welcher Eigendynamik entwickeln sich Religionen? Eine Studie über ‹Brüderlichkeit› und ‹Theodizee› in Max Webers Religionssoziologie», in: *Bulletin of the University of Electro-Communications* 14 (2002), S. 211–220.

3. Konflikte mit alternativen Religionsgemeinden: USA 1978 und 1993

Ammerman Nancy, «Waco, Federal Law Enforcement, and Scholars of Religion», in: Stuart A. Wright (Hg.), *Armageddon in Waco. Critical Perspectives on the Branch Davidian Conflict.* Chicago 1995, S. 282–296.

Appleby, R. Scott, *The Ambivalence of the Sacred. Religion, Violence, and Reconciliation.* Lanham 2000.

Bromley, David G. (Hg)., *The Politics of Religious Apostasy. The Role of Apostates in the Transformation of Religious Movements.* Westport (CT) 1998.

Bromley, David G./Silver, Edward D., «The Branch Davidians: A Social Profile and Organizational History», in: Timothy Miller (Hg.), *American Alternative Religions.* Albany 1995, S. 149–158.

Bromley, David G., «The Social Construction of Contested Exit Roles: Defectors, Whistleblowers, and Apostates», in: ders. (Hg.), *The Politics of Religious Apostasy,* S. 19–48.

Chidester David, *Salvation and Suicide: an Interpretation of Jim Jones, the People's Temple, and Jonestown.* Bloomington 1988; ²2003.

Festinger, Leon/Riecken, Henry W./Schachter, Stanley, *When Prophecy Fails. A Social and Psychological Study of a Modern Group that Predicted the Destruction of the World.* New York 1956.

Hall, John R., *Gone from the Promised Land: Jonestown in American Cultural History.* New Brunswick/ London 1987.

Hall, John R., «Public Narratives and the Apocalyptic Sect. From Jonestown to Mt. Carmel», in: Stuart A. Wright (Hg.), *Armageddon in Waco. Critical Perspectives on the Branch Davidian Conflict.* Chicago 1995, S. 205–235.

Hall, John R., «Peoples Temple», in: Miller, Timothy (Hg.), *America's Alternative Religions.* Albany 1995, S. 301–311.

Hall, John R./Schuyler, Philip, «Apostasy, Apocalypse, and Religious Violence: An Exploratory Comparison of Peoples Temple, the Branch Davidians, and the Solar Temple», in: Bromley, David G. (Hg)., *The Politics of Religious Apostasy. The Role of Apostates in the Transformation of Religious Movements.* Westport (CT) 1998, S. 141–169.

Hall, John R./Schuyler, Philip D./Trinh, Sylvaine, *Apocalypse Observed: Religious Movements and Violence in North America, Europe, and Japan.* London/New York 2000.

Harris, Duchess/Waterman, Adam John, «To Die for the Peoples Temple», in: Moore, Rebecca/Pinn, Anthony B./Sawyer, Mary P. (Hg.), *Peoples Temple and Black Religion in America.* Bloomington 2004, S. 103–122.

Hase, Thomas, «Waco – die inszenierte Apokalypse», in: *Zeitschrift für Religionswissenschaft* 3 (1995), S. 29–48.

Jenkins, Philip, *Mystics and Messiahs. Cults and New Religions in American History.* New York 2000.

Juergensmeyer, Mark, *Terror im Namen Gottes. Ein Blick hinter die Kulissen des gewalttätigen Fundamentalismus.* Freiburg 2003.

Lewis, James R., *Legitimating New Religions.* New Brunswick 2003.

Lifton, Robert J., *Destroying the World to Save it: Aum Shinrikyo, Apocalyptic Violence, and the New Global Terrorism.* New York 1999; dt. Übersetzung: *Terror für die Unsterblichkeit. Erlösungssekten proben den Weltuntergang.* München 2000.

248   *Literatur*

Macdonald, Andrew, *The Turner Diaries* (1978). New York 1996.
Mead, Sidney E., *The Lively Experiment. The Shaping of Christianity in America*. New York 1976; dt. Übersetzung: *Das Christentum in Nordamerika*. *Glaube und Religionsfreiheit in vier Jahrhunderten*. Göttingen 1987.
Melton, J. Gordon, «Anti-cultists in the United States: an Historical Perspective», in: Wilson, Bryan/Cresswell, Jamie (Hg.), *New Religious Movements. Challenge and Response*. London/New York 1999, S. 213–233.
Melton, J. Gordon, «Einleitung: Gehirnwäsche und Sekten – Aufstieg und Fall einer Theorie», in: Melton, J. Gordon/Introvigne, Massimo (Hg.), *Gehirnwäsche und Sekten. Interdisziplinäre Annäherungen*. Marburg 2000, S. 9–36.
Melton, J. Gordon/Introvigne, Massimo (Hg.), *Gehirnwäsche und Sekten. Interdisziplinäre Annäherungen*. Marburg 2000.
Michel, Lou/Herbeck, Dan, *American Terrorist. Timothy McVeigh and the Oklahoma City Bombing*. New York 2001.
Miller, Timothy (Hg.), *America's Alternative Religions*. Albany 1995.
Moore, Rebecca/Fielding McGehee III (Hg.), *New Religious Movements, Mass Suicide, and Peoples Temple. Scholarly Perspectives on a Tragedy*. Lewiston 1989.
Moore, Rebecca, «‹American as Cherry Pie›», in: Wessinger, Catherine (Hg.), *Millennialism, Persecution, and Violence. Historical Cases*. Syracuse, New York, S. 121–137.
Newport, Kenneth, «The Heavenly Millennium of Seventh-day Adventism», in: Hunt, Stephen (Hg.), *Christian Millenarianism*. Bloomington 2001, S. 131–148.
Newport, Kenneth, *The Branch Davidians of Waco. The History and Belief of an Apocalyptic Sect*. New York 2006.
Robbins, Thomas/Anthony, Dick, «Cults, Porn, and Hate. Convergent Discourses on First Amendment Restriction», in: Lucas, Phillip Charles/Robbins, Thomas (Hg.), *New Religious Movements in the Twenty-First Century. Legal, Political, and Social Challenges in Global Perspective*. London 2004, S. 329–341.
Rosenfeld, Jean E., «The Justus Freemen Standoff. The Importance of the Analysis of Religion in Avoiding Violent Outcomes», in: Wessinger, Catherine (Hg.), *Millennialism, Persecution, and Violence. Historical Cases*. Syracuse, New York 2000, S. 323–344.
Rosenfeld, Jean E., «A Brief History of Millennialism and Suggestions for a New Paradigm for Use in Critical Incidents», in: Wessinger, Catherine (Hg.), *Millennialism, Persecution, and Violence. Historical Cases*. Syracuse, New York 2000, S. 347–351.
Shupe, Anson/ Bromley, David G., «The Evolution of Modern American Anticult Ideology: A Case Study in Frame Extension», in: Miller, Timothy (Hg.), *America's Alternative Religions*. Albany 1995, S. 411–416.
Smith, Jonathan Z., *Imagining Religion. From Babylon to Jonestown*. Chicago/London 1982.
Stark, Rodney/Bainbridge, William Sims, *The Future of Religion. Secularization, Revival, and Cult Formation*. Berkeley 1985.
Sullivan, Lawrence E., «‹No longer the Messiah›: US Federal Law Enforcement Views of Religion in Connection with the 1993 Siege of Mount Carmel near Waco, Texas», in: *Numen* 43 (1996), S. 213–234.
Tabor, James D./Gallagher, Eugene V., *Why Waco. Cults and the Battle for Religious Freedom in America*. Berkeley Press 1995.
Wessinger, Catherine (Hg.), *Millennialism, Persecution, and Violence. Historical Cases*. Syracuse/New York 2000.
Wessinger, Catherine, *How the Millennium Comes Violently. From Jonestown to Heaven's Gate*. New York 2000.
Wilson, Bryan/Cresswell, Jamie (Hg.), *New Religious Movements. Challenge and Response*. London/New York 1999.

Wright, Stuart A. (Hg.), *Armageddon in Waco. Critical Perspectives on the Branch Davidian.* Chicago 1995.

Wright, Stuart A., «Construction and Escalation of a Cult Threat», in: derselbe (Hg.), *Armageddon in Waco. Critical Perspectives on the Branch Davidian.* Chicago 1995, S. 75–94.

4. Jeder Tag Aschura, jedes Grab Kerbala: Iran 1977–1981

Abrahamian, Ervand, *Iran. Between Two Revolutions.* Princeton 1982.

Abrahamian, Ervand, *Radical Islam. The Iranian Mojahedin.* London 1989.

Akhavi, Shahrough, *Religion and Politics in Contemporary Iran: Clergy – State Relations in the Pahlavi Period.* Albany 1980.

Alavi, Hamza, «Peasant Classes and Primordial Loyalities», in: *Journal of Peasant Studies* 1 (1973), S. 23–60.

Al-e Ahmad, Jalal, *Occidentosis: A Plague from the West.* Translated by R. Campbell. Annotations and Introduction by Hamid Algar. Berkeley 1984.

Algar, Hamid, *Religion and State in Iran 1785–1906.* Berkeley 1969.

Almond, Gabriel A./Appleby, R. Scott/Sivan, Emmanuel, *Strong Religion. The Rise of Fundamentalisms around the World.* Chicago 2003.

Appleby, R. Scott, *The Ambivalence of the Sacred. Religion, Violence, and Reconciliation.* Lanham 2000.

Arjomand, Said Amir, *The Turban for the Crown. The Islamic Revolution in Iran.* Oxford 1988.

Aubin, Eugène, «Le Chi'isme et la Nationalité Persane», in: *Revue du Monde Musulman* 4 (1906), S. 457–490.

Azarine, Sussan, «Frauen in der islamischen Bewegung. Interviews und Erlebnisse», in: Tilgner, Ulrich (Hg.), *Umbruch im Iran. Augenzeugenberichte – Analysen – Dokumente.* Reinbek 1979, S. 110–131.

Bani, Omol, *Fatima statt Farah. Erfahrungen einer Frau in der iranischen Revolution.* Hg. von Karl Heinz Roth. Tübingen 1980.

Bateson Mary C., «‹This Figure of Tinsel›: A Study of Themes of Hypocrisy and Pessimism in Iranian Culture, in: *Daedalus* 108 (1979) S. 125-134.

Beeman, William O., «Images of the Great Satan: Representations of the United States in the Iranian Revolution», in: Keddie, Nikki (Hg.), *Religion and Politics in Iran. Shi'ism from Quietism to Revolution.* New Haven 1983, S. 191–217.

Beeman, William O., *The ‹Great Satan› vs. the ‹Mad Mullahs›. How the United States and Iran Demonize Each Other.* Westport (Conn.) 2005.

Bräunlein, Peter, «Victor Witter Turner (1920–1983)», in: Axel A. Michaels (Hg.), *Klassiker der Religionswissenschaft. Von Friedrich Schleiermacher bis Mircea Eliade.* München 1997, S. 324–341.

Cherki, Alice, *Frantz Fanon. Ein Porträt.* Hamburg 2002.

Croitoru, Joseph, *Der Märtyrer als Waffe. Die historischen Wurzeln des Selbstmordattentates.* München 2003.

Davis, Joyce M., *Martyrs. Innocence, Vengeance, and Despair in the Middle East.* New York 2003.

DellaValle, Pietro, *Reisebeschreibung in unterschiedliche Teile der Welt.* Teil II. Genf 1674.

Durkheim, Emile, *Der Selbstmord* (1897). Frankfurt 1983.

Eisenstadt, Shmuel, *Fundamentalism, Sectarianism, and Revolution: The Jacobin Dimension of Modernity.* Cambridge 2000.

Fanon, Frantz, *Die Verdammten dieser Erde.* Reinbek 1969.

Fischer, Michael M. J., *Iran. From Religious Dispute to Revolution.* Cambridge (Mass.) 1980.

Freamon, Bernard K., «Martyrdom, Suicide, and the Islamic Law of War: A Short Legal History», in: *Fordham International Law Journal* 27 (2003), S. 299–369.

de Generet, Robert Henry, *Le Martyre d'Ali Akbar*. Liège und Paris 1946.

Gluckman, Max, «Rituale der Rebellion in Süd-Ost-Afrika», in: Kramer, Fritz/Sigrist, Christian (Hg.), *Gesellschaften ohne Staat*. Band 1: *Gleichheit und Gegenseitigkeit*. Frankfurt 1978, S. 250–280.

Goldziher, Ignaz, «Das Prinzip der takijja im Islam» (1906 erschienen), in: *Gesammelte Schriften*, Band 5, Hildesheim 1970, S. 59–72.

Halm, Heinz, *Die Schia*. Darmstadt 1988

Halm, Heinz, *Der schiitische Islam. Von der Religion zur Revolution*. München 1994.

Hanson, Brad, «The ‹Westoxication› of Iran: Depictions and Reactions of Behrangi, Al-e Ahmad and Shari'ati», in: *International Journal of Middle East Studies* 15 (1983), S. 1–23.

Honegger, Claudia (Hg.), *Die Hexen der Neuzeit. Studien zur Sozialgeschichte eines kulturellen Deutungsmusters*. Frankfurt 1988.

Juergensmeyer, Mark, «Antifundamentalism», in: Marty, Martin E./Appleby, R. Scott (Hg.), *Fundamentalisms Comprehended. The Fundamentalism Project*. Band. 5. Chicago 1995, S. 353–366.

Katouzian, Homa, «Land Reform in Iran. A Case Study in the Political Economy of Social Engineering», in: *Journal of Peasant Studies* 1 (1974), S. 220–239.

Kazemi, Farhad, *Poverty and Revolution in Iran. The Migrant Poor, Urban Marginality and Politics*. New York 1980.

Keddie, Nikki, *Religion and Rebellion in Iran. The Tobacco Protest of 1891–1892*. London 1966.

Keddie, Nikki, *Roots of Revolution. An Interpretive History of Modern Iran*. New Haven 1981.

Keddie, Nikki (Hg.), *Religion and Politics in Iran. Shi'ism from Quietism to Revolution*. New Haven 1983.

Kermani, Navid, «Katharsis und Verfremdung im schiitischen Passionsspiel», in: *Die Welt des Islams* 39 (1999), S. 31–63.

Kermani, Navid, «Märtyrertum als Topos politischer Selbstdarstellung in Iran», in: Soeffner, Hans-Georg/Tänzler, Dirk (Hg.), *Figurative Politik. Zur Performanz der Macht in der modernen Gesellschaft*. Opladen 2001, S. 89–100.

Kermani, Navid, *Dynamit des Geistes. Martyrium, Islam und Nihilismus*. Göttingen 2002.

Ibn Khaldûn, *The Muqaddimah*. Übers. von Franz Rosenthal. Princeton 1958.

Khosrokhavar, Farhad, *L'islamisme et la mort. Le martyre révolutionnaire en Iran*. Paris 1995.

Khosrokhavar, Farhad, *Suicide Bombers. Allah's New Martyrs*. London 2002.

Kippenberg, Hans G., «Jeder Tag Ashura, jedes Grab Kerbala. Zur Ritualisierung der Straßenkämpfe im Iran», in: Greussing, Kurt (Hg.), *Religion und Politik im Iran*. Frankfurt 1981, S. 217-256.

Kohlberg, Etan, «Some Imami-Shi'i Views on Taqiyya», in: *JAOS* 95 (1975), S. 395–402.

Lambton, Ann K. S., *Landlord and Peasant in Persia*. ²Oxford 1969.

Meyer, Egbert, «Anlass und Anwendungsbereich der taqiyya», in: *Der Islam* 57 (1980), S. 246–280.

Monchi-Zadeh, Davoud, *Ta'ziya. Das persische Passionsspiel*. Stockholm 1967.

Pannewick, Friederike, «Passion and Rebellion. Shi'ite Visions of Redemptive Martyrdom», in: dieselbe (Hg.), *Martyrdom in Literature. Visions of Death and Meaningful Suffering in Europe and the Middle East from Antiquity to Modernity*. Wiesbaden 2004, S. 47–62.

Planck, Ulrich, «Der Teilbau im Iran», in: *Zeitschrift für ausländische Landwirtschaft* 1 (1962), S. 47–81.

Rahnema, Ali, *An Islamic Utopian. A Political Biography of Ali Shari'ati*. London/ New York 1998.

Ram, Haggay, *Myth and Mobilization in Revolutionary Iran. The Use of the Friday Congregational Sermon*. Washington D.C. 1994.

Reuter, Christoph, *Mein Leben ist eine Waffe. Selbstmordattentäter – Psychogramm eines Phänomens*. München 2002.

Sachedina, Abdulaziz A., «A Treatise on the Occultation of the Twelfth Imamite Imam», in: *Studia Islamica* 48 (1978), S. 109–124.

Sachedina, Abdulaziz A., *Islamic Messianism. The Idea of Mahdi in Twelver Shi'ism*. Albany 1981.

Sachedina, Abdulaziz A., *The Just Ruler (al-sultan al-ʿadil) in Shiʿite Islam. The Comprehensive Authority of the Jurist in Imamite Jurisprudence*. Oxford 1988.

Sahebjam, Freidoune, «*Ich habe keine Tränen mehr*». *Iran: Die Geschichte des Kindersoldaten Reza Behrouzi*. Reinbek 1988.

Scheffler, Thomas, «Islamischer Fundamentalismus und Gewalt», in: Kronfeld-Goharani, Ulrike (Hg.), *Friedensbedrohung Terrorismus: Ursachen, Folgen und Gegenstrategien*. Berlin 2005, S. 88–111.

Schmucker, Werner, «Iranische Märtyrertestamente», in: *Welt des Islams* 27 (1987), S. 185–249.

Seidensticker, Tilman, «Der religiöse und historische Hintergrund des Selbstmordattentates im Islam», in: Kippenberg, Hans G./Seidensticker, Tilman (Hg.), *Terror im Dienste Gottes. Die «Geistliche Anleitung» der Attentäter des 11. September 2001*. Frankfurt 2004, S. 107–116.

Sick, Gary, *All Fall Down. America's Tragic Encounter with Iran*. New York 1985.

Taheri, Amir, *Chomeini und die Islamische Revolution*. Hamburg 1985.

Thomas, Keith, *Religion and the Decline of Magic. Studies in Popular Beliefs in Sixteenth- and Seventeenth Century England*. Harmondsworth 1971.

Tilgner, Ulrich (Hg.), *Umbruch im Iran. Augenzeugenberichte – Analysen – Dokumente*. Reinbek 1979.

Turner, Victor, *Das Ritual. Struktur und Antistruktur*. Frankfurt 1989.

Vieille, Paul, *La feodalité et l'Etat en Iran*. Paris 1975.

Waldmann, Peter, «Wie religiös ist der ‹religiöse Terrorismus›?», in: Hempelmann, Reinhard/Kandel, Johannes (Hg.), *Religionen und Gewalt. Konflikt- und Friedenspotentiale in den Weltreligionen*. Göttingen 2006, S. 99–109.

Wirth, Andrzej, «Ein Perserteppich von Codes», in: *Theater heute* 19, Heft 10 (1978), S. 32–37.

5. Die «Partei Gottes» greift in den Krieg ein: Libanon 1975–2000

Ajami, Fouad, *The Vanished Imam. Musa al Sadr and the Shia of Lebanon*. London 1986.

Alagha, Joseph, «Hizbollah and Martyrdom», in: *Orient* 45 (2004) S. 47–74.

Aziz, Talib, «Fadlallah and the Remaking of the Marjaʿiya», in: Walbridge, Linda S. (Hg.), *The Most Learned of the Shiʿa. The Institution of the Marjaʿ Taqlid*. Oxford 2001, S. 205–215.

Collings, Deirdre (Hg.), *Peace for Lebanon? From War to Reconstruction*. Boulder 1994.

Cook, David, *Understanding Jihad*. Berkeley 2005.

Croitoru, Joseph, *Der Märtyrer als Waffe: die historischen Wurzeln des Selbstmordattentates*. München 2003.

Danawi, Dima, *Hizbullah's Pulse. Into the Dilemma of Al-Shahid and Jihad Al-Bina Foundations*. Bonn 2002.

Davis, Joyce M., *Martyrs. Innocence, Vengeance, and Despair in the Middle East*. New York 2003.

Delafon, Gilles, *Beyrouth. Les Soldats de l'Islam*. Paris 1989.

Fallaci, Oriana, *Inschallah*. Dt. Übersetzung München 1994.

Freamon, Bernard K., «Martyrdom, Suicide, and the Islamic Law of War: A Short Legal History», in: *Fordham International Law Journal* 27 (2003), S. 299–369.

Halm, Heinz, *Die Schia*. Darmstadt 1988.

Hamzeh, Ahmad Nizar, *In the Path of Hizbullah*. Syracuse 2004.

Hanf, Theodor, «Ethnurgy: on the Analytical Use and Normative Abuse of the Concept of ‹Ethnic Identity›», in: Benda-Beckman, Keebet van/Verkuyten, Maykel (Hg.), *Nationalism, Ethnicity and Cultural Identity in Europe*. Utrecht 1999, S. 40–51.

Harik, Judith Palmer, *Hezbollah. The Changing Face of Terrorism*. London 2004.

Jaber, Halal, *Hezbollah. Born with a Vengeance*. London 1997.

Jansen, Johannes J. G., *The Neglected Duty*. New York 1986.

Khalaf, Samir, «The Radicalization of Communal Loyalties», in: Scheffler, Thomas (Hg.), *Religion between Violence and Reconciliation*. (Beiruter Texte und Studien, Band 76). Beirut/ Würzburg 2002, S. 283–299.

Khalaf, Samir, *Civil and Uncivil Violence in Lebanon. A History of the Internationalization of Communal Conflict*. New York 2002.

Kramer, Martin, «The Oracle of Hizbullah. Sayyid Muhammad Husayn Fadlallah», in: Appleby, R. Scott (Hg.), *Spokesmen for the Despised. Fundamentalist Leaders of the Middle East*. Chicago/London 1997, S. 83–181.

Kramer, Martin, «Hizbullah: The Calculus of Jihad», in: Marty, Martin E./Appleby, R. Scott (Hg.), *Fundamentalism and the State. Remaking Politics, Economies, and Militancy. The Fundamentalism Project*. Band 3. Chicago 1993, S. 539–556.

Kramer, Martin, «Sacrifice and Fratricide in Shiite Lebanon», in: *Terrorism and Political Violence* 3 (1991), S. 30–47.

Kramer, Martin, «Hezbollah's Vision of the West», in: *Policy Papers* 16. Washington 1989.

Kramer, Martin, «The Moral Logic of Hizballah», in: Reich, Walter (Hg.), *Origins of Terrorism. Psychologies, Ideologies, Theologies, States of Mind*. Cambridge 1990, S. 131–157.

Makdisi, Ussama, «Revisiting Sectarianism», in: Scheffler, Thomas (Hg.), *Religion between Violence and Reconciliation*. (Beiruter Texte und Studien, Band 76). Beirut/Würzburg 2002, S. 179–191.

Merari, Ariel, «The Readiness to Kill and to Die: Suicidal Terrorism in the Middle East», in: Reich, Walter (Hg.), *Origins of Terrorism*. Cambridge 1990, S. 193–207.

Milani, Mohsen M., *The Making of Iran's Islamic Revolution. From Monarchy to Islamic Republic*. Boulder ²1994.

Nasr, Salim, «Mobilisation Communautaire et Symbolique Religieuse: L'Imam Sadr et les Chi'ites duLiban (1979–1975)», in: Carré, Olivier/Dumont, Paul (Hg.), *Radicalismes Islamiques*. Band 1: *Iran, Liban, Turquie*. Paris 1985, S. 119–158.

Norton, Augustus R., «Shi'ism and Social Protest in Lebanon», in: Cole, Juan R.I./Keddie, Nikki (Hg.), *Shi'ism and Social Protest*. New Haven 1986, S. 156–178.

Norton, Augustus R., *Amal and the Shi'a. Struggle for the Soul of Lebanon*. Austin 1987.

Norton, Augustus R., *Hizbollah. A Short History*. Princeton 2007.

Oberdorfer, Bernd/Waldmann, Peter (Hg.), *Die Ambivalenz des Religiösen. Religionen als Friedensstifter und Gewalterzeuger*. Augsburg (im Erscheinen).

Pape, Robert A., *Dying to Win. The Stategic Logic of Suicide Terrorism*. New York 2005.

Perthes, Volker, *Der Libanon nach dem Bürgerkrieg. Von Ta'if zum gesellschaftlichen Konsens*. Baden-Baden 1994.

Picard, Elizabeth, «La violence milicienne et sa légitimation religieuse», in: Scheffler, Thomas (Hg.), *Religion between Violence and Reconciliation*. (Beiruter Texte und Studien, Band 76). Beirut/ Würzburg 2002, S. 319–332.

Poland, James, «Suicide Bombers: A Global Problem», in: *Humboldt Journal of Social Relations* 27 (2003), S. 100–135.

Qassem, Naim, *Hizbollah. The Story From Within.* Translated from the Arabic by Dalia Khalil. London 2005.

Rieck, Andreas, *Die Schiiten im Kampf um den Libanon: Politische Chronik 1958–1988.* Hamburg 1989.

Rosenthal, Franz, «On Suicide in Islam», in: *Journal of the American Oriental Society* 66 (1946), S. 239–269.

Rosiny, Stephan, *Islamismus bei den Schiiten im Libanon. Religion im Übergang von Tradition zur Moderne.* Berlin 1996.

Rosiny, Stephan, «Der jihad. Eine Typologie historischer und zeitgenössischer Formen islamisch legitimierter Gewalt», in: Piegeler, Hildegard/Prohl, Inken/Rademacher, Stefan (Hg.), *Gelebte Religion. Untersuchungen zur sozialen Gestaltungskraft religiöser Vorstellungen und Praktiken in Geschichte und Gegenwart.* Festschrift Hartmut Zinser. Würzburg 2004, S. 133–149.

Rosiny, Stephan, «Religiöse Freigabe und Begrenzung der Gewalt bei Hizb Alläh im Libanon», in: Oberdorfer, Bernd/Waldmann, Peter (Hg.), *Die Ambivalenz des Religiösen. Religionen als Friedensstifter und Gewalterzeuger.* Augsburg, im Erscheinen.

Saadeh, Sofia, «Basic Issues Concerning the Personal Status Laws in Lebanon», in: Scheffler, Thomas (Hg.), *Religion between Violence and Reconciliation.* (Beiruter Texte und Studien, Band 76). Beirut/ Würzburg 2002, S. 449–456.

Sankari, Jamal, *Fadlallah. The Making of a Radical Shi'ite Leader.* London 2005.

Scheffler, Thomas (Hg.), *Religion between Violence and Reconciliation.* (Beiruter Texte und Studien, Band 76). Beirut/ Würzburg 2002.

Scheffler, Thomas, «Religious Hierarchies and the Dynamics of Violence: Christian and Muslim Clerics and the Lebanese War of 1975–1990», in: Makrides, Vasilios N./Rüpke, Jörg (Hg.), *Religionen im Konflikt.* Münster 2005, S. 97–108.

Scheffler, Thomas, «Religion, Violence and the Civilizing Process. The Case of Lebanon», in: Hannoyer, Jean (Hg.), *Guerres civiles. Economies de la violence, dimension des la civilité.* Paris 1999, S. 163–185.

Schulze, Reinhard, *Geschichte der Islamischen Welt im 20. Jahrhundert.* München 1994.

Seidensticker, Tilman, «Die Transformation des christlichen Märtyrerbegriffs im Islam», in: Ameling, Walter (Hg.), *Märtyrer und Märtyrerakten.* Stuttgart 2002, S. 137–148.

Stern, Jessica, *Terror in the Name of God. Why Religious Militants Kill.* New York 2003.

Waldmann, Peter, *Terrorismus. Provokation der Macht.* München 1998.

Waldmann, Peter, «The Radical Community. A Comparative Analysis of the Social Background of ETA, IRA, and Hezbollah», in: *Sociologus* 55 (2005), S. 239–257.

6. Israels Kriege der Erlösung

Appleby, R. Scott (Hg.), *Spokesmen for the Despised. Fundamentalist Leaders of the Middle East.* Chicago 1997.

Aran, Gideon, «The Gospel of the Gush: Redemption as a Catastrophe», in: Sivan, Emmanuel/Friedman, Menachem (Hg.), *Religious Radicalism and Politics in the Middle East.* New York 1990, S. 157–175.

Aran, Gideon, «Jewish Zionist Fundamentalism: The Bloc of the Faithful in Israel (Gush Emunim)», in: Marty, Martin E./Appleby, R. Scott (Hg.), *Fundamentalisms Observed. The Fundamentalism Project.* Band 1. Chicago 1991, S. 265–344.

Aran, Gideon, «The Father, the Son, and the Holy Land», in: Appleby, R. Scott (Hg.), *Spokesmen for the Despised. Fundamentalist Leaders of the Middle East.* Chicago 1997, S. 294–327.

Benvenisti, Meron, *The West Bank Data Project. A Survey of Israel's Policies.* Washington American Enterprise Institute Studies. Band 398, 1984.

Benvenisti, Meron, 1986 *Report. Demographic, Economic, Legal, Social and Political Developments in the West Bank.* Jerusalem 1986.

Benvenisti, Meron, *Intimate Enemies. Jews and Arabs in a Shared Land.* Berkeley 1995.

Buschmann, Nikolaus/Langewiesche, Dieter (Hg.), *Der Krieg in den Gründungsmythen europäischer Nationen und der USA.* Frankfurt 2001.

Dan, Joseph, «Rav Kooks Stellung im zeitgenössischen jüdischen Denken», in: Kook, Abraham Isaak, *Die Lichter der Tora,* hg. von Goodman-Thau, Eveline/ Schulte, Christoph. Berlin 1995, S. 125–133.

Efrat, Elisha, *The West Bank and Gaza Strip. A Geography of Occupation and Disengagement.* London 2006.

Gladigow, Burkhard, «Gewalt in Gründungsmythen», in: Buschmann, Nikolaus/Langewiesche, Dieter (Hg.), *Der Krieg in den Gründungsmythen europäischer Nationen und der USA.* Frankfurt 2001, S. 23–38.

Gold, Dore, «From ‹Occupied Territories› to ‹Disputed Territories›», in: *Jerusalem Letter* 470 (2002).

Gorenberg, Gershom, *The End of Days. Fundamentalism and the Struggle for the Temple Mount.* Oxford 2000.

Gorenberg, Gershom, *The Accidental Empire. Israel and the Birth of the Settlements, 1967–1977.* New York 2006.

Heilman, Samuel C., *Defenders of the Faith. Inside Ultra-Orthodox Jewry.* New York 1992.

Heilman, Samuel C./Friedman, Menachem, «Religious Fundamentalism and Religious Jews: The Case of the Haredim», in: Marty, Martin E./Appleby, R. Scott (Hg.), *Fundamentalisms Observed.* The Fundamentalism Project. Band 1. Chicago 1991, S. 197–264.

Heilman, Samuel C., «Guides of the Faithful. Contemporary Religious Zionist Rabbis». in: Appleby, R. Scott (Hg.), *Spokesmen for the Despised. Fundamentalist Leaders of the Middle East.* Chicago 1997, S. 328–362.

Hertzberg, Arthur, *The Zionist Idea. A Historical Analysis and Reader.* New York 1966.

Juergensmeyer, Mark, *Terror im Namen Gottes. Ein Blick hinter die Kulissen des gewalttätigen Fundamentalismus.* Freiburg 2003.

Kiener, Ronald C., «Gushist and Qutbian Approaches to Government: A Comparative Analysis of Religious Assassination», in: *Numen* 44 (1997), S. 229–241.

Kook, Abraham Isaak, *Die Lichter der Tora,* hg. von Goodman-Thau, Eveline/ Schulte, Christoph. Berlin 1995.

Kook, Abraham Isaak, «Die Tora des Auslandes und die Tora des Landes Israel», in: derselbe, *Die Lichter der Tora,* hg. von Goodman-Thau, Eveline/ Schulte, Christoph. Berlin 1995, S. 111–123.

Krämer, Gudrun, *Geschichte Palästinas. Von der osmanischen Eroberung bis zur Gründung des Staates Israel.* München 2002.

Lybarger, Loren D., *Identity and Religion in Palestine. The Struggle between Islamism and Secularism in the Occupied Territories.* Princeton 2007.

Marty, Martin E./Appleby, R. Scott (Hg.), *Fundamentalisms Observed. The Fundamentalism Project.* Band 1. Chicago 1991.

Marty, Martin E./Appleby, R. Scott, *Herausforderung Fundamentalismus. Radikale Christen, Moslems und Juden im Kampf gegen die Moderne.* Frankfurt 1996.

Mehl, A., «‹Doriktetos chora›. Kritische Bemerkungen zum ‹Speererwerb› in Politik und Völkerrecht der hellenistischen Epoche», in: *Ancient Society* 11/12 (1980/1), S. 173–212.

Mishal, Shaul/Aharoni, Reuben, *Speaking Stones. Communiqués from the Intifada Underground.* New York 1994.

Netanyahu, Benjamin (Hg.), *Terrorism. How the West Can Win.* New York 1986.

Newman, David (Hg.), *The Impact of Gush Emunim. Politics and Settlement in the West Bank*. London 1985.

Newman, David, «Gush Emunim. Between Fundamentalism and Pragmatism», in: The Jerusalem Quarterly 39 (1986). Internetausgabe http://www.geocities.com/alabasters_archive/gush_pragmatism.html (Zugriff 28.7.07).

Oz, Amos, *Im Lande Israel*. Frankfurt 1984.

Pape, Robert A., *Dying to Win. The Strategic Logic of Suicide Terrorism*. New York 2005.

Quigley, John, *The Case for Palestine. An International Law Perspective*. Überarbeitete und aktualisierte Ausgabe. Durham 2005.

Ravitzky, Aviezer, *Messianism, Zionism, and Jewish Radicalism*. Translated from the Hebrew by M. Swirsky and J. Chipman. Chicago 1996.

Ravitzky, Aviezer, «The Messianism of Success in Contemporary Judaism», in: McGinn, Bernard J./Collins, John J./Stein, Stephen J. (Hg.), *The Continuum History of Apocalypticsm*. New York 2003, S. 563–581.

Rengstorf, Karl Heinrich/von Kortzfleisch, Siegfried (Hg.), *Kirche und Synagoge. Handbuch zur Geschichte von Christen und Juden. Darstellung mit Quellen*. 2 Bde., München 1988.

Roberts, Adam/Guelff, Richard (Hg.), *Documents on the Laws of War*. Oxford 2000.

Rosenman, Jamie, «The Apocalyptic Ideology of Gush Emunim». 2004. Internetveröffentlichung. http://www.jjay.cuny.edu/terrorism/TheApocalyptic.pdf (Zugriff 28.7.07).

Saltman, Michael, «The Use of the Mandatory Emergency Laws by the Israeli Government», in: *International Journal of the Sociology of Law* 10 (1982) S. 385–394.

Schmitthenner, W., «Über eine Formveränderung der Monarchie seit Alexander d.Gr.», in: *Saeculum* 19 (1968), S. 31-46.

Schoeps, Hans Joachim (Hg.), *Jüdische Geisteswelt*. Hanau 1986.

Scholem, Gershom, *Die jüdische Mystik in ihren Hauptströmungen*. Frankfurt 1967.

Scholem, Gershom, *Über einige Grundbegriffe des Judentums*. Frankfurt 1970.

Selden, John, *De iure naturali & gentium*. London 1640.

Shahak, Israel, «The Ideology behind Hebron Massacre» (Internetveröffentlichung) http://www.radioislam.org/islam/english/toread/hebron3.htm (Zugriff 28.7.07).

Sharot, Stephen, *Messianism, Mysticism, and Magic. A Sociological Analysis of Jewish Religious Movements*. Chapel Hill 1982.

Shultz, George P., «The Challenge to Democracies», in: Netanyahu, Benjamin (Hg.), *Terrorism. How the West Can Win*. New York 1986, S. 16–24.

Silberstein, Laurence J., *The Postzionism Debates: Knowledge and Power in Israeli Culture*. New York/ London 1999.

Sprinzak, Ehud, «Gush Emunim: The Tip of the Iceberg», in: *The Jerusalem Quarterly* 21 (1981). Internetveröffentlichung http://www.geocities.com/alabasters_archive/gush_iceberg.html (Zugriff 28.7.07).

Sprinzak, Ehud, «Fundamentalism, Terrorism and Democracy: The Case of the Gush Emunim Underground». Paper von 1986. Internetveröffentlichung http://www.geocities.com/alabasters_archive/gush_underground.html (Zugriff 28.7.07).

Sprinzak, Ehud, «From Messianic Pioneering to Vigilante Terrorism», in: Rapoport, David C. (Hg.), *Inside Terrorist Organizations*. New York 1988, S. 194–216.

Sprinzak, Ehud, *The Ascendance of Israel's Radical Right*. New York 1991.

Sprinzak, Ehud, *Brother against Brother. Violence and Extremism in Israeli Politics from Altalena to the Rabin Assassination*. New York 1999.

Trabant, Jürgen, *Europäisches Sprachdenken, Von Platon bis Wittgenstein*. München ²2006.

Vitzthum, Wolfgang Graf (Hg.), *Völkerrecht*. Berlin 2004.

7. Eifern für das Stiftungsland Palästina

Abu-Amr, Ziad, «Shaykh Ahmad Yasin and the Origins of Hamas», in: Appleby, R. Scott (Hg.), *Spokesmen for the Despised. Fundamentalist Leaders of the Middle East*. Chicago 1997, S. 225–256.

Abu-Amr, Ziad, *Islamic Fundamentalism in the West Bank and Gaza. Muslim Brotherhood and Islamic Jihad*. Bloomington 1994.

Appleby, R. Scott (Hg.), *Spokesmen for the Despised. Fundamentalist Leaders of the Middle East*. Chicago 1997.

Baumgarten, Helga, *Hamas. Der politische Islam in Palästina*. München 2006.

Benz, Wolfgang, *Die Protokolle der Weisen von Zion. Die Legende von der jüdischen Weltverschwörung*. München 2007.

Bucaille, Laetitia, *Generation Intifada*. Hamburg 2004.

Chehab, Zaki, *Inside Hamas. The Untold Story of Militants, Martyrs and Spies*. London 2007.

Cook, David, *Contemporary Muslim Apocalyptic Literatur*. Syracus, New York 2005.

Cook, Michael, *Forbidding Wrong in Islam. An Introduction*. Cambridge 2003.

Croitoru, Joseph, *Der Märtyrer als Waffe. Die historischen Wurzeln des Selbstmordattentates*. München 2003.

Croitoru, Joseph, *Hamas. Der islamische Kampf um Palästina*. München 2007.

Dumper, Michael, «Forty Years without Slumbering: waqf Politics and Administration in the Gaza-Strip, 1948–1987», in: *British Journal of Middle Eastern Studies* 20 (1993), S. 174–190.

Engelleder, Denis, *Die islamistische Bewegung in Jordanien und Palästina 1945–1989*. Wiesbaden 2002.

Fawzi, Issam/Lübben, Ivesa, *Die ägyptische Jama'a al-islamiya und die Revision der Gewaltstrategie*. Deutsches Orient-Institut Hamburg DOI Focus 15, 2004.

Flores, Alexander, *Intifada. Aufstand der Palästinenser*. Berlin 1989.

Flores, Alexander, «Judaeophobia in Context: Anti-Semitism among Modern Palestinians», in: *Die Welt des Islams* 46 (2006), S. 307–330.

Friedland, Roger/Hecht, Richard, «The Nebi Musa Pilgrimage and the Origins of Palestinian Nationalism», in: Le Beau, Bryan F./Mor, Menachem (Hg.), *Pilgrims & Travelers to the Holy Land*. Omaha, Nebraska 1996, S. 89–118.

Göle, Nilüfer, «Snapshots of Islamic Modernities», in: Shmuel N. Eisenstadt, *Multiple Modernities*. New Brunswick/London 2002, S. 91–117.

Harkabi, Yehoshafat, *Das palästinensische Manifest und seine Bedeutung*. Stuttgart 1980.

Hatina, Meir, *Islam and Salvation in Palestine*. Tel Aviv 2001.

Hroub, Khaled, *Hamas. Political Thought and Practice*. Washington 2000.

Human Rights Watch, *Erased in a Moment. Suicide Bombing Attacks against Israeli Civilians*. New York 2002.

Ibrahim, Saad Eddin, «Anatomy of Egypt's Militant Islamic Groups: Methodological Note and Preliminary Findings», in: *Journal of Middle East Studies* 12 (1980), S. 423–453.

Jansen, Johannes J. G., *The Neglected Duty. The Creed of Sadat's Assassins and Islamic Resurgence in the Middle East*. New York 1986.

Juergensmeyer, Mark, *Terror im Namen Gottes. Ein Blick hinter die Kulissen des gewalttätigen Fundamentalismus*. Freiburg 2004.

Kepel, Gilles, *Muslim Extremism in Egypt* (ursprüngl. 1984). Berkeley ³2003.

Krämer, Gudrun, *Geschichte Palästinas. Von der osmanischen Eroberung bis zur Gründung des Staates Israel*. München 2002.

Krämer, Gudrun, «Aus Erfahrung lernen? Die islamische Bewegung in Ägypten», in: Six, Clemens/Riesebrodt, Martin/Haas, Siegfried (Hg.), *Religiöser Fundamentalismus. Vom Kolonialismus zur Globalisierung*. Innsbruck 2005, S. 185–200.

Laqueur, Walter/Rubin, Barry (Hg.), *The Israel-Arab Reader. A Documentary History of the Middle East Conflict*. Harmondsworth 2001.

Legrain, Jean-François, «Palestinian Islamisms. Patriotism as a Condition of their Expansion», in: Marty, Martin E./Appleby, R. Scott (Hg.), *Accounting for Fundamentalisms*. Chicago 1994, S. 413–427.

Legrain, Jean-François, *Les voix du soulèvement palestinien: 1987–1988. Edition critique des communiqués du Commandement National Unifié du Soulèvement et du Mouvement de la Résistance Islamique*. Kairo 1991.

Lohlker, Rüdiger, *Islamisches Völkerrecht. Studien am Beispiel Granada*. Bremen 2007.

Lybarger, Loren D., *Identity and Religion in Palestine. The Struggle between Islamism and Secularism in the Occupied Territories*. Princeton 2007.

Meier, Andreas, *Der politische Auftrag des Islam. Programme und Kritik zwischen Fundamentalismus und Reformen. Originalstimmen aus der islamischen Welt*. Wuppertal 1995.

Mishal, Shaul/Aharoni, Reuben, *Speaking Stones. Communiqués from the Intifada Underground*. New York 1994.

Mishal, Shaul/Sela, Avraham, *The Palestinian Hamas. Vision, Violence, and Coexistence*. New York 2000.

Mitchell, Richard P., *The Society of the Muslim Brothers*. Oxford 1969. Neudruck mit einem Vorwort von John O. Bd. 1993.

Möller, Jochen, «‹Islamisch und noch einmal islamisch›. Zur *Jama'a al-Islamiyya* als politische Kraft Oberägyptens», in: Reetz, Dietrich (Hg.), *Sendungsbewusstsein oder Eigennutz: Zu Motivation und Selbstverständnis islamischer Mobilisierung*. Berlin 2001, S. 183–198.

Nedelmann, Birgitta, «Die Selbstmordbomber. Zur symbolischen Kommunikation extremer politischer Gewalt», in: Gerhards, Jürgen/Hitzler, Ronald (Hg.), *Eigenwilligkeit und Rationalität sozialer Prozesse. Festschrift Friedhelm Neidhardt*. Opladen/Wiesbaden 1999, S. 379–414.

Oliver, Anne Marie/Steinberg, Paul F., *The Road to Martyrs' Square. A Journey into the World of the Suicide Bomber*. Oxford 2005.

Ovendale, Ritchie, *The Origins of the Arab-Israeli Wars*, Harlow, 2004.

Pannewick, Friederike, «Tödliche Selbstopferung in der palästinensischen Belletristik – eine Frage von Macht und Ehre?», in: Kappert, Ines/Gerisch, Benigna/Fiedler, Georg (Hg.), *Ein Denken, das zum Sterben führt. Selbsttötung – das Tabu und seine Brüche*. Göttingen 2004, S. 158–184.

Pape, Robert A., *Dying to Win. The Strategic Logic of Suicide Terrorism*. New York 2005.

Paz, Reuven, «The Development of Palestinian Islamic Groups», in: Rubin, Barry (Hg.), *Revolutionaries and Reformers: Contemporary Islamist Movements in the Middle East*. New York 2003, S. 23–40.

Pedahzur, Ami, *Suicide Terrorism*. Cambridge 2005.

Reetz, Dietrich (Hg.), *Sendungsbewusstsein oder Eigennutz: Zu Motivation und Selbstverständnis islamischer Mobilisierung*. Berlin 2001.

Reissner, Johannes, *Ideologie und Politik der Muslimbrüder Syriens. Von den Wahlen 1947 bis zum Verbot unter Adib Ash-Shishakli 1952*. Freiburg 1980.

Rekhess, Elie, «The Iranian Impact on the Islamic Jihad Movement in the Gaza Strip», in: Menasheri, David (Hg.), *The Iranian Revolution and the Muslim World*. Boulder 1990, S. 189–206.

Reuter, Christoph, *Mein Leben ist eine Waffe. Selbstmordattentäter – Psychogramm eines Phänomens*. München 2002.

Ricolfi, Luca, «Palestinians, 1981–2003», in: Gambetta, Diego (Hg.), *Making Sense of Suicide Missions*. Oxford 2005, S. 77–129.

258 Literatur

Robinson, Glenn E., «Hamas as a Social Movement», in: Wiktorowicz, Quintan (Hg.), *Islam Activism. A Social Movement Theory Approach*. Indiana 2004, S. 112–139.

Schiff, Ze'ev/Ya'ari, Ehud, *Intifada, The Palestinian Uprising – Israel's Third Front*. New York 1990.

Seidensticker, Tilman, «Jerusalem aus der Sicht des Islams», in: Hubel, Helmut/Seidensticker, Tilman (Hg.), *Jerusalem die heilige, umstrittene Stadt*. Jena 2002, S. 63–75.

Smith, Wilfred Cantwell, «Faith as Tasdiq», in: Morewedge, Parviz (Hg.), *Islamic Philosophical Theology*. Albany 1979.

Sprinzak, Ehud, *The Ascendance of Israel's Radical Right*. New York 1991.

Sullivan, Denis J., *Private Voluntary Organizations in Egypt. Islamic Development, Private Initiative, and State Control*. Gainesville 1994.

Wasserstein, Bernard, *Jerusalem. Der Kampf um die Heilige Stadt*. München 2002.

Watt, W. Montgomery/Welch, Alford T., *Der Islam I. Muhammed und die Frühzeit – Islamisches Recht – Religiöses Leben*. Stuttgart 1980.

Weber, Timothy P., *On the Road to Armageddon. How Evangelicals became Israel's Best Friends*. Grand Rapids 2004.

Werblowsky, Zwi R. J., *The Meaning of Jerusalem to Jews, Christians, and Muslims*. Jerusalem ³1995.

8. Amerikanische Protestanten bereiten den endzeitlichen Kriegsschauplatz in Palästina vor

«A Clean Break: A New Strategy for Securing the Realm». http://www.iasps.org/strat1.htm (Zugriff am 28.7.07).

Ammerman, Nancy T., «North American Protestant Fundamentalism», in: Marty, Martin E./Appleby, R. Scott (Hg.), *Fundamentalisms Observed. The Fundamentalism Project*. Band 1. Chicago 1991, S. 1–65.

Ammerman, Nancy T., *Pillars of Faith. American Congregations and their Partners*. Berkeley 2005.

Ariel, Yaakov, «How are the Jews and Israel Portrayed in the Left Behind Series?», in: Forbes, Bruce David/Kilde, Jeanne Halgren (Hg.), *Rapture, Revelation, and the End Times. Exploring the Left Behind Series*. New York 2004, S. 131–166.

Ariel, Yaakov, *On Behalf of Israel. American Fundamentalist Attitudes towards Jews, Judaism, and Zionism, 1865–1945*. New York 1991.

Berger, Peter L. (Hg.), *The Desecularization of the World. Resurgent Religion and World Politics*. Grand Rapids 1999.

Blackstone, William E., *Jesus is Coming*. New York 1908; dt. Übersetzung: *Der Herr kommt*. Mühlheim 1909.

Böckenförde, Ernst-Wolfgang, «Die Entstehung des Staates als Vorgang der Säkularisation», in: derselbe, *Staat, Gesellschaft, Freiheit*. Frankfurt 1976, S. 42–64.

Boyer, Paul S., «When U.S. Foreign Policy Meets Biblical Prophecy», in: Alternet am 20.2.2003: http://www.alternet.org/story/15221 (Zugriff am 28. 7. 07).

Boyer, Paul S., *When Time Shall be No More. Prophecy Belief in Modern American Culture*. Cambridge (Mass.) 1992.

Brocker, Manfred, *Protest – Anpassung – Etablierung. Die Christliche Rechte im politischen System der USA*. Frankfurt 2004.

Brown, Callum G., «The Secularisation Decade: What the 1960s have done to the Study of Religion», in: McLeod, Hugh/Ustorf, Werner, *The Decline of Christendom in Western Europe, 1750–2000*. Cambridge 2003, S. 29–46.

Brown, Callum G., *The Death of Christian Britain*. London 2001.

Bruce, Steve., *Choice and Religion. A Critique of Rational Choice Theory*. Oxford 1999.

Chaves, Mark, *Congregations in America*. Cambridge (Mass.) 2004.

Cogley, John, *Religion in a Secular Age*. New York 1968.

Finke, Roger/Stark, Rodney, *The Churching of America, 1776–1990. Winners and Losers of Our Religious Economy*. New Brunswick 1992.

Forbes, Bruce David/Kilde, Jeanne Halgren (Hg.), *Rapture, Revelation, and the End Times. Exploring the Left Behind Series*. New York 2004.

Frykholm, Amy Johnson, «What Social and Political Messages Appear in the Left Behind Books? A Literary Discussion of Millenarian Fiction», in Forbes, Bruce David/Kilde, Jeanne Halgren (Hg.), *Rapture, Revelation, and the End Times. Exploring the Left Behind Series*. New York 2004, S. 167–195.

Frykholm, Amy Johnson, *Rapture Culture. Left Behind in Evangelical America*. Oxford 2004.

Fuller, Robert C., *Naming the Antichrist. The History of an American Obsession*. Oxford 1995.

Gorenberg, Gershom, *The End of Days. Fundamentalism and the Struggle for the Temple Mount*. Oxford 2000.

Halper, Stefan/Clarke, Jonathan, *America Alone. The Neo-Conservatives and the Global Order*. Cambridge 2004, S. 68–73.

Halsell, Grace, *Prophecy and Politics. Militant Evangelists on the Road to Nuclear War*. Westport, CT 1986.

Hochgeschwender, Michael, «Religion, Nationale Mythologie und Nationale Identität. Zu den methodischen und inhaltlichen Debatten in der amerikanischen ‹New Religious History›», in: *Historisches Jahrbuch* 124 (2004), S. 435–520.

Hochgeschwender, Michael, *Amerikanische Religion. Evangelikalismus, Pfingstlertum und Fundamentalismus*. Frankfurt a. M. 2007.

Iriye, Akira, «Culture and International History», in: Hogan, Michael J./Paterson, Thomas G. (Hg.), *Explaining the History of American Foreign Relations*. Cambridge 1991, S. 214–225.

Jewett, Robert/Lawrence, John Shelton, *Captain America and the Crusade against Evil. The Dilemma of Zealous Nationalism*. Grand Rapids 2003.

Joas, Hans, «Die religiöse Lage in den USA», in: Joas, Hans/Wiegandt, Klaus (Hg.), *Säkularisierung und die Weltreligionen*. Frankfurt a.M. 2007, S. 358–375.

Joas, Hans/Knöbl, Wolfgang, *Sozialtheorie. Zwanzig einführende Vorlesungen*. Frankfurt 2004.

Kilde, Jeanne Halgren, «How Did Left Behind's Particular Vision of the End Times Develop? A Historical Look at Millenarian Thought», in: Forbes, Bruce David/Kilde, Jeanne Halgren (Hg.), *Rapture, Revelation, and the End Times. Exploring the Left Behind Series*. New York 2004, S. 33–70.

Kippenberg, Hans G., «Religionssoziologie ohne Säkularisierungsthese: E. Durkheim und M. Weber aus der Sicht der Symboltheorie», in: *Neue Zeitschrift für systematische Theologie und Religionsphilosophie* 27 (1985), S. 177–193.

Krech, Volkhard, *Georg Simmels Religionstheorie*. Tübingen 1998.

Lehmkuhl, Ursula, «Diplomatiegeschichte als internationale Kulturgeschichte: Theoretische Ansätze und empirische Forschung zwischen Historischer Kulturwissenschaft und Soziologischem Institutionalismus», in: *Geschichte und Gegenwart* 27 (2001), S. 394–423.

Lieven, Anatol, *America Right or Wrong. An Anatomy of American Nationalism*. Oxford 2004.

Lincoln, Bruce, «Symmetric Dualisms: Bush and bin Laden on October 7», in: *Holy Terrors. Thinking about Religion after September 11*. Chicago 2003, S. 19–33.

Lincoln, Bruce, «The Cyrus Cylinder. The Book of Virtues, and the ‹Liberation› of Iraq: On Political Theology and Messianic Pretensions», in: Makrides, Vasilios N./Rüpke, Jörg (Hg.), *Religionen im Konflikt*. Münster 2005, S. 248–264.

Lindsey, Hal/Carlson, Carole C., *The Late Great Planet Earth*. Grand Rapids 1970; dt. Übersetzung: *Alter Planet Erde wohin? Im Vorfeld des Dritten Weltkriegs*. Asslar 1970.

Lindsey, Hal, *The 1980's: Countdown to Armageddon*. New York 1981.

McGinn, Bernard, *Antichrist: Two Thousand Years of the Human Fascination with Evil*. New York 1996.

Mearsheimer, John J./Watt, Stephen M., «The Israel Lobby and U.S Foreign Policy». http://www.lrb.co.uk/v28/no6/print/mear01_.html (Zugriff am 14. 7. 07).

Mearsheimer, John J./Watt, Stephen M, *Die Israel Lobby. Wie die amerikanische Außenpolitik beeinflusst wird*. Frankfurt 2007.

O'Leary, Stephen D., *Arguing the Apocalypse. A Theory of Millennial Rhetoric*. Oxford 1994.

Plasger, Georg/Schipper, Bernd (Hg.), *Apokalyptik und kein Ende?* Göttingen 2007.

Prätorius, Rainer, ‹In God We Trust›. *Religion und Politik in den USA*. München 2003.

Rossing, Barbara R., *The Rapture Exposed. The Message of Hope in the Book of Revelation*. New York 2004.

Sandeen, Ernest R., *The Roots of Fundamentalism. British and American Millenarism 1800–1930*. Chicago 1970.

Scofield, C. I., *Scofield Study Bible*, Oxford ¹1909; 1996.

Shuck, Glenn W., *Marks of the Beast. The ‹Left Behind› Novels and the Struggle for Evangelical Identity*. New York 2007.

Stark, Rodney/Bainbridge, William S., *A Theory of Religion*. New York 1987.

Weber, Timothy P., *Living in the Shadow of the Second Coming. American Premillennialism 1875–1925*. Oxford 1979.

Weber, Timothy P., *On the Road to Armageddon. How Evangelicals Became Israel's Best Friend*. Grand Rapids 2004.

Wuthnow, Robert, *Saving America? Faith-Based Services and the Future of Civil Society*. Princeton 2004.

Young, Lawrence A. (Hg.), *Rational Choice Theory and Religion. Summary and Assessment*. London/New York 1997.

9. Am 11. September 2001: Ein Kriegszug auf dem Wege Gottes

Alexander, Yonah/Swetnam, Michael S. (Hg.), *Usama bin Laden's «al-Qaida»: Profile of a Terrorist Network*. New Delhi 2001.

An-Na'im, Abdullah Ahmed, *Toward an Islamic Reformation. Civil Liberties, Human Rights, and International Law*. Syracuse/ NY 1990.

Bar, Samuel, *Warranted for Terror. Fatwas of Radical Islam and the Duty of Jihād*. Lanham 2006.

Bergen, Peter L., *Heiliger Krieg Inc. Osama bin Ladens Terrornetz* (engl. 2001). Berlin 2003.

Bergen, Peter L., *The Osama bin Laden I Know. An Oral History of al Qaeda's Leader*. New York 2006.

Bonner, Michael, *Jihad in Islamic History. Doctrines and Practice*. Princeton 2006.

Bonney, Richard, *Jihād From Qur'ān to bin Laden*. New York 2004.

Burke, Jason, *Al-Qaeda. Casting a Shadow of Terror*. London 2003.

Burr, J. Millard/Collins, Robert O., *Alms for Jihad*. Cambridge 2006.

Burton, John, «The Exegesis of Q. 2:106 and the Islamic Theories of Naskh», in: *Bulletin of the School of Oriental and African Studies* 48 (1985), S. 452–469.

Cole, J., «Al-Qaeda's Doomsday Document and Psychological Manipulation» (http://www.juancole.com/essays/qaeda).

Cook, David, «Recovery of Radical Islam in the Wake of the Defeat of the Taliban», in: *Terrorism and Political Violence* 15 (2003) S. 31–56.

Cook, David, «Suicide Attacks or ‹Martyrdom Operations› in Contemporary Jihad Literature», in: *Nova Religio* 6 (2002), S. 7–44.

Cook, David, *Contemporary Muslim Apocalyptic Literature*. Syracuse, New York 2005.

Cook, David, Understanding Jihad. Berkeley 2005.

Cook, Miriam/Lawrence, Bruce (Hg.), Muslim Networks from Hajj to Hip Hop. Chapel Hill 2005.

Damir-Geilsdorf, Sabine, Herrschaft und Gesellschaft. Der islamische Wegbereiter Sayyid Qutb und seine Rezeption. Würzburg 2003.

Dutton, Yasin, The Origins of Islamic Law. London 1999.

El Fadl, Khaled Abou, «9/11 and the Muslim Transformation», in: Dudziak, Mary L. (Hg.), September 11 in History. A Watershed Moment? Durham 2003, S. 70–111.

Elwert, Georg, «Charismatische Mobilisierung und Gewaltmärkte. Die Attentäter des 11. September», in: Bergsdorf, Wolfgang/Herz, Dietmar/Hoffmeister, Hans (Hg.), Gewalt und Terror. 11 Vorlesungen. Weimar 2003, S. 91–117.

Fawzi, Issam/Lübben, Ivesa, Die ägyptische Jamaʿa al-islamiya und die Revision der Gewaltstrategie. Deutsches Orient-Institut Hamburg DOI Focus 15, 2004.

Fielding, Nick/Fouda, Yosri, Masterminds of Terror. Die Drahtzieher des 11. September berichten. Der Insider-Report von al-Qaida. Hamburg 2003.

Franke, Patrick, «Rückkehr des Heiligen Krieges? Dschihad-Theorien im modernen Islam», in: Stanisavlejevic, André/Zwengel, Ralf (Hg.), Religion und Gewalt. Der Islam nach dem 11. September. Potsdam 2002, S. 47–68.

Gambetta, Diego, «Can We Make Sense of Suicide Missions?», in: ders. (Hg.), Making Sense of Suicide Missions. Oxford 2005, S. 259–299.

Gellner, Ernest, Leben im Islam. Religion als Gesellschaftsordnung (Engl. 1981). Stuttgart 1985.

Gunaratna, Rohan, Inside al Qaeda. Global Network of Terror. New York 2002.

Hall, John R., «Apocalypse 9/11», in: Lucas, Phillip Charles/Robbins, Thomas (Hg.), New Religious Movements in the Twenty-First Century. Legal, Political, and Social Challenges in Global Perspective. Routledge 2004, S. 265–282.

Hallaq, Wael B., A History of Islamic Legal Theories: An Introduction to Sunni ‹usul al-fiqh›. Cambridge 1997.

Holmes, Stephen, «Al-Qaeda, September 11, 2001», in: Gambetta, Diego (Hg.), Making Sense of Suicide Missions. Oxford 2005, S. 131–172.

Israeli, Raphael, «A Manual of Islamic Fundamentalist Terrorism», in: Terrorism and Political Violence 14 (2002), S. 23–40.

Jacquard, Roland, In the Name of Osama Bin Laden. Global Terrorism and the Bin Laden Brotherhood. (Französisches Original 2001). Durham 2002.

Jansen, Johannes J. G., «The Creed of Sadat's Assassins. The Context of ‹The Forgotten Duty› Analysed», in: Die Welt des Islams 25 (1985), S. 1–30.

Jansen, Johannes J. G., The Neglected Duty. The Creed of Sadat's Assassins and Islamic Resurgence in the Middle East. New York 1986.

Kepel, Gilles, Das Schwarzbuch des Dschihad. Aufstieg und Niedergang des Islamismus. München 2002.

Kepel, Gilles/Milelli, Jean-Pierre (Hg.), Al-Qaida. Texte des Terrors. München 2006.

Khosrokhavar, Farhad, Suicide Bombers. Allah's New Martyrs (Franz. Original 2002). London 2005.

Khoury, Adel Theodor, Der Koran. Arabisch-Deutsch. Gütersloh 2004.

Kippenberg, Hans G., «Die Verheimlichung der wahren Identität vor der Außenwelt in der antiken und islamischen Religionsgeschichte», in: Assmann, Jan (Hg.), Die Erfindung des inneren Menschen. Studien zur religiösen Anthropologie. Gütersloh 1993, S. 183-198.

Kippenberg, Hans G./Stroumsa, Guy G. (Hg.), Secrecy and Concealment: Studies in the History of Mediterranean and Near Eastern Religions. Leiden 1995.

Kippenberg, Hans G./Seidensticker, Tilman (Hg.), Terror im Dienste Gottes. Die «Geistliche Anleitung» der Attentäter des 11. September 2001. Frankfurt 2004.

Kippenberg, Hans G./Seidensticker, Tilman (Hg.), *The 9/11 Handbook. Annoted Translation and Interpretation of the Attackers' Spiritual Manual*. London 2006.

Kohlberg, Etan, «Taqiyya in Shi'i Theology and Religion», in: Kippenberg, Hans G./Stroumsa, Guy G. (Hg.), *Secrecy and Concealment: Studies in the History of Mediterranean and Near Eastern Religions*. Leiden 1995, S. 345–80.

Kohlmann, Evan F., *Al-Qaida's Jihad in Europe. The Afghan-Bosnian Network*. Oxford 2004.

Krebs, Valdis E., «Mapping Networks of Terrorist Cells», in: *Connections* 24 (2002), S. 43–52.

Landes, Richard, «Apocalyptic Islam and Bin Laden». http://www.mille.org/people/rlpages/Bin_Laden.html.

Lawrence, Bruce (Hg.), *Messages to the World. The Statements of Osama bin Laden*. Translated by James Howarth. London/New York 2005.

Mayntz, Renate, «Hierarchie oder Netzwerk? Zu den Organisationsformen des Terrorismus», in: *Berliner Journal für Soziologie* 14 (2004), S. 251–262.

McDermott, Terry, *Perfect Soldiers. The Hijackers: Who they were, why they did it*. New York 2005.

Mitchell, Richard P., *The Society of the Muslim Brothers*, Oxford 1969.

Mneimneh, Hassan/Makiya, Kanan, «Manual for a ‹Raid›», in: Silvers, Robert B./Epstein, Barbara (Hg.), *Striking Terror. America's New War*. New York 2002, S. 301–318.

Mottahedeh, Roy P., *Loyalty and Leadership in an Early Islamic Society*. Princeton 1980.

Musharbash, Yassin, *Die neue al-Qaida. Innenansichten eines lernenden Terrornetzwerks*. Köln 2006.

Nasr, Seyyed Vali Reza, *Mawdudi and the Making of Islamic Revivalism*. Oxford 1996.

Noth, Albrecht, *Heiliger Krieg und Heiliger Kampf im Islam und Christentum. Beiträge zur Vorgeschichte und Geschichte der Kreuzzüge*. Bonn 1966.

Pedahzur, Ami, *Suicide Terrorism*. Cambridge 2005.

Qutb, Sayyid, *Milestones*. Delhi 1985.

Roy, Olivier, *Globalized Islam*, London 2004.

Rubin, Barry/Colp Rubin, Judith (Hg.), *Anti-American Terrorism and the Middle East: A Documentary Reader*. Oxford 2002.

Rudolph, Peters, *Jihad in Classical and Modern Islam*. 2. Aufl. Princeton 2005.

Ruthven, Malise, *A Fury for God. The Islamist Attack on America*. London 2002.

Sageman, Marc, *Understanding Terror Networks*. Philadelphia 2004.

Schacht, Joseph, *An Introduction to Islamic Law*. Oxford 1964.

Scheffler, Thomas, «‹Allahu Akbar›: Zur Theologie des Widerstandsgeistes im Islam», in: Stanisavljevic, André/Zwengel, Ralf (Hg.), *Religion und Gewalt: Der Islam nach dem 11. September*. Potsdam 2002, S. 21–46.

Schneckener, Ulrich, *Transnationaler Terrorismus. Charakter und Hintergründe des ‹neuen› Terrorismus*. Frankfurt 2006.

Seidensticker, Tilman, «Jihad Hymns (*Nashīds*) as a Means of Self-Motivation in the Hamburg Group», in: Kippenberg, Hans G./Seidensticker (Hg.), *The 9/11 Handbook. Annoted Translation and Interpretation of the Attackers' Spiritual Manual*. London 2006, S. 71–78.

Sivan, Emmanuel, *Radical Islam. Medieval Theology and Modern Politics*. Enlarged Edition. New Haven 1985.

Steinberg, Guido, *Der nahe und der ferne Feind. Die Netzwerke des islamistischen Terrorismus*. München 2005.

Strenski, Ivan, «Sacrifice, Gift and the Social Logic of Muslim ‹Human Bombers'›», in: *Terrorism and Political Violence* 15 (2003), S. 1–34.

Taeschner, Franz, *Zünfte und Bruderschaften im Islam. Texte zur Geschichte der Futuwwa*. Zürich 1979.

The 9/11 Commission Report: *Final Report of the National Commission on Terrorist Attacks upon the United States*. New York 2004.

Watt, W. Montgomery, *Der Islam I: Mohammed und die Frühzeit – Islamisches Recht – Religiöses Leben*. Stuttgart 1980.

Weber, Max, Die *Wirtschaftsethik der Weltreligionen. Konfuzianismus und Taoismus*. Max Weber Gesamtausgabe I/19. Tübingen 1989.

Weber, Max, *Gesammelte Aufsätze zur Religionssoziologie*. Band 1. Nachdruck Tübingen 1971.

Weber, Max, *Wirtschaft und Gesellschaft*. Band 2: *Religiöse Gemeinschaften*. Max Weber Gesamtausgabe I/22–2.Tübingen 2001.

Wiktorowicz, Quintan, *Radical Islam Rising. Extremism in the West*. Lanham 2005.

10. Ein grenzenloser Krieg der USA gegen den Terror

Archibugi, Daniele/Young, Iris Maron, «Envisioning a Global Rule of Law», in: Sterba, James T. (Hg.), *Terrorism and International Justice*. New York/Oxford 2003, S. 158–170.

Brocker, Manfred, «Zivilreligion – missionarisches Sendungsbewusstsein – christlicher Fundamentalismus? Religiöse Motivlagen in der (Außen-)Politik George W. Bushs», in: *Zeitschrift für Politik* 50 (2003), S. 119–143.

Burr, J. Millard/Collins, Robert O., *Alms for Jihad*. Cambridge 2006.

Bush, George W., *«We will Prevail». President George W. Bush on War, Terrorism, and Freedom*. Selected and edited by National Review. New York 2003.

Chehab, Zaki, *Inside Hamas. The Untold Story of Militants, Martyrs and Spies*. London 2007.

Danner, Mark, *Torture and Truth. America, Abu Ghraib, and the War on Terror*. New York 2004.

Frum, David/Perle, Richard, *An End to Evil. How to Win the War on Terror*. New York 2003.

Gambetta, Diego, «Reason and Terror. Has 9/11 made it hard to think straight?», in: *Boston Review* 29, 2 (2004). http://bostonreview.net/BR29.2/gambetta.html.

Ganor, Boaz, «Defining Terrorism: Is One Man's Terrorist Another Man's Freedom Fighter?» http://www.ict.org.il/articles/define.htm.

Hersh, Seymour M., *Chain of Command. The Road from 9/11 to Abu Ghraib*. New York 2004.

Hoffman, Bruce, *Terrorismus – der unerklärte Krieg. Neue Gefahren politischer Gewalt*. Aus dem Englischen von Klaus Kochmann. Frankfurt 1999.

Isensee, Josef (Hg.), *Der Terror, der Staat und das Recht*. Berlin 2004.

Jewett, Robert/Lawrence, John Shelton, *Captain America and the Crusade against Evil. The Dilemma of Zealous Nationalism*. Grand Rapids 2003.

Kapitan, Tomis, «The Terrorism of ‹Terrorism›», in: Sterba, James (Hg.), *Terrorism and International Justice*. New York/Oxford 2003, S. 47–66.

Lawrence, Bruce (Hg.), *Messages to the World. The Statements of Osama bin Laden*. Translated by James Howarth. London/New York 2005.

Lawrence, John Shelton/Jewett, Robert, *The Myth of the American Superhero*. Grand Rapids 2002.

Lincoln, Bruce, «The Cyrus Cylinder, the Book of Virtues, and the ‹Liberation› of Iraq: On Political Theology and Messianic Pretensions», in: Makrides, Vasilios N./Rüpke, Jörg (Hg.), *Religionen im Konflikt*. Münster 2005, S. 248–264.

Lincoln, Bruce, *Holy Terrors. Thinking about Religion after September 11*. Chicago 2003, S. 19–33.

Lustick, Ian S., *Trapped in the War on Terror*. Philadelphia 2006.

Münkler, Herfried, *Die neuen Kriege*. Reinbek 2002.

Netanyahu, Benjamin (Hg.), *Terrorism. How the West Can Win.* New York 1986.
Pipes, Daniel/Clawson, Patrick, «Ein terroristischer Verbündeter?» *New York Post* 20. Mai
   2003. Übersetzt aus dem Englischen von H. Eiteneiner. http://de.danielpipes.org/arti-
   cle/1157.
Preuß, Ulrich K., *Krieg, Verbrechen, Blasphemie. Zum Wandel bewaffneter Gewalt.* Berlin
   2002.
Qureshi, Emran/Sells, Michael A. (Hg.), *The New Crusades. Constructing the Muslim
   Enemy.* New York 2003.
Rapoport, David C./Yonah, Alexander (Hg.), *The Morality of Terrorism. Religious and
   Secular Justifications.* New York 1982.
Shultz, George P., «The Challenge to the Democracies», in: Netanyahu, Benjamin (Hg.),
   Terrorism. How the West Can Win. New York 1986, S. 16–24.
Sterba, James T. (Hg.), *Terrorism and International Justice.* New York/Oxford 2003.
Townshend, Charles, *Terrorismus. Eine kurze Einführung.* Stuttgart 2005.
US Department of State, *Counterterrorism Office, Releases, Patterns of Global Terrorism
   2000, Introduction.* http://www.state.gov/s/ct/rls/pgtrpt/2000/index.cfm?docid=2419.
Woodward, Bob, *Bush at War.* London 2003.

11. Schlussbetrachtung: Religionskriege im Zeitalter
der Globalisierung

Assmann, Jan, *Herrschaft und Heil. Politische Theologie in Altägypten, Israel und Europa.*
   München 2000.
Baumgartner, Hans Michael (Hg.), *Das Rätsel der Zeit. Philosophische Analysen.* Frei-
   burg/München 1993.
Bergson, Henri, *Die beiden Quellen der Moral und der Religion.* (1932). Frankfurt
   1992.
Bergson, Henri, «Denken und schöpferisches Werden» (1934/1948), in: Zimmerli, Walter
   Chr./Sandbothe, Michael (Hg.), *Klassiker der modernen Zeitphilosophie,* S. 223–238.
Blumenberg, Hans, *Die Legitimität der Neuzeit.* Frankfurt 1966.
Blumenberg, Hans, *Lebenszeit und Weltzeit.* Frankfurt 1986.
Bull, Malcom (Hg.), *Apocalypse Theory and the Ends of the World.* Oxford 1995.
Burke, Peter, *Helden, Schurken und Narren. Europäische Volkskultur in der frühen Neu-
   zeit.* Stuttgart 1981.
Eliade, Mircea, *Kosmos und Geschichte. Der Mythos der ewigen Wiederkehr* (1949).
   Frankfurt 1984.
Gebhardt, Jürgen, «‹Politik› und ‹Religion›: Eine historisch-theoretische Problemskizze»,
   in: Walther, Manfred (Hg.), *Religion und Politik. Zu Theorie und Praxis des theolo-
   gisch-politischen Komplexes.* Baden-Baden 2004, S. 51–71.
Hawking, Stephen, *Eine kurze Geschichte der Zeit.* Hamburg 2006.
Hobsbawm, Eric, «Die Arbeitersekten», in: derselbe, *Sozialrebellen.* Neuwied 1971,
   S. 161-190.
Hölscher, Lucian, *Weltgericht oder Revolution. Protestantische und sozialistische Zu-
   kunftsvorstellungen im deutschen Kaiserreich.* Stuttgart 1989.
Hölscher, Lucian, *Die Entdeckung der Zukunft,* Frankfurt a. M. 1999.
Katz, David S./Popkin, Richard, *Messianic Revolution. Radical Religious Politics to the
   End of the Second Millennium.* New York 1998.
Löwith, Hans, *Weltgeschichte und Heilsgeschehen. Die theologischen Voraussetzungen
   der Geschichtsphilosophie.* Stuttgart 1953.
Münkler, Herfried, *Die neuen Kriege,* Reinbek 2002.
Sandeen, Ernest R., *The Roots of Fundamentalism. British and American Millenarism
   1800–1930.* Chicago 1970.

Thompson, Edward P., *Die Entstehung der englischen Arbeiterklasse* (1963). 2 Bde. Frankfurt 1987.

Turcanu, Florin, *Mircea Eliade. Der Philosoph des Heiligen im Gefängnis der Geschichte. Eine Biographie.* (Frz. Original Paris 2003). Schnellroda 2006.

Willems, Ulrich/Minkenberg, Michael, «Politik und Religion im Übergang – Tendenzen und Forschungsfragen am Beginn des 21. Jahrhunderts, in: dieselben (Hg.), *Politik und Religion.* Wiesbaden 2003, S. 13–41.

Zimmerli, Walter Chr./Sandbothe, Michael (Hg.), *Klassiker der modernen Zeitphilosophie.* Darmstadt 1993.

Register